PROFETAS
DO PASSADO

JALUSA BARCELLOS

PROFETAS DO PASSADO

1ª edição

EDITORA RECORD
RIO DE JANEIRO • SÃO PAULO
2016

CIP-BRASIL. CATALOGAÇÃO NA PUBLICAÇÃO
SINDICATO NACIONAL DOS EDITORES DE LIVROS, RJ

B387p

Barcellos, Jalusa
 Profetas do passado: o controverso momento político nacional analisado em entrevistas com 28 formadores de opinião / Jalusa Barcellos. – 1ª ed. – Rio de Janeiro: Record, 2016.

ISBN 978-85-01-10665-0

1. Ciência política. 2. Jornalismo. 3. Entrevistas. I. Título.

16-29745

CDD: 320
CDU: 32

Copyright © Jalusa Barcellos, 2016

Todos os direitos reservados. Proibida a reprodução, armazenamento ou transmissão de partes deste livro, através de quaisquer meios, sem prévia autorização por escrito.

Texto revisado segundo o novo Acordo Ortográfico da Língua Portuguesa.

Direitos exclusivos desta edição reservados pela
EDITORA RECORD LTDA.
Rua Argentina, 171 – Rio de Janeiro, RJ – 20921-380 – Tel.: (21) 2585-2000.

Impresso no Brasil

ISBN 978-85-01-10665-0

Seja um leitor preferencial Record.
Cadastre-se e receba informações sobre nossos lançamentos e nossas promoções.

Atendimento e venda direta ao leitor:
mdireto@record.com.br ou (21) 2585-2002.

EDITORA AFILIADA

A Joel Rufino (*in memoriam*),
pela leveza de seu rigor ético,
pela doçura de sua militância radical.

À minha linda e numerosa família, Mayra, Pátrick,
Maria Fernanda, Theresa, Bruno, Manuela, Antônia
e, em especial, a meu filho Leonardo, por nunca ter
me deixado desistir: "Se fosse fácil, mãe, qualquer um
faria!"

Aos primos Ivo e Maria Flávia Todeschini, por tudo.

Agradecimentos

Ana Lúcia Studart
Beatriz Gomel
Carlos Marchi
Cristina Rodrigues
Elio Gaspari
Idenir Cecchin
João Almeida
Jorge Sávio
Lucia Maia
Maria Pompeu
Marilia Alvim
Marina Lopes
Maurice Capovilla
Norma Cassettari
Pedro Simon
Rosa Monteiro
Sérgio Fonta
Sidney Waissman

Sumário

Eu confesso...	11
Prefácio: Intelectuais	21
Luiz Alberto Py	25
Daniel Aarão Reis	45
José Serra	81
Marco Antonio Villa	107
José Carlos Dias	131
Frei Betto	153
Luiz Werneck Vianna	169
Marcello Cerqueira	185
Ziraldo	209
João Batista Ferreira	231
Luiz Eduardo Soares	253
Gaudêncio Frigotto	281
Fernanda Montenegro	299
Joel Rufino	315
Alberto Dines	331
Zuenir Ventura	351
Carlos Lessa	373
Ricardo Cravo Albin	395

Alba Zaluar	415
Merval Pereira	435
Paulo Caruso e Chico Caruso	455
Nelson Pereira dos Santos	473
Demétrio Magnoli	493
Roberto Romano da Silva	521
Augusto de Franco	549
Rosiska Darcy de Oliveira	585
Marcio Tavares d'Amaral	605

Eu confesso...

Que hoje, 7 de novembro de 2015, quando coloco um "ponto final" neste projeto, torna-se imperativo reiterar que, nesse mosaico de opiniões intitulado *Profetas do passado*, não se deve prescindir das datas. Não para que se compare o que é discutido, aqui, com o cotidiano da atual conjuntura política nacional, porque esse nunca foi o objetivo. Mas para que se possa perceber o quanto tem de profético o que foi dito, em alguns casos, meses antes de os acontecimentos virem à tona. Porque é preciso ratificar que, há exatamente um ano, quando este livro começou a ser pensado, o propósito sempre foi enfatizar o quanto tem de valor e significado a discussão das ideias. E, também, na medida do possível, quais seriam as prováveis explicações para que essa prática tenha caído, tanto, em desuso.

Pois foi assim que esses "profetas" começaram a aparecer. Mais exatamente na manhã de 7 de novembro de 2014, em Petrópolis, na casa da jornalista Marilda Varejão, que, entre lágrimas, desabafou: "O que vai ser de nós? O que vai ser deste país? Como é que se ganha uma eleição desse jeito? Zé Dirceu e Lula foram meus ídolos: agora, um está na cadeia por roubo, e o outro está por aí, produzindo mentiras." "Marilda, você não está só." E, tentando consolá-la, percebi o quanto a resposta se mostrava inverossímil. Pois naquele momento, a menos de um mês do segundo

12 PROFETAS DO PASSADO

turno da eleição presidencial, me pareceu não haver dúvida de que a observação mais correta era de que Marilda estaria um tanto quanto isolada em sua clamorosa decepção! Pelo menos, entre alguns "dos seus pares". Por onde andaria a indignação de uma parcela da sociedade, aquela que é formada majoritariamente por artistas, intelectuais, estudantes, profissionais liberais, lideranças sindicais, funcionários públicos etc., que sempre estiveram na vanguarda das lutas e das mudanças sociais? O que fariam, hoje tão "silenciosos" a ponto de negarem, mesmo, a existência de desmesurados escândalos de corrupção?

Pois é. Sempre os eternos porquês. Por que será que uma parcela deste segmento classe média — cosmopolita, intelectualizado e tradicionalmente conhecido como de esquerda — alterou tanto o seu proceder? Mas, só um instante... Talvez o mais correto seja observar que estamos nos referindo, na verdade, a uma parcela desse segmento que não só permanece filiada ao Partido dos Trabalhadores, como rejeita toda e qualquer crítica à sua atuação. O que, por si só, é curiosamente discutível, pois, por mais que tenha aglutinado, em sua criação em 1980, um tripé de forças progressistas, o PT vem passando nos últimos tempos por mudanças inimagináveis. Sim, porque, se estavam na sua criação as católicas Comunidades Eclesiais de Base, um crescente movimento sindical localizado no ABC paulista, e de onde emergiria uma inédita liderança operária, e também os mais diversos grupos de exilados políticos, em sua maioria da chamada "extrema esquerda" e que retornavam ao país naquele momento, parece não haver dúvida de que se criou, ali, um partido das esquerdas. Ou, pelo menos, um heterogêneo grupo de progressistas que, talvez por isso mesmo, não cogitava — e isso era consenso na época — fazer alianças e/ou coligações. Tanto que, durante as duas décadas em que esteve na oposição, o Partido dos Trabalhadores foi pródigo em se autoproclamar reserva moral da política partidária brasileira, sem qualquer possibilidade de acordo com partidos e/ou organizações. Principalmente, com os de esquerda.

EU CONFESSO... 13

Mas como assim? Como não fazer aliança com a esquerda, se é notório que os acordos são necessários para que se chegue ao poder? E, em se tratando do Partido dos Trabalhadores, nada mais óbvio que eles acontecessem, mesmo, à esquerda. No máximo, à centro-esquerda. Não é mesmo? Mas há controvérsias, ou melhor, não foi o que aconteceu! Desde 2002, quando Lula finalmente chegou à Presidência da República, o processo de "ajustes" fez com que o PT alterasse, gradativa e radicalmente, seu projeto. A ponto de transformar a máxima neoliberal de que "os fins justificam os meios" em marca registrada de seus governos. O que, diga-se de passagem, engrandeceria a imagem e o prestígio do partido, se o "preço" não tivesse se tornado alto demais. Porque, embora as políticas públicas, que apontavam para a melhoria da qualidade de vida de alguns milhões de brasileiros, tivessem obtido excelentes resultados, o que se vê, hoje, dialeticamente, e após doze anos de gestões petistas, é um cenário alarmante de crise, econômica, política, financeira e institucional. Sem falar em uma desqualificação moral sem precedentes, segundo os analistas políticos, tanto da esquerda, como da cidadania e, por conseguinte, da nação brasileira.

Mas, enquanto faço essas ilações e tento, ainda, consolar Marilda, percebo o quanto fico amedrontada em trazer à discussão todas essas questões, por mais que os desdobramentos daí decorrentes pareçam incontestáveis. Por exemplo: que "fins" seriam esses, na medida em que, para "alcançá-los", desviaram-se quantias volumosas do dinheiro público; quem é prejudicado, em última instância, senão o povo brasileiro, ou melhor, aqueles que mais necessitam de ajuda, quando a prática da corrupção se instaura; como entender que práticas, como estas, tradicionalmente creditadas à "velha direita", passem a ser confundidas, oportunisticamente, com "necessárias políticas de esquerda"; o quanto essa "confusão", provocada pelo discurso oficial, não viria aumentar, ainda mais, a descrença do povo brasileiro diante de "sua predestinação histórica" de que "este país não tem jeito"; como entender que, após

14 PROFETAS DO PASSADO

tantos anos de desqualificação da ideologia, expressões como direita e esquerda tenham ressurgido, abruptamente, durante o segundo turno do pleito de 2014, alicerçando um perverso jogo de dicotomização; a quem beneficiaria, em particular, esse maniqueísmo de dividir o país entre "nós" (os bons) e "eles" (os maus); o que mais estaria por trás dessa estratégia marqueteira e governamental, e vice-versa?

Enfim, muitos porquês, muitas dúvidas, muitas contradições sobre as quais Marilda e eu não conseguíamos refletir com um mínimo de isenção, mas que, com certeza, poderiam ser observadas por aqueles que, por princípio e definição, vivem profissionalmente de (e para) pensar o país. Por que não ir em busca de nossa *intelligentsia*, dos nossos formadores de opinião, reunindo-os em um único livro, em que, a partir da trajetória político/profissional de cada um, se procuraria discutir o momento presente? Proposta aceita, estabeleceu-se, ali mesmo, quem seriam os 28 entrevistados, dois para cada segmento do pensamento brasileiro e, se possível, com um certo antagonismo em suas atuais opiniões, sentimentos, ideias, proposições, decepções, esperanças. Pois, se havia uma única certeza no surgimento desses "profetas", era a de que, independentemente do que pensam (e do que sentem) hoje, todos têm a mesma origem político/ideológica: ou foram formados nas cartilhas do "Partidão" (um dos apelidos do Partido Comunista Brasileiro, nas décadas de 1960 e 1970) ou foram formados diretamente na militância estudantil e/ou nas demais organizações políticas. Tudo e todos de esquerda.

Decisão tomada, era colocar mãos à obra. E foram três meses de preparação: lendo e relendo matérias nos veículos de comunicação, nos artigos de revistas acadêmicas, nos lançamentos editorais sobre a política brasileira; buscando, enfim, nas mais diversas publicações, tudo o que pudesse conduzir a novos questionamentos. Sobre isso, aliás, abro um parêntese aqui para reafirmar o óbvio: em nenhum momento este livro tem a pretensão de esgotar ou fechar discussão a respeito de qualquer questão. Até porque, se há um fecho para este *Profetas* é o de que aqui estão retratadas, generosamente – e em alguns casos, até apaixonadamente –, 28 singulares versões do presente momento político nacional. E essa heterogeneidade, com certeza, advém do recorte estipulado para a escolha dos nomes: brasileiros e/ou brasileiras, no mínimo com mais de 60 anos, cujos currículos denotam uma significativa contribuição, tanto teórica como empírica, nos caminhos da política brasileira nas últimas quatro ou cinco décadas.

No final de fevereiro de 2015, então, começaram os encontros. Confesso que, no decorrer das primeiras entrevistas, percebi que temia fazer determinadas perguntas. Só quando já estava lá pela oitava ou nona entrevista, é que penso ter encontrado uma justificativa para esse "medo". Explicando melhor: por mais que este livro só tenha "um lado", ou seja, que se posicione a favor da ética e da cidadania, percebi que era quase impossível abordar qualquer questão sem incluir, obrigatoriamente, o Partido dos Trabalhadores. Protagonista de nossa cena política há mais de uma década, tudo passa pela sua atuação: seja no plano partidário, governamental, institucional ou ideológico. Como decorrência, evidencia-se o que parece ser o mais impressionante e que acabou virando a questão central deste *Profetas*: por que, quando se levantam questões críticas em relação à atuação do Partido dos Trabalhadores, qualquer discussão vira sinônimo de confronto? Mais do que isso: por que, ao concretizar tais críticas, mesmo em um debate teórico, como o proposto aqui, qualquer "enfrentamento de questões", por menor que seja, assume a dimensão de uma verdadeira quebra de paradigma? E o que é pior: elimina-se a figura do oponente, substituindo-a, sistematicamente, pela imagem bélica do "inimigo".

Foi assim, então, a partir dessas questões, que começou esta jornada. Mesmo tendo a clareza de que este livro seria uma longa conversa, organizou-se uma lista específica de perguntas para cada entrevistado, embora estivesse claro que o que prevaleceria seriam

16 PROFETAS DO PASSADO

as questões temáticas. O que não quer dizer semelhanças nas respostas, pois, mesmo quando o posicionamento é idêntico, as ilações e interpretações singularizam a tal ponto o que é dito, que penso estar aí o que considero como exclusivo deste trabalho: que cada entrevista aqui transcrita traz muito mais que ideias, sentimentos, dúvidas, angústias, reflexões. O que está posto, fundamentalmente, são as contradições. É como se todos, independentemente dos seus posicionamentos, estivessem ansiosos por uma discussão desse tipo: "O que é que está acontecendo hoje?" "Como é que se chegou até aqui?" Tanto que são essas questões o ponto de partida de nossas conversas. E que fazem deste o livro dos porquês.

Por que exatamente?... Porque nada está fechado. Tudo leva a novos questionamentos. E o que é mais importante: como proféticos cidadãos brasileiros, todos eles, invariavelmente, a par de suas críticas e/ou reflexões teóricas, se dizem esperançosos. E esta, inclusive, é a reflexão de Fernando Gabeira, que encerra o prefácio dizendo: "O conjunto de depoimentos, colhidos por Jalusa, ajuda a entender o Brasil, a crise e, embora não indique claramente a saída, acaba nos estimulando a pensar nela." Gabeira faz a síntese do que dizem todos esses "profetas", alguns de forma mais sutil, outros de maneira mais explícita: "Precisamos discutir o Brasil urgentemente!" Mais ou menos o que também diz Zuenir Ventura, quando indicou, magistralmente, o título deste livro: "A gente sabe de tudo que aconteceu, mas não acerta nunca na previsão, somos os profetas do passado."

E tanto é verdadeira a unanimidade da esperança que nunca pressenti resistência desses nossos "profetas". Ao contrário. As entrevistas foram marcadas, sempre, de imediato, o que levou à constatação de um fato inusitado: o de não ter conseguido entrevistar todos os que aceitaram participar deste livro, seja pelas suas agendas sobrecarregadas, seja pelo fato de que a publicação já beirava o gigantismo. Carinhosamente, portanto, agradeço e peço desculpas ao jornalista e escritor Cícero Sandroni, ao cantor e compositor Caetano Veloso, ao ator e diretor Milton Gonçalves, ao diretor e escritor Cacá Diegues, ao escritor e jornalista Ruy Castro, ao cientista social e jornalista César Benjamin.

E torna-se imprescindível destacar o significado de ter a Record como editora. Estimulada por três "profetas", mais exatamente José Serra, Marco Antonio Villa e Zuenir Ventura, o que quer dizer que o livro já se encontrava em andamento, busquei o editor-executivo de não ficção e literatura brasileira, Carlos Andreazza, que, de imediato e generosamente, não só bateu o martelo, como ofereceu todas as condições para que este projeto se concretizasse. Obrigada, Andreazza e a toda a sua equipe. E obrigada, também, a todos aqueles que, de uma forma ou de outra, participaram da elaboração deste livro: Duda Costa, editora, João Guilherme Lyra, Magda von Brixen e Paula Theodoro, pela transcrição das fitas, Vera Lúcia Miranda, pela revisão ortográfica, e Thais Lima, pela produção editorial. Sem falar, é claro, em três agradecimentos muito especiais: a Fernando Gabeira, pelo prefácio; a Aroeira, pela charge da capa; e a Bibi Ferreira, por ter iluminado a orelha com seu generoso e recorrente brilhantismo.

Confesso, ainda, que, se fosse obrigatório tirar algumas conclusões desta jornada, eu diria que provavelmente alguns dos propósitos foram alcançados. Pois, mais do que discutir nomes, partidos ou lados, sustentou-se a relevância do confronto de ideias; demonstrou-se que é possível sair do maniqueísmo; superou-se, de certa forma, a dicotomização; consagrou-se, enfim, a relevância da diferença! Sem receio de cair no lugar-comum, demonstrou-se possível o exercício de uma das mais democráticas formas do ofício intelectual, que é a discussão. Agora, se fosse cobrada, também, uma rigorosa autocrítica em relação ao que foi pretendido, a resposta seria que estes *Profetas do passado* só terão cumprido a sua missão quando essa mesma discussão chegar, sempre e cada vez mais, a um crescente número de brasileiros. Pois, embora o avanço da internet esteja trazendo uma democratização inédita da informação, ainda não se pode discutir, hoje, em condições de igualdade, com todos os brasileiros, a reflexão aqui apresentada.

E é justamente por isso que considero valiosa a contribuição desses "profetas". Por mais que as divergências existam – e elas são fundamentais para a discussão e para a mudança –, é unânime a ideia de que a transformação social só acontece quando provoca uma alteração do estado de consciência, quando cada um de nós deixa de ser objeto para ser sujeito da sua própria história, quando a gestão pública deixa de atender corporativos interesses e passa a contemplar o bem-estar social coletivo. Quando, fundamentalmente, deixamos de fazer política apenas com a razão e passamos a ouvir, também, os nossos corações. Pois a verdadeira transformação brasileira, essa que ainda está por vir, só começará a tomar forma quando todos, indiscriminadamente, sentirem-se ultrajados e vilipendiados com a corrupção, com a manipulação e com a impunidade daí decorrente. Quando a nossa autoestima for resgatada a ponto de nos permitir saber que não há transformação brasileira sem a afetividade, por exemplo.

O amor que transforma é o mesmo que conscientiza – e essa parece ser a síntese da cultura nacional. Pena que esteja faltando transparência, respeito e uma dose considerável de autocrítica; pena que ainda se continue subestimando as manifestações populares; pena que não se escute a todos que acreditam que o Brasil é (e sempre será) muito maior que uma arquitetada rixa entre dois partidos políticos; pena que não chegue à população, de forma mais ampla, o quanto as nossas instituições estão fortalecidas hoje; pena que ainda prevaleça o sentimento da impunidade... "Não, aí não! O Brasil nunca mais será o mesmo depois da Lava Jato!" E nossos "profetas" seguem por aí, sempre pródigos em suas análises.

Ao ressaltar tudo o que aprendi nesses doze meses de "profético estudo", e propondo que se vá ao encontro destas entrevistas, permitindo-nos uma desarmada e isenta leitura, gostaria de reafirmar duas proposições: de que só a consciência política iguala o homem, e de que nunca esqueçamos que só é possível projetar o futuro se houver um compromisso ético com o presente, que advém, justamente, de tudo o que aprendemos com o passado. Portanto, obrigada, "profetas".

Jalusa Barcellos

Prefácio: Intelectuais

Por Fernando Gabeira

No auge de uma das maiores crises de nossa história, a jornalista Jalusa Barcellos resolveu interrogar os intelectuais: como descrever nossa situação, como chegamos a ela, quais são os passos necessários para superá-la?

Essas perguntas são fundamentais, mas, normalmente, acabam sendo acrescidas a outras. Com sinceridade, ninguém, no momento, se dispõe a oferecer uma resposta acabada para os problemas do Brasil. No entanto, a participação dos intelectuais tem um papel decisivo: ela nos ajuda a colocar as perguntas certas, amplia nosso horizonte, ajuda a não desesperar, e não desesperar significa manter a cabeça fria, abrir-se para as possibilidades de superação, sem preconceitos.

Um dos traços da crise brasileira é o desmoronar de um projeto de esquerda. No passado, alguns intelectuais não foram rápidos no gatilho para reconhecer o fracasso. Estava em jogo todo um ideal de mundo novo, amanhãs que cantam, fim da exploração do homem pelo homem. O problema na época da Guerra Fria não era reconhecer uma ou outra crítica: era o de reaprender a viver sem um futuro glorioso para a humanidade. O projeto democrático no Brasil era menos ambicioso que a revolução socialista. Mas isto não significa que, olhando para trás, para o momento de luta pelas eleições diretas, não houvesse esperanças.

22 PROFETAS DO PASSADO

É evidente que o Brasil não vive hoje apenas uma crise econômica e política. Há uma crise ética e dois momentos decisivos no processo foram endereçados precisamente à superação do baixo nível fisiológico de nossa vida pública.

A eleição de Collor, o caçador de marajás, representou para muitos dos seus eleitores — a maioria, naquele momento histórico — a possibilidade de uma luta implacável contra a corrupção. Collor se envenenou com a adversária que pretendia vencer. Seu governo caiu acusado de corrupção.

No outro momento, em 2002, o PT e a esquerda inauguravam uma tentativa de estabelecer um novo nível de ética na política. Hoje, vivem, como Collor no passado, mergulhados em acusações de uma corrupção muito mais voluptuosa do que na tentativa moralista do caçador de marajás.

O fracasso de duas propostas para combater a corrupção coloca inúmeros problemas. Um deles é o de certa modéstia diante da grandeza do desafio. A verdade é que, se a política ainda é dominada por cafajestes, um novo instrumento de fiscalização foi disponibilizado pela revolução nas comunicações: o advento da internet. Através dela, é possível buscar a transparência, a única maneira de abandonar o caminho dos sermões moralistas, e determinar claramente quem é quem e o que faz. Outro aspecto positivo foi o avanço nas instituições de controle, como o Ministério Público, a Polícia Federal, a Justiça, a Receita. O combate à corrupção passou também a contar com ajuda internacional.

A crise econômica merece um comentário. Para toda a imprensa e para os políticos, ela aparece como o esgotamento de um modelo de crescimento. No entanto, o que se propõe como meta é apenas a retomada do desenvolvimento econômico. Como se este fosse um cachorrinho que fugiu de casa e voltará com o rabo abanando, apenas um pouco mais magro.

Na verdade, será preciso achar uma saída sustentável que se resuma a superar o conhecido voo da galinha de nossa economia. Diante da escassez da água nas grandes metrópoles e em muitos pontos no interior do país, vamos encontrando novas e angustiosas dificuldades. Será preciso consumir de uma forma diferente, reaproveitar, introduzir uma visão mais ampla de sustentabilidade. Que estrutura política dará conta dessa complexidade? Certamente não a que está aí. As expectativas de mudanças estão muito ancoradas ainda na própria estrutura existente, numa decisão dos que hoje se beneficiam dela.

O grande potencial está no amadurecimento da população brasileira, que rejeita os políticos, mas não rejeita a política. Pelo contrário, está cada vez mais interessada, cada vez demonstra mais nas ruas a sua insatisfação. Nas pessoas comuns, filhos de Deus, que embarcaram na canoa furada do processo político brasileiro, resiste a esperança do impulso renovador.

Sinceramente, não creio que o objetivo será voltar ao momento anterior em que a felicidade era medida por se encher de eletrodomésticos e produzir carros indefinidamente até atravancar todas as ruas do Brasil. Será mais fácil compreender a importância de um crescimento com sólida infraestrutura, bom nível educacional, pesquisa e inovação. Não creio que no universo em que a informação é ampla e instantânea, os políticos consigam sobreviver sem um comportamento razoavelmente decente.

Tudo isso significa um potencial para seguir adiante. Sem grandes expectativas de futuros gloriosos, vacinados contra os salvadores, indivíduos ou partidos, cicatrizando as feridas dos sonhos desfeitos. O conjunto de depoimentos colhidos por Jalusa ajuda a entender o Brasil, a crise e, embora não indique claramente a saída, acaba nos estimulando a pensar nela.

Luiz Alberto Py

"Foi aí que eu convivi com o PT e aprendi três coisas: que eles eram desonestos, ignorantes e incompetentes."

Rio de Janeiro, 20 de fevereiro de 2015

Para começar, eu queria saber qual foi a sua militância, lá atrás, ainda na década de 1960? Foi uma militância político-partidária?

Não, minha militância era como estudante, jogar pedra na polícia, aquelas coisas de garoto, mesmo. E teve uma coisa curiosa: em 1960, o Lacerda, considerado, na época, de direita, assumiu o governo da Guanabara. E, em 1961, com a renúncia do Jânio, o Jango assumiu a Presidência da República. E aí as coisas mudaram. Porque no começo a gente apanhava da polícia do estado e ponto! Quando o Jango assumiu, o Exército entrava na rua para nos proteger. Era engraçado, porque o Exército era de esquerda, era quem protegia as manifestações. E esse é um registro histórico, no mínimo, curioso, né?

Mas nesse momento, início da década de 1960, os jovens universitários tinham uma formação essencialmente humanista, que os conduzia para o campo progressista, para uma opção mais revolucionária, digamos assim. Você também passou por essa formação de esquerda?

26 PROFETAS DO PASSADO

Não há dúvida de que a maioria dos alunos era de esquerda. Todos tínhamos aquela ilusão do monopólio da solidariedade, da generosidade. E aquilo que a gente chamava de direita, não! A direita era má, era egoísta etc. Tinha essa coisa da visão maniqueísta.

Tinha ou tem? Essa visão maniqueísta não permanece até hoje?

Digo tinha porque era de uma forma muito sólida. E eu acho que isso foi se apagando, um pouco, ao longo do tempo, porque começaram a vir outras coisas, outras questões. E a primeira questão para mim foi a seguinte: a constatação, ao longo dos anos, de que a esquerda não funciona. Quer dizer, aqueles sonhos do socialismo eram uma ilusão. Porque se há uma coisa que digo até hoje é que o socialismo é muito bom para cabrito, para coelho... Entendeu?

Não. Por quê?

É isso. É muito bom para tigre, para lobo, para passarinho, para ser humano, não! Porque os animais herbívoros vegetarianos são mais mansos. O ser humano é um animal extremamente feroz. E essa ferocidade faz com que esses valores de socialização fiquem um pouco em segundo plano. O que quer dizer o seguinte: toda vez que um grupo sobe ao poder para fazer um bem para humanidade, ou para seu povo, esse grupo passa a roubar e a trabalhar mal.

Você já adiantou um pouco a nossa entrevista. Mas vamos lá: como você vê isso, como explica esse fatalismo histórico?

Quando começaram os movimentos de reação à repressão, os movimentos de guerrilha, eles estavam propondo, na verdade, uma violência do outro lado. Não era a violência da guerrilha, era a violência de "nós vamos tomar o governo!" E aí? Nós vamos estabelecer a ditadura do proletariado. Trocar uma por outra, entende? E aí você começa a perguntar como cidadão: desde quando essa proposta autoritária é melhor que outra proposta autoritária? E vai começar a perceber que democracia, que tem um governo mais liberal, mais a favor das pessoas, não tem muito a ver com isso. É curioso, mas hoje você diz assim: "Que governo é esse que nós temos? É um governo de esquerda, um governo nacional-socialista?"

Espera aí, Py, senão você vai adiantar demais a entrevista. Vamos voltar aqui nesta sua frase: "O que a gente vê, quando as pessoas chegam ao poder, é que elas acabam, invariavelmente, roubando e trabalhando mal."

Aproveitando-se do poder. Você viu isso na própria revolução socialista.

Sim, mas como você explicaria essa relação quase indissolúvel, e que parece arraigada em nosso inconsciente coletivo, entre ganância e política? Como é que é isso? Deve-se admitir, então, que máximas do tipo "basta chegar lá que todos roubam" é um padrão cultural irreversível?

Eu não sei o que começa primeiro, mas não vejo a pessoa dizer: "Vamos, todos, lutar pelo bem social, lutar para distribuir melhor as riquezas..." Tem todo um projeto, vamos dizer assim, que vai nessa direção, mas logo, logo, começa o primeiro problema. Se o nosso projeto é o bem, o grande bem, a gente pode, então, fazer pequenos males em busca do grande bem. É o chamado "os fins justificam os meios", que os filósofos já vêm condenando há muito tempo. Porque acontece o que o Leon Uris chamou de mendacidade, que é o fato de a pessoa mentir para si mesmo. Então, como eu estou fazendo o bem, eu posso me apropriar de valores, de bens materiais etc. Mais do que isso: como estou fazendo o bem, preciso chegar mais depressa aos lugares, então, tenho o direito a ter um jatinho, tenho direito a ter um helicóptero, tenho o direito até — "puxa, eu tô fazendo o bem!" — de ter conforto, tenho direito até de ter uma dacha, que é a casa de campo dos burocratas de primeira linha da Rússia. Enfim, a pessoa vai se premiando porque é boa, ela quer o bem. Então, essa mentira, essa autojustificativa cada vez maior, é um comportamento perverso. O grande problema é que essas pessoas não têm opositores, não têm o contraditório. Porque o contraditório é desvalorizado, não vale nada, só vale o que eu falo! O inimigo, o opositor, é ele quem quer roubar o povo, é ele que quer ficar rico, que quer se dar bem. E eu, que estou "fazendo o bem", não percebo que estou fazendo exatamente o que acuso os outros de fazerem. Em outras palavras: quando não há consciência é preciso eliminar a oposição. A oposição tem que estar na cadeia, tem que estar morta, liquidada. Os jornais têm que falar o que o governante manda. Há uma confusão entre governo e Estado; já que nós assumimos o governo, o Estado, então, somos nós! Quer dizer, volta ao absolutismo, volta a Luís XIV que dizia *"L'État c'est moi"*. Isso é uma volta à Revolução Francesa, sempre com a ideia de que é para o bem do povo... Volto a dizer: quando você me pergunta se eu estava falando da social-democracia, eu respondo: o que é a social-democracia? Social Nacional? E por que nacional? Porque você vê que, na ditadura militar, eles também cuidavam da indústria nacional, do protecionismo etc. E, hoje, no Brasil, está se fazendo isso de novo. Protecionismo, hoje, são empresas que são escolhidas para serem empresas líderes. O BNDES coloca dinheiro naquela empresa específica, que vai crescer internacionalmente etc. É uma visão nacionalista... O petróleo é nosso! É do Brasil! Não tem uma visão internacionalista. A visão internacionalista passa pelo quê? Por "o Chávez é nosso amigo, nós somos a favor de tudo que é contra os americanos". Ou seja, é uma visão, de novo, maniqueísta. É uma visão nacionalista e pretensamente socialista. Porque se vive num mundo capitalista e a economia deste mundo tem que funcionar capitalistamente. Como a própria China, que funciona, também, capitalistamente.

É possível especular também que, na medida em que as lideranças políticas brasileiras sempre foram oriundas da classe média, não poderia estar aí a explicação para esse fenômeno de "os fins justificam os meios"? Não seria uma estratégia corporativista dessa classe social? Ou seja, ao chegar ao poder, ela não mede esforços para realizar o país dos seus sonhos, fazendo o que bem lhe aprouver, porque ela 'pode tudo"?

Acho que estamos vivendo, aqui e em muitos outros lugares, uma situação pré-Revolução Francesa: os meus interesses são os interesses do povo e do Estado. Você tem um Estado autoritário passando por cima de tudo. "Nós somos o bem, a verdade; o Estado sou eu!" Nos séculos XVI, XVII, XVIII, isso era legitimado, na Europa, pela religião. O que legitimava o Estado e essa empolgação do poder por um grupo pequeno, minoritário, era a religião. E havia um jogo aí. Quando a religião ficou em segundo plano, aconteceu a Revolução Francesa — uma revolução burguesa, de classe média, para derrubar os excessos. E que foi, de alguma forma, semelhante ao movimento de libertação do Brasil de Portugal... Todo esse movimento de liberdade, de independência, foi estabelecido aos poucos, em função de uma luta que vinha se disseminando. Mais ou menos assim: "Por que se tem que aceitar que é o rei que vai mandar na gente? E, depois, por sua vez, o filho do rei, e assim por diante." Começou a haver um questionamento de uma coisa que não era questionada. A ganância das pessoas, a sede de poder, existe em pessoas específicas e elas trabalham por isso, com diferentes vestimentas. Se a roupagem antes era "eu sou ungido por Deus", depois passou a ser "eu sou ungido pelo bem", porque sou a pessoa que representa o bem.

Quer dizer, "eu sou a personificação do bem".

Isso, "a personificação do bem". Percebi, inicialmente, em mim, quando lutava jogando pedra na polícia: me sentia a personificação do bem! Obviamente, quando veio o golpe militar, é claro que eu me coloquei contra. Não só porque era o golpe militar, mas principalmente porque, de novo, era o poder empolgado, o poder centralizado em poucos e, também, com a mesma história: a de salvar o Brasil do comunismo! E o que foi que eles fizeram do Brasil? Um quintal deles. Eles mandavam em tudo. Eles se sentiam o bem, os fazedores do bem. Ontem, li em algum lugar, não sei dizer onde: "Nós salvamos o Brasil do comunismo!" Essa era a desculpa e continua sendo. Agora você tem o governo ocupado

30 PROFETAS DO PASSADO

pelo PT dizendo que está salvando o Brasil do que eles chamam de neoliberalismo. Mas tem que se perguntar: liberalismo é ruim? Ser liberal é ruim? Mas por que não? O interessante nisso tudo é que a proposta apresentada não tem como foco a democracia. Porque foco é empregar todo o poder possível para fazer o bem, naquela dimensão de que fazer o bem é pegar o dinheiro e dar pros pobres.

Mas você está falando do que seria a formulação teórica, já que a prática vem demonstrando, há algum tempo, que existem peculiaridades. Como é o caso do PT: um partido político que está há doze anos no poder e que, ao mesmo tempo em que se jacta de ser de esquerda, põe por terra todo o idealismo daqueles que, por assim se acreditarem, sempre se entenderam diametralmente contrários às práticas de corrupção. Mais do que isso: por que você acha que as denúncias de corrupção não encontram a devida ressonância em nossa sociedade?

Acho que se fala disso, sim. A questão é que as pessoas são desqualificadas. "Esse cara é de direita, é de extrema direita." Li uma vez um artigo de um pensador do PT em que ele qualificava o José Serra de líder da extrema direita. Mas o Serra é um homem de esquerda. Talvez mais de esquerda que a maioria do PT. Foi líder estudantil, presidente da UNE, preso, exilado... Quer dizer, todo esse grupo que não aderiu ao PT foi (e é) demonizado como sendo a extrema direita.

E como você vê essa questão da demonização? Que traço cultural é esse que faz com que quem está no poder possa dizer as coisas mais estapafúrdias, negar evidências, demonizar, enfim, seus opositores? Como você observa essa realidade presente, na condição de psicanalista?

O George Orwell foi brilhante quando descreveu o futuro, em *1984*. Se fosse possível, ele diria que isso aconteceria, aqui, em 2014. Pois ele dizia isto: que as pessoas criam uma mentira e trabalham aquela mentira como se fosse verdade. E pronto, o assunto está acabado! Existem duas coisas, dois fenômenos humanos que são muito complicados: um é que pensar dói, e aí muitas pessoas não querem pensar. E para não ter que pensar, você já tem a verdade pronta, você se apega a ela e não há mais problema. Existe essa verdade, que é a minha verdade, que é a verdadeira verdade, e não vou discutir com ninguém. Quer dizer, quem não está pensando como eu penso é um subversivo, está querendo subverter a minha verdade, está me incomodando. Portanto, vamos calar a boca deles. É como eu lhe falei: falta o antagonista, falta o contraditório, como eles dizem no Direito. Você fala uma coisa e o outro tem direito a contestar...

Por que você acha que falta o contraditório neste momento atual de nossa história política?

O governo pretende não permitir o contraditório. Toda vez que surge o contraditório, eles dizem que esse contraditório é ilegítimo, que é mau. É dito: "Eles querem prejudicar o povo, eles querem acabar com o Bolsa Família", por exemplo. Não tem aquele famoso filme, nas últimas eleições, em que uma provável independência do Banco Central tirava toda a comida da mesa do pobre?

E o que leva as pessoas a acreditarem num filme como aquele?

A vontade de acreditar. Acreditar protege de ter que pensar. Falei que existem dois fenômenos. Um é esse, o do não querer pensar. E o outro, paralelo a esse, é o seguinte: o não conhecimento incomoda... As pessoas colocam uma explicação onde não há explicação. O que acontece é que todo e qualquer fenômeno precisa ser explicado. Vou pegar do começo: caiu um raio e matou meu burrico. "Ah, foi Deus, foi o cara que está lá em cima, e que tem mais força que eu, que mandou raios e matou meu burrico. Provavelmente, porque eu fiz alguma coisa errada, ou o meu vizinho tem uma transação melhor com ele. Vou fazer alguma coisa para seduzir aquele cara para ele matar o burrico do meu vizinho em vez do meu." Essa é a explicação possível, entende? As pessoas vão aderindo a explicações. "Agora eu sei! Não tenho mais dúvida! Não me incomoda mais o não saber, porque eu sei." As pessoas constroem crenças, acreditam em coisas. Trabalhei em hospital psiquiátrico durante muito tempo, e aprendi uma coisa, as pessoas enlouquecem pelas suas certezas e não pelas suas dúvidas. É a certeza que enlouquece. A dúvida é saudável. Quando a pessoa diz: "Pode ser, pode não ser", ou "não sei", ela está buscando uma evolução. Quando a pessoa diz "Eu já sei!", ela está dentro do delírio dela. É aquilo e vamos acabar com o assunto, não tem o que discutir. "Não preciso pensar, não preciso argumentar, não enche meu saco argumentando." Isso é a origem de toda religião, porque a religião vem e oferece o saber pronto. É o chamado conhecimento outorgado. Você tem dois tipos de conhecimento: o conhecimento que lhe é outorgado, que lhe é oferecido pronto, ou aquele que você conquista, que é o que a ciência busca, e que é provisório. A ciência sempre disse: a melhor hipótese que temos é essa. A colocação da ciência é sempre a mesma: "Por enquanto, estamos achando isso, que, até aqui, eu pensei e cheguei a essa conclusão", e por aí vai... Há um tempo, procurei trabalhar com a ideia de eliminar tudo que é crença e ver se faz falta. O que é acreditar? É você admitir que algo é real, é verdadeiro, sem ter nenhuma prova. E para que você vai admitir que alguma coisa é real, que é verdadeira, sem ter prova? Qual a vantagem disso? A vantagem é que fico tranquilo, porque, quando eu morrer, por exemplo, vou para o céu.

A grande questão seria, então, por que você acredita?

Por quê? Ora, porque é mais confortável... Quando eu tinha 13 anos e estudava no Santo Inácio, na época um colégio de padres jesuítas, extremamente careta, eles diziam que, se você não fosse católico, ia para o inferno... Ora, o que acontecia com isso? Primeiro, você ficava com uma pena enorme de toda a humanidade, pois os chineses, os indianos, os africanos, vão todos para o inferno, coitados! Só porque não são católicos. Mas sempre havia uma esperança. Não, se eles não pecarem eles vão para o limbo. Pô, mas não é legal ir para o limbo... E como é que você vai atravessar a vida sem cometer um pecado? Comecei a achar que era uma coisa muito má, muito injusta. Me causava desconforto acreditar naquilo. Até que um dia tive um estalo: "E se por acaso eu estou na religião errada e a religião certa é a do outro? Quem vai para o inferno sou eu, porque a minha religião está errada." Quando eu levantava esses questionamentos, os padres não tinham as respostas, e a questão era a seguinte: "E quem disse que Deus existe? Ok, vamos dizer que ele exista, mas desde quando eu sou a imagem e semelhança dele? E por que ele tem que ser do planeta Terra? Por que Deus não pode ter escolhido o marciano para ser o povo eleito, para ser o povo que tem alma? Estou aqui achando que tenho alma. E o cachorro tem alma?" "Não, cachorro não tem." "Mas quem disse que eu tenho?" Quer dizer, tudo começa a virar dúvida, porque eu deixei de crer. E a outra questão é a seguinte: todas as culturas humanas têm um vínculo qualquer com a transcendência, com algum tipo de crença: os pajés, o grande espírito, os antepassados... todas têm isso

E o que estaria por trás disso: uma ambição de felicidade, se tornar uma coisa melhor?

É, todas as religiões têm uma articulação em torno disso, umas mais, outras menos sofisticadas. Acho que o ser humano tem uma espiritualidade implícita nele. Acho, mas não creio. É uma impressão, a partir do que vejo. Pode ser por necessidade emocional, por segurança, seja lá porque for, existe uma vinculação muito forte do humano com a transcendência... Ok, vamos, então, explorar isso, mas explorar isso não é o mesmo que acreditar nisso.

Mas o que você quer dizer exatamente com isso? Que, independentemente do momento histórico, há uma necessidade imperiosa de crer, que faz com que o ser humano...

Que faz com que a maioria das pessoas se agarre nisso.

Mas não pesaria, nessa crença, a formação cultural de cada povo? Por exemplo: nós somos o país com o maior número de representações religiosas do mundo. Isso não seria uma coisa típica da nossa cultura?

Não, isso é universal. Esse desejo de acreditar é universal. O que a ciência tem dito é que, em vez de acreditar, vamos investigar. A ciência é uma coisa muito moderna. A ciência foi estabelecida há uns 3, 4 mil anos. Em termos de humanidade, é pouco, né? E a ciência sempre foi malvista. Hoje em dia, está mais bem considerada, porque, comprovadamente, deu muito frutos positivos. Mas, na época em que o poder estava na mão dos religiosos, os cientistas eram queimados nas fogueiras como feiticeiros. E essa questão de botar os inimigos na fogueira você tem até hoje. De uma forma ou de outra, países ou grupos, quase sempre por "motivações religiosas", começam a matar os inimigos e botar na fogueira. E aí se chega a outro ponto, que são as brigas religiosas. O que gerou a animosidade religiosa foi o monoteísmo. Enquanto os deuses eram múltiplos — "adoro esse, adoro aquele, estamos todos aí juntos" — não prevaleciam animosidades. Mas quando você diz: "Isso é uma invenção de Moisés, só tem um Deus, que é o nosso, e ele está nos dando o direito de matar todo mundo que não acredita nele. Pois, se Moisés nos elegeu, se nós, judeus, somos o povo eleito, então, agora, temos o direito de matar todo mundo?" É o que você lê no capítulo Josué da Bíblia. Eles entraram pela Palestina matando todo mundo, eliminando tudo. Formaram um exército que saiu tomando aldeia por aldeia. E a "recomendação" de Deus era matar homens, mulheres, crianças, animais domésticos, cabritos, bodes, cavalo, tudo!

Você acha que vem daí, dessa herança de "motivações religiosas", a onipotência e o sentimento de impunidade que, até hoje, prevalecem na sociedade brasileira, especialmente na classe política dirigente?

Acho que a impunidade vem da impunidade. A pessoa tem a sensação de impunidade, porque a impunidade tem uma vida longa na nossa história. As pessoas ficaram e ficam impunes. E a gente tem um Direito estabelecido que valoriza muito a impunidade e não a punição. Isso está mudando graças ao fenômeno da evolução tecnológica da computação, da informática! E por quê? Por duas coisas: primeiro, está ficando difícil esconder, cada vez mais, o dinheiro roubado, porque o governo é mais universal. Qualquer país, agora, pode começar a pressionar o paraíso fiscal. Ficou mais fácil saber que o dinheiro é roubado, que é dinheiro sangrento, que é de tráfico de drogas... Então, até por conta disso, os paraísos fiscais estão acabando. Hoje em dia, é muito difícil você esconder 50 milhões de dólares. É um volume de dinheiro muito grande Não tem onde guardar

De qualquer forma, o que se tem visto nas atuais delações premiadas do chamado petrolão são quantias volumosas sendo devolvidas: 100 milhões, 200 milhões...

É, só aquele gerentinho, o Barusco, devolveu 100 milhões de dólares. Quer dizer, ficou difícil de esconder, por causa da informática. É difícil, hoje, esconder muita grana. A segunda coisa é que é, também, difícil esconder o roubo. E, portanto, é difícil esconder a corrupção. Hoje, você tem câmeras muito pequenas. Você bota dentro da bolsa e filma o cara botando o dinheiro no bolso. E depois divulga isso na televisão. O grande argumento que o PT tem usado é que sempre foi assim, que os outros também fazem... Esse é o argumento deles.

Convivi muito com o PT. Em 1986, fiz parte do grupo que fundou o Partido Verde. E quando o Partido Verde se estabeleceu, aqui, no Rio de Janeiro, o PT tinha um vácuo muito grande de pessoas. Eles precisavam de prestígio e ofereceram uma carona para o Gabeira ser candidato do que a gente chamou de PTPV. Nessa época o PV não existia legalmente, e o Gabeira não poderia ser candidato. O PT ofereceu espaço e todos nós nos filiamos e fomos fazer a campanha do Gabeira. Foi aí que convivi com o PT e aprendi três coisas: que eles eram desonestos, ignorantes e incompetentes. E por que aprendi isso? Porque, entre os acordos firmados, que eram acordos tradicionais, diga-se de passagem, um deles era que a campanha do candidato majoritário tinha direito a 20% do que os candidatos proporcionais arrecadassem. Fui o tesoureiro do Gabeira, porque, na reunião em que estava se organizando a campanha, ele falou: "Eu faço questão de escolher o tesoureiro. E é o Py, porque nele eu confio." No início, pensei em ficar apenas como um supervisor, por causa do trabalho do consultório. Mas, quando começou a campanha, precisei tomar conta mesmo, porque os 20% não apareciam. Um dia, o Herbert Daniel, de saudosa memória, e que era candidato a deputado estadual, me disse: "Fiz uma festa e entrou uma grana boa. Você recebeu? Porque ganhei tanto e você tem direito a tanto." Aí, liguei para uma moça, tesoureira do PT — vou me abster de dizer o nome dela, mas eu me lembro muito bem quem é —, e perguntei: "Tem dinheiro?" Ela disse: "Não, não tem." "Mas o Daniel me disse que entregou a vocês tal quantia, então tem tanto aí, que é para dar para nossa campanha", eu falei. Ao que ela respondeu de imediato: "Ah! Mas a gente precisou pagar a conta de telefone, que estava vencida, senão iam cortar o telefone." Foi aí que pensei: "Ainda por cima, incompetentes, porque não conseguem nem pagar o telefone." E foi nessa ocasião, também, que descobri uma terceira coisa sobre a "índole petista": eles não têm nada a ver com os valores que eles chamam de valores burgueses. Valores burgueses, como a honestidade, por exemplo.

Por quê?

Por que eles não têm? Porque eles não são burgueses. Eles são proletários. Os valores deles são valores proletários...

Vamos interromper, só um instante, para esclarecer melhor essa questão. Quando você fala "eles não têm valores burgueses, têm valores proletários", o que você está querendo dizer, que o proletário não tem valores morais?

Não, não sou eu que estou falando. São eles que estão falando isso. O que observo é o seguinte. Eu convivo com proletários o tempo todo. E os valores são um pouco diferentes, porque valores são coisas que se combinam. Entendo que quem está com fome, tem que se alimentar. É natural que vá atrás do prato de comida. Entendo isso. O que acho uma pena é quando a pessoa passa dessa fase e continua guardando esses mesmos valores. Existe um vídeo no YouTube, no qual o Lula diz: "Achado não é roubado." Você achou, pega para você. Isso é um valor proletário, não um valor burguês. O valor burguês é: "Isso tem dono, tenho que achar o dono." São valores diferentes mesmo. Mas o tipo de valor que tem a maternidade ou a paternidade do comportamento social, em determinados instantes, é completamente diferente. E não é um preconceito meu. Posso dar um exemplo: os valores que levam um operário a ter um filho são completamente diferentes dos valores que me levam a ter um filho, entende? Porque o que se tem que procurar entender é qual é a questão que está relacionada com esses valores? Uma delas é a questão da honestidade. Por que a pessoa é honesta? Por que você não pega o que não é seu? Encontrou, mas não pegou... Já escrevi um artigo sobre isso. Você está na casa de um amigo e encontra uma nota de 50 reais. O que você faz? Bota no bolso? É sua ou você vai dizer: "Quem perdeu?" Como é que você faz? O tipo de resposta que você vai dar a isso tem a ver com valores adquiridos, que você recebeu ou construiu. O Nietzsche é quem dá uma resposta a esse respeito. Por exemplo: se a pessoa é cristã, são os seus valores cristãos que vão determinar o seu comportamento...

PROFETAS DO PASSADO

Mas quando você diz que valores morais, como a ética, por exemplo, são comportamentos que se ajustam não só ao padrão socioeconômico do indivíduo, como também às peculiaridades de cada cultura, ressurge a mesma questão: não se poderia pensar que a recorrente origem social de nossos governantes seria outra vertente de interpretação? Sem falar nessa confusão, criada pelo próprio Partido dos Trabalhadores que, quando esteve fora do poder, sempre se autodenominou reserva moral da política partidária brasileira. Tanto que o ex-presidente Lula esperou dezoito anos para chegar à presidência, sem ambicionar outras esferas de poder...

O Lula sempre foi um marqueteiro. Quando foi deputado federal constituinte, ele não aparecia. Nunca fez nada. E quando você pergunta a respeito do "silêncio dos intelectuais", eu não estou enxergando dessa maneira. Acho que tem muita gente dizendo: "Isso é um absurdo, isso é uma roubalheira." O que me fascina é que você entra no Facebook e tem um monte de gente dizendo isso. Tem um monte de jornalista escrevendo isso. E jornalista de esquerda, como a Míriam Leitão, que foi presa e torturada na época da ditadura por ser de esquerda. Ela escreve, diariamente, esculhambando o PT e a Dilma, porque acha que eles estão fazendo tudo errado.

A jornalista Míriam Leitão pode ser apontada, hoje, como um exemplo típico de jornalista demonizada?

Não só ela, como o Merval Pereira. Os dois são sempre citados. Sem falar naquele antropólogo, que também escreve n'*O Globo*, o Roberto DaMatta. Agora, tem os que insistem, o tempo todo, que "não é nada disso, que tudo é um absurdo". O que me intriga e fascina são as pessoas que continuam, renitentemente, dizendo "que não, que o melhor foi eleger a Dilma, sim". E o que é pior: essas pessoas acham que é melhor o PT, em vez do...

Mas por que, em sua opinião, essas pessoas acham isso?

Volto a insistir. É vontade de acreditar. É mais fácil acreditar que, se o Aécio ganhasse, a comida dos pobres iria toda para a mesa dos banqueiros...

Agora, sou eu quem insiste. Pois, por mais que a oposição chame de cooptação, populismo e manipulação, dá para entender que o beneficiário de um programa como o Bolsa Família, por exemplo, tenha dado o seu voto como forma de agradecimento, sem sequer cogitar a questão da corrupção generalizada. Mas como você explica o fato de que setores de uma classe média, altamente politizados, tenham feito a mesma opção eleitoral?

Continuo achando que é o desejo de acreditar. É quase como uma fé religiosa. É mais ou menos a mesma coisa que eu dizia para os meus colegas de colégio: cara, você acha que Deus é justo? "Ah, não, porque ele dá uma chance. Todo mundo tem uma chance..." Ok, mas como é essa chance de se salvar? E se eu não aproveitá-la? "Ah! Então você merece mesmo." Mas se eu não aproveitei, foi porque não tive capacidade, Deus não me deu essa capacidade. "Ah, não, Ele deu, sim, foi você que não aproveitou." Mas, cara, se não aproveitei, é porque eu tinha um defeito... [risos].

No início da nossa conversa, você falou que teve uma militância estudantil secundarista e que entrou para a faculdade em 1958. Você vê alguma semelhança entre esse tipo de atuação política (secundarista) e os debates televisivos do pleito presidencial de 2014? Há quem afirme que os confrontos televisivos mais pareciam uma disputa de chapa para presidente de grêmio estudantil, do que propriamente uma eleição para decidir os destinos do país. Como você vê isso?

40   PROFETAS DO PASSADO

Acho que foi uma coisa muito rasteira mesmo. Era um clima de Fla x Flu, ou, se você preferir, Palmeiras x Corinthians. Não acho que essa classe média de que você está falando continua assim ainda hoje. Embora existam os que querem permanecer, única e exclusivamente, com as suas certezas. Tenho um cliente que diz o tempo todo: "Que bom que a Dilma ganhou, né?" Mas ele não quer conversar sobre o assunto, em momento algum. Não faz diferença se interessar pelo assunto. Porque ele já foi delegado: "Quem cuida disso para mim é o Zé Dirceu, não quero saber, não sou político." Mas vota, torce.

Há pouco tempo, numa festa em Petrópolis, ainda durante o segundo turno, perguntei a uma moça: Você é petista? "Claro. Sou petista e sou Dilma, a mulher que veio para mudar a história deste país", respondeu ela. Como eu já estava pensando neste livro, insisti: "Por que você gosta tanto de ser petista?" "Porque o PT é grupo, é gente, eu me sentia muito sozinha aqui, mas o PT dá festas, a gente está sempre junto..." Como há um pouco essa adesão incondicional, e já que você trabalha com isso, fiquei pensando em perguntar: que agremiação partidária é essa, capaz, também, de suprir carências [risos]?

Tenho duas experiências para contar. Houve um momento em que achei que a Sociedade Brasileira de Psicanálise, à qual eu pertencia, estava ruim: "Não quero mais ficar aqui." E saí. Mas, antes de fazer isso, falei com um colega, que me respondeu: "Py, você é um dos pouquíssimos que pode sair." Faz uma recapitulação: quem saiu do PT? Os pouquíssimos que podem sair. Gabeira saiu, o Airton Soares saiu... A turma toda do PSOL saiu. Quer dizer, quem sai do PT é porque pode sair. Porque as pessoas que saíram — e eu estou falando de petistas de alto nível — são muitas! Mas se você pensar no petistinha, na massa de manobra, você vai ver que é um pouco isso: "Se eu não for PT, vou ser o quê?"

O que você está querendo dizer? Que quem se acopla nesse partido é um segmento muito específico da sociedade? E isso teria a ver com a origem do PT?

Não. Acho que a origem, também, tem a ver, mas acho que esses que falam assim são os que são comprados pelo PT. Outro dia mesmo uma cliente minha estava dizendo: "Ah, isso não vai mudar!" Enquanto a minha empregada diz: "Eu devo a minha casa à Dilma! Vou votar nela para sempre!"

Você acha que esse segmento foi o principal responsável pela reeleição da presidente?

Não, não acho que são só esses que contam. É um pouco diferente. Houve outros efeitos no segundo turno da campanha. O Aécio perder em Minas, por exemplo. Isso tem um significado regional. Isso não tem nada a ver com o PT.

Você acredita no resultado dessa eleição?

Até acredito. Mas acho, também, que eles não teriam o menor pudor de roubar, porque todos os fins justificam os meios, não é? Roubar na eleição não é nada diferente, por exemplo, de roubar da Petrobras. E, como a paranoia está solta, ouvi, outro dia, uma teoria, dessas paranoicas, que diz o seguinte: que o PT, agora, quer acabar com todo financiamento privado de campanha, porque eles acumularam tantos milhões que eles teriam grana para as próximas campanhas, sem precisar de ninguém... [risos].

Também escutei outra "produção paranoica": que o ex-presidente Lula estaria articulando, na surdina, o seu grande retorno à vida pública, dizendo-se totalmente traído pelo PT e criando, portanto, um novo partido. Essa especulação pode remeter a outra questão: por que a atuação dos nossos chamados "homens públicos" nunca passa por uma observação e/ou uma análise psicológica mais rigorosa?

Falei, lá atrás, da mendacidade, que, como diz Leon Uris, trata disto: das pessoas que mentem para si próprias e cometem os piores crimes, porque acham que estão fazendo o bem.

Joseph Goebbels, ministro da Propaganda de Hitler, já dizia que uma mentira repetida mil vezes vira verdade...

Está aí o exemplo do José Dirceu, que viveu anos com uma mulher e nunca contou a ela sua verdadeira identidade. Mas ele não podia contar, porque isso faz parte do apostolado dele. "Eu estou me sacrificando pelo povo! No futuro, serei lembrado como o homem que fez sacrifícios enormes para o benefício da humanidade." Ele será o herói que a humanidade lembrará como aquele que, para implantar o sistema comunista, não mediu esforços em se sacrificar... e por aí vai.

Você acredita nisso? Você acredita que o ex-ministro José Dirceu pretendia implantar um projeto socialista para o país?

Acredito que o José Dirceu acredita... A coisa funciona mais ou menos assim, pelo menos para ele: "Ele não está dando dinheiro para as empreiteiras, ele está usando as empreiteiras para atingir os seus objetivos." Ele não ouve que está sendo usado por elas. Todos eles. Não tem um que não ache que está fazendo o bem e que está se sacrificando pelo bem do próximo.

Se você tivesse o ex-ministro José Dirceu como cliente, qual seria a sua sugestão?

Ia ver o que poderia ser feito para ajudá-lo a ter menos medo de pensar. Porque o significado de tudo isso é que eu não quero mais pensar sobre o que já está pensado. Não preciso pensar mais nisso. Esse assunto está encerrado. Já sei!

De certa forma, isso não seria sinônimo de autoritarismo?

Mas a pessoa autoritária começa sendo autoritária com ela mesma. Autoritarismo quer dizer: "Não encha meu próprio saco com dúvidas. Eu quero certezas!" No hospício, quando o paciente dizia: eu estou pensando que talvez... Eu pensava: ele está começando a ter dúvida, o que quer dizer que o remédio está fazendo efeito. Então, talvez fosse recomendável prescrever Haldol e Metilamina para essas pessoas, até para que eles pudessem melhorar um pouco [risos]. Porque todos apresentam o mesmo quadro. O cara vai ser político. Isso quer dizer, então, que ele tem uma segunda vocação, que é o roubo. Aqui, o cara vai ser político, quase sempre, nesta medida: para roubar para si, porque o emprego é bom e ele quer se dar bem. Esse é o segundo tipo de político...

E o primeiro, qual é?

O primeiro é aquele que está lá porque vai salvar a humanidade..

Como você vê a possibilidade de associação, em nosso inconsciente coletivo, da ideia de que política é sinônimo de alpinismo social?

Acho que isso já está mudando... O que não se pode esquecer é que o contraditório é do humano. Até o fim do século passado, católicos e protestantes se assassinaram brutalmente, durante milhares e milhares de anos. E agora você tem a "irmandade mulçumana". Isso também é do humano. Aliás, o escritor francês Romain Gary é quem dizia um negócio interessante: "A coisa mais horrível do nazismo é que o nazismo é humano!" É para pensar, né?

Você se importaria em declinar o seu voto no segundo turno da eleição de 2014?

Votei no Aécio.

E por quê?

Porque eu não aguento mais o PT. Acho que está tudo muito ruim, a economia está uma droga, o governo da Dilma foi péssimo. Então, não tenho porque continuar apoiando ou apoiar. E até que houve um movimento. O Aécio não ganhou, mas cresceu. No mínimo, porque já havia muita gente insatisfeita.

Luiz Alberto Py (de Mello e Silva), carioca, 75 anos, é psiquiatra, psicanalista, professor, escritor e jornalista. Autor de doze livros, sua formação também inclui trabalhos no exterior. É significativa em sua trajetória profissional a busca pela democratização da psicanálise, assim sintetizada por ele: "Eu quero ser entendido, porque o que cura é a evolução da pessoa."

Daniel Aarão Reis

"O Michael Löwy tem uma frase que sintetiza a experiência do PT: 'É um partido que faz tudo pelos pobres, desde que não ofenda nenhum privilégio dos ricos.'"

Rio de Janeiro, 24 de fevereiro de 2015

Seu currículo é de luta por um Brasil menos desigual. E, por mais que você tenha feito algumas opções radicais no passado, o historiador e o professor universitário de hoje demonstram uma isenção rara diante da realidade dos fatos. Isso é um reflexo do processo natural da história, em que a isenção só vem com o passar dos anos, ou é uma espécie de autocrítica?

O ofício de historiador contribui para que a gente tente compreender o que se passou, em vez de ajuizar. O que não impede que muitos historiadores cultivem preconceitos e, também, se envolvam em juízos a respeito da história. O que acaba prejudicando, de certo modo, o resultado dos seus trabalhos. Você deve se esforçar, antes de tudo, por compreender o que levou as pessoas a fazerem isso ou aquilo, tentar, enfim, como vêm fazendo muitos historiadores, travar um diálogo com a Antropologia, que é uma disciplina que procura observar muito

46 PROFETAS DO PASSADO

essa norma. Você deve se colocar no ponto de vista do observado, para tentar compreender melhor as suas observações, o que ele faz ou deixa de fazer. Acho que essa é a contribuição, a recomendação da melhor história. É claro que, por outro lado, me ajudou, também, o fato de eu conseguir, ou tentar conseguir, incorporar a derrota do projeto no qual me envolvi. Fiz parte de um grupo grande de pessoas — talvez não tão grande assim — que se envolveu naquele projeto de luta armada contra a ditadura e que foi uma derrota catastrófica. Muitos pagaram com a vida... De maneira que não é fácil você lidar com uma derrota tão trágica. Eu me empenhei muito em entender as razões dessa derrota, e isso, de certo modo, também contribuiu. Os melhores historiadores, a meu ver, têm essa ideia: antes de julgar, você deve tentar compreender. O que não impede que você tenha os seus próprios pontos de vista. A neutralidade do historiador é impossível, ele sempre terá seu ponto de vista, suas premissas, seus valores.

Quando você diz que busca a isenção, que busca ir ao encontro do papel do historiador, essa é uma linha de análise que você vem desenvolvendo já há algum tempo. Inclusive, você fala disso num artigo que faz parte do livro *Mortos e desaparecidos políticos: Reparação ou impunidade?* Você aborda a questão das (re)construções históricas como "verdadeiros deslocamentos de sentido que, conscientemente ou não, são introduzidas nos debates e fixadas na memória nacional como verdades irrefutáveis". E você dá um primeiro exemplo de deslocamento: os revolucionários, que deixaram de ser apresentados como partidários de um movimento ofensivo, que pretendia destruir a ditadura e o sistema (capitalista) que ela representava, para aparecerem como membros de um processo de resistência democrática, próprio da sociedade brasileira, que nunca teria deixado de cultivar os valores democráticos. Você poderia explicar melhor esses deslocamentos, a partir da realidade política atual?

No caso concreto que você traz para discussão, você está se referindo à metamorfose que houve na ideia das lutas das esquerdas, autodenominadas, na época, revolucionárias e que foram, depois, no final dos anos 1970, reconfiguradas como alas de extrema esquerda da luta democrática brasileira.

Mas o que (ou quem) fez essa reconfiguração?

Isso é muito interessante, porque, na época da luta, o grande objetivo não era realmente restabelecer a democracia. O grande objetivo era destruir o capitalismo. Estávamos convencidos — e não estávamos sozinhos nisso, pois uma galeria de pensadores importantes pensava que a ditadura iria trazer, apenas, repressão e estagnação para a sociedade brasileira. Os grandes pensadores de esquerda do Brasil, antes de 1964, imaginavam que o país precisava de reformas profundas, e que só através dessas reformas — as reformas de base — é que o país, realmente, descortinaria horizontes de crescimento e de desenvolvimento. Quando veio a ditadura, a ideia era que ela vinha para deter esse projeto reformista, liquidar com ele. Então, na medida em que a única via para garantir o desenvolvimento era a das reformas, e elas estavam sendo bloqueadas pela ditadura, a opção pela luta armada parecia quase inevitável. Aliás, as propostas de luta armada já vinham sendo elaboradas antes de 1964, exatamente porque havia convicções de que o movimento reformista não ia dar certo. Elas estavam entre militantes do PCdoB, da Ação Popular e militantes do próprio PCB, pois existiam tendências, dentro do PCB, que eram muito céticas em relação àquele programa de reformas dar certo. Logo, era a estagnação ou a luta armada. Mas tinha, também, outro conjunto de forças: o nacionalismo de esquerda, capitaneado pelo Brizola, as lideranças camponesas... Havia todo um contingente da esquerda que estava, também, muito cético em relação à possibilidade das reformas, embora lutasse por elas. Por isso, quando veio aquela derrota, a ideia pareceu muito clara, já que havia uma associação íntima entre a

48 PROFETAS DO PASSADO

ditadura e o capitalismo. A ditadura era filha do capitalismo e a única maneira de o capitalismo se manter no Brasil era através da ditadura. Houve, então, uma releitura daquela dicotomia que Rosa Luxemburgo já formulara antes da Primeira Grande Guerra: "Socialismo ou Barbárie", sendo que, no caso brasileiro, ficou definido como "Socialismo ou Fascismo". A ideia era que a ditadura iria se tornando fascista, cada vez mais, e, portanto, não havia nenhuma outra perspectiva que não fosse a da luta armada. Essa perspectiva, à qual dei o nome de "A utopia do impasse", e que foi minha tese de doutorado, com um estudo sobre as esquerdas, também está fundamentada pelos grandes autores na época — Celso Furtado, Caio Prado Júnior, Teotônio dos Santos —, que apontavam nessa direção. Não era uma coisa só de jovens inexperientes. Havia, também, Octavio Ianni, Paul Singer... Tinha toda uma plêiade de pensadores de esquerda que faziam essa reflexão. Eles construíam essa concepção do impasse catastrófico. Nessa perspectiva de associação íntima entre ditadura e capitalismo, só derrubando a ditadura é que você destruiria o capitalismo. Todos aqueles grupos revolucionários tinham essa visão de derrubar o capitalismo para construir um socialismo. E os grandes exemplos do socialismo do século XX, as três grandes vias — soviética, chinesa e cubana —, eram vias autoritárias, não eram vias democráticas. Você não teve um socialismo democrático no século XX. As revoluções vitoriosas sempre desembocaram em ditaduras revolucionárias. Claro que, num outro viés, você pode argumentar — e nós argumentávamos isso — que as ditaduras revolucionárias, ao atender aos reclamos e às grandes aspirações de grande parte da sociedade, estavam sendo democráticas, de fato. Elas estavam ouvindo os clamores do povo, como dizia uma resolução da CNBB dos anos 1970. Quer dizer, tem aí toda uma discussão em relação a esse conceito de democracia. Se você pensa em democracia em termos de um regime que assegura liberdade da palavra, liberdade de expressão, liberdade de organização sindical e partidária, eleições regulares, é muito difícil argumentar que Cuba,

União Soviética e China Popular fossem regimes democráticos. Então, esse regime pelo qual a gente lutava era chamado, por alguns, de ditadura do proletariado, ou, então, de ditadura revolucionária, ou, ainda, de governo revolucionário. Mas o padrão compartilhado por todos é que era, realmente, uma ditadura revolucionária, porque a ideia era de que o governo resultante de uma grande guerra civil teria que esmagar, pela força, os opositores: a minoria de ricos... E também se cogitava que os Estados Unidos iam acabar entrando nessa batalha. Pois, se eles estavam lutando, desesperadamente, no Vietnã, não iam deixar que o Brasil se transformasse em um país socialista. Quer dizer, ia ser uma guerra civil prolongada e o fruto disso seria, necessariamente, um governo ditatorial revolucionário, embora formado pelos interesses das amplas maiorias.

Sim, mas e aí? Como se deu, então, isso que você chama de deslocamento?

Uma vez que o projeto revolucionário foi liquidado, a maioria dos exilados foi, progressivamente e de uma maneira muito contraditória e nada linear, embarcando nas lutas democráticas que passaram a ter vigência no Brasil na segunda metade dos anos 1970. Há, inclusive, uma polêmica a respeito disso. Algumas organizações abandonaram a perspectiva da luta armada por compreenderem que não havia respaldo social e que, portanto, era necessário reorientar as concepções de luta. Várias organizações que, no período anterior, estiveram definidas pelo enfretamento revolucionário, mudaram, progressivamente, seu ponto de vista e passaram a participar das grandes lutas democráticas. Então, a partir de um determinado momento, começou a se alterar esse deslocamento de sentido; ocorreu uma releitura da luta revolucionária do final dos anos 1960 e meados de 1970, como uma luta que, afinal de contas, tinha sido imposta pelas circunstâncias. Enfim, a mãe da luta armada tinha sido a ditadura e, por falta de recursos, todo esse pessoal aderira à luta armada, mas o que se objetivava, realmente, era restabelecer a democracia no Brasil.

E essa associação entre a luta revolucionária e a democracia começou a ser feita, gradativamente. Isso teve, de um lado, certa imposição das circunstâncias, porque o projeto de luta armada tinha sido muito vanguardista, para usar um termo da época. Ele não passou por uma consulta sistemática, porque não havia, na sociedade, condições para isso. Foi um pouco projetado de cima para baixo, e para tornar congruente a luta pelo restabelecimento da democracia e, ao mesmo tempo, a associação a essa luta derrotada, a maneira encontrada foi, exatamente, reler a luta armada como uma luta democrática radical. E aí, você tem um processo que é muito comum na história, que é o processo da memória se impondo ao da história. Porque as pessoas, às vezes, confundem memória e história. Memória é um exercício, uma atividade a que todas as pessoas podem se dedicar, e a que a sociedade, como um ente coletivo, também pode se dedicar e se dedica. A memória é uma atividade que está sendo feita e refeita, sempre. Ela é uma fonte da história, que está em permanente processo de elaboração. Mesmo quando ela falsifica alguma coisa, explicitamente, isso não deixa de ter interesse para o historiador. Quando a história consulta uma fonte memorialística, ela é chamada a cotejar essa fonte com outras, para que você possa ter, realmente, uma análise mais sofisticada, mais complexa. Um exemplo: a França, que é um dos países do Ocidente mais impregnados de história, teria resistido ao nazismo? Foi preciso todo um movimento de questionamento, muito difícil, muito doloroso, que enfrentou muitas resistências, para mostrar que não tinha sido bem assim. Ou seja, se alguns milhares de pessoas — e isso foi aumentando com o tempo — resistiram ao nazismo, num primeiro momento, tinha prevalecido um sentimento capitulacionista e uma perspectiva de colaboração muito mais forte que a resistência. Mas só se chega a essas observações, se houver uma análise objetiva da questão. O historiador francês que fez essa análise verificou que os colaboradores extremados do nazismo eram uma minoria, e os resistentes extremados também eram uma minoria. E que, entre esses extremos, existiu o que eles chamam de uma massa cinzenta. E aí você tem, frequentemente, trânsitos de pessoas que apoiaram e que depois pararam de apoiar, pessoas que eram indiferentes, outras que tinham posições ambivalentes... E isso, por mais que pareça estranho, é a mais pura verdade. No Brasil, a gente sempre teve isso também: pessoas que apoiavam, simultaneamente, o fascismo e a resistência. O Sartre, brincando, dizia: "Em cada família francesa tinha um tio colaborador e um tio na resistência."

Você pode dar um exemplo em relação à história brasileira?

No final dos anos 1970, quando houve um primeiro exercício de memória sobre a ditadura, a ideia que prevalecia era que a ditadura foi imposta à sociedade brasileira... Bem, a gente está superando a ditadura agora... De qualquer forma, é bom lembrar que, quando a ditadura do Estado Novo acabou, por exemplo, não houve, na sociedade brasileira, uma análise apurada do significado daquele momento. E isso não tem nada a ver com uma expressão muito popular, da qual eu discordo radicalmente, que é "o povo brasileiro não tem memória". Todos os povos têm memória. O problema é que a memória, como eu disse, é seletiva e responde a determinados interesses, a determinadas circunstâncias. No final da ditadura, em 1979, se você quisesse instaurar um inquérito radical a respeito das bases da ditadura, de quem tinha apoiado, efetivamente, a ditadura, você ia criar uma dificuldade muito grande. Pois quase todas aquelas figuras — Teotônio Vilela, José Sarney, entre tantos outros — estavam migrando do apoio à ditadura para a luta democrática. A gente está entrando, aqui, num terreno muito controverso. Até hoje, há muitas controvérsias sobre isso, mas a reflexão que eu faço é que seria muito difícil você constituir aquela frente, extremamente heterogênea, que viabilizou a transição democrática no Brasil e, ao mesmo tempo, fazer um inquérito para saber quem fez o que, a favor ou contra a ditadura. Então, qual foi a melhor maneira de lidar com isso? Figurar a sociedade brasileira como uma vítima da ditadura, vitimizá-la. A sociedade tinha sido oprimida, desbaratada e, agora, estava saindo daquele pesadelo por meio de um processo democrático. E à medida que essa frente estava se ampliando à direita, integrando personalidades, lideranças extremamente importantes da ditadura, não haveria nenhuma congruência excluir, dessa ampla frente, os bravos meninos que tinham recorrido às armas para lutar contra a ditadura. E o encontro dessa direita com essa esquerda, na luta democrática, se deu exatamente na visita de Teotônio Vilela aos presos políticos, que ainda estavam lá. Esses "meninos" revoltados, autoconfiantes, ousados — só essa coisa de chamar de meninos já dá uma ideia — foram, na verdade, generosos, abnegados... O que é que eles queriam, afinal de contas? Melhorar este país." Eu me lembro de uma camarada — e não vou citar o nome dela aqui, evidentemente — saindo de uma sessão da Comissão de Anistia, na qual ela havia ganhado uma reparação. Os repórteres perguntaram: "Como você vê a luta que vocês travaram na época? E ela disse: "A gente queria melhorar este país." Ora, o Médici também queria melhorar este país. Quem não queria melhorar este país? O próprio Apolônio de Carvalho, um dirigente comunista... um revolucionário histórico, é apresentado, por ocasião de sua morte, fazendo-lhe um "elogio", como um democrata. Eu vi necrológios do Apolônio que nem se dizia que ele era comunista.

São eufemismos que se criam para os personagens da história?

É o que a gente chama "a seletividade da memória". O ser humano, embora seja um ser extremamente incoerente e incongruente, tem a ideia de reconstituir vidas como um todo coerente e congruente. Escrevi, há pouco, um artigo sobre o Leandro Konder, quando ele faleceu, que falava do *curriculum* morte. Porque o *curriculum vitae* é uma coerência espantosa, só tem os feitos favoráveis e positivos e tudo se conecta de maneira extraordinariamente clara e racional. Ora, isso não existe na história das pessoas e não existe na história das coletividades. Mas a tendência é esta:

apresentar, quase sempre, uma história linear, por ser mais rápida e mais convincente. A memória chega, em certos casos, a construir a história, quando diz que a luta armada, por exemplo, começou depois do AI-5. E isso não é exato. A luta armada começou logo depois do golpe, e ela já estava sendo armada bem antes do golpe. A perspectiva da luta armada era motivada por vários grupos, repito, antes mesmo do golpe de 1964.

Você está se referindo às camadas médias da população. Essa mesma classe média que Engels, por exemplo, sempre considerou como capaz de nortear a condução de suas ideias (e práticas) políticas de acordo com os seus interesses mais imediatos. Nesse sentido, é possível especular, então, que se encontraria, em formulações como essa, a origem e/ou a "justificativa" para o atual projeto petista de poder, em que "os fins justificam os meios"? Como é que você analisa esse nosso momento político, em que tantos companheiros que brigaram juntos no passado não só se encontram, hoje, em campos opostos, como não se enxergam mais com a mesma identidade político-ideológica?

Por ocasião dos cinquenta anos da ditadura, um dos aspectos que apareceu como uma lacuna muito grande, que não tinha sido observado antes, foi como o homem (e a mulher) comum brasileiro lidou com a ditadura. Temos sondagens interessantes, porque teriam registrado zigue-zagues. A gente tem feito algumas sondagens, lá na UFF, e acho que, como a maioria dos alunos, hoje, é de condição popular, os resultados são muito interessantes e, às vezes, perturbadores. Uma grande parte dos avós e pais dos alunos mais pobres tem uma memória do tempo da ditadura consideravelmente positiva. Não é uma memória negativa, não é uma memória de um tempo de horrores.

Essa memória de um tempo de horrores seria exclusiva, então, das classes médias, na medida em que foram elas que protagonizaram a luta e, portanto, foram as mais vitimadas?

54 PROFETAS DO PASSADO

Foram vitimadas, em termos, porque uma grande parte dessas classes médias participou, levemente, do processo. Inclusive, teve momentos de muita prosperidade. Quando voltei do exílio e entrei na Universidade Federal Fluminense, em 1981, os colegas que eram universitários no período da ditadura diziam que, sobretudo a partir de 1970, a universidade ganhou um apoio absolutamente fantástico do governo. O que teria acontecido, segundo Rodrigo Patto Sá Motta, seria um processo de acomodação de interesses; a universidade cedendo aqui, a ditadura cedendo ali. Ele observa que, em determinados momentos, existiram grupos lutando contra a ditadura. Só que, no conjunto da universidade, são grupos muito pouco relevantes, porque, quando a ditadura se instaurou, o sistema universitário brasileiro tinha 10 mil professores e, em 1979, tinha 30 mil. Ou seja, tinha triplicado. E os professores cassados eram cerca de duzentos. Então, se nesse lugar ultrassensível, você teve um processo de acomodação, você não pode dizer que a classe média lutou contra a ditadura. Segmentos dela lutaram. Inclusive, também, não se pode correr o risco de dizer que só quem fez a luta armada lutou contra a ditadura, pois não é verdade. Muita gente lutou contra a ditadura, sem armas na mão e contra a perspectiva de colocar armas na mão. Você teve os autênticos do MDB, você teve gente da Igreja... Teve, também, quem inicialmente era a favor, mas virou contra, depois. Muitos líderes conservadores, que no início queriam uma intervenção militar rápida, viraram oposição depois, como o próprio Ulysses Guimarães, que se transformou no grande líder das oposições: "Senhor Diretas" e presidente da Assembleia Constituinte. Então, essa ideia de que a classe média lutou contra a ditadura... Não! Não foram só os meninos da classe média que lutaram e pegaram em armas. Houve, também, muita gente que pegou em armas e não era de classe média. Ressalvado o peso inegável dos universitários, a classe média — esse sujeito plural, complicado, difícil de ser cunhado teoricamente — teve atitudes como o resto do povo, uma atitude ziguezagueante: foram a favor, foram contra. Houve momentos, como em 1968, que ocorreu uma grande articulação contrária à ditadura. Mas aí, depois, de repente, aconteceu o "milagre"... Eu falei que, até hoje, está pouco estudada a questão do homem e da mulher comum na ditadura. Mas esse movimento de trânsito também está pouco estudado. Quando você vê um Sarney, um Teotônio Vilela, um Severo Gomes, esse tipo de personalidade transitando, você pode observar que eles não são pessoas isoladas no contexto social. Eles são, provavelmente, expressões individuais políticas juntando-se ao maior: gente que apoiava a ditadura e que, depois da liquidação completa da opção da luta armada e da prosperidade conseguida pelo "milagre", começou a considerar que o Estado estava grande demais, estava demasiadamente forte e que era a hora de fazer uma transição para a democracia. Aí, você tem muita gente de classe média, sim, que começou a apoiar esse trânsito. Mas o que acabou legitimando, enormemente, esse movimento foi o fato de que os próprios meninos da luta armada começaram a se ver, também, como pessoas que lutaram pela democracia. Isso uniu a frente e, inclusive, viabilizou a anistia. Seria difícil anistiar o grupo que queria fazer uma ditadura revolucionária neste país; seria muito mais palatável anistiar o grupo que queria uma democracia.

Quando você traz exemplos como o da universidade que, teoricamente, é o espaço do dissenso e que, portanto, deveria protagonizar a inquietação, junto com o fenômeno do "trânsito", que fez com que apoiadores da "revolução" se transformassem, depois, em opositores do golpe, você está falando, exatamente, das classes médias que, como é de praxe, estariam se ajustando às mais diversas situações, tangenciando, de certa maneira, as questões político-ideológicas como uma coisa de menor importância?

Não diria que essa tendência ao ajuste seja apenas das classes médias, porque hoje, com a internet, isso se redefiniu muito. Mas, na época, você tem razão. Os jornalistas, os escritores, os advogados, os políticos têm origem na classe média. Porém, não só a classe média tem de ajustamento. As camadas populares também têm essa dinâmica de ajustamento. Se você tem uma perspectiva da história da nossa República, vai ver que as camadas populares também encontraram as suas vias de ajustamento. E isso, às vezes, foi viabilizado por inciativas do próprio poder político. Estudos recentes mostram, inclusive, que a legislação trabalhista começou antes de 1930, mas só ganhou expressão depois, até se consolidar em 1943. É o ditador, é o Estado ditatorial que está se associando a isso, ali, e as camadas populares se ajustam. E não gratuitamente, pois tornam esse homem uma grande referência em nossa história. No ano 2000, houve uma pesquisa, no Brasil, sobre quais seriam os líderes mais importantes de nossa história. E o resultado deu Princesa Isabel e Getúlio Vargas. As camadas populares se ajustando às diretivas do poder, encontrando um caminho e, posteriormente, ao longo daquela República que foi instaurada em 1946, continuou a haver esse processo de ajuste. Acho que o ajuste só começou a ser questionado nos movimentos das reformas de base, antes de 1964. Ali, a conciliação foi questionada em favor de um novo projeto para o Brasil. Mas, quando esse movimento foi derrotado, em 1964, ao contrário do que nós, os radicais, esperávamos, não houve um levantamento geral da sociedade brasileira contra a ditadura. Houve um processo de ajustamento. Designar, então, a classe média como única portadora dessa perspectiva de conciliação é... uma redução. Essa perspectiva de conciliação forma, na verdade, o conjunto da sociedade. É uma coisa transversal. Embora você tenha alguns setores mais radicais e intransigentes à conciliação, que são os grandes senhores latifundiários da terra.

Mas numa perspectiva histórica, se você pensar bem, todas as classes sociais se movem sempre atuando por seus interesses. É isso que determina os movimentos das classes. A grande massa das pessoas mede os seus passos em função do cálculo de custo/benefício, em relação aos seus interesses presentes.

Gostaria de voltar um pouco à sua trajetória de militante. Na volta do exílio, você é um dos que se filiam ao Partido dos Trabalhadores. E naquele momento, todos nós tínhamos a utopia como realidade, o sonho como realização de vida, e a esperança como premissa obrigatória da existência. Isso quer dizer que os valores morais eram absolutos para quem se pretendia um revolucionário, não é mesmo?

É [silêncio]. Sem dúvida. Nossa ideia de revolução era muito forte.

Era muito forte, né? Falsear a verdade, trair um companheiro, não ter uma postura rigorosamente ética, tudo isso incomodava, sobremaneira, os revolucionários de então, não era isso?

É, apesar de eventuais erros que possam ter sido cometidos, tudo sempre esteve sujeito à discussão. Essa era a tradição do Partidão, o melhor do Partidão. É claro que você poderia encontrar dirigentes que se corromperam. Mas eram exceções. Havia uma tradição de ética, de rigor. O próprio Prestes, de quem eu fiz a biografia: quando você vai visitar o apartamento dele, e mesmo ele tendo morrido já há muitos anos, dá para perceber a forma modesta como ele viveu. Mesmo depois de reformado pelo Niemeyer. Nós, na verdade, tínhamos muita ambição do poder. Quer dizer, não é que não existissem ambições, só que elas eram delirantes, muito maiores do que acumular grana, que virar uma pessoa com um apartamentozinho ou um apartamentozão no Leblon. Era um verdadeiro desprezo aos bens materiais.

58   PROFETAS DO PASSADO

A partir da sua trajetória como historiador e como cidadão, de que forma você vê este momento, no mínimo confuso, da história política brasileira? Por mais que a ética possa ser entendida como um conjunto de valores, que podem sofrer transmutações de acordo com as circunstâncias históricas, parece que agora, mais do que nunca, ela perde o protagonismo no campo das relações políticas. Qual é a sua opinião a esse respeito, especialmente tendo sido você um petista histórico?

Tenho uma visão muito crítica do PT e dos seus descaminhos. Aderi ao PT desde o início, fui do diretório regional e, depois, cheguei a ser presidente regional. Colaborava muito com os ministros do PT. Na verdade, comecei a me afastar desde os anos 1990 e, depois, acabei consumando meu desligamento em 2005, antes do escândalo do mensalão. Eu me afastei porque escrevi uma carta para o Genoino... Aliás, eu gostava muito dele, acho que ele é um dos poucos que conseguiram escapar dessa sedução pelo dinheiro. Você percebe que ele é um cara que continua vivendo modestamente. Ele assinou, não há dúvida. Ele era o presidente do partido e errou, porque não teve a coragem de dizer: escuta aqui, não vou compartilhar com isso. Se assinou, se responsabilizou, não há o que negar. Mas é um cara que você vê que não tirou proveito pessoal, como muitos outros, como o Lula e o José Dirceu, por exemplo. Mas antes de aparecer esses escândalos, eu já tinha me afastado e me desliguei formalmente, porque achei que o PT tinha entrado numa dinâmica de gerência do processo histórico brasileiro, em vez de se manter como um agente de transformação, que era sua identidade original. O PT se transformou num gerente, num gestor do capitalismo brasileiro. Isso me decepcionava muito e por isso me afastei. Depois é que vieram todos esses escândalos...

E como é que você chegou a esse diagnóstico?

Apesar de ser muito crítico do PT, como historiador social, não posso compactuar com essas críticas que se fazem ao PT, sem contextualizá-las no processo social brasileiro. Não que eu queira dizer que os partidos são consequência mecânica das circunstâncias. O partido tem uma margem de autonomia muito forte e pode atuar, às vezes, até contra a corrente, tentando evitar que aconteçam coisas que sejam consideradas ruins do ponto de vista político e ético. Há muitos exemplos históricos de partidos que preferiram ficar, como a gente dizia, ao sol e ao sereno do isolamento, e esperar conjunturas melhores. Os partidos têm uma margem de autonomia muito grande, em relação à sociedade. Porém, eles não podem ser vistos se não dentro do contexto da sociedade.

Vamos voltar ao início. No seu entendimento, como é que nasceu o PT?

O estímulo básico do nascimento do PT foram aqueles grandes movimentos sociais no final dos anos 1970, início dos anos 1980. Houve uma aspiração muito grande de mudança no país, sobretudo nas camadas populares mais conscientes, mais ativas. Havia uma descrença enorme no sistema político existente. Aliás, isso aí, se você recua no tempo, você vai ver que essa referência é muito forte nas camadas populares, há muito tempo. Acho que a primeira vez que a nossa República registrou, realmente, uma participação forte de movimentos populares foi na conjuntura imediatamente anterior a 1964. Depois, teve de novo aquela derrota catastrófica e o que a gente viu, entre 1979 e 1980, com aqueles movimentos sociais, e para além das reivindicações econômicas, que são fundamentais, foi essa coisa da descrença completa, que é uma tradição, já longa, nesse sistema político que aí está. E o PT apareceu, então, como uma expressão de alternativa para essa descrença. Era como se dissesse: vamos trabalhar as alternativas. E ele vai ter uma longa marcha aí, nos anos 1980

60   PROFETAS DO PASSADO

e 1990. Quer dizer, são vinte anos de erros e experiências, em que o PT se mantém claramente fiel a essa perspectiva de transformação da sociedade que, a meu ver, tem o apogeu nas eleições de 1989. A partir daí, ao longo dos anos 1990, ele vai passando por um processo de metamorfose.

E por onde (ou por que) começa essa metamorfose?

Vai ajudar muito as administrações petistas municipais e a participação na luta institucional. Isso, aliás, se você examinar a história dos partidos, na Europa, onde ela é muita rica, você vai observar processos análogos. Partidos revolucionários ou alternativos, na medida em que mergulham no campo institucional, passam por uma acomodação, especialmente, quando as circunstâncias não são favoráveis ao processo radical de transformação.

Mas e as máximas neoliberais e a globalização? Tudo isso, que começa a aparecer na década de 1980, não "auxilia", também, nesse processo de transformação?

Acho que, nos anos 1980, houve um apogeu do neoliberalismo no mundo, mas o Brasil resistiu bem a esse neoliberalismo, a essa onda neoliberal. E a expressão mais clara de como essa resistência foi possível é a Constituição de 1988. Apesar de os grandes órgãos de imprensa de direita terem batido muito nela, e lutado muito contra ela, apesar de uma maioria de direita que, no final, se constituiu dentro dela — o famoso Centrão —, apesar disso, a Constituição, com suas lacunas enormes, com seus legados que permaneceram da época da ditadura, apesar de tudo isso, é uma Constituição formada por aquilo que eu chamo de cultura nacional estadista. Porque ela é muito forte, e não é só alguma coisa querida pelas camadas populares, há, também, empresários que gostam disso, há militares, a classe média... Há categorias muito diferenciadas que se agrupam em torno dessas grandes referências nacional/estadistas, nesse pacto nacional/estadista. Então, o Brasil resiste bem, a meu ver, a essa primeira ofensiva neoliberal. Com o Collor, parece que o Brasil vai entrar numa perspectiva completamente neoliberal. Porém, é um efeito muito efêmero. O Collor vai embora e no lugar dele aparece essa figura do Itamar Franco, que é um nacional/estadista de carteirinha e que entrou ali, no turno do Collor, por uma incongruência típica do sistema político brasileiro. Como é que um presidente ultraliberal vai ter um vice conservador nacional/estadista? Um queria abrir o Brasil para o mundo, entregar o Brasil ao mundo, e o outro, que está ali, ao seu lado, está pensando em Juiz de Fora... É uma diferença injustificável, uma simetria completamente pirada. E depois do Itamar, vem o FHC. O FHC é acusado pelas esquerdas brasileiras de neoliberal. Acho que foi um exagero chamá-lo de neoliberal, embora tendo entrado nessa onda de privatizações, como diz o Gaspari, nas privatarias. Apesar disso, o Estado brasileiro mantém-se com grande força, com grande autonomia. Sempre me manifestei nas discussões políticas sobre isso, achava que era um exagero situar o FHC e seus dois mandatos como de direita neoliberal. Há nuances que não são consideradas. Há uma polarização da luta política eleitoral que leva a exagerar tanto o direitismo dos tucanos, como o esquerdismo do PT. Agora, ao longo desses anos 1990, acompanhando o FHC, o PT vai se transformando num partido gestionário, e para isso contribui, poderosamente, o seu *establishment*: vereadores, deputados, senadores, prefeitos, governadores. Mesmo envolvidos pelo *establishment*, esses deputados, senadores e vereadores, nas cidades e nos estados que o partido administra, continuam se distinguindo dos demais por serem pessoas mais sensíveis às aspirações populares.

Mas onde fica então o discurso da ética? Pois o PT nasceu e permaneceu com esse discurso durante quase duas décadas, o tempo em que esteve na oposição, não é mesmo?

62 PROFETAS DO PASSADO

É, mantendo externamente. O Brizola já dizia que o PT era a UDN dos tamancos. Que vivia dizendo que era a favor da moral e da ética... Mas a verdade é que, depois que assumiu o governo, e a partir daquela Carta aos Brasileiros, o PT renunciou, completamente, a uma perspectiva de transformação. Na verdade, foi uma "Carta aos Capitalistas", para que eles ficassem tranquilos, pois a coisa ia ser mansa. O que se consagrou, a partir dali, foi o coroamento de todo um processo. Foi a consolidação de um processo que vinha em curso e que ficava muito claro. Só não via quem não queria ver. Mas era claro que havia, também, um processo de ajustamento. A partir dali, quando o Lula assumiu o poder em 2002, seus dois governos foram polifascistas e a meu ver, são muito bem sintetizados pelo que diz Michael Löwy. Ele tem uma frase que eu uso muito, que sintetiza muito a experiência do PT: "É um partido que faz tudo pelos pobres desde que não ofenda nenhum privilégio dos ricos." Isso também teve resultados colaterais muito positivos, em muitas áreas. Não me refiro só à distribuição de renda, que foi notável, embora se você comparar os dinheiros da Bolsa Família e das bolsas todas, e os dinheiros dados, de mão beijada, aos capitalistas, através do BNDES, é uma proporção de um para cinquenta. Mas, considerando o contexto de desigualdades pavorosas que havia neste país (e que sempre houve), essa pequena verba foi capaz de efetuar uma distribuição de renda só comparável à que tinha sido feita pelo Plano Real. Foi notável o proces so. E a gente discutiu muito isso nos cinquenta anos da ditadura: como o modelo econômico básico, implantado pela ditadura, não foi ainda sequer tocado. É uma coisa que continua se reproduzindo, mantendo, mesmo, todos os seus aspectos fundamentais. Então, essa distribuição de renda foi feita, e ela é notável. Para além dessa distribuição, é importante registrar uma notável mudança do regime republicano democrático em relação, também, ao passado. Você vai ter uma ascensão de lideranças populares aos mais diferentes cargos políticos e culturais que é também inédita na história da República brasileira.

Mas isso seria mérito exclusivamente do governo, sem qualquer interferência do Estado?

É uma coisa ligada na outra. Porque isso tem a ver, realmente, com processos dinâmicos da sociedade, mas que o PT não travou. Num governo, você pode estimular ou travar processos sociais. Ele não travou e, em alguns casos, até desestimulou. Não é à toa que o PT tenha sofrido, nesses últimos tempos, um desgaste muito grande, porque essa forma do polifascismo está fazendo água, né? Ela atingiu certo limite... E isso, desde o primeiro governo Dilma. E não é só porque a Dilma é incompetente e não sabe falar que as coisas estão declinando. É porque essa fórmula de dar tudo aos pobres sem mexer em nenhum privilégio dos ricos parece ter alcançado certo limite.

Quando, na sua opinião, o PT adota a máxima "os fins justificam os meios", como projeto de permanência no poder?

O PT vai se metamorfoseando ao longo do tempo: tem uma primeira fase até 1989; depois de 1990, o partido vai fazendo essa experiência de gestão, vai se transformando em gestionário e, gradativamente, vai começando a entrar nos circuitos da corrupção. Aliás, essas questões foram apontadas pelo meu compadre Paulo de Tarso Wenceslau desde 1992, quando, na condição de Secretário de Finanças de São José dos Campos, ele denunciou uma empresa chamada CPEM. As prefeituras do PT já estavam todas dominadas nessa época.

Há especulações de que o prefeito de São Bernardo do Campo, Celso Daniel, teria morrido por causa disso, porque tentou denunciar questões desse tipo...

Ele descobriu um negócio e denunciou. Isso foi nos anos 1990. Eu ajudei muito nesse processo, ajudei muito naquele combate. Depois, a coisa foi se estendendo. O PT vai se transformando num partido de mera gestão da ordem vigente e, como eu disse, a coisa se radicaliza com a Carta aos Brasileiros. Mas o PT continua sendo, apesar dos pesares, um instrumento de promoção social das camadas populares.

64 PROFETAS DO PASSADO

E o que você tem a dizer a respeito de outra máxima, que já foi, inclusive, se não me falha a memória, mote de campanha udenista: "Rouba, mas faz"?

Quando o Lula diz, candidamente, "estou fazendo o que todo mundo faz", ele está dizendo a verdade. O que não o exime, no entanto, de responsabilidade. Não o exime de responsabilidade porque, afinal de contas, ele foi eleito para acabar com isso. Embora, nos anos 1990, a corrupção já estivesse lavrando, alegremente, nas prefeituras paulistas: Palocci e outros estão recebendo dinheiro, estão fazendo concorrências fraudulentas... isso era regularmente denunciado..

Internamente?

E externamente também. Citei o Paulo de Tarso. E os dirigentes petistas, realmente, imaginavam que, para fazer a grande política, para se colocar como um ator relevante, você tinha que ter muito dinheiro; e, para ter muito dinheiro, você tinha que fazer essas alianças, esses pactos e essas contravenções. Realmente, é triste reconhecer isso, mas essa frase cínica do Lula é a pura verdade. Todos os partidos fazem isso, todos os partidos brasileiros estão mergulhados nessa lama. Há um processo, no Brasil, que vem desde antes da ditadura... e que eu aproveito sempre para divulgar, que é o seguinte: há uma tendência muito grande, na memória da sociedade brasileira, de colocar a ditadura como parêntese histórico, como tempo de trevas, de opressão. Meus estudos mostram, cada vez mais, que, embora não se possa subestimar a mudança operada pela implantação da ditadura e a mudança, depois, com seu fim, não dá para dizer que houve rupturas. Há muita continuidade entre o tempo anterior à ditadura e a ditadura, e o tempo posterior à ditadura e a mesma. Os legados da ditadura são atuais. Isso foi muito discutido, agora, por ocasião dos cinquenta anos.

Essa ideia de que a ditadura foi um tempo de trevas, e que a gente superou, tendeu a construir, no imaginário da sociedade, que houve uma ruptura entre a ditadura e o depois. Não houve! Ocorreram mudanças, mas não rupturas drásticas. Então, voltando ao nosso tema. Há um processo que eu chamo aristocratização das lideranças políticas e sindicais brasileiras em relação à sociedade. Esse processo, que já existia antes de 1964, foi enormemente potencializado na época da ditadura, às vezes até como compensação. Os caras tinham perdido o poder e, em compensação, tiveram acréscimos de mordomias e de vantagens, de privilégios fantásticos, mesmo. E essas estruturas — a política e a sindical — não deixaram de crescer na época da ditadura, de modo exponencial, com seus privilégios e suas regalias... Essa ideia de que a ditadura esmagou o movimento sindical não resiste às estatísticas. Segundo o Ministério do Trabalho, os sindicatos rurais triplicaram no tempo da ditadura. E os sindicatos urbanos também. Eram estruturas extremamente descoladas da sociedade. E, quando acabou a ditadura, a ideia era de que essa coisa pudesse receber um oxigênio da sociedade, mas o processo de aristocratização continuou alegremente em curso. Depois do primeiro momento, muitas vozes dos movimentos populares, críticas a esse processo, tentaram denunciar os seus efeitos... Pois quem controlaria essa gente? Elegemos os caras e depois eles ficam totalmente descontrolados, tanto os políticos como os sindicais. Então, o que vai acontecer depois da ditadura? Esse processo vai tomando dinamismo, cada vez mais, a ponto de você encontrar, hoje, uma situação singular. Os nossos deputados, senadores, os nossos líderes sindicais têm uma existência inteiramente descolada da sociedade.

Aliás, Brasília contribuiu muito para isso. Essa coisa de Brasília ser uma cidade lá no interior, à qual você não consegue acesso, faz com que fique fora das pressões, dos humores da sociedade. Então, do que se trata, hoje — e embora isso seja importante denunciar —, é muito menos derrubar o PT, as roubalheiras do PT, é ver isso dentro de um sistema. Existe um sistema que está girando fora do controle da sociedade e que secreta esse

66 PROFETAS DO PASSADO

tipo de comportamento. Não é à toa que ele passa da Arena para o PMDB, para o PSDB e para o PT; e todo mundo, no fim, está contaminado porque faz parte dessa engrenagem. O que se precisa é democratizar a democracia, ter mecanismos de controle sobre as estruturas do Estado. Não temos nenhum controle. O PT ficou doze anos no poder e não construiu nenhum conselho de controle das estatais poderosas. "Vamos defender a Petrobras!" Sim, podemos defender a Petrobras, se for criado um conselho curador na Petrobras. A única empresa brasileira que tem conselho curador é a EBC — Empresa Brasileira de Comunicação, porque isso fez parte da lei que a criou. De sorte que você tem um sistema aí que, se o PT cai amanhã do poder, e os tucanos, ou outros, entram, essa coisa vai continuar...

Mas, de qualquer maneira, parece que a decepção com o PT se torna maior, porque estas sempre foram as suas bandeiras: o combate à corrupção, maior transparência de gestão...

Sem dúvida. A decepção é grande e é algo que compartilho, porque o PT surgiu como uma proposta alternativa. Agora, para olhos mais críticos e menos apaixonados, isso já estava muito evidente nos anos 1990. Ou seja, que o PT já estava trilhando esse rumo. Mas eu também diria que, até hoje, o PT tem reservas de recuperação. Só que elas estão ficando cada vez mais frágeis. Mesmo assim, acho que ele tem reserva. Tudo depende dos movimentos sociais. O governo é da sociedade. Numa aristocracia consolidada, pressionada de fora para dentro, ela pode se modificar Agora, não pressionada, ela não vai se modificar mesmo.

Como você vê, especificamente, esse fato de o PT nunca ter feito aliança com nenhum partido e/ou organização de esquerda, já que se proclamava reserva moral da política partidária brasileira? Por exemplo: não podia fazer aliança com o Brizola, mas agora faz aliança, não só com o próprio Collor, como com quase todos os representantes mais conservadores da política nacional.

Relativizo essa história de não fazer alianças com ninguém. Se você for ver a progressão do poder nos anos 1990, elas começaram aí. Nos anos 1980, não, são anos de maior pureza ideológica. A partir dos anos 1990, isso começou a mudar, gradativamente. Ainda existiam resquícios da época anterior, quando o PT resolveu não participar do governo Itamar Franco, por exemplo. Tanto que, quando a deputada Luiza Erundina aceitou o convite para participar do governo, ela se desligou do partido. As alianças do nível regional e municipal, porém, começaram a se estruturar e se fizeram, mesmo, nos anos 1990. Mas não foi uma especificidade do PT, acontecia de uma forma universal. Analisando a história dos partidos populares na Europa, antes da Primeira Grande Guerra e depois, no entre guerras, você vai observar fenômenos análogos, alternativos que, no entanto, mergulhados numa conjuntura não revolucionária, acabaram se ajustando no processo e se tornando gestores, e fizeram, inclusive, uma obra positiva. Obras meritórias do ponto de vista do interesse das camadas populares, porém abandonando as perspectivas revolucionárias. E esses processos de alianças desembocaram, também, em incongruências, como a que fez um vice-presidente capitalista. Você votou no líder operário, mas, se ele morresse num desastre de helicóptero, assumia o burguês capitalista O Lula, num daqueles dois documentários muito bons — um, sobre os peões do ABC, e o outro, sobre a sua campanha eleitoral —, diz. "Olha, realmente, se a gente continuasse naquele discurso de bolso, a gente nunca iria ganhar nada, ou, pelo menos, nunca iríamos ganhar a Presidência da República."

Então, foi transformando aquele discurso e aquela prática. Só que, quando chegaram as eleições de 2002, o PT já estava bastante evoluído ou involuído, como você queira, nesse processo de mudança, nessa metamorfose interna. Foi então que houve a incorporação de uma perspectiva polifascista pelo PT Não exercer o governo apenas para as camadas populares, mas como expressão de uma ampla frente de classes e que o levou a ter, em seus governos, uma repercussão popular positiva. Tanto as camadas populares o adoravam pelo Bolsa Família etc., como também os capitalistas. O próprio Lula dizia que os capitalistas nunca fizeram tão bons negócios como no seu governo. E ele tinha razão. Tenho um velho amigo, em São Paulo, o sociólogo Leôncio Martins Rodrigues, que é partidário do PSDB, que me contou que estava fazendo uma palestra para usineiros paulistas, e aí meteu o pau no PT. No final, o dirigente sindical e os empresários que o tinham convidado, lhe perguntaram: "Leôncio, por que você é tão contra o PT assim? Estamos fazendo excelentes negócios. Modera o seu discurso antipetista." E ele ficou muito chocado com aquilo, se sentindo um peixe fora da água: "Poxa, realmente o governo do PT está conseguindo agradar a gregos e troianos."

Mas não lhe parece que entre essa alteração gradativa, talvez até necessária, da boa gestão pública, e o que se está vendo hoje...

Agora, isso passou pelo rompimento. O PT tinha definições claras, aprovadas em congresso, por exemplo, de que não podia pedir dinheiro a bancos e empreiteiras. Mas, aí, o Lula e o Zé Dirceu começaram a pedir dinheiro a empreiteiras e a bancos por fora do controle do partido, independentemente do controle do partido. As pessoas iam sabendo, mas ficavam sem coragem de denunciar. Afinal, era para dar caixa ao partido para poder fazer essas campanhas cada vez mais caras, não é? A campanha da Dilma, agora, custou 350 milhões de reais e a do Aécio, 340 milhões. Faz parte desse processo todo que eu já caracterizei como aristocratização dos representantes políticos e sindicais, porque os caras vivem em uma dinâmica inteiramente fora de controle. E aí, eu me lembro de que, várias vezes, conversando com Zé Dirceu, ele dizia: "Vocês são românticos. Para fazer política no Brasil, você tem que fazer campanha, e elas são caras. Quem tem dinheiro são os capitalistas."

Mas ele não disse que ia botar no bolso?

Não. Isso aí foi uma coisa que apareceu depois. A rigor, quando o Paulo de Tarso fez a denúncia, lá atrás, das maracutaias dos chamados irmãos metralhas, os advogados compadres do Lula, ele já tinha flagrado o que algumas pessoas, como o Celso Daniel, por exemplo, também flagraram. E penso que fechavam os olhos ao ver que o trânsito da grana ia direto para o partido. Mas, quando começaram a ver que alguns intermediários estavam levando dinheiro, tanto o Paulo como outros começaram a ficar assustados e denunciaram. Só que a coisa já tinha tomado uma dinâmica muito forte e imponderável.

Em algum momento, quando você ainda era dirigente do PT, chegou a ser aventada, internamente, essa possibilidade de que alguns membros de diretórios ou expoentes, mesmo, do Partido do Trabalhadores estariam se locupletando com essas verbas?

Não. Isso, Jalusa, é curioso. Porque, às vezes, algumas pessoas são muito ingênuas e muito pouco experientes e acabam aceitando serem corrompidas de maneira muito crua. Mas os mais inteligentes, os mais sofisticados sempre criam uma capa legal, as famosas consultorias. Você faz a consultoria e legaliza a corrupção.

Quando foi que você chegou ao seu limite? Quando você deu o basta e se desligou do PT?

Nessas denúncias. Quando o Paulo de Tarso fez essas denúncias, eram as vésperas da campanha eleitoral de 1994. Ele denunciou e eu o apoiei. Depois, o diretório nacional constituiu uma comissão de ética para julgar o caso. Mas eu não posso ser um bom testemunho da vida interna do PT. Tive uma boa participação, no início, nos anos 1980, quando fui do diretório regional, mas depois me afastei para a vida acadêmica. Continuei ligado, mas apenas como filiado. Comecei a achar mais interessante a vida acadêmica do que a vida política institucional. A rigor, para dizer a verdade, hoje, vendo retrospectivamente, a política me interessou muito quando era de enfrentamentos radicais, revolucionários. A política institucional não me seduz em termos vocacionais. É uma profissão. E, como profissão, requer uma série de habilidades, de aptidões e de gostos. E esse, realmente, não é o meu campo. Eu me afastei do PT, mas continuava contribuindo com artigos etc. No início dos anos 1990, quando o Vladimir Palmeira postulou uma candidatura a governador do Rio de Janeiro, e me chamou para ajudá-lo, acabei envolvido no circuito e sendo eleito presidente do PT: muito menos pelas minhas qualidades pessoais e mais porque era um aliado do Vladimir e, também, porque, como eu estava afastado há muitos anos, não tinha desgastes com nenhuma área determinada. Quando o Vladimir foi derrotado na convenção para o Jorge Bittar, porque o Lula nunca aturou o Vladimir, eu renunciei à presidência do PT. O Vladimir tinha uma autonomia que desgostava muito o Lula. Ele nunca se submeteu ao Lula, que fez o possível para derrubá-lo, e conseguiu. O que eu posso dizer é que, nesse meio-tempo, tinha estourado aquele escândalo do Paulo de Tarso. E tudo tinha ficado muito evidente.

Você pode relembrar o episódio?

Foi constituída uma comissão de ética, com o atual ministro da Justiça, José Eduardo Cardozo, o Hélio Bicudo e o Paul Singer. E essa comissão concluiu, depois de investigar o assunto, que o Paulo de Tarso tinha plena razão e que os compadres do Lula realmente estavam fazendo uma atividade deletéria, corrupta, que estavam corrompendo os prefeitos do PT. Enfim, que isso era um absurdo e que eles tinham que ser expulsos do PT. Quando Lula soube dessa conclusão, disse: "Negativo! Isso é insuportável e se for mantido pelo diretório nacional do PT, não conte comigo para ser candidato em 1994. Eu exijo outra comissão de ética!" Aí, o diretório nacional se apequenou, se acalhordou, recuou, constituiu uma segunda comissão de ética e concluiu que o Paulo de Tarso não tinha nenhuma razão [risos]. É uma coisa surreal.

Escrevi um texto enorme, que foi publicado pelo *Estadão*. Pensei: agora vão me expulsar, porque conto toda a trama. Mas nada, não disseram nada, nem sim, nem não. O Paulo de Tarso, sim, saiu do PT, e eu continuei apenas filiado, mas já não votei no Lula em 1994, nem em 1998. A única vez que votei no Lula foi em 1989. E depois, o que aconteceu foi que, em 2005, já decepcionado com essa história que vinha se processando desde os anos 1990, fiz a tal carta para o Genoino me desfiliando.

Mas essa sua saída se deu, ainda, no começo de tudo, não é? Como fica a situação de agora, desses tempos de petrolão, em que, parecem ser magnânimos os desvios de dinheiro e a distribuição de propinas?

É do jogo, Jalusa. É do jogo do sistema político brasileiro.

Essa é uma das justificativas a que recorrem os chamados "apoiadores críticos" do PT hoje, não é? Você vê sustentação nessa "conclusão", seja do ponto de vista ético, seja do ponto de vista político-ideológico?

Converso muito com as pessoas e elas sustentam que, apesar de todos os pesares, os governos de Lula e Dilma têm feito obra positiva e construtiva, sobretudo do ponto de vista das camadas populares. Também dizem que qualquer coisa que não seja eles vai ser muito pior e vai provocar um retrocesso, tanto na política como na economia brasileira. Eles suspeitam muito que o governo do PSDB vai privatizar. Eles têm essa obsessão. E embora eu diga que o PSDB já disse que vai respeitar, eles são taxativos: "Isso é da boca para fora; na prática, eles vão mentir, eles vão fazer outra coisa." Então, a primeira sustentação é que há uma obra positiva, construtiva e meritória, apesar dos pesares.

E qual é a sustentação em relação à ética?

Eles minimizam. Dizem que é um exagero e que, na verdade, a corrupção se encontra mergulhada, também, no PSDB, e que, em seus governos, ela nunca foi relatada, nunca foi investigada, nunca foi devidamente julgada. E também não concordam que os escândalos de hoje são muito maiores que os do passado. Na verdade, o que se tem que fazer é um exercício antropológico de entrar na cabeça deles. Pois eles não aceitam que o PT se destaca dos outros em termos de corrupção. Dizem até mais: que a corrupção é generalizada e que o PT fez, sim — o que é lamentável, diga-se de passagem —, porém, que todos fazem. E aí, eles sustentam o seu voto, reconhecendo que é lamentável o caminho que o PT tomou, mas é um caminho que todos trilham, e que as vantagens de ter o PT no poder são maiores que as desvantagens que, adviriam, se outra equipe entrasse.

Mas essas argumentações não caíram por terra quando se percebeu, logo depois do pleito, que todas as acusações feitas pela então candidata Dilma ao seu oponente, acusando-o de que protagonizaria um governo com políticas não populares, foram adotadas pela presidente, em menos de um mês do segundo mandato?

Pois é, isso tem perturbado muito a ala do apoio crítico. Eles ficaram muito perturbados com a Dilma, porque, realmente, tem sido um estelionato eleitoral. Embora já venham recobrando certa capacidade de argumento, depois do primeiro choque. São concessões que se fazem aos capitalistas e, logo que as coisas se endireitem, daqui a um ou dois anos, as políticas populares poderão voltar a ser assumidas. É uma espécie de travessia do deserto, que se deve tolerar, que, amanhã, o quadro vai mudar e, aí, virá o Lula. A grande preocupação deles, hoje, também, e que reforça muito a linha do apoio crítico, é essa campanha antidemocrática do impeachment, que quer derrubar a Dilma. Eu pondero, inclusive, que eles deveriam fazer uma autocrítica em relação aos anos 1990, porque me lembro de que, na universidade, eu deblaterava contra os petistas que pediam o impeachment de Fernando Henrique. Eu dizia: "Isso é antidemocrático! É bom que vocês se lembrem da democracia, mas é ruim que isso aconteça, a partir do momento que vocês estão sendo objeto de movimentos antidemocráticos." Porque o PT, nos anos 1990, defendeu, abertamente e sem nenhuma razão, o impeachment de Fernando Henrique Cardoso.

Mas não lhe parece que o que está presente aí é um corporativismo que se apresenta como a marca registrada do PT hoje, do tipo "aos amigos, tudo; aos inimigos, justiça"?

Mas isso é um pouco a realidade de qualquer partido. Em todos os partidos há esse corporativismo. Vai muito além do PT. As Forças Armadas, ao se recusarem a admitir que houve tortura, não exprimem, também, um pouco isso? O corporativismo é uma doutrina que pegou muito a sociedade brasileira. Lá na academia, vejo exemplos de departamentos seriíssimos acobertando falhas de seus membros, exclusivamente porque eles são os seus membros. Esse corporativismo de partido, esse espírito de grupo, isso não é exclusivo do PT. Isso é geral. Pega o exemplo d'*O Globo*. O Roberto Marinho dizia, na época da ditadura: "Ninguém toca nos meus comunistas!" O que era isso, em última instância? Proteger a corporação. Essa tradição de os meus, os nossos, é muito arraigada no Brasil, e seria estranho se ela não aparecesse no PT...

Mas a definição da linha adotada por este ou aquele partido, hoje, no Brasil, se consagra pela atuação do marqueteiro, especialmente em época de eleição. Quem é o marqueteiro político, então, dentro desse cenário de corporativismo?

74 PROFETAS DO PASSADO

Bom, em primeiro lugar, não acho que o marqueteiro protagoniza, eu não concordo com essa exacerbação aos marqueteiros. Francamente, não concordo com isso. Os marqueteiros potencializam as orientações que vêm dos líderes políticos, apenas. Eles só assumem esse lugar grandioso, porque os programas de televisão passaram a ter uma grande importância e eles vendem, com muita sabedoria, as suas próprias capacidades. Mas acho que há um exagero na caracterização da importância dos marqueteiros. Não minimizando a importância deles. Pelo contrário: os meios de propaganda são muito poderosos, têm eficácia, e eles são, afinal de contas, os profissionais desses meios. Mas não creio que eles governem o país ou que ditem o comportamento da classe política como um todo.

Mas vamos pegar um exemplo recente: esse ato que aconteceu, ontem, na Associação Brasileira de Imprensa (ABI), produzido pelo Partido dos Trabalhadores e com a presença do ex-presidente Lula. Qual era o intuito? Segundo os organizadores, "salvar a Petrobras".

É uma estratégia perfeita, porque o Brasil é muito nacionalista. E os que estavam lá, se portavam como nacionalistas. Podem convocar o Médici e o Geisel também [risos]. Na verdade, tem um cinismo muito grande em tudo. Quando o Lula diz que vai colocar o exército do Stédile na rua, eu falo aos apoiadores críticos: "Vocês nomearam a rainha do agronegócio para o ministério da Agricultura e, agora, querem mobilizar os exércitos do Stédile? Nos últimos doze anos, 1.607 ou 1.617 líderes camponeses foram mortos..."

Diante desse quadro de produção de falácias, bravatas e toda sorte de ameaças, como você vê o ex-presidente Lula hoje? Quem é ele em sua opinião?

Ele se autodenomina assim: uma metamorfose ambulante. É um homem muito carente de princípios e muito sensível aos humores da sociedade. O Lula tem uma origem pelo sindicato dos metalúrgicos e conviveu com a ditadura de um modo bem razoável. Tive uma orientanda que fez um levantamento dos editoriais do sindicato sobre a primeira presidência Lula e eles são, sempre, muito razoáveis, muito moderados, querendo manter os operários fora da política. Depois, quando entrou naquela conjuntura de efervescência, ele se envolveu como expressão daquele movimento todo e passou a exercer, também, um papel importante de liderança. Não sei se você se recorda, mas, como eu fiz esses estudos sobre a origem do PT até as vésperas da Dilma, ele foi, sempre, um homem que se comprometeu muito com uma luta sindical que não tinha nada a ver com a política. Ele pôs para correr os estudantes radicais que iam ali ajudar os operários... Posteriormente, no entanto, ele começou a se abrir para uma nova perspectiva e adotou o verbo revolucionário. Eu diria reformista revolucionário.

Quer dizer, um modelo de político que vai se ajustando a cada momento?

É, e aí ele se empolgou com tudo aquilo e manteve esse discurso. Porém, sempre distante das lutas políticas. Uma coisa que me impressionou muito mal, no PT, nos poucos encontros de que participei, ainda nos anos 1980, é que o Lula nunca participava do debate político. O debate político grassava, ali, nos grupos, no plenário, e ele ficava tomando cachaça com os amigos no botequim, ou nos bastidores... Ele só aparecia no final, para fazer o discurso síntese. Agora, é um homem de uma inteligência extraordinária. E eu tive vários depoimentos nesse sentido: de que ele se reúne com um grupo de sete ou oito intelectuais, antes de um debate, provoca os caras, ouve o que eles dizem e guarda as cifras todas. É incapaz de ler um livro, de ler um relatório, mas é um homem que tem uma memória oral extraordinária. Lembro a primeira vez que estive com o Lula, logo depois que voltei do exílio. Foi em São Bernardo e ele me recebeu como presidente do sindicato. A gente conversou mais ou menos uma hora, uma hora e meia, e, depois, até é possível que ele tenha ouvido falar de mim em algum momento, mas estávamos em esferas diferentes. Anos depois, eu estava numa bolsa de estudos em Paris, e ele apareceu lá para uma conversa com o Marco Aurélio Garcia. Fiz uma pergunta da plateia, e ele falou: "Daniel!" Quer dizer, ele tem uma memória e uma capacidade de ouvir os assessores e guardar cifras. Ao contrário da Dilma, que não consegue dizer um parágrafo sem cortar três vezes a frase. Ele faz orações imensas, colocando os dados na hora certa, e não se confunde. Mas daí ele foi se dando conta de que aquele discurso radical tinha limite no Brasil. Ou, pelo menos, tinha limite naquela conjuntura na qual ele estava vivendo. E, nesse ponto de vista, ele é muito franco, quando diz no documentário: eu tive que modificar o meu discurso, ampliar as alianças para poder chegar ao governo. E afirma, mesmo, que, para fazer uma obra construtiva, vale a pena fazer concessões. Só que ele foi mudando, e ficou nessa promiscuidade com os empresários, que o tratam de chefe, e com essa circulação de dinheiro, e ele passou a andar nos jatinhos dos empreiteiros, para cima e para baixo. Ele acha que tudo isso se justifica em função da obra construtiva que ele está fazendo.

Mas essa não parece ser a marca petista de hoje, ou seja, a de não assumir e a de não saber nada? Como é o caso da presidente que, mesmo à frente do Conselho Administrativo da Petrobras, afirma ter total desconhecimento do que se passou por lá em termos de operação Lava Jato?

Acho que essa questão é irrelevante, sabe? Porque o chefe político é sempre responsável: sabendo ou não. Eu cito um ínfimo exemplo meu: sou coordenador de um projeto, entrego a contabilidade de um projeto para uma secretária. Como detesto números, delego a ela os poderes.

Se ela roubar dinheiro, ela é responsável, mas eu também sou. Sou o chefe. Esses políticos brasileiros são engraçados, porque eles sempre se atribuem as glórias. O Juscelino, por exemplo: eu construí Brasília! Quem construiu Brasília foram os candangos, não foi ele. Mas a glória foi dele. Agora, se é uma roubalheira, aí são dos subordinados.

Essa coisa de o Lula estar fora do processo do mensalão é uma barbaridade, porque ele é o chefe político. Fizeram do José Dirceu o bode expiatório. Claro que o Zé tem suas responsabilidades, mas é claro, também, que o Lula sabia. É evidente! Essa coisa de "eu não sei" é caricatural. As pessoas não se dão conta de que é pior dizerem eu não sei. Ele se saiu com o velho adágio: "Eu levei uma facada nas costas." É um cinismo delirante, porque todas as negociações eram devidamente autorizadas, inclusive porque o Lula é um cara supercentralista. Ele não delega nada, ainda mais em negociações importantíssimas, como aquelas que estavam se dando. Acho que houve ali uma acochambração. O PSDB estava certo que ele ia sangrar até o fim do mandato dele e era melhor isso do que impichá-lo e transformá-lo em uma vítima histórica. Ou, então, se criar uma conflagração. Porque ele podia reagir, como até esboçou: "Que ele não ia dar uma de Getúlio se suicidando, que ele ia pras ruas." Então, ficaram, de um lado, achando que já era clara a derrota política do homem, e, de outro, receando que houvesse uma conflagração social. A decisão, portanto, foi de que era preferível protegê-lo. Aliás, acho que muitos intelectuais caminham nesse mesmo sentido, o de proteger. O artigo que escrevi a respeito do Paulo de Tarso não tem nenhuma conciliação com ele. Digo que a responsabilidade é, claramente, dele. Ele protegeu os compadres contra o Paulo de Tarso.

Mas, apesar de existirem evidências, a blindagem em relação ao ex-presidente Lula permanece. O que faz, em sua opinião, com que ele continue pairando acima do bem e do mal?

Bem, isso já está mais relativizado, porque as críticas têm sido publicadas em vários locais. As críticas têm se multiplicado muito e têm tido efeito. Não é à toa que o PT teve abalos profundos nas últimas eleições. O próprio Gilberto Carvalho, mais sensível a essas coisas que acontecem na sociedade, registrou, por exemplo, quem tem vaiado a Dilma. Não foi a classe média, não foram só os "coxinhas". Tem gente decepcionada também nas camadas populares. Aí, o Lula vem e incorpora isso, diz que o PT tem que sair dos gabinetes, voltar para as ruas. Não sei se o PT vai conseguir fazer essa virada, porque se acumularam muitas desconfianças, muitos ressentimentos e muitas amarguras. Agora, evidentemente que, acuado pelas ofensivas que as oposições estão fazendo depois das eleições, ele tem que reagir, não pode ficar parado. É nesse sentido que eu interpreto esse discurso de ontem e outros que ainda virão. Aliás, ele tem dito muito isso. Tem que ir para cima. E tem uma lógica, porque se você ficar encolhido...

É a velha tática de que a melhor defesa é o ataque? É isso?

É, ele tem que se defender. Na política, quando você começa a sofrer ataques generalizados, você tem que ir para o ataque. A esperança do PT está, evidentemente, no Lula 2018, porque, mesmo que Dilma venha fracassando, vai ser possível dizer: "Lembra dos tempos de abundância do Lula? Vamos voltar a eles." E como ele é um líder muito carismático, de muito prestígio popular... Acho, também, que, entre os figurões da República, há sempre muitas dúvidas sobre a validade de torpedear o Lula de maneira tão brutal. Porque, afinal de contas, ele é o personagem da República brasileira pós-ditadura. Um dos grandes personagens históricos desta República. Se ele vira pó, esta República sofre, porque, evidentemente, ele é um grande líder. Claro que a República é maior do que ele. Mas o fato é que, quando um grande líder se desfaz, de maneira lamentável, isso afeta tanto os seus parceiros como, também, aqueles que estão na oposição. Porque o sistema é um só.

Você acredita que moral e ética são temas relevantes na hora da escolha do voto?

Não, não são relevantes.

De quem é a autoria desse projeto de que os fins justificam os meios, que prevê vinte anos de permanência no poder?

Acho que essa coisa de os fins justificam os meios não nasceu do PT, não. Isso é uma coisa muito própria dos partidos políticos. E isso vem lá dos jesuítas, isso é uma coisa do Maquiavel. Porque Maquiavel não fez essa formulação com uma leitura cínica, não. Só que eu acho um exagero atribuir isso ao PT. Ele tem se agarrado ao poder, como é próprio de todos os partidos políticos. O Lenin dizia que "se a gente chegar ao poder, nunca mais sairá". E ali havia um projeto político que legitimava essa missão. Aqui, eles se acham muito importantes, porque acreditam que fizeram reformas muito importantes e que são a garantia de que os interesses das camadas populares vão ser preservados. Então, isso justifica cometerem alguns "deslizes" [risos].

Você se importaria em declinar o seu voto no segundo turno da eleição presidencial de 2014?

Votei no primeiro turno na menina Luciana Genro e, no segundo, votei nulo, porque escrevi três artigos na *Folha* e n'*O Globo* defendendo que as afinidades entre tucanos e petistas eram maiores do que suas divergências. E, nessa eleição, houve uma consagração disso.

Daniel Aarão Reis (Filho), carioca, 69 anos, é historiador, escritor e professor. Iniciou na política estudantil, como secundarista, e chegou à presidência da UME. Militou, também, na Dissidência Guanabara do PCB e no MR8, quando integrou a luta armada e participou do sequestro do embaixador americano. Preso e exilado, em sua volta ao Brasil ajudou a criar o PT. Autor de mais de dez livros, é especialista em história das esquerdas brasileiras.

José Serra

"A singularidade da era petista não é a de ter tido corrupção, é de a corrupção virar método de governo. Ganhou o governo, acha que é dono do patrimônio público."

São Paulo, 1º de março de 2015

Queria começar pela sua trajetória de militante: você foi liderança estudantil, presidente da UNE por ocasião do golpe de 1964 e, depois, um dos fundadores da AP (Ação Popular). Tudo isso fez com que você permanecesse catorze anos no exílio. De volta ao Brasil, no final dos anos 1970, continuou militando até que, em 1988, ajudou a fundar o PSDB. Naquele momento, o partido se apresentava como uma dissidência, à esquerda, do PMDB, mais exatamente os descontentes com o arco de alianças em que o partido se transformara. Mas o que queriam, exatamente, aqueles peessedebistas?

Na minha perspectiva, tratava-se de romper com duas amarras: a primeira, a do fisiologismo, que já caracterizava o PMDB naquele momento, em grande parte decorrente da política das porteiras abertas que, a partir da frustração com o PP, abrigou todos os descontentes. O PP reunia, basicamente, dissidentes do PDS (antiga Arena) e pretendia se apresentar como opção para uma transição da ditadura para uma democracia aceitável pelo regime. Mas ainda era governo Figueiredo e, com a proibição das alianças partidárias em eleições, inclusive nas majoritárias, todos que tinham saído do PMDB, do PSD e de outros partidos que estavam se formando na época vieram para o PMDB. Houve uma mudança quantitativa, que resultou em mudança de qualidade, já que se transformara em algo mais ligado aos padrões tradicionais de comportamento político. A outra amarra, na minha perspectiva, era a de se libertar de um programa tradicional da esquerda, que era a ideia da estatização, da reforma agrária radical, de afastamento do capital estrangeiro e de políticas sociais pouco inovadoras, muito dominadas pelo corporativismo. No Brasil, há uma doença, que se agravou muito, inclusive, que é a de confundir interesses corporativos com interesses da maioria da população. Quem talvez visse isso com mais clareza, na época, fosse o Fernando Henrique e eu, que mais tarde escrevemos sobre como deveria ser o PSDB. Eu me lembro de ter feito coisas relativas à economia, mostrando que o déficit público, por exemplo, não era uma questão apropriada da direita e não tinha porque a esquerda ficar escandalizada se você colocasse o controle das contas públicas como algo essencial. Eu tinha visto tanto na época do Jango, aqui, quanto no Chile do Allende, que o descontrole das contas governamentais foi um fator desestabilizador do governo e da democracia. Quando se tem descontrole fiscal, o governo fica frágil, qualquer que seja o debate sobre a implicação econômica disso. Mesmo na Constituinte, fui uma das exceções, já que tinha preocupação com esse tipo de coisa. Então, seja no que se refere à economia, seja no que se refere ao sistema político, a Constituinte foi conservadora, para não dizer reacionária. Por exemplo, cravou todo o sistema eleitoral prevalecente no voto proporcional, ao mesmo tempo que trouxe uma visão bem estatizante e nacionalista, extremante nacionalista, com relação à economia... A meu ver, nós tínhamos que ter uma opção social-democrata, ou seja, políticas sociais para valer e, ao mesmo tempo, ajustar a economia brasileira aos padrões contemporâneos. Praticamente, não existia mais a possibilidade de desenvolvimento com a economia fechada e uma presença descontrolada do Estado na economia... embora eu sempre defendesse o ativismo estatal. Mas isso, no Brasil, ainda hoje, é considerado subversivo. O PSDB era para ser social-democrata para valer. Eu me lembro, inclusive, que havia cuidados sobre quem iria entrar no PSDB. Achávamos que não podia ser um partido a mais, no esquema tradicional de legenda. Não queríamos mais uma legenda, para que não se transformasse, como dizia o Fernando Henrique a respeito do PMDB, em um partido-ônibus. Não era outro partido-ônibus...

E o que é um partido-ônibus?

O que fica na parada, onde entra gente, sai gente e fica uma coisa indistinta, sem uma marca forte. O PSDB fez essa tentativa. Eu não diria que deu certo, porque as coisas mudaram bastante. Em todo caso, é importante que fique claro que estávamos longe do propósito de transformar o PSDB num partido do mercado, entende? E mais ainda, do mercado financeiro. Hoje, em geral, quando se fala mercado, só se pensa no mercado financeiro... É curioso, porque nossa ideia foi sempre a de valorizar o mercado, mas como instrumento para o progresso econômico e para se fazer mais justiça social.

Nessa medida, como é que você vê o fato de o PSDB chegar aos dias atuais com a pecha de partido da direita, partido da elite?

Uma parte é simplesmente ação de marketing do adversário. Mas outra parte tem algo de verdade. Existem tendências dessa natureza dentro do PSDB. Mas, daí a cair no extremo oposto, identificando qualquer espécie de política econômica ou política de desenvolvimento como algo nocivo, negativo... Isso é algo até muito sofisticado como crítica. Veja na Constituinte, o que se verificou? Que o texto mais pródigo em matéria fiscal e populista foi o proposto pelo Centrão, que, supostamente, representaria o centro-direita da política brasileira. No Brasil — e esse

84   PROFETAS DO PASSADO

é o ponto central, a meu ver — não existe uma direita conservadora de verdade. E uma coisa é ser conservador, outra coisa é ser atrasado. Aqui, o que prevalece é o atraso e não existe uma esquerda verdadeira do ponto de vista dos projetos de igualdade e desenvolvimento. O que existe é uma esquerda que está dando uma força ao atraso. Por isso eu disse que o PT é a vanguarda do atraso, porque, de fato, é um partido, e mais algumas corporações, que não tem nada de desenvolvimentista e sequer tem políticas sociais adequadas, ao contrário da visão que prevalece. O que domina o cenário político brasileiro é o atraso, e não a polarização entre esquerda e direita. Até chamei atenção para isso, do ponto de vista da Constituinte... O que comandou a Constituinte foi a Frente Única Contra o Erário (FUCE), que reunia gente dos dois lados, boa parte do que se dizia esquerda e boa parte do que se dizia direita.

Agora há pouco você se referiu à velha esquerda? O que quer dizer com isso? Que existe uma nova esquerda?

Bom, a velha esquerda dos anos 1960. Vivi na pele a luta pela esquerda no Brasil e no Chile. Qual era a visão tradicional? Ter um capitalismo forte comandado pelo Estado. Um capitalismo de Estado forte, denso, autônomo em relação ao capital estrangeiro, e com reforma agrária radical. Esses três componentes, reforma agrária, anti-imperialismo e presença do Estado, eram uma espécie de afirmação da revolução burguesa como etapa para se chegar ao socialismo. Isso era a esquerda. Podemos aqui discutir os detalhes, mas essencialmente era isso. Isso seria a esquerda tradicional, que teve, ainda, uma presença forte (dessa ideologia, digamos) na Constituinte. Agora, de fato, isso não é esquerda...

O que acontece é que o mundo mudou e as pessoas não mudaram. Essas forças ficaram — o que é natural, porque você sempre tem uma força de inércia. A realidade muda e você custa para reconhecer isso. Por exemplo: havia uma variante dessa tese de esquerda, que prevaleceu na fase pós-golpe do militarismo da América Latina e está no meu livro, com clareza, que era a de que não se podia ter mais desenvolvimento capitalista. Você tinha estagnação e ditaduras. Foi algo que rebati antes ainda de voltar do exílio, na forma de um artigo. Você podia ter dinamismo sim, mesmo sem melhorar padrões de desenvolvimento social e de igualdade. É uma questão do capitalismo. Quer dizer, as opções, na verdade, não eram essas, mas essa concepção acabou invadindo a fase democrática, inclusive pelas características de como se deu a transição, que foi pacífica e continha elementos do regime anterior, com um peso muito importante. Então, o que aconteceu quando essa suposta esquerda chegou ao poder? No caso, o PT...

Mas nesse momento, quando se deu esse processo de transição, é o momento em que o chamado ideário neoliberal começou a tomar conta, a globalização surgiu... entramos nos tempos da informática. Do final dos anos 1980 para cá, se aplicou, no mundo todo, uma máxima neoliberal da desqualificação do discurso ideologizado. No Brasil, essa ideia de que "não tem mais direita, não tem mais esquerda" prevaleceu até, pelo menos, o segundo turno da eleição de 2014, quando se resgatou essas duas expressões, dicotomizando todas as discussões e banalizando qualquer possibilidade de reflexão, na medida em que prevaleceu um maniqueísmo sem precedentes. O que é isso, em sua opinião? Mais uma estratégia do marketing eleitoral?

Sem dúvida que é uma estratégia de marketing... O que acontece: o PT — e eu já disse isso em 2003 — era uma espécie de bolchevismo sem utopia. Ou seja, um partido de natureza bolchevique, mas sem utopia nenhuma. Aliás, o PT não tem nenhuma utopia, seja a respeito da sociedade brasileira, seja a respeito de igualdade, de desenvolvimento, não tem nada parecido.

O PT não é um partido de esquerda, então?

Não. Do ponto de vista tradicional, não. Nem da esquerda moderna. Na prática, eles não são sequer desenvolvimentistas. Se fossem, teriam aproveitado, por exemplo, tudo o que houve na década passada de comércio exterior, em função da elevação de preço das *commodities* brasileiras, para investir como elemento propulsor de desenvolvimento. Mas eles transformaram em consumo. O PT é um partido essencialmente da estagnação, porque não percebe o desenvolvimento. E também não preciso ir longe para dizer o que estou dizendo. O próprio Lula disse isso, várias vezes: que nunca o sistema financeiro ganhou tanto dinheiro quanto nos anos petistas. Mas, paradoxalmente, a economia brasileira nacional nunca foi tão enfraquecida quanto nos anos petistas. O golpe de morte da industrialização brasileira foi dado pelo PT, durante o governo do Lula. Ou seja, é um partido anti--industrializante, ao contrário do que certos setores mais neoliberais querem fazer crer: que o que arruinou a economia brasileira foi o populismo do PT, o nacional-desenvolvimentismo etc. O PT é tudo, menos isso. Não tem nada de nacional e muito menos de desenvolvimentista.

Mas tem de populista?

Sim, tem de populista. O PT é um partido que, mesmo que tenha enfraquecido um pouco, continua sendo uma espécie de bolchevismo sem utopia, no qual a ética individual — e esse é o perigo — é substituída pela ética do partido. Ou seja, você pode fazer qualquer coisa, cometer qualquer barbaridade no plano pessoal que, se isso servir ao partido, você é acolhido. E nesse sentido, é uma tragédia...

Estaria aí, então, a justificativa para a política dos fins justificam os meios?

Até certo ponto, sim. Os fins justificam os meios, pois o que vale é o partido. Você tem até mártires, como Delúbio e como esse Vaccari, agora. São mártires entre aspas, é claro, mas são mártires. É tudo pelo partido. Você nunca os ouviu fazer qualquer espécie de denúncia, nem um soprinho sequer de delação premiada. Eles são mártires da causa do partido, são mártires da causa do PT...

E qual é essa causa, em sua opinião?

É o bolchevismo. É um grupo que nasceu supostamente para fazer o socialismo e se perdeu de vista como ideologia e como prática política. Mas prevaleceu essa ideia. E a verdade é que eles polarizaram a sociedade brasileira entre o bem e o mal. Em 1990, fiz um artigo para a *Veja*, que discutia isso. E aí você vê que já existiu um debate nacional sobre o país: mercado versus Estado, parlamentarismo versus presidencialismo, desenvolvimento nacional versus desenvolvimento independente. Nesse artigo, procurei apresentar a visão do PSDB, fazendo a melhor síntese possível sobre o que o partido pensava na época. O PSDB pensava o Brasil como um todo. Hoje, você não consegue nem escrever. Não tem mais debate, virou o diabo contra o anjo, o bom contra o mau. Empobreceu o debate, escureceu o debate, e a outra coisa é que, eleitoralmente, tem dado certo. Mas, também, quando você vai analisar direito por que deu certo, você vai ver que não foi só por causa disso. Determinadas conjunturas levaram, também, a determinados resultados eleitorais. 2010 é um exemplo típico disso. Eu estava na frente no começo. Então, o que houve? Por que perdemos?

Era isso que eu queria perguntar: por que você acha que perdeu em 2010?

Porque, para começar, todo o grande capital apoiou o PT. Eu me lembro do final de 2009, quando o governo produziu peças de propaganda que as grandes empresas bancaram e apresentaram como suas, falando "do Brasil grande, do Brasil maravilhoso" etc. Porque a economia estava crescendo, eles estavam ganhando muito dinheiro e, também, a ideia de que o Lula e o PT eram capazes de controlar as pressões sociais, isso também era uma ideia que tinha o seu charme... "É melhor cooptar, é melhor ter

88   PROFETAS DO PASSADO

gente que controla tudo isso, e eles controlam... E nós vamos bem empresarialmente. É melhor ter eles do que ter gente mais esclarecida, que, no entanto, vai provocar oposição social e pode ter ideias próprias em relação ao próprio mercado ou ao próprio sistema financeiro." Segundo, porque se teve um crescimento espantoso — 2009 tinha sido o ano com efeito negativo da crise mundial —, mas, em 2010, houve a recuperação e, tendo recuperação, naturalmente o crescimento é maior. E o que aconteceu foi que o crescimento da taxa de salário, quer dizer, salário unitário, massa de salários, consumo, tudo passou de 10% ao ano — uma euforia total. Ou seja, foi pior o quadro do ponto de vista da oposição. Olhando a posteriori, eu considero que foi quase um milagre ter tido 44% dos votos, porque eu tinha tudo contra do ponto de vista da economia...

E da conjuntura internacional também?

Da conjuntura internacional, não, porque já começava a piorar. Em 2010, eu tinha plena consciência de que aquele era o último ano de bonança, por todos os desequilíbrios que já estavam acumulados: hipervalorização cambial, deficiência de infraestrutura — porque eles não investiram —, crescimento abusivo do gasto público em custeio, incapacidade de organizar os investimentos de infraestrutura. Eu tinha certeza que iam bater com a cara na parede, como bateram, a partir do primeiro governo Dilma. Então, a conjuntura econômica também ajudou o PT. Não foi só a polarização, até porque, no meu caso, nunca colou muito a ideia, seja pela minha biografia, seja pelo meu desempenho na prefeitura, no governo do Estado e no Ministério da Saúde, de que eu fosse um direitão. Essa ideia não pega. Isso não pegava, a gente via nas pesquisas. Eu relativizaria um pouco, também, essa coisa de que só o discurso esperto levou à vitória. Em 2002, a rejeição ao governo Fernando Henrique era total. E por quê? Porque, em oito anos de governo, teve crise energética em 2001, teve crises financeiras em países em desenvolvimento, como o caso do

México, da Rússia, da Argentina, do Sudeste Asiático... Isso criou muitas dificuldades para o governo brasileiro, porque estava sob jugo internacional... Embora o segundo governo de Fernando Henrique tivesse sido muito bom, inclusive em relação a políticas sociais. A política que realmente promoveu o avanço enorme na saúde foi no segundo mandato do governo Fernando Henrique. Aliás, eu até citei, você viu meu artigo esta semana sobre saúde? Sessenta por centro da população apoiava a política de saúde. Isso, em matéria de saúde, é inusitado na história brasileira: só 6 ou 7% consideravam que a saúde era o principal problema do país. Veja como está agora. Mas entre isso e força eleitoral há uma distância grande.

Com essa dicotomização disseminada hoje na sociedade brasileira, que fatores seriam determinantes, em sua opinião, para se obter uma vitória eleitoral?

Acho que, primeiro, efetivamente, é o tipo de discurso. O discurso tem que ser atraente, tem que trazer esperança. Como foi em 2010: mesmo eu sendo apresentado como o governo Serra-FHC, ou seja, sempre como coautor, tivemos uma votação expressiva. Agora, se você está numa luta, é esperado que o adversário use todos os recursos. E o outro dado é como. No meu é que estava a sociedade, entende? Porque, se você pegar as seguintes variáveis — salário, rendimentos, emprego, inflação, consumo —, isso é tudo quantificável. E aí você pega 2002, 2006, 2010, 2014. Em 2002, pela aceleração da inflação, pelo efeito Lula, a economia estava pronta para crescer, muito em função do jeito que foi entregue, pela herança do Fernando Henrique, que foi a melhor possível para efeito do crescimento. Sem querer fazer muito economicismo, o câmbio, por exemplo. Ele estava ultradesvalorizado, o que dava raio de manobra para valorizar, segurar a inflação, sem supervalorizar de novo. Mas eles não fizeram isso. Você podia ter tido um câmbio melhor, já que os

90 PROFETAS DO PASSADO

preços internacionais apontavam para cima... Eu era bem otimista, quando fui candidato em 2002, sobre o que se poderia fazer. Mas o fato é que essas variáveis todas eram adversas para nós. Em 2006, eram intermediárias, mas a economia ia bem; em 2010, eram eufóricas para o lado do PT. Quando elas se inverteram, até certo ponto, mas não a ponto de reproduzir 2002, foi com o governo Dilma, que teve o mesmo problema do governo Fernando Henrique, com essas variáveis piorando — todas elas. Mas também não chegou ao mesmo extremo, porque havia um grau intermediário e, também, porque, a meu ver, houve dificuldade da oposição em passar isso para um programa de governo. Porque só a ordem econômica, combate ao déficit, só algumas coisas puramente econômicas não mobilizam o eleitorado para o voto.

Por que, em sua opinião, a oposição não tem conseguido a mesma contundência no rebate das acusações que lhe são dirigidas? Você viu diferenças entre os dois últimos pleitos em que o PSDB perdeu?

Acho que foi diferente, porque eu sempre procurei sublinhar o despreparo da Dilma. Eu sublinhava o perigo, inclusive alertei sobre a Petrobras e sobre o Collor... Em 2010, no segundo turno, de cada 10 minutos de programa, sete eram contra mim. Mas nenhuma das coisas que levantavam era para me acusar de ir contra o social. Eram coisas como o episódio da bolinha de papel, quando eu estava andando do lado do Gabeira, na rua, e atiraram um rolo de fita que me atingiu na cabeça. E atiraram, também, bolinha de papel. Aí, eles utilizaram um filme que só tinha bolinha de papel... *O Jornal Nacional* mostrou que me atingiu, mas eles pegaram como se fosse só bolinha, produziram um vídeo e ficaram em cima disso. E a outra coisa foi a "acusação" de que eu não tinha palavra, porque eu teria prometido não sair da prefeitura e saí. A questão social, eles não pegaram nada. Não tinha como.

Mas tudo indica que essas "peças de campanha" foram se "sofisticando". Pois, se com você, foi o episódio das bolinhas de papel, agora, em 2014, se produziu uma peça em que se associava uma eventual independência do Banco Central, com o desaparecimento da comida da mesa do trabalhador. E, mais do que nunca, a figura do marqueteiro protagonizou a cena. Tanto que no lançamento do livro *João Santana: um marqueteiro no poder*, o autor foi pródigo em adjetivações como "derrotados fanfarrões" e "antropofagia de anões", referindo-se aos candidatos Aécio e Marina, que teriam "caído" em suas estratégias. Por que, em sua opinião, não se contempla, minimamente, um código de ética eleitoral, na medida em que o que está sendo pleiteado é o cargo de gestor máximo da nação?

Isso é impossível. Porque você não vai proibir isso em lei. Não se tem o limite entre o que é a cassação da liberdade da palavra e o que é abuso É muito difícil, no plano judiciário, fazer isso. O que se tem — isso sim — é que mostrar o engano para a população. Aliás, o preço que o atual governo tem pagado, por causa da campanha que fez, é altíssimo. Porque, de repente, ficou claro para muita gente que tudo isso era uma falácia

Em seu livro *Cinquenta anos esta noite — o golpe, a ditadura e o exílio*, você afirma: "Não renuncio nunca à esperança e tento intervir, mesmo nos momentos mais improváveis, à procura de ampliar os limites daquilo que é percebido como possível. Se existe algum outro modo de viver, desconheço." Dentro dessa proposta, como você acha que é possível interferir na realidade presente? Dá para interferir positivamente neste Brasil dividido de 2015? Como?

Veja só, você tem que ter certa lucidez a respeito da situação, da questão econômica, do sistema político e tudo mais. Você tem que participar da batalha da crítica, da batalha da proposta e até — por que não? — da batalha da utopia. Agora, aquilo que vai acontecer — e isso eu disse no livro — é improvável que se saiba, porque não existe história sem excentricidades. Da biografia de cada um à trajetória de um país, você vai ver que tudo aquilo que aconteceu foi permeado por coisas inesperadas. Temos que estar sempre prontos para aproveitar as oportunidades. Temos que estar prontos para situações em que o improvável aconteça. Jamais seria pessimista, porque acho que a história vive abrindo janelas inesperadas. A minha vida reflete isso.

Mas essa sua posição não refenderia o famoso "pode tudo" desde que se ganhe a eleição?

Não. Claro que não. Até porque, o PT tem um déficit ético brutal como nunca houve na vida pública brasileira. E por que um déficit tão grande? Porque é um partido de tradição bolchevique — insisto —, sem nenhuma utopia. Vale pela organização, mas aí você cria uma espécie de grupo de interesses, de indivíduos e de áreas corporativistas... Realmente, em matéria de escrúpulo, talvez você não tenha tido algo tão inescrupuloso como eles É como digo sempre: no Brasil, eles representam a vanguarda do atraso

A partir desta sua análise, como você vê a "peculiaridade" de que o PT, na mesma medida em que tem uma prática de direita, continua se autodenominado de esquerda, e propagando à população uma imagem de partido popular e progressista?

Não posso dizer que é prática de direita, porque existem partidos de direita que são democráticos. Na Inglaterra, o partido conservador é democrático. Você pode ter crítica, ataques, tudo que você quiser contra eles, mas não pode esquecer que os republicanos praticam a austeridade fiscal, como a direita tradicional faria... Só que, no Brasil, ela não existe O que se chama direita são forças do atraso. Assim como o que se chama de esquerda são, também, forças do atraso. E não se pode esquecer, ainda, que é legítimo, também, que você explore eleitoralmente coisas que você fez no governo

Mas o que você tem a dizer a respeito da manipulação eleitoral de programas e ações governamentais? Em especial do paternalismo daí decorrente.

Essa é outra discussão. O que o PT fez com o Bolsa Família, tanto na eleição de 2010, como na de 2014... Eles passaram, para os beneficiários, a ideia de que, se eu chegasse lá, ia liquidar com aquilo. E repetiram, agora, com o Aécio. Então, excetuando o terrorismo, é natural que eles tendam a sublinhar as coisas que fizeram. E, muitas vezes, você não pode discutir. Por exemplo: o caso ProUni. É evidente que no ProUni tem muito desperdício de recurso... E veja o caso do FIES: o que aconteceu é um abuso, que está custando 13 bilhões de reais ao ano, e que praticamente estatizou, de uma forma perversa, o ensino privado. Porque os donos são privados, mas quem banca é o governo. Acho que o que a oposição tem que fazer é criticar isso. E, aí, entra outro ponto Por exemplo, as pessoas insistem na questão dos erros, entre aspas, do PSDB, durante o período das campanhas. Eu sublinharia um ponto: houve um erro, que não foi generalizado, mas houve. Uma boa parte da oposição ficou exaltando a política econômica do governo Lula, no primeiro mandato. Eu, pelo menos, se tivesse sido eleito presidente, não teria seguido aquela política econômica... As condições do ponto de vista externo eram excepcionais para colocar o Brasil numa trajetória de desenvolvimento mais estável, com juros reais menores, com uma política fiscal responsável e tudo mais. Mas o que foi feito? Até 2008, eles já tinham quebrado o tesouro, potencialmente. E até hoje, o pessoal fica: "Não, porque a política econômica do Lula valeu a pena." E o crédito que se deu à Dilma também. Durante 2011, 2012, praticamente a única voz de oposição era a minha, por meio dos artigos que escrevi. Havia uma complacência com o governo da Dilma... E tem mais outra coisa: você não faz oposição apenas no período eleitoral, você tem que desenvolver um programa de oposição ao longo dos anos

PROFETAS DO PASSADO

Como você explica essa complacência?

Penso que tem a ver com uma questão de estilo, estilo de como jogar um papel essencial, dificuldade benigna, a meu ver, de jogar no quanto pior melhor... Por exemplo, se você pegar, setorialmente, esse FIES — eu não me lembro de a oposição ter atacado quando foi criado. Me parece que falta, também, projetar para os diversos setores da vida do país a crítica e a política alternativa, como fiz na questão da saúde. Isso tem que se multiplicar, mas não tem sido feito de fato.

Como você vê essas ausências da oposição? Como uma espécie de cooptação?

Não, é o resultado de algumas forças.

A imprensa é uma dessas forças? Em caso afirmativo, por que você acha que só se debatem questões transcendentais ou fundamentais para a sociedade nos períodos eleitorais?

A imprensa joga um papel imenso nisso... Isso aconteceu de maneira vil com o Alckmin e com o Aécio, não chegou a acontecer comigo. Eles falaram: "Bom, vamos precisar enxugar gastos", e logo vem a imprensa e diz: "Onde? Tem que dizer!" Não que a imprensa não deva cumprir o seu papel, mas, de alguma maneira, a estratégia do PT sempre encontrou um eco muito forte na imprensa. Menos nessa última eleição, talvez Porque acho que eles zeram a partir de agora. Essa é a impressão que me dá, porque esse modelo acabou. Acho que o PT está se derretendo e, no futuro, esse partido não será mais como era. Como diziam os franceses, *le future ne sera pas, comme il était*. Depois desse segundo governo Dilma, e a partir dessa eleição que a gente viu, agora, o futuro não será mais como era

Eu queria voltar um pouco na nossa conversa. Essa questão que você levantou, da farra com o gasto público, uma postura quase anárquica, enfim... Isso estaria distante, então, do projeto petista que prevê vinte anos de permanência no poder? Até porque, esse projeto seria uma coisa muito bem pensada...

Discordo. Eles não sabem o que fazer com o governo. A Dilma não sabe, como o próprio Lula também não sabia o que fazer. Eles não têm projeto de poder nesse sentido... Tentam deter o centro do poder, mas o que vão fazer com o país, aí é outra coisa. E não são nem bolivarianos, pois, por mais que o pessoal queira dizer isso para agredi-los, nem isso eles são. Não são nada. Não sabem o que fazer com o poder no Brasil. É o poder pelo poder, porque é o patrimonialismo sindical e bolchevique. É só patrimonialismo: usar os instrumentos de poder para se beneficiar privadamente. É uma neo-oligarquia. Eles não tiveram nenhuma dificuldade em se aliar com os outros partidos patrimonialistas tradicionais da vida brasileira. Partidos seculares, digamos. Aliaram-se às velhas oligarquias e tudo mais. E também não é uma aliança tópica, episódica.

Por que não é uma aliança episódica?

Claro que pode ser considerada, também, episódica, mas os vejo muito à vontade, não têm nem aquelas hesitações, como havia na época do Fernando Henrique... Porque, quando se está no governo, você sabe que tem que fazer algumas composições, mas, ao mesmo tempo, você sabe que deve ter cautela e obedecer a critérios e princípios.

Isso não deixaria claro o campo ideológico em que o governo começa a atuar? Agora mesmo, você afirmou que não há uma prática de direita...

Não, não falei isso. O que eu acho é que não é correto atribuir ao PT uma postura de direita, porque ele não tem uma postura democrática melhor do que a direita tem no mundo. Não tem. Pelo contrário...

96 PROFETAS DO PASSADO

Entrevistado para este mesmo livro, o psicanalista Luiz Alberto Py se diz profundamente consternado com o fato de você ser visto hoje, pelos seus opositores, como um político de "extrema direita". Como você vê essa acusação?

Na verdade, eu não vejo essa acusação. Se existe, acho graça, e é desmoralizante para quem diz. Aliás, nenhum desses blogs sujos que existem por aí pegou no meu pé nesse sentido.

É possível desvincular a corrupção gigantesca que está sendo denunciada hoje da atual de crise econômica? Como você vê essa tentativa das autoridades em encontrar justificativas para o não fechamento das contas públicas, sem dar a ênfase necessária aos desvios das verbas públicas?

A singularidade da era petista não é a de ter tido corrupção, é de a corrupção virar método de governo. Essa é a essência do assunto. É a maneira de governar, com a corrupção introjetada o tempo todo. Isso, a meu ver, é inédito na política brasileira, é inédito na experiência histórica brasileira. Não houve, nunca, nada desse tipo, pelo menos nessa escala tão "competente". Nem mesmo no governo Collor. Já disse — e isso também está no livro — que o que havia pré-64 era uma época de ingenuidade perto do que veio depois. Agora, é a exacerbação do patrimonialismo. O sujeito acha que é dono. Ganhou o governo, acha que é dono do patrimônio público.

Estaria aí, então, a explicação para essa mistura que se faz no Brasil entre governo e Estado? A posição da presidente Dilma, quando afirma "eu mandei a Polícia Federal investigar", denota o quê?

A Polícia Federal sempre investigará, independentemente de a presidente mandar ou não. Aliás, vou dizer uma coisa: se ilude quem achar que manda na Polícia Federal. A polícia tem outra dinâmica. Mas queria aproveitar este livro para falar de algumas coisas que considero relevantes para o país...

E quais seriam essas coisas?

Queria falar dos grandes impasses que estamos vivendo. Um deles é o que Trotsky chamou na época da Revolução Russa de desenvolvimento desigual e combinado. Ou seja, é muito desigual do ponto de vista regional, e é, também, combinado, porque, de alguma maneira, o atraso e o progresso econômico se combinam e acabam sendo funcionais um para o outro. Esse círculo vicioso, por exemplo, não acabou no Brasil. Muito pelo contrário, tem sido exacerbado. E isso também está por trás de muitos problemas de natureza tributária, por trás de muitos impasses fiscais etc. E o governo do PT agravou isso. Veja no que deu essas refinarias todas feitas ou programadas de maneira antieconômica... Esses impasses permanecem: questão de guerra fiscal, de orientação dos investimentos, do gasto público, do peso de oligarquias regionais ainda existentes na política brasileira... O Brasil está longe de ser cada vez menos desigual e mais combinado. E isso tem um peso decisivo na organização do poder no Brasil. A outra questão crucial é a respeito da indústria, que, na verdade, não começou no governo do PT. A origem disso está muito relacionada com a época de superinflação, uma inflação superior a 100% ao ano, que é quando você tem dois dígitos mensais ou próximo disso. Só que o golpe, realmente decisivo, na indústria foi no governo Lula, principalmente na segunda metade, quando o *boom* do comércio exterior, junto com a manutenção de uma maior taxa de juros possível, fez aumentar o problema. Em especial depois da crise de 2008, quando boa parte daquilo que veio importado, e que se transformou em consumo, competia com a produção doméstica. A indústria, até hoje, produz menos do que em 2008, produz 10% a menos e tem, também, 10% a menos de emprego. Aponta para um país, digamos, exportador de matérias-primas. Volta à condição de antes de 1930, o Brasil um país primário exportador. Não há incoerência

98 PROFETAS DO PASSADO

nenhuma entre desenvolver bem o país e exportar *commodities*. Os Estados Unidos sempre fizeram isso. Não é contraditório industrializar e, ao mesmo tempo, explorar recursos naturais. Mas o fato é que, no Brasil, voltamos a ter o peso da indústria, com proporção no PIB, semelhante ao pós-guerra de 1946 e 1947. A indústria sofreu uma verdadeira devastação. E o Brasil, agora, não vai conseguir se desenvolver, minimamente, a médio e longo prazo, num padrão de país primário exportador. Somos uma economia continental e toda experiência mundial dos países que crescem à frente, hoje, é daqueles onde a indústria cresce mais depressa. É um paradoxo que um país presidido por um ex-operário metalúrgico, que, esse governo tenha dado um golpe mortal, desse tamanho, na indústria.

A globalização também poderia entrar como justificativa nesse quadro?

Não, de jeito nenhum. Imagina, na direção do atraso? Essa é uma questão gravíssima no Brasil. O que está por trás, aliás, a base da atual crise econômica é a retração da indústria. A queda de investimentos no Brasil foi porque caiu o investimento na indústria. E por que caiu? Porque não se quer perder dinheiro. O governo deu essa desoneração sobre a folha de salários... Agora, estão querendo voltar atrás. E um dos argumentos é que não gerou efeitos positivos em termos de empregos, isso, aquilo etc. E é verdade. Mas sabe por quê? Porque você pode até dar facilidade financeira para um setor, mas o empresário não vai investir se achar que vai perder dinheiro. A falta de investimentos privados não é porque falta poupança e dinheiro, é porque há falta de oportunidade rentável.

Você disse que agora o Brasil não vai conseguir se desenvolver, minimamente, a médio e longo prazo, num padrão de país primário exportador...

O país está perdido entre custos elevadíssimos de produção — o custo Brasil é altíssimo por causa da tributação, da infraestrutura, dos juros etc. — e o câmbio, que ficou também sobrevalorizado durante muito tempo, e que agora diminuiu. Isso levou a competitividade brasileira para o chão. Isso significa perder emprego de boa qualidade e perder progresso técnico, que, habitualmente, está associado à indústria. Quando você não tem investimento, você não tem progresso técnico. É um círculo vicioso. Como eu disse, era um problema que já existia, mas o governo do PT exacerbou, e o Brasil, hoje, está sem projeto. E isso é uma questão gravíssima. E o terceiro fator, também importantíssimo, é a estigmatização em relação às políticas de desenvolvimento. O PT causou um prejuízo inestimável ao debate nacional, porque suas políticas de desenvolvimento, ou mesmo de sustentação social, são caricatas. E isso desmoraliza a ideia de que o país precisa de uma política de desenvolvimento. E, mesmo entre as elites ou entre os formadores de opinião, fica a ideia de que o desenvolvimento vai ser conseguido com menos Estado e mais mercado. E isso é só parcialmente verdadeiro. Porque se sabe que, para ter desenvolvimento, tem que se ter uma política pública, um ativismo estatal eficiente, coisas que você não tem. Isso passa, também, pelo fato de que o Brasil é um país que convive com focos que vão da superestimação até a baixa autoestima, do inconformismo à exaltação. A ideia de desenvolvimento nacional é um foco importantíssimo, mas eu insisto que, na perspectiva petista, tudo que eles fizeram foi uma caricatura. No fundo, o que eles mais passaram para a população brasileira foi uma filosofia, que eu resumo assim: "Aprenda inglês dormindo, faça ginástica deitado e emagreça comendo." Ou seja, tudo vem fácil, basta você ser genial. Você vai dizer, então: "Bom, mas o que aconteceu com o petróleo?" Eles destruíram a Petrobras, e não apenas por causa da corrupção sistêmica que se instalou e que desmoraliza, mas também pela política errada que implantaram. Puseram uma carga insuportável sobre a Petrobras. Mesmo antes da crise de corrupção, ela já caminhava para uma dívida quatro, cinco vezes maior que o seu faturamento. O mercado de petróleo tem altos e baixos, portanto, não pode se endividar ao extremo, como agora, por exemplo. Sem falar que a Petrobras virou um monstro inadministrável, tem mais de 300 mil empregados terceirizados e mais de cento e tantos mil contratados. É uma política louca, sem rumo. Ela fabrica desde fios têxteis até o petróleo. Fabrica adubo, etanol, monopoliza o gás... É uma coisa inteiramente insana, a política adotada foi a ruína; os erros do governo petista são tamanhos que danificam, como eu já disse, até a ideia de uma política de desenvolvimento.

O juiz Sérgio Moro, que comanda a operação Lava Jato, citou o sociólogo americano Edwin Sutherland, que, segundo ele, teria sido o primeiro a cunhar a expressão "crime do colarinho branco", defendendo a teoria de que esses crimes "violam a confiança e, portanto, criam a desconfiança, o que diminui a moral social e produz desorganização social em larga escala". Ainda segundo Moro, "a prisão dos empreiteiros, a par dos crimes que cometeram, seria uma forma de preservar a confiança da sociedade e a credibilidade das instituições públicas". A operação Lava Jato, em sua opinião, estaria contribuindo, então, para o fortalecimento das instituições brasileiras? Em que medida e por quê?

Evidente que sim. A repressão a esses crimes, as descobertas feitas vão deixar uma marca positiva na vida pública brasileira. Não sei se vai bastar, porque depois do Collor, logo depois que ele caiu, também se achava isso. E o mesmo aconteceu depois da CPI do Orçamento. Só que, nessa época, o PT era o arauto da moralidade. Arauto esse que, quando chega ao governo, agrava essa questão, se aliando ao que existia de mais atrasado na política brasileira. E o que é pior: governando o país como se fosse propriedade privada deles — diga-se de passagem, como nunca se fez, antes, em nossa história. Mas, em tese, isso que está acontecendo agora vai ser positivo a médio e longo prazos.

Fazendo um pouco o papel de advogado do diabo: a descoberta das reais proporções de todos esses escândalos de corrupção não poderia fortalecer, ainda mais, essa espécie de subcultura da desconfiança, traduzida em máximas do tipo: "político é tudo igual, basta chegar lá"?

Em 2006, o Lula aproveitou muito essa ideia. Muita gente que era lulista repetia: "Todo político rouba, então, o meu também pode roubar." Mais ou menos assim. E isso foi (e é) péssimo. Mas agora, eu acho que a crise é de tal tamanho que dificilmente vai se reproduzir esse discurso. Na minha opinião, perdeu a eficácia. Mas tenho esperança. E prefiro parafrasear Churchill: "Ela está chegando ao fim do começo." Ainda vamos ter muita coisa pela frente: quando o Ministério Público entregar as denúncias ao Supremo, quando chegar até a opinião pública os políticos que eles entendem que estão envolvidos... E, em alguns casos, o MP poderá estar certo e em outros poderá se equivocar. Pois o fato de você aparecer numa lista nem sempre implica que você cometeu o crime. Tem que apurar, mas, sem dúvida nenhuma, a partir daí é que vai começar a crise. Na verdade, a própria crise econômica e seus efeitos sociais estão apenas começando. Infelizmente.

Mas toda essa discussão passa, especialmente, pela classe média, que, quase sempre, fica com o papel de formadora de opinião. Quando você se diz esperançoso, é porque você acredita que, nestes novos tempos de multimídias, as informações chegam mais rapidamente às camadas populares?

Acho que começa, sim, pela classe média, que tem acesso mais imediato às informações. Mas depois, elas chegam ao povão. Só que vão chegar ao povo via desemprego, via redução de salários... Acho que os veículos de comunicação, principalmente a televisão, acabam desempenhando um papel importantíssimo, que é o de fazer chegar mais rápido à população toda a contradição que aí está.

102 PROFETAS DO PASSADO

E esse seria um dos motivos para que a sociedade comece, de novo, a se organizar em manifestações nas ruas, como as que aconteceram em junho de 2013?

As manifestações de 2013 foram de insatisfação, eu diria que foi um movimento de pouca politização. Hoje, aumentou muito a insatisfação e aumentou, também, a politização. O que não quer dizer política partidária. Pois se alguém considerar que algum partido ou alguma outra forma de organização política está coordenando as manifestações, está totalmente equivocado. Elas têm um grau imenso de espontaneidade.

Qual é, então, o prognóstico que você faz para o futuro imediato da política brasileira? A nação continuará dividida e a demonização dos opositores permanecerá prevalecendo?

Não, isso enfraqueceu muito e, também, não vejo como algo generalizado. Vem de um pessoal mais organizado, setores mais organizados do petismo, do bloco sujo do partido, que tenta estigmatizar tudo. Mas não vejo isso como um fenômeno. Não estou convencido disso. Acho que daqui para frente vai mudar muita coisa, já vem sendo diferente. Veja na última eleição, os resultados de São Paulo, por exemplo... Agora, mudança é sempre lenta. Esse foi o último espasmo eleitoral bem-sucedido do PT. Estou convencido disso.

Sim, mas qual é o seu diagnóstico sobre a atual conjuntura nacional?

Bom, em primeiro lugar, o chamado ajuste econômico que está sendo feito agora deveria ter acontecido no começo de 2011, porque o desequilíbrio já estava em todos os lados e os desafios de enfrentá-los, de fazer esses ajustes seriam infinitamente menores. O que foi feito, durante quatro anos, foi *más de lo mismo*. Ou seja, mais da mesma coisa, e ampliando, gradativamente, as fragilidades da economia. O que acontece?

Agora, está se produzindo um quadro extremamente perverso, pois a tentativa de ajuste, a curto prazo, só faz aumentar o desajuste. E por quê? Vou dar um exemplo: a economia, que estava crescendo, já está se contraindo, o que diminui a receita tributária e aumenta o déficit público. A estagnação, por outro lado, ajuda a inflação, por incrível que pareça... É um paradoxo, mas ajuda.

Quando diminui o aumento da produtividade da economia, e são menores as condições para absorver o aumento de custos, a estagnação tem um papel: ela pode ajudar a parar a inflação. Mas é evidente que há um custo social descomunal em matéria de emprego, devido à queda de produção. Na verdade, eles estão dentro de uma ratoeira. Sem falar no tempo que isso leva... Veja o exemplo da União Europeia, que está há cinco anos arrochando os governos e a crise não resolve. Até o mercado financeiro dar o seu aval e ficar satisfeito, isso demora. O custo é enorme e eles caíram nessa ratoeira.

Então aquela célebre frase "a crise econômica internacional não nos atinge" é uma falácia?

É evidente que é uma falácia: você não tem aquela imunidade que se imagina que tem. Pois, mesmo que você diga que tem reservas altas, não pode esquecer que as reservas vão embora como uma pétala ao vento. Porque o que vale na economia não é quanto se tem de reserva, mas qual é a quantidade de tempo de perda que se tem. E a Dilma já recebeu, como herança do próprio governo deles, um país com déficit crítico no balanço de pagamentos, que é o déficit de conta-corrente: mais de 4% do PIB! Isso é um nível de perda perigosíssimo, pois tira também o raio de manobra. Agora, você tem uma inflação difícil de abater, porque tem muita indexação também. Quer dizer, tem estagnação, e, ao mesmo tempo, paralelamente à estagnação, tem déficit de conta-corrente subindo, mesmo com a economia parada ou recuando. Então, estão aí todos os ingredientes para um quadro de sofrimento social daqui para diante. Penso que nós vamos ter saudade dos dias de hoje. E isso — eles vão ver — se sobrepõe, irreversivelmente, a qualquer política de marketing.

Voltando ao seu livro: em vários momentos, você pontua o quanto a ética e a integridade moral devem fazer parte da conduta do homem público. Você não se sente isolado dentro dessa perspectiva, na medida em que parece não existirem dúvidas de que a ética perdeu o protagonismo no campo das relações humanas e, especialmente, no das relações políticas? Por que você acha que os chamados critérios morais não pesam, geralmente, na escolha do eleitor brasileiro?

Acho que pesam, sim. Ou melhor, que estão pesando hoje mais do que no passado, não só pelo nível a que se chegou, mas também pela correlação que será feita entre corrupção e a piora das condições sociais. Repito: acho que começam a pesar mais e o preço a ser pago vai ser alto. Foi a última vez. Não haverá uma próxima, pelo menos nos mesmos termos. Isso eu acho que está claro. Nós estamos no fim do começo de uma crise muito forte, mas temos que acreditar, sempre, que circunstâncias improváveis acontecerão e elas podem abrir caminho para uma mudança positiva, mais adiante. A história é cheia de surpresas, estamos diante do imprevisível. E o imprevisto nos traz coisas ruins, mas também possibilidades boas.

Você termina seu livro dizendo: "Reacionarismo e populismo são duas forças que têm um longo passado no Brasil, mas que não terão futuro." Você mantém essa afirmativa ainda hoje?

Mantenho e reforço essa afirmativa, porque o que está em crise são, exatamente, essas duas coisas: reacionarismo e populismo. A crise atual é fruto deles. E acho que eles vão se enfraquecer no futuro. Você vai ter a possibilidade de um caminho diferente...

Mesmo com a tradição histórica?

Mesmo com a tradição histórica. Em 2002, eu sentia, realmente, o perigo de ficarmos perdidos entre essas duas opções. Em 2010, eu tinha certeza absoluta de que a nossa derrota na eleição iria abrir caminho para uma crise sem tamanho. Não porque fomos nós que perdemos, mas porque ganhou o ruim, o fraco, o despreparado. Ganharam essas forças, inclusive com a manipulação do Estado para benefício próprio, como nunca houvera antes. Elas venceram novamente, mas as condições objetivas para governarem já estavam se esgotando. E eu gostaria de reafirmar, aqui, que, se há uma coisa que não aprendi foi essa de ganhar a qualquer preço. Eu sou estruturalmente limitado para isso [risos]. É verdade.

Você se importaria em declinar seu volto no segundo turno da eleição de 2014?

No primeiro turno votei no Aécio, no Alckmin para governador e em mim para senador. E no segundo votei no Aécio.

E por quê?

Porque achava que eram as melhores opções dado o quadro existente.

José Serra, paulistano, 72 anos, é economista, escritor, político. Foi deputado federal constituinte, governador e prefeito de São Paulo, senador, ministro do Planejamento e ministro da Saúde. Presidente da UNE, em 1964, foi perseguido pela ditadura e viveu catorze anos no exílio. Militou em apenas duas agremiações partidárias: a AP, na década de 1960, e no PSDB, de 1980 até hoje.

Marco Antonio Villa

"Os intelectuais perderam a capacidade de enfrentamento: ou ficam louvando o guia genial e os êxitos petistas, ou ficam quietos, pegando com uma mão na teta do Estado, oportunisticamente."

São Paulo, 3 de março de 2015

Para início de conversa, um esclarecimento: a sua linha de pesquisa dentro da história é a história brasileira recente?

É, embora na graduação, eu tenha começado a trabalhar com o México. Quando vi, num arquivo mexicano, uma menção a Canudos, veio uma luz que eu deveria fazer um trabalho sobre o tema. Tempos depois, saiu o livro, *Canudos, o campo em chamas*, que foi o marco divisório na minha carreira: saí da América Latina e fui estudar o Brasil. Em 1991, mais ou menos, comecei a me dedicar somente ao Brasil, e a partir de 2010, passei a trabalhar com questões mais contemporâneas.

Você tem doze livros publicados, sendo que, nos quatro últimos, mais do que tratar da nossa história política contemporânea, você aborda, criticamente, a gestão petista em seus doze anos de governo. Como você chega até aqui, qual é a sua trajetória político-ideológica?

108 PROFETAS DO PASSADO

Eu participei do movimento estudantil, nos anos 1970, quando fazia Economia na PUC. Na época, fazer Economia era uma espécie de resistência ao regime, porque havia toda uma polêmica agrária brasileira, e eu sempre gostei muito de política. E a PUC tinha um projeto de ciclo básico que misturava as turmas com as áreas de Humanas. Aquilo me ajudou muito. Tanto, que quando saí da Economia, em 1975, eu comecei a militar, também, no PCdoB. E em 1977, ganhamos a eleição do DCE livre da PUC, por maioria absoluta. Era só PCdoB, praticamente. A militância foi muito grande e, quando houve a invasão da PUC, mesmo não tendo sido preso naquele dia, acabei entre os sete nomes que foram indiciados. O que aconteceu é que, depois, por volta de abril de 1978, quando sai do PCdoB, não foi mais possível continuar na Economia. Quando você milita muito, você fica deslocado. Principalmente naquela época, você não tem nem mais amigos etc. Foi quando pensei em fazer história na USP, agora sem nenhuma militância.

Você quer dizer sem nenhuma militância partidária?

Sim, porque ali mesmo, no bairro periférico onde fui morar, um pessoal antigo do movimento estudantil, veio me procurar na eleição de 1982. Foi quando nós fizemos campanha para o Genoino, que se elegeu deputado federal. Porque, em 1978, o PCdoB acabou se dividindo e a nossa corrente fez parte da criação do PRC (Partido Revolucionário Comunista), que o Genoino também integrou. Então, eu não estava filiado ao PT, mas fiz campanha para o Genoino. Depois, fiz mestrado em Sociologia e, finalmente, em 1984, participei de uma experiência brilhante, que foi ter prestado concurso para a Universidade Federal de Ouro Preto, que tinha começado no ano anterior, e que reuniu gente muito boa e muito jovem de várias partes do Brasil. Lá, comecei a participar da política na universidade, e fui eleito chefe de departamento. Foi uma briga política boa, que incluiu, depois, a briga para ser diretor de unidade.

Qual é a análise que você faz da sua trajetória política? Como você explica que um ex-militante do PCdoB, que apoia, inclusive, na volta à legalidade democrática, em 1982, uma candidatura do PCR, tenha se transformado num dos mais contundentes críticos da era petista, a ponto de ser apontado hoje, por alguns dos seus antigos companheiros, como um ferrenho "direitista"?

Toda a minha formação foi no interior do marxismo. O que acontece é que já no mestrado, eu desconfiava de umas explicações marxistas. E, posteriormente, no doutorado que fiz sobre Canudos, surgiram outras novas interpretações. Ao mesmo tempo que fui lendo e estudando mais o Brasil, vi que o marxismo não conseguia dar conta, por exemplo, da nossa complexidade, como éramos diferentes daqueles modelos. Tanto que a minha interpretação de Canudos, quando saiu o livro, é guerra. Uma vez, saiu até uma reportagem na *Folha*, sobre o encontro do SBPC, em Belo Horizonte, em 1997, com o título "A segunda guerra de Canudos". Porque houve uma verdadeira guerra entre a interpretação do pessoal de lá, e a minha, que buscava uma reflexão original, não colada com clássicos marxistas. Mostrar a especificidade brasileira me fez traçar o percurso de uma reflexão independente, ainda nos anos 1990, quando fui encontrando autores brasileiros, que não estão na moda há milênios, como Euclides da Cunha, Sílvio Romero, entre outros. Fui trabalhando, então, com outra perspectiva, um percurso muito distante da maioria das pessoas. Não só em função do que lia, como também sobre o que eu começava a pensar sobre o Brasil. Nesse momento, comecei a colaborar com a *Folha de S. Paulo*, mas não escrevia na parte de política. Até que, no começo de 2003, quando chegou o governo Lula, logo no segundo dia, escrevi um artigo dizendo que o governo que estava tomando posse, se seguisse aquele caminho que estava anunciando, iria fracassar.

Mas por que você afirmou isso, naquele momento? Qual a natureza da sua análise? Econômica, política, ideológica?

110 PROFETAS DO PASSADO

Acho que juntava as três. Mostrava como essa tentativa de se aliar ao atraso, através de setores oligárquicos, que ele já estava buscando no início do seu governo, não significaria a construção do novo. Ali, usei referências antigas do Euclides da Cunha, no discurso de sua posse na Academia, em 1906, e usei, também, o discurso de recepção, na mesma cerimônia, feita pelo Sílvio Romero. Esses discursos traziam esse debate do moderno e do arcaico e como a gente tem a mania de fazer a reforma pelas cimalhas [risos]. Eu pegava essa ideia euclidiana, com um pouquinho de Sílvio Romero, e aplicava ao Lula. E, a partir dali, comecei a me afastar do governo petista, pelo qual eu tinha simpatias. Tanto que em 2002 votei no PT, porque achei que ia mudar. Mas logo entendi que era um equívoco. E aí comecei a escrever várias coisas contra o PT e acabou gerando um problema no meu trabalho. Virei uma espécie de ave rara no departamento de Ciências Sociais da UFSCar, porque só eu estava falando aquelas coisas, o restante falava o oposto. E, quando veio a crise do mensalão, em 2005, e quando escrevi outros artigos, que tiveram muita repercussão, aí, então, acabei isolado, literalmente. O livro sobre o Jango, em 2004, já é uma leitura que bate de frente com as interpretações tradicionais da esquerda brasileira. Virei, portanto, ovelha negra. O que não impediu que, por questões políticas internas, eu virasse chefe de departamento, no período de 2003/2006, no auge do governo Lula. Ganhamos a eleição, apesar dos problemas internos, sendo que a reitoria era PT.

Saindo da sua trajetória e retomando as suas observações. Quando você fala de "década perdida", você está se referindo ao período de 2003 a 2012, e o seu foco principal está na economia, você diz que "se perdeu, ali, uma bela chance de crescimento, que o Brasil tinha condições de fazer esse crescimento e não fez". Você poderia esmiuçar essa sua análise, na medida em que a renda da população subiu, o emprego aumentou, a classe média se tornou maioria e a economia, portanto, teve grandes picos de crescimento durante os dois governos Lula. Onde, então, o Brasil perdeu a chance?

O governo Lula tinha tanta capacidade de comunicação, o Lula, como comunicador, era tão grande que o Brasil teve recessão, em 2009, cresceu menos 0,3%, mas dava a impressão que crescia em ritmo chinês. E a verdade é que não se falava nada disso. Primeiro, porque o Lula tinha — não tem mais — esse invejável poder de comunicação e, também, porque a oposição abriu esse espaço para ele, desde o final de 2005, no auge da crise do mensalão. E ele, espertamente, ocupou, porque é um excelente leitor de conjuntura. E lá, naquele momento, ele leu tão bem a conjuntura que construiu uma sólida aliança, permitindo a sua reeleição em 2006.

E com quem, em sua opinião, o PT faz essa sólida aliança?

Já é à direita e com a direita. Nesse momento, ele já consegue se articular com alguns caciques do PMDB, especialmente o Sarney, mas não só com ele: junto vêm os caciques menores, como Jader, Renan e outros. Ele também se articula com setores de outros partidos, então, passa batido. Na verdade, o crescimento é baixo, pois as taxas são muito baixas, entre 3 a 4%. É só observar: há momentos em que o Brasil cresceu muito, mas teve recessão, como em 2009. Agora, o que o Lula fez foi ocupar um espaço que a oposição deu a ele. A oposição foi muito mal nos dois governos Lula. Basta ver que, no segundo turno em 2006, o Alckmin teve menos votos que no primeiro, o que é um caso único em eleições brasileiras. Agora, a expressão "década perdida" surgiu num desses artigos que escrevi, para melhor expressar a visão dos anos 1980, que também não se aplica, corretamente, porque em alguns anos dessa década, o país cresceu bastante. Usei essa expressão, para o caso do PT, já que havia uma série de condições históricas da conjuntura internacional que foram perdidas. Pois não se pode esquecer que, até o último trimestre de 2008, a conjuntura internacional tinha sido extremamente favorável. E apesar das reformas que foram feitas nos dois governos Fernando Henrique, e que criaram condições para essa possibilidade de desenvolvimento sustentável, ele acabou não ocorrendo. Pelo menos na forma prevista, porque se gastou muito mal em obras públicas, na parte de infraestrutura, sem falar nos programas assistenciais, que cresceram de forma desordenada. Eles deveriam existir, mas não na proporção que existem, hoje, nem na forma como funcionam. Enfim, a gestão econômica foi ruim. O que faço, então, a partir desse conjunto de coisas, é desmistificar essa história, mostrando como a máquina petista se entranhou na estrutura do Estado, como ela domina o aparelho de Estado em proporções que nunca ocorreram antes na história do Brasil. E eu tenho sempre dó de quem vai ganhar a presidência: isso quase ocorreu, agora, em 2014, mas deve ocorrer em 2018. Pois a pergunta é simples: como é que se vai tirar essa máquina petista da estrutura do Estado, já que grande parte é de concursados. O PT não só inchou a máquina, como criou concursos para colocar seus partidários lá dentro.

E já que estamos falando de inchaço da máquina, o que você tem a dizer quanto a essa acusação de que, mesmo feita à *boca chiusa*, afirma que o projeto de vinte anos no poder prevê a cooptação de uma parcela considerável da classe média, através de um aparelhamento da máquina estatal que, já há algum tempo, estaria contemplando fundações, autarquias, organizações não governamentais, sindicatos, associações de classe?

Acho que tudo é fruto do momento. Não existe essa coisa de um projeto que eles vão seguindo, capítulo por capítulo. Nada disso. É tudo improviso. Detalhe: a crise do mensalão poderia ter destruído o PT no final de 2005, início de 2006. Só não aconteceu, em grande parte, por causa do Fernando Henrique, que, não só não pediu o impeachment, como ficou falando que teria reflexos na economia, todo aquele lero-lero.

Mas é uma fala que se repete, não é mesmo? Quando o PT diz, hoje, que a prisão dos diretores das principais empreiteiras, com o confisco de seus bens, vai parar a economia, vai parar o país, não é o mesmo discurso? A que (ou a quem) você credita o fato de o ex-presidente Fernando Henrique ter interferido, dessa forma, na história brasileira? E por quê?

Admiro muito o Fernando Henrique, mas acho que o segundo mandato foi muito ruim, especialmente porque ele se aliou a setores ultraconservadores: Renan Calheiros foi ministro da Justiça dele e o Iris Rezende, também. E ele fez um pouco de corpo mole na eleição. A impressão que dava é que ele gostaria que o Lula ganhasse. Ficou muito satisfeito de mostrar, depois, na Europa, que passou o governo para um líder operário... Ele nunca foi um líder político, a eleição caiu no colo dele. Ele chegou à presidência, por acaso. Agora, também não é fácil ser líder oposicionista contra o PT. Porque o PT é uma máquina, uma estrutura de partido com uma tradição de esquerda, ou seja, com toda aquela disciplina. Tem um centralismo democrático, tem divisões internas terríveis, mas se unifica na ação, tem unidade na ação. E aí, portanto, você precisa ter uma oposição que seja da mesma forma que o PT, coisa que o PSDB nunca foi. O PSDB é um partido frágil, tem uma história recente, sem militância, não tem quadro, não é combativo, não sabe partir para o enfrentamento. E se ilude, quando pensa que chegará à vitória, baseando-se no resultado das urnas. Veja o que aconteceu aqui em São Paulo: foi uma vitória do PSDB? Não, foi uma vitória do anti-PT, o PSDB não teve vitória nenhuma. E o PSDB não é combativo, porque eles se omitiram, em grande parte, desse debate político. Mesmo agora, por exemplo. A participação do PSDB só foi mais intensa no segundo turno, devido ao Aécio ter feito uma boa eleição... Mas e depois? Quem são essas vozes de oposição? Eu poderia dizer que são alguns jornalistas, onde também me incluo, obviamente.

Mas você tem uma contundência que o singulariza nesse cenário de oposição, seja no jornalismo opinativo, seja na reflexão intelectual pura e simples, seja na militância política... Mais do que um historiador, você se considera, hoje, um militante da história política brasileira?

114　PROFETAS DO PASSADO

É, você acaba sendo. E sabe por quê? Porque agora participo de um programa de rádio e outro na TV, e aí me param na rua, no supermercado, em qualquer lugar, para conversar, discutir e até mesmo tirar fotos. E são pessoas das mais diversas classes sociais, níveis culturais, idades etc. Esta semana mesmo, no espaço de dez minutos — e eu sei porque o supermercado fechava às 22h e entrei no estacionamento às 21h50 —, fui abordado por três pessoas distintas: uma senhora bem-vestida que estava fazendo compras, o segurança do estacionamento e o empacotador do caixa. Então, quando você tem essa questão transversal, quando faz o corte de classes, de faixa etária, você pega gente nova que também não está satisfeita...

Você vê essas reações como sintomatologia de uma insatisfação generalizada?

Sim, e se você trabalhar bem com os sites e as redes sociais, vai obter resultados impressionantes. Pois são muitos os recursos de divulgação e discussão: Facebook, Twitter, blogs e esses vídeos curtinhos que eu recorto ou do *Jornal da Cultura* ou da Jovem Pan ou então da *Veja*. E é realmente uma coisa assustadora e que vai ampliando numa velocidade incrível. O Willian Corrêa, que é o âncora do *Jornal da Cultura*, que já trabalhou em Angola e montou um canal de televisão lá, me ligou há duas semanas para me dizer que os angolanos queriam saber "quem é aquele cara, que está lá (no *Jornal da Cultura*) com você, falando aquelas coisas".

Mas a sua fala vem, sempre, carregada de muita emoção, o que é raro num acadêmico, não é verdade? Esse seu discurso mais emocionado sinaliza o quê? Que é impossível fazer política sem o coração?

É, concordo com isso. Até porque sempre fui assim: mais incisivo, o que ficou mais evidente a partir da exposição na televisão.

Você ambiciona ingressar na vida política partidária?

Não, nunca. Nunca mesmo. O que eu quero é continuar fazendo o que faço, ou seja, continuar fazendo reflexões sobre o Brasil. E continuar discutindo essas questões mais voltadas à história política, tendo essa participação em mídias distintas. Até porque sei que o que falo representa uma parcela considerável da população, aquilo que as pessoas pensam, porque elas me dizem isso das mais diversas formas. Agora sei que isso tem um custo, também. Porque o PT, já há muito tempo, faz um trabalho de desqualificação violenta contra mim.

Você computa, em suas reflexões, o fato de que o mesmo grupo de filhos da classe média que, em 1968, fez a opção pela luta armada, foi se abrigar, no Partido dos Trabalhadores, quando retorna do exílio justamente por encontrar ali, talvez, o ancoradouro natural para suas aspirações político-revolucionárias?

Acho que pode ter, sim. Mas o caso do PT é um pouco mais complexo. Sua formação é conhecida: tem o pessoal da luta armada, as comunidades eclesiais de base e os sindicalistas. A grande questão é um pouco esta: o que acontece com o partido que, na medida em que evolui, passa a assumir características que têm a ver com as "tradições" da política brasileira, da liderança caudilhista, do filhotismo, do patrimonialismo? Por que não se encaixa mais naquela ideia de partido de esquerda, dentro daquela ideia tradicional de revolução, de socialismo, de tomar o aparelho do Estado? Isso acabou. Você poderia jogar, fazer umas brincadeiras com alguns conceitos leninistas e falar em aristocracia operária. Mas é um certo exagero. O que eu chamo de aristocracia petista é esse pessoal que está no aparelho de Estado, de origem sindical, pois quase todos vieram de sindicatos, passam pelo partido e hoje estão aí, controlando os fundos de pensão, os bancos, os ministérios etc. Todos eles têm a mesma origem. Por exemplo: esse Bendine que está, agora, na presidência da Petrobras, ele era sindicalista lá do Banco do Brasil. Quer dizer, eles tiveram esse desejo de ascensão social e

116   PROFETAS DO PASSADO

há, também, muita coisa de América Latina, mesmo. Essa questão do poder caudilhista que o Lula representa. Porque o Lula não é e nunca foi um líder de esquerda, ele nunca se disse de esquerda. A relação que ele tem não é da tradição antiga do marxismo ou do leninismo. Inclusive, não leu, nem sabe o que é isso. Porque a questão dele é a ligação direta entre o líder e a massa. E não há nada mais antimarxista do que isso, porque não há mediação do partido. Então, esta é a tradição latino-americana: a do caudilho! O que nos difere da América espanhola é que o caudilho aqui não tem a força militar que tem lá. Nós temos algumas diferenças, na medida em que as nossas tradições históricas não são as mesmas da América espanhola. E a formação do exército, assim como a formação do Estado, também é diferente.

Mas tudo indica que a trajetória do Partido dos Trabalhadores vai além desse caudilhismo do ex-presidente Lula. Para seguir com a sua linha de raciocínio: o grupo do ex-ministro José Dirceu, que parece ser o mentor do perfil partidário, usa o caudilho inteligente e sagaz, ou é o caudilho que se aproveita desse grupo (politizado e de esquerda) e constrói sua trajetória de líder?

Claro que a organização do partido é o Zé Dirceu. Desde 1980, quando ele militava no diretório da Vila Mariana, ele passava o dia lá. Depois, ele foi para o diretório municipal, sempre como secretário, e controlando a estrutura do partido: primeiro do município e depois do estado. Depois, é que passou a ter uma presença nacional. Ele não caminha direto. Ele tem essa coisa de dominar as entranhas, criando uma estrutura dele, a "dos homens do Zé Dirceu". O Lula nunca teve essa questão programática, de uma trajetória de esquerda, nada disso. Mas o cara da massa, o que vocalizava a política do PT, era o Lula. Era ele quem tinha o apoio das massas, o apoio eleitoral. Há uma dupla face do partido. Por isso é difícil encaixá-lo na tradição de esquerda, mesmo na tradição da esquerda latino-americana, e, muito menos, na tradição da Europa Ocidental. O PT sempre evitou se definir. Era um partido que tinha, fundamentalmente, uma arrogância muito grande em relação ao passado histórico.

A história do ABC não começou com o Lula, mas, sim com os anarquistas, em 1905/1907. O primeiro prefeito comunista, Armando Mazzeo, em 1947, foi de lá. Grande parte das lutas operárias do ABC não tem nada a ver com Lula. É outra história, que foi apagada, e nisso o papel da universidade foi vital. Nos anos 1970, tanto a Sociologia da USP, como a da Unicamp, que era muito dedicada ao movimento operário, começaram a fazer essa leitura, se afastando do Partidão. O Partidão tinha perdido a hegemonia nos meios intelectuais há algum tempo. Tudo ia começar a partir dali, com uma nova forma de sindicalismo, já que todos os sindicatos eram pelegos, excetuando o Lula. Isso tudo acabou construindo uma nova versão. Então, quando o PT surgiu, era como se nunca tivesse havido um partido dos trabalhadores no Brasil. A área de Humanas e certos intelectuais reforçaram esse discurso, como o Francisco Weffort, que, durante um bom tempo, foi secretário-geral do PT. Essa ideia deu certo, e foi se multiplicando em escala: o doutor, que vai formar o mestre, esse mestre que vai ser doutor e depois vai formar outro mestre. Isso entra nos programas de pós-graduação, entra no ensino de graduação e entra nos livros didáticos. Tanto que, se você pegar livros didáticos de história dos anos 1990, eles já têm uma visão muito positiva do PT e da figura do Lula que se construiu. Ele já aparece com essa ideia do messias, do líder, do ungido, do esperado. Muito mais na tradição luso--brasileira do que, evidentemente, na tradição do marxismo ocidental. Na verdade, houve um mix em toda essa construção: o Zé Dirceu, com o partido e a liderança dele, dentro do funcionamento da linha do partido, e a linha do Lula, que é dominante em termos ideológicos. A linha do Lula é a da aproximação, do contato com o empresariado, sinalizado desde 2001 e que se delineou em 2002, com a Carta aos Brasileiros. Mas algumas dessas ideias já tinham sido lançadas, no final dos anos 1990, a partir da segunda derrota dele, em 1998, para o Fernando Henrique. O partido já vinha mudando, havia uma estrutura que não tínhamos visto, que era de inserção dos sindicatos no conselho do FAT. Já havia, também, desvios de dinheiro, desde aquela época. Teve o episódio de Santo André, que começou um

PROFETAS DO PASSADO

pouco antes e, depois, o de São José dos Campos. Só que aparecia pouco e, quando aparecia, eles falavam: "Estão inventando essa denúncia, que o PT está desviando dinheiro na gestão da prefeita Erundina, no episódio Lubeca." Mas a verdade é que existia, realmente. Tanto que aquele Greenhalgh recebeu dinheiro. A coisa já acontecia, mas o discurso ideológico do PT era tão eficaz e havia uma questão muito mais religiosa, distante, portanto, do marxismo, que era uma coisa de fé na figura do Lula e do partido. Isso acabou quando o PT chegou ao poder... Já na campanha eleitoral, a compra do Partido Liberal, feita em Brasília, por 10 milhões, com a presença do Valdemar Costa Neto e do José Alencar, ali já era um sinal de que as coisas mudaram. Você arruma 10 milhões e vai comprar um partido? A grande questão é que esses intelectuais — essa montanha de intelectuais que estava fora dos postos principais do aparelho do Estado —, quando o PT ganhou, entraram e passaram a desempenhar funções diretivas. São mais 30 mil no aparelho do Estado, que adotam uma linha que nunca foi vista na história do Brasil. Eles começam a controlar toda a estrutura do Estado, toda a parte de propaganda, de apoio cultural... É uma visão muito perversa. Você consegue controlar o cinema, a literatura, o teatro, a televisão, as artes plásticas. Tudo por meio das empresas estatais, do Ministério da Cultura. Basta ver quantos intelectuais protestaram contra o petrolão. Houve um absoluto silêncio. E por quê? Porque eles são co
partícipes de toda essa corrupção. Essa parcela de nossa inteligência foi cooptada.

No Estado Novo, o DIP buscou alguma cooptação intelectual, como é sabido, mas é muito pouco, se comparado ao governo petista. Quantos cantores de música popular conhecidos, por exemplo, se posicionaram sobre o petrolão? Ninguém! Quantos atores, atrizes, diretores de cinema, pintores, escritores? Nada! Porque estão todos atrás dos patrocínios da lei Rouanet ou da Petrobras. Ou seja, hoje, funcionam como espécie de braço do aparelho do Estado. Eles são correias de transmissão da ideologia petista; ou se mantêm em silêncio ou tentam repetir um velho discurso.

Pode se dizer que esta é uma "tradição" da história política republicana?

A grande questão é justamente esta: são raros os momentos, na história deste país, que se expressa uma tradição de intelectuais mais ativos. Tivemos no final do Império e, também, num certo momento, da República Velha. Pode se dizer até que, nos anos 1930, se viveu momentos privilegiados, nesse sentido. Tivemos, também, o pré-64, que foi um momento de muita radicalização e, depois, no pré-84, que é o momento da redemocratização. Mas depois, eles foram sumindo, sumindo, sumindo e acabou! No auge do mensalão, cadê eles? Há muito tempo os intelectuais não tomam uma posição ativa. Ou eles servem para louvar o guia genial — o Lula — e os êxitos do petismo... Ou inventam essa história de classe média. Isso nunca existiu. Classe média que ganha dois salários mínimos? Isso é uma invenção criada e repetida pelo PT, que as pessoas acreditam. Repito: ficam louvando os supostos êxitos petistas, ou louvando o Lula, mas todos pegando com uma mão na teta do Estado. Os intelectuais perderam a capacidade de crítica, de enfrentamento em relação ao Estado. Não há mais referências! Chico Buarque, por exemplo, foi referência nos anos 1970, com sua resistência ao regime. Hoje ele é referência de alguma coisa? Do pessoal petista, qual intelectual que já foi referência está participando do debate hoje? Até a Marilena Chaui sumiu, né? Sumiu! Não está em lugar algum, desapareceu! E por quê? Porque não tem o que dizer, perdeu a capacidade de interlocução. O PT hoje é um partido de idosos, que perdeu a capacidade de articulação com a sociedade. O PSDB poderia fazer esse papel. Mas não faz porque uma boa parcela dos seus intelectuais, também, é tudo meia-boca. Tudo "bunda-mole" [risos]. Eles não são do enfrentamento, não conseguem dizer não, discutir para valer. Nada disso. O discurso deles é tímido, pouco combativo.

Mas por que isso? Por que a origem do PSDB é outra?

No último pleito, o PSDB foi melhor que em 2010. Aécio foi melhor que o Serra, especialmente no segundo turno. Mas ele foi mais contundente, porque os eleitores o empurraram para essa contundência. Como estão empurrando agora. Vai haver o ato de 15 de março e alguns expoentes do PSDB estão dizendo que irão às ruas. Alguns devem aparecer. Agora, o debate continua pobre. O que a gente viu durante o processo eleitoral foi mais do que pobre, foi paupérrimo e, mesmo assim, o PT teve condições de ganhar. Mas não dá para deixar de destacar que, na primeira semana do segundo turno, o Aécio estava na frente. E que a grande questão foi a leitura, feita pelo PT, identificando os pontos fracos do Aécio para que pudessem ser atacados. E aí, então, pouco importa que não apareça programa de governo, que não existam propostas. O que interessava era destruir o adversário, na campanha mais violenta que já se viu, com todo tipo de injúria, calúnia e difamação. Sei que estou falando obviedades. Todo mundo viu isso, mas acho importante repetir, para que fique devidamente registrado. Foram inventados os maiores absurdos. Identificaram no Aécio aqueles pontos que poderiam ser explorados e foram em frente. E a resposta do Aécio não se mostrou tão eficaz, ou pelo menos, não foi capaz de contra-atacar no mesmo nível petista.

O que e/ou quem, na sua opinião, reelegeu a presidente Dilma: o Nordeste, com o Bolsa Família, ou as grandes capitais do Sudeste?

Em São Paulo, ela teve uma derrota histórica. Mas o estado sempre puxa o mais avançado no Brasil. Os grandes atos de resistência ao regime militar foram em São Paulo; os dois maiores comícios das diretas, também. Quer dizer, acabou se transferindo o eixo para cá. E parece ser essa a grande questão, pois, ao mesmo tempo que puxa o mais avançado, São Paulo puxa, também, o mais atrasado. O PSDB deveria ter feito um trabalho político nas regiões em que não tinha força, mas não fez.

Agora, o PT é o partido dos burgos podres, é o partido do sertão, não é o partido do litoral. O PT, hoje, é o partido do atraso. Ele ganhou as eleições nos setores mais atrasados da sociedade brasileira. Não consegue ir bem, onde há mais espaço para a política. E a derrota no Sul, a derrota em São Paulo, é um exemplo disso. Em São Paulo, acabou surgindo uma polarização, que continua muito forte. Na cidade de São Paulo, o sentimento anti-PT é enorme.

Qual é o sentimento que prevalece, hoje, quando, em menos de um mês do segundo mandato, o governo adotou, praticamente, todas as políticas que, durante o processo eleitoral, creditou a seus adversários, afirmando que, caso eleitos, eles não só adotariam tais políticas, como acabariam com o Brasil?

Bom, na verdade, as denúncias do petrolão só surgiram depois do segundo turno, e isso teve um efeito devastador. Nunca se viu uma coisa igual, desde Hamurabi até hoje [risos]. A situação é de uma gravidade absurda. Caiu como uma bomba, e acabou facilitando o caminho das forças oposicionistas. Hoje, a presidente está contra a parede. Ela está numa situação muito difícil, tentando acordos desesperados com o PMDB e dependendo dessa lista do Janot.

Provavelmente eles vão colocar alguém importante da oposição, para melar o jogo. Isso é que é, mais ou menos, o esperado. Mas o certo é que houve uma virada e, portanto, acho que esse é o grande momento para tirar o PT do poder. Mais ou menos como brinquei: ou o Brasil derrota o PT ou o PT derrota o Brasil.

E o que você tem a dizer a respeito da questão das falácias, tão utilizadas pelos marqueteiros de plantão? O que faz, em sua opinião, que tudo que contraria a ética e a moral não seja mais contabilizado como uma afronta às relações políticas?

122 PROFETAS DO PASSADO

A verdade é que se você consegue politizar a campanha, diminui o espaço do marqueteiro. E quando falo em politizar, quero dizer colocar temas fundamentais, fazer um trabalho contínuo em quatro anos, preparar, enfim, a eleição durante quatro anos e não só no momento eleitoral. Os marqueteiros gostam de dizer, sempre, que são gênios, brilhantes... São nada. Se você tem um trabalho político feito, preparando para frente, você ganha do marqueteiro. Na verdade, ele pega esse vazio que existe aí e aparece, então, como grande gênio, uma espécie de Goebbels nativo. O João Santana é um bobo! Não passa de um medíocre, num país em que o nível político das eleições é baixíssimo. O Aécio teve um grande mérito nessa campanha. No momento em que estava com 19% nas pesquisas, quando o Agripino disse "que poderia pensar em apoiar a Marina", ele não só se manteve firme com a candidatura, como fez a leitura de que, vindo a São Paulo, iria virar o jogo. E aí, ocorreu um ato interessante. Ao contrário do que aconteceu em 2002, 2006 e 2010, ele foi recebido de braços abertos por todos em São Paulo. E isso foi uma coisa extremamente importante. O PSDB tem essa relevância, hoje, no Brasil, pela ausência de um bom partido democrata-liberal, que defenda ideias avançadas no campo da democracia, das liberdades e das questões econômicas. Porque o PT, que se diz de esquerda, faz esse discurso, mas, na verdade, é o partido do grande capital. É um partido de direita. E agora há esse vazio, justamente porque não existe discussão político-ideológica.

Você acabou de dizer que o PT é um partido de direita, embora se autodenomine de esquerda. Na sua opinião, qual será o rescaldo histórico dessa estratégia? Essa confusão não viria aumentar, ainda mais, a crença do povo brasileiro em relação à "predestinação histórica" de que o Brasil não tem jeito?

Penso que não, porque as circunstâncias mudaram muito. Mas aí é o ponto de interrogação. Acho que tudo, hoje, passa pelo petrolão. E o período atual é decisivo, embora a gente não saiba o que vai acontecer.

Depende do que vai acontecer na CPI, depende do que vai acontecer no processo do STF, depende das novas revelações na esfera da 13º Vara Federal do Paraná. Estamos em um terreno de extrema incerteza. Ninguém sabe o que vai acontecer. O Lula ameaça com guerra civil, ameaça com cadáveres... Tudo indica que vamos ter radicalização? Vamos ter. Vamos ter crise econômica? Teremos crise econômica. Crise política? Também. Então, teremos uma somatória de muita tensão. Agora, ter crise política, crise econômica e recessão, tudo junto, é caminho para mudança.

Você acredita que o ex-presidente Lula ainda tem força para voltar a provocar, na militância, reações de idolatria e/ou de fanatismo?

Não, não tem. A força que ele conseguiu ter, ainda no início de 2006, quando se articulou e venceu o mensalão, preparando o caminho para a reeleição, ele não tem mais. Hoje, o quadro é muito distinto. Por exemplo: a ida dele a Brasília, agora, foi um fracasso em termos de articulação. Basta ver que o Renan nem foi ao jantar com ele. E teve, também, esse ato da Petrobras que foi um desastre, um verdadeiro velório. Quando a gente vê aquilo, percebe-se que a capacidade de mobilização, agora, é praticamente nula. Isso é a agonia do PT. Nós estamos assistindo à agonia do partido.

Mas, apesar dessa sua argumentação, você acha que haverá uma radicalização?

Vamos ter uma radicalização, porque eles não vão querer largar o osso. Porque, no mínimo, são 30 mil cargos no governo federal, mas se somar prefeituras, governos estaduais, secretarias, o número chega a 50, 60, 70 mil. Para esses quadros profissionais, militantes profissionais, não há a possibilidade de querer voltar a trabalhar. Eles não trabalham, estão aí, muito bem de vida, há muito tempo. Então, a perspectiva é a de que

124 PROFETAS DO PASSADO

eles vão partir para o enfrentamento, usando como bucha de canhão os movimentos sociais que eles sustentaram nos últimos doze anos. E o MST é um desses movimentos.

Estamos vivendo o momento de tensão política mais grave dos últimos cinquenta anos. É um processo de agonia do PT, que, dificilmente, irá resistir. Pode ser que apareçam, inclusive, novas provas, que configurem crimes de responsabilidade, até mesmo da presidente, não se sabe. Tem um ponto de interrogação no ar.

Você acredita que uma operação como a Lava Jato possa auxiliar no fortalecimento das instituições brasileiras, na medida em que tanto o Ministério Público, como a Justiça Federal e a própria Polícia Federal demonstram autonomia na condução das suas tarefas? Essa independência demonstrada pelas instituições, aliada ao respaldo popular, não teria força suficiente para apontar uma saída mais democrática a esse ponto de interrogação de que você fala?

Não acredito, porque estamos no impasse neste momento. Não encontro saída, nem de um lado, nem de outro. O que poderemos ter nessa radicalização é o PT indo para as ruas, caçando opositores, fazendo quebra-quebra, se assim julgar necessário, atacando e coagindo os seus adversários. O PT vai partir para uma medida de desespero. E isso vai aumentar, conforme o desespero do PT aumente, quando ele perceber, por exemplo, que pode perder a Presidência da República. Porque é muita gente, são milhares de cargos. Eles não vão deixar isso, facilmente vão continuar aí, com as mãos nas tetas do Estado, como fazem há doze anos e como pretendem continuar fazendo em mais quatro e, se possível, em outros quatro. Mas essa perpetuação no poder, eu acho que, dificilmente, vai ocorrer, embora acredite que o Lula vá usar de todos os artifícios. Legais ou não.

Como você vê o surgimento, repentino e organizado, dos chamados black blocs, que, contrariando o caráter pacifista das manifestações de junho de 2013, provocaram um rápido esvaziamento das ruas com seus atos de vandalismo, depredações e violência a qualquer preço? Você concorda que houve um deslocamento, na medida em que não se falava mais o que queriam os manifestantes e, sim, quantos ônibus eram incendiados, quantas lojas eram saqueadas? Como você vê essa questão, quem são os black blocs, em sua opinião?

Os *black blocs* parecem grupos radicalizados de jovens que não acreditam mais no PT, mas querem se manter à esquerda. E aí foram cada vez mais à esquerda, buscando uma forma de ação direta. Vários desses pequenos grupinhos acabaram estimulando o surgimento disso, de certa leitura de que a crise do capitalismo só pode ser resolvida assim. Acabar com aquelas ideias tradicionais de partido, de que isso não serve mais. Muito dessa ação direta é mais um fenômeno que ocorre à esquerda do PT, e não, necessariamente, a serviço do PT ou criado pelo PT. Agora, que eles esvaziaram as manifestações, isso não há dúvida. Mesmo assim, insisto: eles são muito poucos: vinte, trinta, quarenta, cinquenta pessoas, não tem mais que isso. É que a gente dá muita importância, especialmente quando diminuiu a participação de massa e, é claro, "aumentou" a participação deles.

Como jornalista, como você vê o papel da imprensa na cobertura dos fatos políticos? Qual a sua opinião a respeito do business, que parece ser a marca, hoje, da maioria das entrevistas televisivas: business da tragédia, business da violência, business das manifestações de rua violentas, e por aí vai?

Vivemos, no mínimo, o pior momento da história política republicana destes últimos cinquenta anos. Então, nessa medida, tudo passa a ser reflexo...

Mas isso não seria reflexo, também, do neoliberalismo?

Não. Há o neoliberalismo, há o marxismo empobrecido, do outro lado, há uma social-democracia que nunca conseguiu ser social-democracia... Mas não há debate. Se fecharem todos os partidos brasileiros, ninguém vai perceber. Eles são medíocres, e as produções são ainda mais na área das Humanas. Hoje, não existe o pensamento crítico das universidades e da imprensa, dá para contar cinco, dez pessoas. Não há mais grandes debates ideológicos, e quando ocorrem, são primários. O certo é que não há mais debate na universidade e, também, nos partidos políticos. É uma sociedade que não faz política, só tem eleição. Ou seja, se tem eleição, tem alternância, tem partido, mas não tem política. Então, é muito difícil para a população entender o que difere um partido do outro. Umas das explicações é a despolitização, pois nós não temos uma tradição histórica, no Brasil, de politização. O que sempre se viu foram movimentos espasmódicos. E nesse sentido, estamos vivendo um momento muito positivo, do final de 2014 para cá, que é o fato de as pessoas voltarem a se interessar por política. Nunca se discutiu tanto política no Brasil como agora. E isso é um reflexo. Hoje, todo mundo fala de política, quer falar, se sente motivado para isso.

No último debate do segundo turno, em 2014, em especial na zona sul carioca, as pessoas iam para as janelas gritar e comemorar, a cada momento em que um dos candidatos conseguia superar o oponente. Cada vez que o Aécio ou a Dilma ganhavam um pequeno round, seus correligionários gritavam, soltavam fogos, buzinavam. Clima de Copa do Mundo, enfim...

Mas o interessante é que a derrota da oposição, em outubro, aumentou o ânimo das pessoas, ao invés de diminuir. É uma coisa incrível, porque, em qualquer lugar que você anda, as pessoas continuam falando, opinando, discutindo. O interesse é muito grande, as pessoas estão acompanhando tudo e, aí, a internet é um fenômeno que a gente ainda não conseguiu entender direito. É preciso tentar entender um pouco mais essas redes sociais, tanto no que diz respeito à política em geral, como em relação às mobilizações que têm ocorrido, simultaneamente, em todo o Brasil. O número de pessoas que veem os vídeos na internet é uma coisa assombrosa. É um instrumento incrível e, nesse sentido, é um fator positivo para a situação que estamos vivendo. Pois com o aumento da tensão, a gente vai ter que insistir que a crise é essencial para a reforma da República brasileira, o único jeito de a gente reformar esta República é por meio de um rompimento. Agora, o que vai acontecer ninguém sabe. Dependendo do limite dessa ruptura, pode ser que seja uma operação Mãos Limpas, de reestruturação do sistema partidário, igual à da Itália. E pode ser que não, pode ser que a Dilma se mantenha, vai ser difícil ela se manter no presidencialismo, especialmente com o desgaste que tem agora, e o que ainda pode vir. Se fosse parlamentarismo, ela já tinha caído.

E, em caso dessa ruptura apontada por você, haveria possibilidade de uma nova eleição?

Pelo que entendo da Constituição, assume o vice-presidente. No caso de vacância, não. Mas acho muito difícil que ela deixe o cargo. E o PMDB, espertamente, está percebendo que existe essa possibilidade. Basta ver as ações tanto do Eduardo Cunha como do Renan Calheiros. Acho que eles estão trabalhando o tempo todo com essa perspectiva em mente.

128 PROFETAS DO PASSADO

Você se importaria em declinar o seu voto no segundo turno da eleição de 2014?

Votei no Aécio para presidente nos dois turnos, considerando que ele era o melhor candidato. Mesmo na situação difícil do primeiro turno, cheguei a pensar se eu votaria na Marina ou nele, mas acabei, na última hora, votando nele. Isso não significa que não me encham o saco. Hoje há vários sites dizendo: "É um historiador tucano!" E não é verdade. Meus votos sempre foram para os candidatos com os quais me identifico, aqueles que têm mais proximidade com as minhas ideias. Ou seja, com as questões da democracia, da liberdade, de um Estado eficiente e que esteja nos setores sociais, fundamentalmente, e não um Estado intervencionista em termos econômicos... Essas questões, enfim, da modernidade, que não é tão modernidade assim, pois já têm mais de trinta anos que se procura colocar no Brasil a necessidade de que a gente se adapte às mudanças que estão ocorrendo no mundo. Por isso, não mudei de lugar, porque o que eu pensava nos anos 1970, em linhas gerais, é o mesmo que eu penso hoje. A ideia geral de desenvolvimento, de crescimento, de liberdade é a mesma. Se está claro que o mundo mudou, eu também mudo com o mundo. E seria estranho se não mudasse, né? É claro que essas mudanças vão trazendo alguns ônus. Você se afasta de muitos amigos, perde alguns, inclusive, fica absolutamente isolado em seu local de trabalho, muitas vezes não tem nem mesmo com quem conversar... Quer dizer, tem um custo, também, de queimação, por você não estar, bovinamente, com quem se julga a maioria... Então, você acaba sofrendo com isso. Mas mais em termos pessoais do que profissionais, porque a universidade nunca foi aquele espaço indispensável para minha reflexão e pesquisa. Hoje, inclusive, incentivo meus colegas, os que estão mais próximos, a saírem de lá, porque a universidade, hoje, é um túmulo. Ela não produz nada. Basta ver agora com o petrolão. Como é que a universidade se posicionou diante do maior escândalo de desvio de recursos públicos da história da humanidade? Nada! Zero! Ela é nula!

Marco Antonio Villa, paulista de São José do Rio Preto, 60 anos, é historiador, professor, escritor e jornalista. Mestre em Sociologia e doutor em História Social, é reconhecido, em São Paulo, como um dos mais populares comentaristas políticos, por fazer parte de duas bancadas de discussões: diariamente, no *Jornal da Manhã*, na Rádio Jovem Pan, e semanalmente, na segunda edição do *Jornal da TV Cultura*. É autor de doze livros.

José Carlos Dias

"Esse apartheid não fica só no campo político, já atingiu as relações pessoais e, também, as familiares — o que é o pior!"

São Paulo, 5 de março de 2015

Em mais de cinquenta anos de carreira, com algumas incursões bem-sucedidas na gestão pública, sua postura sempre foi a de respeito à ética e à moral. Seu histórico destaca, também, uma vocação adversa ao descomprometimento com as lutas sociais e políticas, como foi o caso da sua atuação como advogado dos presos políticos, durante a ditadura. Como você vê o silêncio de uma parcela considerável da classe intelectual brasileira diante dos atuais escândalos de corrupção?

Vejo que essa é uma questão que me angustia, porque estamos divididos. Enquanto muitos continuam a sustentar, a defender posições que são assumidas pelo PT, outras pessoas têm posições contrárias, ou porque são do PSDB, ou porque têm outro pensamento... O que eu vejo é isto: pessoas amigas em que sempre confiei e em quem continuo a confiar, mas com quem, agora, evito falar de política para não azedar o clima.

132   PROFETAS DO PASSADO

Mas esses problemas a que você se refere, e que chegam a interferir nas relações pessoais, são decorrência do que ocorre, também, nas relações políticas, não é mesmo?

Claro. É a mesma coisa.

O que você acredita, então, que mudou: a classe média ou a esquerda brasileira? O que é ser de esquerda hoje no Brasil?

Essa é uma grande dificuldade. Entendo que a esquerda está dividida porque enquanto alguns, ou melhor, um grupo se diz de esquerda, mas, na realidade, está agarrado ao poder, por outro lado, existe gente que é de esquerda e que hoje assume um papel de direita ou se alinha à direita.

Mas será que assumem, mesmo, um papel de direita, ou são assim rotulados?

É exatamente isto: são rotulados assim.

Todos nós que começamos a militar na esquerda na década de 1960 e/ou 1970, aprendemos que a condição *sine qua non* para ser um revolucionário, era seguir, rigorosamente, os padrões morais do respeito, da dignidade, da ética, enfim. Que explicação você daria para a realidade presente? Tornamo-nos todos reféns do neoliberalismo e, portanto, o atual sistema justificaria todo tipo de comportamento?

Não sei, sinceramente. Mas vou lhe dizer uma coisa: minha falta de perspectiva me faz afirmar que não sei (e não quero) voltar a participar deste governo, que não quero mais participar da política deste país, porque tenho 75 anos e tenho mais uma gestão da Dilma e, provavelmente, outra do Lula. E não tenho outras opções. Sei que é uma visão fatalista, mas não vejo outra, infelizmente [risos].

JOSÉ CARLOS DIAS   133

Em 2000, ao ser questionado sobre o afastamento de seu escritório de advocacia, por estar ministro da Justiça, você afirmou: "Um ministro não pode passar nem perto de seu antigo escritório." O que mais se vê hoje, entre outras mazelas, é uma constrangedora mistura entre o que é do público e o que é do privado. Em sua opinião, a máxima neoliberal — a do ter em detrimento do ser — estaria por trás de todos os desmandos que vemos hoje?

Sabe o que mais me impressiona nisso tudo? É quando vejo gente querida dizendo: "Estou dando todo o apoio ao PT, porque as coisas sempre foram assim." Também acho que sempre houve, mesmo, podridão e roubalheira. E quem já esteve no governo sabe disso. Infelizmente, tenho a convicção de que, quando eu era secretário de Justiça, ou quando eu era ministro da Justiça, devem ter existido falhas nas estruturas que eu comandava, porque você não consegue ter controle de tudo. Sempre alguma coisa falha e, portanto, é passível de acontecer, involuntariamente, algum ato de improbidade que você não consegue detectar. Isso é uma coisa. Agora, outra coisa é quando há um aparelhamento, e a coisa se torna estrutural. Aí, é injustificável!

Então, vamos falar um pouquinho do Partido dos Trabalhadores, que está há doze anos no governo. Como a história vai ler este momento que estamos vivendo? Como você vê essa possibilidade de que as piores práticas da velha direita sejam confundidas, hoje, com uma política de esquerda?

Tudo isso é extremamente contraditório. Basta que se olhe um pouquinho para o passado. Temos como presidente da República uma mulher que foi guerrilheira, que arriscou a sua vida na luta contra a ditadura, e que eu conheci, inclusive, quando era muito mocinha. Outro dia, ela mesma me disse que se lembrava de mim quando eu entrava no presídio Tiradentes, ainda com os cabelos pretos, para visitar meus clientes. Eu também me lembro da presidente, nas audiências daquela época, porque defendi companheiros do processo dela. Então, quando me lembro disso e vejo que ela é sucessora

134   PROFETAS DO PASSADO

de um homem que foi líder sindical, com uma história bonita... E que eles estão renegando suas histórias, quando deveriam ter a obrigação, não de ostentar o seu passado como bandeira, mas de usar esse passado como garantia do presente e/ou do futuro. Há pouco, quando ela me nomeou para a Comissão Nacional da Verdade, estive várias vezes em sua companhia, e tive oportunidade de observar de perto como se compõe um ministério. Tudo na linha do utilitarismo. Utilitarismo "em prol" de uma governabilidade.

Você está se referindo aos atuais 39 ministérios?

Sim, mas não é só a questão numérica que, por si só, já é lamentável. Estou me referindo a essa pretensa governabilidade. Por exemplo: ao mesmo tempo que tem a ministra Kátia Abreu, da Agricultura, tem o ministro do Desenvolvimento Agrário, Patrus Ananias, que cuida da reforma agrária e que tem posições absolutamente conflitantes com as dela. Quando vejo Aldo Rebelo, que foi ministro dos Esportes, virar, de uma hora para outra, ministro da Ciência e Tecnologia, sem entender coisa nenhuma dessa pasta... Vejo em tudo isso uma grande contradição com o passado da presidente. E se considero que ela, indiscutivelmente, é séria, em termos de dinheiro — não acredito que ela tenha participado, diretamente, dessa bandalheira da Petrobras —, acredito, também, que ela foi absolutamente irresponsável na condução de sua gestão, quando era presidente do Conselho Administrativo da Petrobras e, depois, como ministra da Casa Civil. Não é possível que as coisas acontecessem assim, naquela proporção, ali, sob os seus olhos.

Qual é o seu entendimento a respeito do e-mail que o ex-diretor da Petrobras, Paulo Roberto Costa, num procedimento hierárquico nada usual, enviou à então ministra da Casa Civil, Dilma Rousseff, no qual se mostrava receoso de "que a decisão do TCU e (posteriormente) do Congresso interrompesse o repasse de recursos para as obras de três refinarias" (justamente as obras das quais ele tirava o dinheiro para manter em pé o esquema do petrolão)?

É evidente que, se sou ministro, e recebo de um subalterno uma mensagem que não codifico, vou mandar apurar aquilo, principalmente porque o subalterno sugere que um determinado esquema está sendo ameaçado pelo Tribunal de Contas da União... E tudo indica que isso não foi feito.

Você falou, agora há pouco, da sua participação recente na Comissão Nacional da Verdade. A esse respeito, li que, quando foi pedido ao Supremo Tribunal Federal que permitisse a reabertura dos processos para que fossem julgados os torturadores, você não só se manifestou a respeito, como lutou por isso. Qual é o seu entendimento, já que, pelo menos tecnicamente, a Lei da Anistia contemplaria a todos, não é isso?

É, é isso, sim. A Comissão Nacional da Verdade auxiliaria, como vem auxiliando, a que as famílias possam ter mais conhecimentos a respeito de seus familiares mortos. Mas a Comissão não tem poder para reabrir processos. O que nós acabamos decidindo, contra apenas um voto, é que a Comissão Nacional da Verdade entendia que a Lei da Anistia deveria ser revista. O que se criou, portanto, foi uma expectativa de que o Supremo pudesse rever a posição que ele assumiu. Mas essa é uma expectativa. O que a Comissão Nacional da Verdade fez foi apontar os fatos, indicar autores, mas sem poder dizer que essas pessoas devem ser condenadas, responsabilizadas, punidas. Nós não temos esse poder, mas temos o poder de reescrever a história. Você pode dizer fulano praticou tal ato, existem elementos a demostrar isso... E aí, para nós, é o suficiente. Agora, é possível propor uma ação civil de reparação de danos? Acho que é possível, mas isso é outra coisa.

Bom, queria voltar à questão da ética. Você sempre defendeu a penalização de crimes hediondos cometidos na época da ditadura. Mas quando se pensa que só uma pessoa vai devolver ao Estado 100 milhões de reais, como é que se estabelecem parâmetros para penalizar crimes dessa natureza? Como é que o cidadão José Carlos Dias vê essa questão?

136 PROFETAS DO PASSADO

Acho que o Ministério Público está agindo com muita firmeza. Tem juristas, como o juiz federal Sérgio Moro, que é muito bom, duro e muito corajoso. Muito embora eu até possa ter, como advogado, algumas queixas dele, é uma pessoa que respeito, indiscutivelmente. E estamos vivendo um instante impressionante. Um instante único. Porque as coisas estão sendo reveladas... Vamos ver, agora, como é que o Supremo se porta.

Como você vê essa relação entre os poderes, essa possível interferência entre eles? Você acredita que o Judiciário, hoje, em suas mais diversas instâncias e instituições, demonstra uma real autonomia em relação ao Executivo?

Não, não acredito. Você leu um artigo que escrevi sobre a condenação da Kátia Rabello? É um desabafo. Acho que, para bom entendedor, meia palavra basta. Houve, indiscutivelmente, uma proteção, ou melhor, um julgamento justo com referência aos políticos. Agora, houve exagero com aqueles que não eram políticos. Com a condenação exacerbada da Kátia, por exemplo, fiquei indignado. Não acredito na independência do Judiciário. Estou decepcionado com a Justiça. Tenho cinquenta anos de advocacia e acho que a Justiça está cada vez pior. O Ministério Público, em determinados momentos, assume posturas de coragem, está assumindo agora, mas eu vejo que a crise é geral.

Especificamente em relação ao Supremo, como você vê essa relação, na medida em que, neste momento que estamos aqui conversando, faz quase nove meses que o ex-ministro Joaquim Barbosa se aposentou e a presidente ainda não indicou o seu substituto?

Vejo como uma absoluta irresponsabilidade. Ela teria que ter feito isso logo nos primeiros dez dias, depois que abriu a vaga. Porque, se não, envolve uma manipulação.

Era exatamente isso que eu ia perguntar: o que envolve essa demora, na sua opinião, além da irresponsabilidade a que você já se referiu? Essa demora teria a ver com a espera de alguém que estivesse "pronto" para ocupar a função?

Exatamente. E por outro lado, nesse período, muitas questões que são importantes não puderam ser julgadas. Então, talvez, fosse de interesse do governo que faltasse um.

E como explica essa mistura entre Estado e governo, que se tornou quase rotineira, hoje, em nosso cenário político? Quando a presidente afirma, como fez durante o processo eleitoral, "mandei a Polícia Federal investigar" (referindo-se às primeiras denúncias da operação Lava Jato), denota o quê?

Que isso é uma barbaridade [risos]! Tenho a convicção de ter feito esse trabalho com a Polícia Federal. Mesmo ela sendo legalmente subordinada ao Ministério da Justiça, dei uma independência muito grande à Polícia Federal. Nunca aceitei pedido de político para remover um delegado ou nomear um superintendente. Sempre recusei isso. Mas não fui o único: o próprio Collor deu autonomia para a Polícia Federal, a ponto de ela instaurar um inquérito contra ele. Agora, quando eu vejo a presidente dizer que tem a Polícia Federal sob seu comando, isso é um absurdo! E mesmo o atual ministro, eu gosto do José Eduardo Cardozo, mas ele já fez coisas que nunca poderia ter feito e, também, as coisas que ele diz!

Você está se referindo aos advogados de defesa da operação Lava Jato, que o ministro recebeu sem agendamento?

Pois é, acho que aquilo lá... Bem, acho que o ministro tem que receber o advogado, sim, mas sempre tomei cautela para que a minha agenda fosse publicada, previamente, e sempre atendia às pessoas com testemunhas. No caso de agora, de receber os advogados que estão trabalhando em inquérito policial, essa audiência deveria ter acontecido na presença do diretor da Polícia Federal. Os senhores têm alguma queixa? Então, aqui está o doutor fulano, vamos ver o que é, vamos mandar apurar para ver se tem alguma coisa errada no processo etc.

Vamos esquecer um pouco o jurista. Gostaria que você me respondesse, agora, como cidadão. Como você vê tudo isso: como falta de preparo para a gestão pública, como manipulação, mesmo?

Acho que isso se chama prevaricação! No momento em que se ocupa um cargo público, seja o de presidente da República, seja o de ministro da Justiça, tem que se manter uma posição de equilíbrio. Essa é a minha opinião.

Você acredita que posicionamentos controversos como esses podem estar elencados ao projeto de poder que, segundo se conclama hoje, manteria o PT por vinte anos no governo, partindo da premissa de que os fins justificam os meios? Mas quais seriam esses fins?

Unicamente um: o poder! Quando eu era ministro, sempre disse que "não me seduzia a poltrona fofa do poder". O que acontece, agora, é que a poltrona fofa do poder seduz de uma forma extraordinária. É aquela coisa que se sabe e que se vê a toda hora: é muito difícil você ter o desprendimento de saber sair. Mas você tem que saber a hora de entrar e, principalmente, tem que saber a hora de sair.

Mas, quando você diz "tem que ter o desprendimento de saber entrar e saber sair", está implícito que essa é uma decisão pessoal?

É uma decisão ética!

Na atual conjuntura, parece que se torna difícil creditar a este ou àquele as decisões tomadas, já que as ações são, quase sempre, organizadas em grupo. No caso do mensalão, o termo jurídico usado foi "formação de quadrilha", não é verdade?

É um bando!

JOSÉ CARLOS DIAS 139

Mal qual seria a origem histórica desse bando, para usar a sua expressão? Você vê uma provável ligação entre os que estão, hoje, no poder, e o grupo que voltou do exílio e se deparou com a figura emblemática de uma nova liderança sindical no ABC paulista? Você acha que pode ter havido ali um casamento de interesses?

É muito difícil responder a isso. Embora também seja muito sedutor para esse líder, que é o Lula, ter essa classe média intelectualizada o apoiando. Porque, naquele momento, lá atrás, eu acho que ele assumiu uma posição de liderança inconteste, e não vejo muita influência do pessoal do racha de 1968, porque penso que, logo depois, os interesses começaram a se tornar conflitantes. Tanto que as lideranças desse grupo, em sua maioria, já saíram do PT. A coisa que mais me impressiona é como o Lula foi absorvido pelo sistema financeiro. O Lula, hoje, é adorado pelos banqueiros... Ainda acredito que a Dilma seja séria em termos de dinheiro. Quanto ao Lula, não. Tenho absoluta convicção que não.

Na verdade, quando faço essas perguntas, é porque quero perguntar a todos as mesmas questões, ressalvadas, é claro, as diferenças de trajetória. Pretendo trazer para este livro, a opinião de dois sociólogos: Demétrio Magnoli, que já está marcado, e Marilena Chaui, que ainda não deu resposta.

Desculpe me intrometer, mas ela é uma porra louca, é uma daquelas petistas fanáticas. E os fanáticos, hoje, não sabem o que dizer.

Mas já existe, hoje, um bloco de apoiadores do PT, que se autointitula "bloco dos apoiadores críticos", que fazem uma série de ressalvas, mas que continuam dando o seu apoio, porque consideram que "as políticas de desenvolvimento social foram muito grandes, que se ampliou consideravelmente o número de indivíduos com inserção na classe média" etc. Como é que você vê essa questão?

140 PROFETAS DO PASSADO

Como eu disse no início desta nossa conversa, vejo com muita tristeza, pois esse fanatismo começa a provocar um apartheid. E ele não fica só no campo político, já atingiu as relações pessoais e, também, as familiares — o que é o pior.

Mesmo assim, são escolhas e de justificativas para as opções feitas, não é? Mas o que você pensa a respeito do que hoje já se chama de "estelionato eleitoral"? Mais do que isto: por que não se trata dessa questão com a veemência necessária? Por exemplo: se fala, à *boca chiusa*, que há uma cooptação muito grande, fundamentalmente, das instituições brasileiras, em que estão os setores médios...

Exatamente. Sem dúvida que há, inclusive com os desdobramentos daí decorrentes: desvio de discussão, manipulação de poder...

Você incluiria aí, como exemplo de cooptação, a recusa da seccional da OAB de Brasília, que tentou impedir que o ex-ministro Joaquim Barbosa retornasse ao exercício da advocacia, por ocasião da sua aposentadoria?

[Silêncio.] É complicado isso... [silêncio]. Agora, que há cooptação, isso há...

Existe alguma fundamentação legal, alguma jurisprudência, que sustente a resposta do jurista brasiliense, que, ao ser interpelado para saber o porquê da atitude da seccional, respondeu que o ex-presidente do Supremo Tribunal Federal, quando no exercício dessa função, "tratava muito mal os advogados".

Pois é, retornamos a mesma questão. É indiscutível que o ex-presidente do Supremo Tribunal Federal, ministro Joaquim Barbosa, tratava muito mal os advogados. Agora, isso não é justificativa para que ele não possa se inscrever na Ordem. Até porque, quando se vai para o Supremo, tem que dar baixa na inscrição e só quando sai, é que pode voltar a advogar. Então, ele tinha (tanto que obteve logo depois) esse direito de ser advogado novamente, muito embora eu considere essa questão discutível. Quando fui ministro da Justiça, sugeri que quem fosse para o Supremo deveria ficar incompatível com a advocacia, pelo menos por um período de dois anos. Quando saí do Ministério da Justiça, por exemplo, fiz questão de permanecer seis meses sem aparecer na Polícia Federal.

Mas, aí, voltamos, novamente, às decisões de ordem pessoal, que envolvem a questão da ética.

É, são coisas da ética.

Você afirmou, em inúmeras ocasiões, que já defendeu culpados e inocentes. E que faz ressalvas às escolhas dos seus clientes. Exemplos: não aceitou defender o Esquadrão da Morte e, também, já afirmou que jamais defenderia organizações como máfias ou quadrilhas do crime organizado, porque seria um péssimo advogado. Mas já defendeu alguns criminosos do "colarinho branco". Você poderia especificar a diferença entre esses crimes? Uma quadrilha que rouba dinheiro público, ou seja, dinheiro do povo, tem menos peso penal do que aquela que rouba um banco, por exemplo? Por quê?

Explico fácil. Toda pessoa, por pior crime que tenha praticado, tem direito a defesa, tem direito de ter advogado. E o advogado não deve nunca julgar o seu cliente e dizer, olha eu não aceito essa causa porque ela é injusta. Ele não pode fazer isso. Agora, é claro que eu tenho as minhas idiossincrasias, como todo mundo. Quando fui procurado para defender o Esquadrão da Morte, eu não aceitei. E sabe por quê? Porque seria um péssimo advogado, porque estava fazendo, publicamente, um trabalho contra o Esquadrão da Morte. No momento em que aceitasse a defesa de um membro do Esquadrão, estaria entrando em choque com as minhas convicções e seria um mau advogado. Mas, da mesma forma que eu recusei, tenho grandes amigos que aceitaram. E não tem nada a ver uma coisa com a outra. Isso precisa ficar absolutamente claro.

142 PROFETAS DO PASSADO

Quer dizer, então, que, na lógica do Direito, você deve se ater, única e exclusivamente, aos fatos e ao que está posto no processo? Portanto, não se deve emitir nenhum juízo de valor? Resumidamente, é isso o Direito, é isso a Justiça?

Exatamente. Agora, eu tenho como ser humano as minhas idiossincrasias, está certo? Assim como o médico pode ter idiossincrasia e dizer que não consegue tratar de uma pessoa porque tem raiva dela e, portanto, há risco de ele cometer um erro médico ao cuidar dela, eu tenho também as minhas. Por exemplo: defender um estuprador de criança é uma coisa que eu não consigo. Agora, esse mesmo estuprador tem direito de defesa, ele precisa ter um advogado que o defenda. O problema do colarinho-branco, seria um critério mais ideológico: não vou aceitar defendê-lo, porque não tenho afinidade com o pensamento político e ideológico do banqueiro? Não vejo o menor problema, porque eu também não tenho afinidade com estelionatário, e não tenho afinidade com o homicida, mas defendo homicídio e estelionato.

Seu escritório, no momento, está defendendo algum réu denunciado por corrupção?

Está. E nós defendemos o caso concreto, sustentando o que tem de positivo em favor da pessoa. Mas se tem muita cautela. Por exemplo: não faço nenhum pronunciamento público sobre o fato.

Claro. E só lhe faço esta pergunta como ilustração a respeito do que você estava colocando. Não cabe, aqui, perguntar quem é (ou quem são) os seus clientes, até porque a história é que irá se incumbir disso, não é mesmo? E, também, porque este livro é uma tentativa de discutir ideias a respeito de ética, cidadania, democracia, enfim. Não é um interrogatório policial [risos]...

Eu defendi vários empresários envolvidos no caso PC Farias. Defendi vários, mas nem por isso eu tenho afinidade com os atos praticados pelo PC. Isso é outro problema.

A prática do Direito acaba se parecendo, um pouco, com a prática teatral. Aqui, como no palco, vive-se um exercício de representação de papéis. O advogado, como nós do teatro, chega, representa seu papel e pronto?

É isso mesmo. E eu poderia citar vários exemplos de recusas, também. Assim como falei do estuprador de criança, posso citar o torturador. Eu nunca defendi um torturador. Nunca. E já fui procurado, inclusive, para defender a Camorra. E sendo muito bem pago, por sinal. Recebi um telefonema da Itália e disse não. Eu diria que é mais ou menos o seguinte: não quis sujar a barriga [risos]...

Como é que você acha que o homem comum vê hoje a Justiça brasileira, na medida em que as facilidades de comunicação lhe permitem acessar todo tipo de informação, quase sempre em tempo real? Qual é o sentimento que prevalece, em sua opinião, quando representantes da alta classe política, como é o caso, entre outros, do ex-ministro da Casa Civil, José Dirceu, são beneficiados por uma figura jurídica chamada "embargos infringentes" e passam a cumprir suas penas em regime domiciliar? Essas figuras jurídicas não ajudariam a fortalecer a crença de que "este país não tem jeito", e de que existem efetivamente dois tipos de Direito: um para a classe dominante e outro para a classe trabalhadora?

O fato de existirem recursos, como esse dos embargos infringentes, é uma garantia individual, porque a presunção de inocência deve ser respeitada e, portanto, devem ser esgotados todos os recursos para que, no final, se for o caso, se chegue à conclusão de que o réu é culpado. Se o povo não entende o que é esse ou aquele recurso, aí é outra questão. Mas o que eu acho mais grave nisso tudo é outra coisa: o Brasil acompanhou o julgamento do mensalão pela TV Justiça e pela Globo

144 PROFETAS DO PASSADO

News. E isso fez com que houvesse uma Justiça espetaculosa, em que os ministros davam os seus votos pensando não para a bola que corre no campo, mas para os gritos da arquibancada... Acompanhei pessoalmente no Supremo: interrompia-se para o café e toda a imprensa ia em cima dos ministros e de nós, os advogados. Quer dizer, os ministros davam declarações à imprensa, no intervalo dos julgamentos... Se você comparar isso com a Suprema Corte americana, lá as sessões são fechadas, tão fechadas que o café é trazido pelo próprio ministro, que sai, traz e serve o companheiro... Não tem esse exibicionismo. Essa Justiça midiática, na realidade, pelo menos em minha opinião, prejudica o rigor técnico dos julgamentos.

Mas fazendo um pouco o papel de advogado do diabo... Dialeticamente, essa divulgação dos julgamentos permite...

Uma fiscalização da sociedade.

E não lhe parece que essa fiscalização pode ajudar a relativizar um pouco a supremacia do Judiciário, não só em relação aos outros poderes, mas fundamentalmente em relação à sociedade?

É claro que é importante que a sociedade acompanhe de perto os grandes processos, até porque todo ser humano é passível de erro. Só que há certas coisas que se tem que fazer entre quatro paredes. Uma delas, por exemplo, é amar. Imagina você abrir as janelas e as portas durante um ato de amor, e deixar que as pessoas participem daquilo que é a realização maior que existe entre dois seres? O julgamento de outro ser humano tem que ser tratado com a mesma delicadeza. Na hora de julgar, as portas têm que estar fechadas e só depois é que a notícia vem a público. Não vejo problema que o julgamento seja proclamado em público, mas o debate, a discussão, isso tudo tem que ser feito a portas fechadas.

Na época da ditadura, você chegou a militar em alguma organização?

Não, como eu já disse, o advogado nunca poderia misturar, não é verdade? Sempre fiz questão de dizer a minha posição, sempre fui uma pessoa de esquerda, mas nunca poderia misturar as minhas posições com a prática profissional. Cheguei a ser procurado na época por uma organização que queria me contratar para ser seu advogado, mas recusei. Só aceitei defender os presos políticos, principalmente, quando era procurado pelas famílias.

Uma curiosidade: você cobrava honorários das famílias dos presos? Porque, no Rio, existiam três advogados que estavam sempre prontos para defender todos nós, na época da ditadura: Modesto da Silveira, Alcione Barreto, que infelizmente já se foi, e Marcello Cerqueira, que também está neste livro. Mas, que eu lembre, nunca pagavam honorários a nenhum deles...

Vou contar como eu fazia. Eu era procurado e, logo, perguntavam sobre os meus honorários. Então, eu dizia: você vai me pagar, se puder pagar, porque sou um profissional. Mas vou orientar como é que você me paga. E explicava que, no Direito, existem as coisas úteis, as necessárias e as voluptuárias. Para me pagar, você abre mão do voluptuário. É isso que você destina para mim. E o que é voluptuário? São coisas de mero deleite, supérfluos, como se diz hoje. Uma joia, um carro de luxo são exemplos de voluptuário. O útil é um carro bom, e o necessário é ter um carro. O que você destina para me pagar é o voluptuário. Você pode até abrir mão da metade do útil, mas do necessário, nunca. Eu me lembro de quando fui procurado pelo pai de um rapaz chamado José Olavo Mendes Ribeiro, que foi companheiro da Ereni Guaribe. O pai, José Leite Ribeiro, era diretor do Banco Geral do Comércio e veio me contratar para defender o filho. Fiz esse discurso, e ele perguntou quanto seria a defesa, normalmente. Digamos que eu tenha dito 15 mil, em moeda da época. Então, "dentro dessa orientação, eu lhe pago 10 mil". Mas, no dia seguinte, ele

146 PROFETAS DO PASSADO

me telefonou: "Dr. Zé Carlos, não dormi direito esta noite, porque eu sou diretor de banco e posso lhe pagar os 15 mil." Mais tarde, quando eu já estava defendendo o Zé Olavo, ele me disse que queria que eu defendesse, também, a Ereni, só que ela não poderia saber, porque ele estava com problemas com ela. Eu não aceitei. E ele, obviamente, quis saber por quê? "Porque ela é que é a minha cliente. O fato de você pagar a defesa do Zé Olavo, e ele concordar, tudo bem. Mas a da Ereni, eu não vou aceitar." Defendi a Ereni, que, infelizmente, foi morta. Esse caso, então, mostra bem o que acontecia. As pessoas pagavam, mas só quando havia possibilidade.

Mas há passagens engraçadas também. Em certa ocasião, o diretor de um banco americano acabou me contratando como uma pessoa que ele acreditou ser corajosa, porque defendia comunistas [risos]... Por isso eu considero a coragem como a maior virtude de um advogado.

Como você vê esse resgate abrupto da questão ideológica, a partir do segundo turno da última eleição? Seria mais uma jogada de marketing eleitoral do PT, que continua se autointitulando representante dos pobres, um partido de esquerda, enfim, embora suas práticas políticas e suas coligações, hoje, sejam declaradamente de centro-direita?

Então, o que eu ia responder, você já disse [risos]...

Mas como você vê isso? Qual é a sua opinião?

É o tal fanatismo a que já me referi antes. Tudo é absoluto. Não dá nem para começar uma discussão como a que você propõe nesta pergunta. E isso é uma coisa muito triste. Porque está terminando com tudo. E eu já não estou nem falando de debate de ideias. Estou falando de conversas familiares, mesmo. Hoje, evito falar as minhas opiniões, até mesmo com gente da família: filho, genro, pessoas muito próximas com quem não tenho mais o que discutir... Não devo nem posso. Mas talvez o que mais me impressione é a manipulação. Agora, em tudo, o FHC é o culpado. Parece até que, se algum deles tiver problema familiar, também é o FHC que será o culpado.

Mas como você vê o futuro político imediato da nação brasileira, principalmente a partir dessa estratégia de confundir ideias e opções ideológicas? Diante do atual quadro, qual é a possibilidade de se crer nas instituições? Qual é a possibilidade de se resgatar a esperança?

Vou confessar uma coisa: eu não sei o que falar porque é, exatamente essa, a minha angústia. Hoje, eu sou uma pessoa que vive esse drama. Por exemplo: minha mulher e eu pensamos da mesma forma. Mas evitamos discutir com alguns filhos. O certo é que os nossos filhos estão divididos. Tenho um enteado que é petista roxo. E a mulher dele também. Então a gente evita falar no tema política. Nasceu a filhinha deles agora, eles só vestem a neném de vermelho. É uma coisa impressionante, está virando uma obsessão...

A quem você credita a elaboração desse projeto petista de poder, que passa, atualmente, por esse lugar do fanatismo, como diz você? Quem foi, em sua opinião, o arquiteto dessa "obra"?

Acho que pode ter sido o Zé Dirceu sim, porque ele é uma cabeça prodigiosa. Prodigiosa e maquiavélica!

Dá para pensar, então, que esse "fanatismo" todo é mais uma manipulação orquestrada, visando a permanência no poder a qualquer preço? E, por isso mesmo, ele se aproximaria, então, do que se conhece como fanatismo religioso?

Eu não chamaria isso de fanatismo religioso e, sim, de fanatismo político. Mesmo!

Agora, a manipulação sempre foi muito grande, né? E se você não vivenciou o fato histórico, aí se torna mais difícil, ainda, ter discernimento. O personagem do Getúlio, por exemplo. Você não sabe como avaliá-lo. É muito complicado, até porque parece ter ali, claramente, mais uma incrível história de manipulação...

148 PROFETAS DO PASSADO

Quando você diz que a característica primeira do advogado é a coragem, a do homem público não é, talvez, a ousadia? Não foi isso que o Getúlio fez? Ele ousou, não? Ele ousou sair de um lugar em que permaneceu, durante anos, e começou a mudar o rumo da sua trajetória. Mas há quem afirme que essa mudança não "teve perdão", e que o golpe só não aconteceu, ali, em 1954, porque ele se matou...

Pois é, com o suicídio, ele provocou uma revolução, um avanço no Brasil, a história brasileira deu uma reviravolta. O Getúlio sabia manipular muito bem, só que ninguém poderia imaginar que ele levaria isso às últimas consequências...

Voltando à realidade presente. Manipulação e populismo andam muito juntos, não é verdade? Nessa medida, como você enxerga este momento, no mínimo inusitado, da vida política nacional? Como você explica que nosso vocabulário venha sofrendo alterações do tipo: ladrão virou aloprado, roubo é malfeito, condenado por corrupção é preso político, delito virou disparate, corrupção é transgressão, violação agora é erro, e atrocidade é vista como malfeitoria?

Vejo como um descalabro. E está perfeita a forma como você arrolou, porque é assim que você ouve e lê as informações, todos os dias. Sempre existe uma forma de deslocar e/ou minimizar. É uma nova linguagem, é um novo vocabulário que se criou. Esse negócio de malfeito é um negócio impressionante! É um absurdo total.

E como você vê a questão do chamado Estado Democrático de Direito? Um governo que institui até a criação de um novo vocabulário político e que se vale das mais diversas estratégias para se perpetuar no poder, pode ser visto como legitimador desse Estado?

Bom, uma coisa eu consigo afirmar: Estado autoritário eu sei que não é. Porque as pessoas continuam falando e não há dúvida de que nós vivemos, ainda, numa democracia. É trôpega, mas está aí. Agora, que o poder Legislativo está absolutamente despedaçado, presidido por um sujeito irresponsável, que tem a ousadia de dizer "Não passo nenhum projeto sobre o aborto, eu seguro tudo." Como é que ele diz que tem esse poder, de onde sai esse poder? O presidente do Senado, o Renan Calheiros, dispensa comentários, e a Dilma, presidente da República... Então, essa é a situação em que nós estamos. E o vice-presidente, que fui eu, inclusive, que o nomeou procurador-geral do estado de São Paulo, também é outra grande decepção.

Quando você aponta, com certa desolação, o tripé do poder brasileiro — Dilma, Renan e Cunha —, e, embora você ressalve que a democracia está preservada, você está falando de um Estado democrático, que se materializa da classe média para cima, não é? Não lhe parece notório que essa mesma "democracia" não existe para a população como um todo?

Se a opção for pelo viés reacionário, a resposta é "porque sempre foi assim" [risos]. Mas o correto é reafirmar, sim, que o cumprimento das leis não se dá por igual na sociedade brasileira. E acho que a causa principal é a alienação em que vive grande parte da nossa população. A alienação que vem desde sempre, a alienação oriunda de uma forte manipulação.

Como você vê o recurso jurídico da delação premiada? Você acredita que uma operação do porte da Lava Jato auxilie no fortalecimento das instituições brasileiras? Por quê?

Cheguei, até, a escrever um artigo sobre isso, que eu chamo de "extorsão premiada". Agora, eu confesso que não é uma reflexão muito aprofundada, pois, como advogado, não tenho o direito de proibir um cliente de confessar um crime. Se ele quiser confessar e, com isso, obter vantagens, é um direito que ele tem. É ele que vai ficar na cadeia, não sou eu, da mesma forma que não posso, também, proibir o meu cliente de delatar alguém. Se ele quiser falar, se ele quiser ser colaborador, ele será. No entanto, me reservo o direito de deixar de ser o advogado dele, se ele vier a se contrastar com outro cliente meu...

Quero a sua opinião, especificamente, sobre a delação premiada na forma como ela está sendo usada hoje. Você acredita que um procedimento como esse pode auxiliar no fortalecimento das instituições?

Pode, sim, porque ela é um meio de prova. O que não aceito é quando a delação premiada é extorquida. Quer dizer, você não vai sair enquanto não falar, ou vai ficar em péssimas condições carcerárias enquanto não falar... Isso sim, eu acho que não é do Direito. Agora, como funciona nos Estados Unidos, como funciona na Itália, e como vem acontecendo aqui, ela funciona muito bem. Porque a coisa mais comum na leniência é fazer um acordo. Não é uma coisa moralmente enaltecedora, porque a delação é sempre horrorosa. Mas, de qualquer forma, é um meio de prova e, assim, parece assumir outro formato.

A frase é do procurador-geral da República, Rodrigo Janot, e queria o seu comentário sobre ela: "Essas pessoas roubaram o orgulho dos brasileiros" (ao denunciar, inicialmente, 36 pessoas no escândalo do petrolão).

É uma frase solta... Dessa forma, não sei do que se trata. E não quero falar sobre a Lava Jato.

Você se importaria em declinar o seu voto no segundo turno da eleição de 2014?

Claro que não. Votei no Aécio.

E por quê?

Porque achei que era o melhor candidato — e olha que tenho até as minhas diferenças, minhas divergências com ele, mas eu o respeito e acho que foi um ótimo governador. E continuo achando que ele teria sido um ótimo presidente.

José Carlos Dias, paulistano, 76 anos, é advogado criminalista e político. Durante a ditadura, notabilizou-se na defesa de presos políticos. Entre outros cargos públicos, foi ministro da Justiça, secretário da Justiça de São Paulo e presidente da Comissão de Justiça e Paz de São Paulo. Conselheiro da OAB/SP, ocupou a coordenação da Comissão Nacional da Verdade, em 2013.

Frei Betto

"Não é verdade que o mensalão tirou dinheiro da educação, tirou dinheiro da saúde. Quer dizer, tirou dinheiro, sim, mas não do social, não tirou dinheiro dos programas sociais! Não tirou dinheiro do Bolsa Família!"

São Paulo, 6 de março de 2015

Pensei em começar pelo conceito da Teologia da Libertação que, de uma forma simplificada, pode se dizer que explica os ensinamentos de Cristo, propondo uma reinterpretação analítica e antropológica da fé cristã, em vista dos problemas sociais e políticos. Nessa medida, como você vê as relações entre a Igreja católica e o Estado brasileiro hoje? Quando você fala em assegurar as conquistas sociais obtidas pelo atual governo, excluindo dessa discussão todas as "mazelas" (para usar uma expressão sua) praticadas por este mesmo governo, você se sente como, visto que a ética e a moral (cristã) são presenças obrigatórias em todo o ideário da Teologia da Libertação?

Bem, uma coisa é a relação da Igreja católica, como instituição, com o governo, e outra coisa é a relação do grupo da Teologia da Libertação. É importante não confundir as duas instâncias.

A Igreja católica tem uma relação não muito próxima ao governo, porque o perfil predominante de bispos do Brasil hoje é de conservadores, devido ao longo pontificado de 26 anos de João Paulo II e de oito anos de Bento XVI. A Igreja católica, através da CNBB, perdeu o seu caráter profético. Agora, com o Papa Francisco, ela tem dado alguns passos no sentido de resgatar esse profetismo. Por exemplo, está participando, com a OAB da reforma política, da campanha pela não aprovação de financiamento de campanhas políticas por empresas, bancos e pessoas jurídicas. E faz, este ano, como tema da Campanha da Fraternidade "Igreja e Sociedade". Quer dizer, os temas voltaram a ser progressistas. Mas não há um vínculo estreito como há no passado, nos anos 1970, 1980, com os movimentos sociais e com a própria Teologia da Libertação. Já o grupo da Teologia da Libertação, hoje, a gente poderia simbolizar no grupo Emaús, que se reúne há mais de trinta anos, duas vezes por ano, e que tem uma relação dúbia com o governo. De um lado, alguns que aceitam dialogar com o governo, que é o meu caso, que é o caso do Leonardo Boff, e que acreditam que este governo é um mal menor. Melhor a Dilma do que o Aécio. Melhor o PT que o PSDB.

Por quê?

Por causa da indiscutível melhoria de vida dos pobres nesses anos de governo Lula. Por isso. Apesar de não realizar os nossos sonhos — e está longe disso —, mas há, hoje, uma efetiva melhoria de vida.

Ano passado, em um artigo no qual estão elencados treze pontos que justificam por que votar em Dilma, quando fala da questão da melhoria da qualidade de vida, você exemplifica dizendo que 36 milhões de brasileiros saíram da miséria. Dentro de uma lógica bastante simplista, não lhe parece que se não tivesse havido tanto desvio de dinheiro do erário público, se poderia ter melhorado o padrão de vida de outros tantos milhões de brasileiros?

Possivelmente. A diferença é que esse dinheiro da corrupção não estava, administrativamente, direcionado para os programas sociais. Ou seja, o dinheiro que foi destinado aos programas sociais efetivamente foi utilizado nesses programas.

Isso é uma justificativa? Ou melhor, isso justifica, então?

Não entro na sua lógica. Não partilho da sua lógica. Sou indignado contra a corrupção e digo isso publicamente. Não aceito de jeito nenhum... Agora, não creio que, se não tivesse havido corrupção, teriam ocorrido mais melhorias. Possivelmente sim, possivelmente não, porque, como trabalhei no governo, sei como funciona. Existe um orçamento previsto. Se alguém falar "o mensalão tirou dinheiro da educação, o mensalão tirou dinheiro da saúde..." Mas não foi assim, não é verdade... Quer dizer, tirou dinheiro, sim, mas não do social. É isso que eu quero dizer: não tirou dinheiro dos programas sociais! Não tirou dinheiro do Bolsa Família.

Poderia se dizer que esse raciocínio faz uma síntese da ideia de que os fins justificam os meios?

Não, os fins jamais justificam os meios: em minha opinião e na minha ética, claro.

Você pode explica melhor, então? Porque, quando você diz que, tanto o Bolsa Família como o ProUni, o Minha Casa Minha Vida não foram afetados pela corrupção, ou seja, que os programas de largo alcance social não foram atingidos, você está dizendo que é isso que lhe dá um certo conforto na manutenção desse diálogo com o governo?

Veja bem: eu mantenho, porque tenho um diálogo crítico. Se você entrar no meu site, você vai ver o documento que entregamos para a Dilma no dia 26 de novembro de 2014. E tenho, como princípio, dialogar com qualquer pessoa que queira dialogar comigo, sabe? Se o Collor, que é

156 PROFETAS DO PASSADO

uma pessoa que eu abomino, quiser dialogar, eu dialogo e direi a ele o que eu penso. Eu continuo dialogando com o governo, mas há alguns companheiros do grupo da Teologia da Libertação que se recusam a dialogar, sequer votaram na Dilma... ou votaram no PSOL ou anularam o voto, não sei. Mas o certo é que eles não aceitam mais. Eles não têm mais nenhuma esperança de que este governo possa merecer o nosso apoio, a nossa credibilidade ou que valha a pena dialogar.

E você continua dando este crédito ao governo, exatamente, por quê?

Porque, no cenário político brasileiro, as opções são muito escassas e o que nós temos de alternativa à Dilma, é uma direita fascista, é uma direita cruel. A direita do agronegócio, do latifúndio, da bala, da homofobia. É por isso. Essa é a minha lógica.

Como você vê esse rescaldo da questão ideológica, especialmente a partir do segundo turno da eleição de 2014, depois de décadas em que sua existência e importância foram fortemente desqualificadas? Como você explica que esquerda e direita transformaram-se, novamente, em dois campos antagônicos de atuação político-ideológica?

A minha questão não é a esquerda. A minha questão é com os menos favorecidos. E o PT está mais a favor dos pobres do que qualquer outro partido no país.

Você mantém essa posição, mesmo observando que as alianças que vêm sendo feitas, nos últimos tempos, são para lá de controversas?

Eu diria que são espúrias...

Ok, mas e quanto às falácias produzidas durante a campanha? Voltamos, então, à mesma questão: o que o faz manter essa mesma crença em relação ao PT, e ao seu governo, mesmo depois dessas falácias, dessas estratégias de marketing?

Eu devo ser uma das raras pessoas que analisaram, por dentro, as contradições do governo do PT, em dois livros: *A mosca azul* e o *Calendário do poder*, ambos editados pela editora Globo. De modo que ficou claro que todas essas contradições me causam uma profunda decepção. Mas eu não levo as coisas pelo emocional, até porque nós temos que fazer o feijão com os grãos de que dispomos. Portanto, não adianta ficar no emocional: "Ah, esse governo me traiu nas minhas expectativas." Não! Estou profundamente indignado com o ajuste fiscal, com a nomeação do Joaquim "Tesoura" Levy, porém continuarei pressionando.

Você falou agora a pouco em agronegócio. A atual ministra da Agricultura também é conhecida como "a dama do agronegócio"...

E Kátia Abreu e tudo isso. Mas tudo isso eu escrevi nos meus artigos. Basta você assinar os meus artigos pela agência que distribui. Você mora no Rio? Leia *O Dia* domingo que você vai ver.

Estou lhe perguntando, justamente porque já li...

Eu continuo temendo que venha o PSDB, temendo que venha o DEM, temendo que venham essas forças de direita que, realmente, vão massacrar novamente o pouco que os pobres conquistaram nesses anos de governo.

Como é que você vê essa trajetória do PT? Quer dizer, ele é um partido que nasceu no final da ditadura...

Você não leu *A mosca azul*?

O livro, não. Mas li vários artigos a respeito, não só os que você escreveu, como, também, a opinião de outros autores. Mas o propósito deste livro é tentarmos estabelecer uma conversa sobre esses temas. Ou melhor, sobre esta nossa realidade atual. Por exemplo: como e por que você acha que o PT deu essa guinada tão forte à direita?

Nos meus dois livros, eu faço uma análise da trajetória do PT, inclusive, de uma maneira muito simples. E quando essa guinada aconteceu?

Foi a partir da Carta aos Brasileiros?

A Carta aos Brasileiros reflete uma opção que o PT fez, que foi a de não fazer aliança com os movimentos sociais que o construíram e o elegeram, e fazer com o Congresso e com a elite brasileira. Ele se tornou refém dos dois. Essa é a minha discussão com o Lula, que eu descrevo no *Calendário* e no *A mosca azul*. Por isso continuo elogiando o caminho acertadíssimo do Evo Morales. Ele não tinha apoio no Congresso, então, buscou apoio dos movimentos sociais, e os movimentos sociais não só deram legitimidade a ele, como conquistaram postos no Congresso. Hoje, ele tem o apoio dos dois. O PT descartou os movimentos sociais e agora está pagando um preço... e sangrando. E vai sangrar muito, porque o PMDB, neste momento, começa a declarar a sua emancipação em relação ao PT. E, em 2018, possivelmente, vai apresentar candidato próprio.

Como é que você define, hoje, o ex-presidente Lula? Como você considera que a história brasileira vai enxergar o PT e sua liderança emblemática?

Acho que não tem dúvida. Acho que a história está consumada. Vão ser considerados: o governo do Vargas, o governo de Dom Pedro II e os oito anos do governo Lula como os melhores da história do Brasil. Esses oito anos melhoraram o país enormemente. Eu ando de avião todo dia, como andei esta manhã. Está cheio de gente, povão, que nunca, em governo nenhum anterior, pisou no aeroporto.

Você não vê nenhuma contradição nessa máxima traduzida em o iogurte entrou na geladeira, a TV de plasma chegou à sala, o filho da classe média baixa pega o avião? Estão vindo tempos de ajustes e reparações financeiras e, ao que parece, não existem dúvidas de que houve manipulação eleitoral em cima disso. Quem será mais atingido por tudo isso: a classe média, à qual nós pertencemos?

Não, não. São os pobres. A classe média, que estava com o sonho de virar elite, vai se proletarizar, porque vai haver muito desemprego. Mas os pobres, que dependem diretamente de salários, e não têm quase poupança, esses vão penar.

Quer dizer, foi uma obra do Partido dos Trabalhadores contra...

O Partido dos Trabalhadores calou o inimigo, não a pessoa dele, mas o que ele representa como política econômica, para administrar economicamente o país. Ele decidiu fazer essa administração, assegurando o superávit primário, com a penalização dos pobres. Não há nenhuma sanção à fortuna dos ricos. Nenhuma cobrança das dívidas dos latifúndios, do agronegócio, nenhuma oneração das heranças, dos banqueiros. É isso.

Um dos entrevistados deste livro, em algum momento, me disse: quem reelegeu a Dilma foi a classe alta, a classe dominante, os banqueiros, os grandes empresários e aqueles miseráveis que usufruem do Bolsa Família. Você concorda com isso?

Só não concordo com os banqueiros. Por tudo que li, que vi, até mesmo da boca de banqueiros, todos eles pediam o Aécio. A Dilma se reelegeu, também, por causa dos erros cometidos pelos adversários. Mas o que garantiu a vitória da Dilma foram, justamente, os programas sociais.

Você descarta, então, outra ilação que, mesmo feita à *boca chiusa*, afirma que o projeto de vinte anos no poder prevê a cooptação de uma parcela considerável da classe média, por meio de um aparelhamento da máquina estatal que, já há algum tempo, estaria contemplando fundações, autarquias, organizações não governamentais, sindicatos, associações de classe? E que essa classe média, portanto, teria sido o fiel da balança na eleição de 2014?

160 PROFETAS DO PASSADO

Na minha leiga análise, eu discordo. Foram os pobres que elegeram a Dilma, pelos benefícios: controle da inflação, aumento real do salário mínimo, todo ano, Bolsa Família, seguro-desemprego, pensão por morte, uma série de medidas, enfim. Sem falar na desoneração da "linha branca". Você vai em qualquer favela... É favela, mas tem geladeira, tem TV de plasma, tem celular e, às vezes, tem até um carrinho no pé do morro.

Falamos há pouco, aqui, em "práticas de direita". Quando a candidata Dilma afirmou em um programa televisivo, durante a campanha de 2014, que "tenho muito orgulho de dizer que nós estamos ampliando, consideravelmente, o número de famílias contempladas pelo Bolsa Família", ela não estaria contrariando o princípio elementar de todo e qualquer ideário progressista, que aposta numa política efetiva de crescimento?

O que você levantou é, claramente, a tese que eu menciono no *Calendário do poder*, que o governo criou um programa emancipatório chamado Fome Zero, que realizaria isso que você acaba de dizer. Ou seja, uma família que entrasse no Fome Zero e se, efetivamente, os sessenta programas que estavam na cesta do Fome Zero fossem levados a efeito, essa família estaria emancipada em dois, três anos. Então, o Fome Zero tinha caráter emancipatório. E o governo, por razões que eu explico nesse livro, trocou um programa emancipatório por um programa compensatório.

E por quê?

Porque os prefeitos se rebelaram, porque não passava por eles o controle do cadastro e eles tinham interesse eleitoreiro de controlar o cadastro. Com isso, eles ameaçaram sabotar o governo nos municípios. E o governo acabou cedendo. E eles destruíram o governo, por pura pressão, nos comitês gestores que administravam os cadastros do Fome Zero. E, hoje, o cadastro está na mão dos prefeitos, que podem perfeitamente usá-lo como moeda eleitoreira.

FREI BETTO   161

Então, na verdade, o que aconteceu foi um "acidente de percurso", vamos chamar assim, de um projeto que poderia ter dado muito certo... Você acha que, com firmeza e critérios, não teria havido possibilidade de sustar, de alguma maneira, essa pressão?

Claro que teria. Briguei até o fim para que fosse possível. Em não sendo possível, peguei o meu boné e vim embora. Tornei-me um feliz ING, Indivíduo Não Governamental [risos].

Sua atuação no governo Lula, o fato de você ter tido um cargo de assessor especial da presidência, faz com que você se prive, de certa forma, dos bastidores do poder central. O que mais o incomodou durante a sua gestão?

O que mais me incomodou foi a questão que já abordei: um governo que é resultado dos movimentos sociais, praticamente os ignora no decorrer do seu mandato. Os movimentos sociais tiveram muito pouco espaço no governo, e inúmeros compromissos históricos do PT, como iniciar algum tipo de reforma agrária neste país de dimensões continentais, nada disso foi efetivado. E isso é o que me incomodou e que me incomoda muito.

Uma das marcas consagradas da sua trajetória política está na defesa das liberdades democráticas, fundamentalmente através das ações de organizações de base. As conquistas sociais, em síntese, sempre foram o foco primeiro das suas preocupações. Tanto que, hoje, você encontra nelas a justificativa para continuar apoiando o atual governo. Mas, quando há, como houve, no Rio de Janeiro, alguns dias atrás, um ato público em "defesa da Petrobras", o que parece ser uma coisa discutível, porque ninguém está combatendo a Petrobras...

O que está sendo combatido é a corrupção na Petrobras...

162 PROFETAS DO PASSADO

Então, a luta é contra a magnitude da corrupção. E ao que parece, todos nós concordamos com isso. Mas, quando o ex-presidente Lula, ao chegar a esse mesmo ato, faz o seguinte pronunciamento — "queremos paz, mas se eles querem a guerra, vamos fazer guerra. Eu vou colocar os exércitos do Stédile na rua" —, referindo-se ao MST, o que você acha que isso representa?

Veja bem. Primeiro, fui bastante pressionado para assinar um manifesto que resultou nesse ato. Mas eu disse às pessoas que me procuraram que eu não assinava, porque esse manifesto não se refere ao fato de que toda a nação está discutindo, que é o escândalo de corrupção da Petrobras. Eu concordo, vamos defender a Petrobras. Agora, vamos exigir que seja feita uma varredura completa na empresa e uma punição exemplar, doa a quem doer. E isso não está no manifesto. Aí, eu me recusei. Sou assessor do MST e continuarei assessor do MST, porque o objetivo primeiro do movimento é, também, o meu objetivo primeiro, que é a reforma agrária. Mas, enfim, não vou entrar em avaliação pessoal do desempenho de ninguém, aqui. O ato em si, para mim, foi um ato equivocado no seu conteúdo.

Mesmo contemporizando, ajustando, e se colocando, até, numa posição bastante dialética em relação à história presente, você não concorda com essa imagem de um governo falacioso, não é? Seria um exagero emitir esse conceito, em sua opinião?

Sim... porque não creio, não tendo a analisar por esse aspecto. É cair no emocional de novo. Prefiro ficar no político, sabe? Creio que a questão é simples: o PT fez alianças e, hoje, ele é refém dessas alianças. Ele está num atoleiro, seja pelo fracasso político dessa aliança, na medida em que o partido se debilitou, seja pelos casos de corrupção, que são muito sérios, e que não atingem só o PT. Porque o Partido dos Trabalhadores tinha três capitais quando foi fundado: ser o partido da ética, ser o partido dos pobres, ser o partido das reformas de estrutura... E perdeu os seus três capitais. Não vai ser fácil recuperá-los. Essa debilidade possibilita, hoje, uma pressão muito grande, tão grande, que as medidas econômicas tomadas no primeiro mandato da presidente Dilma não apresentam raízes estruturais suficientes, como é o caso da reforma agrária. Elas eram cosméticas, e isso nós só estamos sabendo agora. Desonerava a folha de pagamento, desonerava a linha branca, desonerava. E depois? Esse depois chegou agora. Então, chama-se o inimigo! A política econômica atual é uma política inimiga, que o PT sempre negou e condenou, e que agora é posta em prática para tentar salvar o incêndio. A minha previsão e que nós vamos ter quatro anos de muita turbulência, de muitas greves, de muitos protestos e de muito desgaste. E não sei, não tenho bola de cristal, o que vai acontecer em 2018...

Você não acredita na possibilidade de um impeachment?

Não. Isso não. Não acredito, porque tenho contato, também, com gente de direita...

E não é esse o desejo?

Não, não é isso. Vão sangrar, pressionar, mas não é por aí. Até porque, ninguém tem o encanto de ver o Michel Temer na presidência. Porque não há alternativa. Constitucionalmente, é o vice-presidente que assume, como o Itamar assumiu.

O povo que saiu às ruas, no Brasil inteiro, em junho de 2013, não aceita tutela e muito menos que os partidos falem em seu nome. Pela primeira vez, a classe média perde o protagonismo nas manifestações de rua e a classe política perde, literalmente, o controle da situação. Mas, de repente, surgem os *black blocs*, saqueando, quebrando, incendiando, e o "business da violência" toma conta das coberturas jornalísticas. Desvia-se, literalmente, o foco da discussão e só tem espaço na mídia a contabilização de quantos carros e ônibus incendiados, quantas lojas saqueadas. Como você explica esse fenômeno? Os *black blocs* poderiam ser citados como o mais recente exemplo de "deslocamento histórico"? Por quê?

Em minha opinião, as manifestações brasileiras tiveram características muito semelhantes às das manifestações em todo mundo, nessa mesma época: 2012 e 2013. São manifestações de protesto e não de proposta. Tanto que elas não tinham liderança, não tinham agenda. Era a indignação pela indignação. No caso do Brasil, porque o governo concedeu uma série de direitos pessoais, elas fizeram o caminho inverso da Europa no início do século XX. Porque, aqui, as pessoas passaram a ter celular, carro, televisão, geladeira, máquina de lavar roupa, mas continuaram na favela. Ou seja, os benefícios sociais como transporte, educação, saúde, moradia, saneamento, não foram assegurados. E as pessoas cobravam isso. E o governo dizia: não tenho dinheiro... Mas, de repente, apareceram as arenas esportivas da Copa das Confederações, depois da Copa do Mundo e, aí, as pessoas foram para as ruas. Insatisfeitas, indignadas, protestando. E porque não tinha direção, não tinha proposta, não tinha essa consistência programática, aquilo evaporou. E evaporou, ainda mais, porque a polícia — e ninguém me convence do contrário — se infiltrou nos *black blocs*. Eu discordo dos métodos deles, mas acho que a polícia aproveitou essa coisa de mascarado, para jogar os manifestantes contra a opinião pública. E conseguiu.

Essa sua colocação de que foi a polícia é calcada em quê?

Calcada em vários fatores. Primeiro, porque várias vezes foram filmados policiais passando bombas para manifestantes... Apareceu na internet, está cheio disso lá. O PM entrando num lugar que está cheio de PMs e tirando a camiseta para dizer que está suado... essas coisas. E segundo, porque é muito curioso — e eu já fui jornalista como você — que a imprensa chegasse do lado dos caras depredando a agência bancária, e como é que a polícia não chegava?

Como o incidente na Assembleia Legislativa do Estado do Rio de Janeiro, onde se depredaram vitrais históricos e a polícia militar armada permaneceu "acuada" no saguão, enquanto garotos com pedras e paus fizeram o estrago que fizeram. Por ocasião da morte do cinegrafista Santiago Andrade, o jovem Caio de Souza, que, comprovadamente, foi quem lançou o rojão que atingiu o cinegrafista da Band, afirmou: "O cara que me deu é que mandou jogar. E eu joguei como joguei pedras, em muitas outras manifestações, porque eu ganhava 150 reais por manifestação e, com isso, ajudava minha mãe a pagar o aluguel de casa." E continuou falando que as kombis ficavam paradas nas esquinas, distribuindo lanche, pedras, bombinhas caseiras etc. Você acha que essa logística é típica da polícia, ou ela pode estar mais próxima de outros interesses políticos?

Não. É típica da polícia. Polícia é movida por esse interesse de direita. Acho que sim. Porque a logística deles é muito poderosa, é muito eficiente.

Há uma nova manifestação marcada para 15 de março, contra todas essas mazelas que estão aí, para usar sua expressão. Ao mesmo tempo, o Partido dos Trabalhadores convoca a sua militância para uma manifestação similar, dois dias antes, e também no Brasil inteiro. Você acha que podem surgir confrontos mais sérios, nas ruas, em função dessa polarização que está posta desde a campanha eleitoral, dividindo o país entre "nós" (os bons) e "eles" (os maus)?

Olha, a polarização existe muito nas relações pessoais. Vejo todo dia alguém falar em clima de ódio na família, clima de ódio no trabalho, mas em termos de confronto de rua, não acredito que haja causa e estrutura para isso, não. Até porque a nação vai passar a acompanhar, agora, com toda ansiedade, uma telenovela ideal, que é a lista dos políticos arrolados pelo procurador-geral da República, Rodrigo Janot. A lista do Janot. Nós vamos ter, agora, todas as atenções voltadas para isso. E como essa lista não é só de um lado — ela abrange todos os lados —, todo mundo vai ficar de barbas de molho. Essas manifestações vão ocorrer, mas elas não vão ter a mesma expressão que a lista. A lista do Janot é um fato como o mensalão, que nos vai ocupar pelos próximos meses.

Voltando a essa questão da dicotomização, dessa demonização que ficou muito patente no segundo turno da eleição de 2014. Quem você acha que se beneficia com esse maniqueísmo entre o "nós" e o "eles"? Ou se trata, mesmo, do resgate de uma antiga estratégia de militância, bastante difundida no passado, em movimentos estudantis, em que se cultivava a máxima de que a melhor defesa é, sempre, o ataque?

Mas eu sinto que foi nos dois lados: era execrado quem votava no Aécio, pelo pessoal da Dilma, e era execrado quem votava na Dilma, pelo pessoal do Aécio.

Mas não estou falando das relações pessoais, estou falando da condução pessoal das candidaturas. Por exemplo: era muito comum o uso do "eles" pela candidata Dilma: "Eles quebraram o país, eles vão acabar com o Bolsa Família"... Essa coisa falaciosa do bem e do mal.

Foi. Caiu nesse lugar...

E qual seria o reflexo disso?

É a despolitização da nação. E esse é outro fator que eu cobro do PT. Nesses doze anos de governo, o PT não contribuiu para politizar a nação. E, tampouco, para criar novas lideranças políticas. Porque a politização faz emergir novas lideranças e ameaça, portanto, os velhos caciques.

Diante disso, dá para concordar que o PT continue se autointitulando um partido de esquerda?

Eu nunca vi o PT se autointitular um partido de esquerda. Nem concordo. Agora, você só vai entender isso, se ler *A mosca azul*. Eu nego, peremptoriamente, que o PT seja um partido de esquerda.

Mas você há de concordar que, em especial no segundo turno da eleição, o marketing eleitoral do PT trabalhou no resgate de palavras de ordem da esquerda...

Tudo bem. Mas sou de esquerda e não considero o PT, hoje, um partido de esquerda. Ele foi lá atrás, nos anos 1980. Há muito tempo, deixou de ser um partido de esquerda. E essa minha frase é recorrente: o PT trocou o projeto de Brasil por um projeto de poder.

Eu queria perguntar, agora, para o cidadão Betto. Você chegou a ser filiado à AP?

Não, fui muito próximo da Ação Católica, sempre ajudei, mas eu não podia entrar na AP. Na verdade, nunca fui de nenhum partido, nem mesmo do PT. Nunca fui filiado ao PT.

Mesmo assim, qual é o sentimento que prevalece ao ver seus antigos companheiros praticando "mazelas" no exercício do poder?

Um sentimento de tristeza, de decepção e, ao mesmo tempo, a constatação de que a natureza humana, nós todos, infelizmente, somos dotados de dois defeitos intransponíveis: prazo de validade e defeito de fabricação, que a Bíblia chama de pecado original. É isso [risos].

Você se importaria de declinar aqui o seu voto no segundo turno da última eleição?

Votei na Dilma.

E por quê?

Porque é um mal menor.

Frei Betto (Carlos Alberto Libânio Christo), mineiro de Belo Horizonte, 60 anos, é escritor e religioso dominicano. Foi preso duas vezes durante a ditadura. Adepto da Teologia da Libertação, é autor de sessenta livros e ganhou diversos prêmios por sua atuação em prol dos direitos humanos e dos movimentos populares. Foi assessor especial do ex-presidente Lula e coordenador de Mobilização Social do Programa Fome Zero.

Luiz Werneck Vianna

"Acho que tem um projeto de grandeza nacional. Eu chamo isso que eles formataram de uma política burguesa de expansão do arcaísmo brasileiro."

Rio de Janeiro, 20 de março de 2015

Você é reconhecido como um intelectual que sempre misturou reflexão com militância e que faz da indignação uma forma de ser e de estar no mundo. Nessa medida, como você vê o quesito indignação em nossos dias? Em sua opinião, o que faz com que uma parcela considerável da intelectualidade brasileira se cale ou "justifique" todas as mazelas e desmandos que aí estão? O que mudou, em sua opinião: a esquerda ou a classe média? Quem é que faz parte hoje de nossa classe dominante?

O que acontece é que o tempo mudou, né? O Brasil também. A economia brasileira avançou nesses anos... O país andou: ficou mais moderno, a democracia se enraizou, e contamos, hoje, com instituições mais fortes e densas do que em qualquer outro momento da nossa história. Você tem uma aluvião democrática. Ele é novo, são novas camadas, multidões que chegam aos extratos das classes médias e que, agora também, estão chegando à universidade. Hoje a universidade está cheia de indivíduos que são os primeiros representantes das suas famílias ali. Desse ponto de vista, a sociedade se modernizou. Agora, a cabeça ficou parada, porque a reflexão não acompanhou bem isso. Inclusive, porque a política se tornou monopólio de um grupo — e para ser mais preciso ainda —, se tornou um monopólio do Lula...

E por quê?

Uma conjunção de fatores, que tem a ver com setores da elite e com setores mais populares. Houve aí uma convergência entre eles. Conceitualmente, nós vivenciamos, nos últimos anos, uma revolução passiva. Uma revolução, só que passiva. E isso quer dizer o quê? Isso é um conceito gramsciano, que tem larga difusão nas elites. Isso quer dizer que temas e setores inteiros da sociedade foram trazidos para dentro do Estado, que os incorporou, cooptando-os, realizando muitas das suas aspirações, mas mantendo-os sob controle, em situação de imobilização política, tipicamente, como é o caso dos sindicatos.

Sindicatos, associações, organizações não governamentais, fundações, autarquias... Teria essa "revolução passiva", a que você se refere, a mesma configuração do que se conhece como projeto petista de poder?

Acho que eles não tinham esse projeto. E isso foi se realizando segundo o movimento da vida. Foi, pragmaticamente, se adaptando, com um objetivo muito explícito de conservar o poder. Se havia alguma coisa que esse grupo preconizava era ficar no poder. É um projeto de poder em longo prazo.

E onde você considera que está a origem desse projeto: nesse mesmo setor das classes médias, por exemplo, que chega ao PT, vindo do exílio, e que encontra nesse partido a esperança de retomar o seu projeto revolucionário, abortado pelo golpe?

É um mix, é uma coisa muito heteróclita. Essa formação deriva do quê? Deriva do sindicalismo do ABC, de um lado, de setores da Igreja, do outro, e da esquerda radicalizada que foi derrotada pelo regime militar. Essa esquerda que, de repente, ganhou de bandeja a possibilidade de se fazer presente junto ao mundo sindical, junto ao mundo popular. Isso é um mix, sem um projeto definido... A única intenção era: "Vamos aos poucos, vamos *jogar com o tempo*, no sentido de erodir as bases conservadoras brasileiras e fazer passar, por infiltração, por cooptação." Porque, qual era esse projeto? Era socialismo? Não, não era e nunca foi. E essa marca de origem do sindicalismo do ABC nunca foi perdida. É a marca do pragmatismo, eles nunca foram orientados pelas ideologias... Mas é uma lógica democratizante, no sentido de distribuição de riqueza, que se conservou através de uma política mais solidária com os setores subalternos, especialmente com os deserdados, que culminou nesta "família" gigante [risos] que, em minha opinião, é o PT.

Mas não lhe parece temerário dizer que esse grupo levou o Estado brasileiro a uma melhor distribuição da renda, na medida em que, enquanto propagava essas políticas, esse mesmo grupo solapava do erário público, com esquemas regiamente estruturados, consideráveis volumes de dinheiro? Recorrendo a uma imagem popular, não seria uma espécie de "dá com uma mão, enquanto tira com a outra"?

Eles conseguiram ser, ao mesmo tempo, pai dos ricos e pai dos pobres.

Na década de 1960, 1970, isso era populismo. E agora, o que é?

Hoje, se vive um momento (e não é só aqui) muito favorável, muito tolerante em relação ao populismo na política. Aqui, isso tem a ver com essa política do Bolsa Família, que é classicamente neoliberal. Nasceu entre eles, no meio deles. Tem um forte apelo de Estado, que se ganha um sistema de proteção do governo. E as massas passaram a valorizar isso, é só ver as votações em regiões mais desfavorecidas. E, de outra parte, todos os grandes interesses também foram trazidos para dentro do Estado. Eu chamei isso, num artigo, de "o Estado Novo do PT".

Li seu artigo e, mesmo considerando a discussão procedente, me intriga essa analogia com o "Estado Novo". Você poderia explicar melhor?

Na verdade, é uma metáfora, porque, em 1937 é que se criou o Estado Novo. Tentei demonstrar como essa política pela qual o PT acabou enveredando seguiu, em linhas gerais, as pegadas deixadas pelo Estado Novo... Claro que, décadas depois, não era a mesma coisa. Mas houve um momento em que toda a vida sindical vivia em torno do governo. Não havia força sindical autônoma. Todos ali gravitavam em torno do Lula, né? O Lula era o único, ele era a maior liderança sindical brasileira. E a primeira reunião que ele faz, como presidente da República, é com os sindicatos. Uma reunião simbólica essa... porque é, ao mesmo tempo, uma provocação: "Não tem muito o que se fazer agora, tá aqui o nosso caminho, vamos segui-lo." Mas eles não chegaram aí pela reflexão. Em 2003, para você ter uma ideia, eles já chegaram a esse caminho em erro. Como não tinham ideias novas para trazer, foram ao baú dos ossos da nossa história e pegaram, ali, instrumentos já usados em outros momentos. Um regime, um governo, um partido que nasce com a intenção declarada de romper com a bravata, com as instituições armistas, acaba se tornando contínuo em relação a essa bravata.

Ao observar a atual realidade política, você afirmou, recentemente: "Não há mais possibilidade de segurar a sociedade com esse jogo de manter os contrários em permanente equilíbrio. A sociedade vai se movimentar, sem vínculos com o Estado." E, ao que parece, sem vínculos com os partidos políticos que aí estão. Vide as manifestações de junho de 2013 e, agora, esse histórico 15 de março de 2015, com 2 milhões de descontentes nas ruas. O que levou você a fazer esse prognóstico? O que quer, em sua opinião, o governo petista com essa ambivalência política? Manter-se no poder a qualquer preço, através de estratégias como a dicotomização do país, entre o "nós" e o "eles", por exemplo?

Isso também foi uma coisa que eles tiraram do nosso baú dos ossos, né? A relação PT-PMDB é um pacote velho. Eles foram dando nós muito difíceis de serem desatados, como agora está se vendo. O PT acabou — mais uma vez em linguagem conceitual, né? — como uma força da modernização brasileira. Porque o PT surge como um partido vinculado ao moderno: autonomia da sociedade contra o Estado, emancipação dos sindicatos da tutela estatal, ética acima de tudo... Ele surge com essas características que fizeram dele e emprestaram a ele um perfil moderno, ajustado à agenda moderna. E o que é a agenda moderna? A agenda da autonomia, né? E daí, da autonomia em diante, tudo que se segue. Mas no seu itinerário, isso foi sendo modificado, antes da vitória de 2002 isso foi remodelado. Eles foram consultando o repertório antigo da República autoritária brasileira. E mais que isso: tornam-se críticos em relação a um sindicalismo que se orientasse pela questão nacional, na medida em que isso os levaria a uma concepção pluralista de coalizão de classes. Tudo que está diretamente envolvido com a questão nacional, eles são críticos.

O próprio ex-presidente Lula já se manifestou, algumas vezes, reiterando não ser de esquerda, não é?

Isso é um ponto central: como é que essas marcas de origem são deslocadas... e eles vão assumindo práticas de instituições, de tradições de outras formações políticas, sociais... Eles acabam, mais recentemente, investindo nisto: nacional-desenvolvimentismo, capitalismo de Estado... Uma selva!

Sem sistema de orientação preciso, entra pelo instinto, pelo faro, entra pelas oportunidades que aparecem... É um pragmatismo, sem que fosse amparado por convicções mais fundas... Com isso — e essa não foi uma operação fácil, durou muito tempo para ser feita, não foi um movimento consciente —, não há nenhum documento deles que mostre, que justifique a mudança nesse sistema de orientação, da valorização da era Vargas, como eles fizeram. E não apenas a era Vargas foi valorizada por eles, valorizavam também aspectos importantes do regime militar.

174 PROFETAS DO PASSADO

Nessa medida, poderia se especular, então, que hoje, pelos mesmos motivos, eles chegariam a flertar com a extrema direita?

Isso eu não sei... Acho que não é por aí, há um projeto de grandeza nacional. Chamo isso que eles formataram de uma política burguesa de expansão do arcaísmo brasileiro.

Você afirmou: "O PT se tornou uma força condutora da expansão burguesa no Brasil. Ele perdeu o elã, a inspiração, o vínculo com as suas origens, com as suas grandes expectativas de produzir uma transformação no país." Quais seriam essas origens e essas expectativas, na medida em que, desde o seu nascedouro, quem migrou para o Partido dos Trabalhadores, de forma substancial, foi justamente essa classe média cosmopolita e politizada que esperava encontrar no discurso da ética e do rigor petista o abrigo para os seus anseios revolucionários?

O que imantou isso foi o moderno. O que fez com que a intelectualidade e amplos setores se aproximassem do PT foi a sua crítica radical ao passado autoritário brasileiro. Mas aí, foram mudando... E nessa mudança, o que foi ocorrendo entre lideranças e bases é que a relação ficou cada vez mais instrumental. As bases não eram convocadas para ter vida ativa, quem tinha atividade era o governo, o partido era só de sustentação. E o partido, ele mesmo, passou a ter uma vida vegetativa, de apoio, de simpatia. Por isso, quando boa parte da *intelligentsia* se afastou, o partido se tornou propriedade de políticos profissionais, de interesses sindicais, e tudo isso vertebrado pelo vértice, por uma liderança de natureza carismática de que todos dependiam. Foi essa a construção que vem ruindo, porque a base dela era passiva, não era ativa. Tanto que, agora, quando o PT pretende fazer manifestações de massa, o efeito é bem reduzido. Afora, por exemplo, o MST, que, na verdade, é uma atividade, toda ela, patrocinada pelo Estado, por recursos do Estado, embora estejam privatizando o Estado brasileiro.

O que está, efetivamente, acontecendo, então, em sua opinião?

Simplesmente isto: estamos numa situação difícil. Para os atores e para os analistas. É evidente que você nunca tem uma única causa para explicar. É todo um processo. É claro que, para todo dirigente, tem sempre a ideia de que "precisamos do poder, porque estamos mudando o país e, na medida em que nos preservamos no poder, vai ser possível mudar mais. E, além do mais, descobrimos um tesouro: vamos levar a cabo a modernização industrial do país!" Essa foi a fabulação. Para o mundo dos grandes negócios, as circunstâncias foram todas muito afortunadas sob as administrações petistas. Os dois primeiros governos Lula foram benéficos para os interesses industriais, financeiros e para o agronegócio, que se projetou feito um foguete. Com essa expansão burguesa e, ao mesmo tempo, uma boa administração da questão sindical, no sentido de mantê-la sob controle, e de um encontro com os setores mais desvalidos da sociedade, blindou-se de uma forma tal esses governos que dava para eleger um poste, como talvez se elegeu. Agora, a Dilma tinha lá ideias próprias. Tinha, digamos, uma deriva maior à esquerda, certo protagonismo histórico, né? E ela andou especulando, sonhando com a ideia de romper com essas políticas e trazer a coisa nova.

E por que não aconteceu? Ou melhor, o que aconteceu com ela? Foi cooptada?

Não é bem isso. Ela não foi feliz: a ruptura com o PMDB foi um desastre, ela quis procurar um caminho de alternação de uma política mais escorreita, mais nítida.

Você acha, então, que ela está fora desses esquemas todos?

Não, ela estava dentro, mas não era o cerne do pensamento dela, não era a tradição da onde ela vinha, entendeu? Ela namorava romper com o PMDB. Ela é que levou a essa crise com o PMDB, ela é que bancou a candidatura do Arlindo Chinaglia contra o Eduardo Cunha... Acho que foi um recado muito explícito que ela deu de que há um esquema de ameaças, que esse PMDB fisiológico, clientelista, corrupto, com o Renan e o Cunha em cima. Ninguém vai tirar da cabeça do Renan que não foi uma manobra palaciana para incluí-lo naquele pacote. Aliás, foi o que o Cunha disse, quando foi depor na CPI do Congresso: que foi inventado. E o Renan também. Mas inventado por quem? Pelo Palácio. E quem está no Palácio? A Dilma! As resistências que já vinham de antes — e acho que não tenderiam, necessariamente, a chegar a esse ponto de agonismo —, se o Renan e o Cunha não se sentissem ameaçados. Então é: vamos reagir, vamos afirmar a autonomia do Legislativo, vamos confirmar que é um Executivo enfraquecido com todo esse processo da Lava Jato, envolvendo a Petrobras, cujas ligações com a política petista são muito fortes.

Você falou, agora há pouco, que "está difícil até mesmo para os analistas". Então, eu gostaria de voltar à questão inicial e recorrente desta entrevista: por que alguns segmentos, inclusive da intelectualidade, continuam justificando seu apoio ao atual governo, observando, por exemplo, que o que importa são os menos favorecidos e que estes continuam contemplados pelos programas sociais de largo alcance.

Onde você ouviu isso? Você, por acaso, está entrevistando seres primitivos? Isso é primitivismo, isso é linguagem de Facebook [risos]...

Mas quando se organizam formulações como essas, está se falando, em última instância, da ausência de ética que, ao que parece, perdeu o seu protagonismo no campo das relações humanas e, consequentemente, das relações políticas. Como você acha que a história observará o momento presente, em que a descrença, seja pela política, seja pelos governantes, ainda é o sentimento que prevalece?

Acho que estamos indo. Estamos bem. A sociedade brasileira está se encontrando, conceitualmente. E vou dizer mais uma vez: o moderno encontrou caminho de passagem no Brasil. Agora, deixamos para trás a política da modernização, que é a política simétrica de prevalência do público sobre o privado, do Estado sobre a sociedade, desse visionismo: "Vamos fazer Brasília, vamos fazer agora isso e aquilo, não importam os custos, vamos fazer a Transamazônica, não importa a questão ambiental, vamos fazer o que tem que ser feito, a economia tem que passar." Isso está indo para o espaço agora. Os temas da sociedade é que passaram a ser mais relevantes.

E quais seriam os temas da sociedade?

Tudo que diz respeito à autonomia. Por exemplo, a questão do meio ambiente: "Não vai fazer esta represa aqui porque não é mais uma decisão sua que define as coisas." Qualquer decisão vai ter que passar, agora, por um processo de deliberação, de discussão... que não havia antes. Esse metrô aí foi desenhado como? De cima para baixo. Isso está mudando, a democracia política brasileira está se fortalecendo, as instituições da Carta de 88 estão, mais uma vez, se confirmando. Está aí o Ministério Público, o Judiciário, no meio desta tempestade da Lava Jato...

Como é que você vê a questão da autonomia dos poderes hoje no Brasil?

De forma até surpreendente, pensando nas lideranças: Renan, Cunha, e a história delas... E a Dilma também se autonomizou no Executivo. E essa conduta, essa ação autonomizadora é o que importa.

O que não quer dizer que houve uma alteração substancial de comportamentos. Só que agora está se tornando cada vez mais difícil acobertar os "acordos" que, tradicionalmente, aconteciam nos bastidores do poder. É isso?

Isso foi quebrado e é isso que temos que valorizar, porque as coisas agora não acontecem mais do jeito que era antes.

O Renan tem lá as suas lógicas esfarrapadas, as suas coisas imprevistas, surpreendentes. Mas o fato é que o Legislativo brasileiro se emancipou desses contínuos... Nos últimos meses ele cortou os laços de dependência que mantinha com o Executivo. E não importam os motivos. Tem que ver a natureza do processo. O governo não consegue mais reproduzir o controle que tinha sobre o Congresso.

Você arriscaria um prognóstico para o futuro imediato da nação brasileira?

Acho que vai se procurar evitar o impeachment.

Por quê?

Porque a síndrome de rancor e de ódio deixa tudo muito pesado, né?

Como você vê o fato de que a simples menção à possibilidade do impeachment resgata, de imediato, a acusação de que há um golpe em marcha, "um golpe de direita"? Isso não seria uma forma sutil de desqualificar a insatisfação popular, provocando mais um deslocamento histórico?

Não estou dizendo que pedir o impeachment é golpe. Não creio que o impeachment seja um golpe, pode surgir como uma saída constitucional, acho que ele pode aparecer, concretamente, como uma alternativa viável. Não acho desejável pelo lastro que ele deixa. O PT tem penetração popular, ele goza da simpatia, quando não da adesão de amplos setores da vida social.

Você acha que o PT goza, ainda hoje, da simpatia popular de uma forma considerável?

Mesmo hoje, e junto aos mais desfavorecidos. Não vejo como interessante deslocar o PT, via processos institucionais como impeachment, embora seja constitucional. Mas, de qualquer forma, acho que ainda não chegamos a um momento sem retorno. A Dilma pode governar mudando seu governo. E ela vem mudando. O presidencialismo de coalizão antigo não se refez com ela, e não se refará. Na verdade, do outro lado, a oposição já está dentro do governo, via Levy, que é um portador da política econômica da oposição. Está lá por motivação pessoal. Ele foi convidado para ser ministro e aceitou. E ele não está sozinho. O Tombini é mais próximo do Levy; o Nelson Barbosa, que, por origem, era bem distante do Levy, está se aproximando porque ele é um técnico competente e compreendeu que os impasses econômicos que estávamos vivendo necessitavam de um ajuste, que é o que o governo está se propondo. Quer dizer, estão ocorrendo mudanças moleculares aí, que podem se aprofundar. A Dilma, a essa altura, tudo que ela quer é chegar ao final do mandato. A última oportunidade dela na presidência é esta que está aí. Ela quer chegar lá. Ela não quer ser humilhada, sair do governo pela porta dos fundos. Embora isso seja um risco que ela corre, de um isolamento cada vez maior, um risco que aumenta cada vez mais...

De isolamento dentro do próprio PT? Mas por quê? Pela possibilidade de o Lula romper com ela e criar um novo partido, visando à eleição de 2018?

Também do PT. Essa "diasporazinha" que está se criando dentro do PT, a possibilidade de a Marta Suplicy, de o Paulo Paim, de o Walter Pinheiro saírem e, também, outro nome importante como o do Delcídio do Amaral, todos senadores, alguns deles com larga tradição no PT, como este Paim, que era um esquerdista dos infernos... A Marta, que a essa altura está gravitando em torno da oposição, vai ser a candidata de unidade das oposições em São Paulo. É uma coisa velha caindo e uma coisa nova nascendo e não há nenhuma contraposição perfeita. Até por que não se pode pensar a política como se toda ela fosse vinculada às intenções. Não é assim. Há coisas que derivam das intenções e coisas que derivam de intenções cruzadas, que não se realizam e que têm resultados inesperados, para outra direção.

É aí, nesse ponto, que você coloca a corrupção?

Não. A corrupção sempre existiu entre nós, sempre. Agora, essa intervenção, a coisa da Petrobras, foi uma coisa imprevista. Sem falar como isso começou. A polícia tinha um doleiro e quando se puxou esse fio... Para isso a Polícia Federal tinha (e tem) certa autonomia, o Ministério Público e a Magistratura, também, e quando se puxou esse fio, não dava mais para segurar. Isso teve um efeito catastrófico na política estabelecida. Afetou cidades inteiras, empregos, atividades, indústria naval... Isso não era previsível. Quem acionou isso não estava prevendo. É como um tecido que você puxa e vai desmanchando onde você menos espera. E sabe o que mais vai contar? Uma fonte de recursos que parecia inesgotável, que era a Petrobras, você não pode mais contar. Pelo menos, do jeito que se preconcebeu: o petróleo está lá, vai ser extraído, mas não com aquela velocidade com que se previa, nem com os efeitos que foram pensados. E Cabo Frio vai passar o diabo, Magé vai passar o diabo, as cidades todas que cresceram em torno. Isso é um desastre. A descoberta dessa coisa na Petrobras foi um desastre. E não foi a oposição que descobriu...

Mas como é que você vê a questão de haver hoje uma considerável confusão entre o papel do Estado e o papel do governo? Quando, por ocasião do último pleito, a candidata Dilma afirmava "eu mandei a Polícia Federal investigar", o que fica evidenciado, em sua opinião: mais uma jogada de marketing ou despreparo político mesmo?

É despreparo, é marketing também, é tudo! Ela não é uma moça muito preparada. Ela não tinha nenhuma experiência política anterior, não foi nem vereadora. É uma moça combativa, militante, entendia um pouco de economia, mas não entende tudo que ela pensa... Trabalhava com o Mantega, que não entende porcaria nenhuma de economia interna, né? Vem daí a situação em que nos encontramos.

Ainda no rescaldo do último pleito: dentro do quadro eleitoral, o grande protagonista parece ter sido a figura do marqueteiro político. Por ocasião do lançamento de seu livro *João Santana: um marqueteiro no poder*, revelam-se as estratégias utilizadas, que poderiam ser assim sintetizadas: dane-se a ética, o que importa é ganhar a qualquer preço!

Isso é em toda parte, não é só aqui.

Sim, mas ao corroborar tais afirmações, "isso está em toda parte, o neoliberalismo consagra isso, no Brasil sempre se roubou", você não acha que pode se consagrar uma dose considerável de escapismo?

Tudo está sendo olhado. As operações corruptas que a Lava Jato está apurando estão à vista nos jornais, televisão...

A ética ainda predomina nas discussões políticas e no sentimento da sociedade como um todo?

Não, não é que predomina [risos]...

E o que você tem a dizer a respeito do silêncio do meio acadêmico, que, teoricamente, é o espaço do dissenso?

Essa é uma discussão filosófica complicadíssima... Ética e política são coisas que não andam, quer dizer, andam... juntas, mas com tensões muito fortes, né? Porque, se você age apenas a partir das suas convicções, pode ter uma leitura do país entre aspas. Mas isso não significa que as convicções das pessoas não sejam responsáveis. Quem estudou isso, classicamente, foi Weber: "Ética da convicção versus ética da responsabilidade." E isso vem de longe, a ponto de ficar muito claro que éticas de convicção, desacompanhadas de um cálculo, de um entendimento de cada etapa das circunstâncias, levam ao desastre. Essa é uma equação difícil, a de adequar a ética aos momentos ou aos ritos. O estadista, por exemplo, é aquele que é capaz de, sem declinar das suas convicções, procurar ajustá-las ao nível das circunstâncias, e fazer com que as suas propostas passem... Obama é um bom exemplo disso. Ele encontrou um mundo muito belicista para as atividades que queria empreender. Mas não desertou delas. Algumas coisas ele conseguiu e vem avançando; em outras não consegue avançar, mas vai levar até esgotar... Então, aqui, no nosso caso, pode até sofrer impeachment e vai perder... É essa coisa que é difícil e depende, também, da intuição. Não tem regra para isso. É talento, é capacidade individual, é que nem arte, que depende da intuição, da intenção. Não está no script. Não é como você combinar num receituário conhecido, um ponto de convicção, um ponto de ética. Não é assim. Nem na vida pessoal.

Mas se é complicada a relação ética e política, o mesmo não se pode dizer da relação ética e ideologia, que têm uma boa proximidade, não é? Pode-se especular que as dificuldades de entendimento deste nosso momento político atual se devem exatamente a isso? Ao fato de a ideologia estar confusa, digamos assim?

Eu acho que estamos diante de uma decadência de práticas, que caíram em desuso, envelheceram, e, embora novas alternativas estejam aparecendo, elas ainda não foram de todo percebidas. É a chamada transição.

E essas novas alternativas estariam minimizando a supremacia do humano, a ponto de não se observar e criticar certa degradação moral, como a que acontece hoje?

Não, ela já está sendo bem avaliada. Se vale a pena a observação da mídia, pela opinião pública, ela está sendo bem avaliada. Só que não é responsável fazer política só com isso. Indignação não é um bom caminho de saída. Um bom caminho para você forjar, internamente, as suas concepções, é ver por que lado você vai. Porque você não vai por qualquer caminho. Você vai pelo lado que for possível, sem o que os seus motivos nobres vão se perder todos. Você vai perder em última instância, porque seus motivos se tornam inoperantes.

Num dos inúmeros encontros que fiz para este livro, um dos meus prováveis entrevistados disse que eu me equivocara no enfoque desta obra — formadores de opinião que interferem na história brasileira há pelo menos quarenta anos — "porque os entrevistados estão num momento da vida em que pairam acima do bem e do mal". Você concorda que o tempo esmorece tanto a indignação, como a convicção ideológica, e, também, a perspectiva política?

O tempo lhe dá o quê? Ele tira muito... Ele tira quase tudo [risos]. Mas o que ele lhe dá? A noção de que o tempo é longo. O tempo não é curto, não pode ser adaptado aos seus desejos. Havia umas coisas, tipo isso, nos anos 1960. Aquele era o momento de pensar o tempo longo, não era o grande medo do Juscelino se eleger em 1965, a vida continuava para frente... Quisemos abreviar, acelerar, por paixões pessoais de poder.

Você se importaria em declinar seu voto no segundo turno da eleição de 2014?

Importaria [risos].

Luiz Jorge Werneck Vianna, carioca, 77 anos, é cientista social, professor e escritor. Com mais de cinquenta anos de carreira, lecionou em várias universidades brasileiras, tendo como reconhecimento mais recente de sua obra a criação da cátedra Luiz Werneck Vianna na Universidade Federal de Juiz de Fora. Doutor em Sociologia, é autor, coautor e organizador de vários livros e publicações, que lhe valeram, também, inúmeras premiações.

Marcello Cerqueira

"A crise brasileira atual é o paroxismo da recandidatura. Pois se a Dilma não pudesse ser reeleita, será que teria criado as promessas e as mentiras que passou para a sociedade?"

Rio de Janeiro, 27 de março de 2015

Você é hoje, provavelmente, um dos poucos intelectuais brasileiros que se autointitulam um "velho comunista". E em inúmeros episódios dessa sua longa trajetória, como é o caso da defesa dos presos políticos durante a ditadura, sua atuação ultrapassa, reconhecidamente, o que se pode chamar de desempenho técnico/jurídico. Nessa medida, como você vê o atual momento político?

Com apreensão. Porque a própria formação histórica do Brasil é permeada de acontecimentos muito próprios, não apenas acontecimentos latino-americanos, mas por coisas muito nossas. Há uma característica peculiar no Brasil que o diferencia da América espanhola, embora haja pontos de convergência, como os golpes militares, que é o fato de que aqui nunca houve ruptura, nem no Brasil colônia...

Mas nem em 1964 houve ruptura?

Pela direita, sim. Agora, ruptura constitucional, no sentido democrático, pela esquerda, nunca houve. Sempre houve uma ruptura negociada. Quer dizer: a ruptura do Império com a República foi negociada, tanto que foi natural, o imperador pegou o navio dele e foi embora... E, até hoje, Petrópolis paga à família do imperador [risos]. Há uma ruptura em 1930, com Vargas, que deságua na Constituição de 1934, uma reforma aloprada, igual à República de Weimar, na Alemanha, que dá no Hitler e, também, no nazismo. Aqui, logo após a Constituição de 34, que tem vida efêmera, vem a chamada Intentona de 35 que, por sua vez, vai dar no golpe de Vargas em 1937. Mas, quando Vargas sai, também não há ruptura. Ele entrega ao José Linhares, que convoca a eleição, e o Vargas elege o Dutra. É uma coisa curiosíssima... E quando há uma ruptura, ela acontece em 1964, com o Jango e pela direita. É o golpe militar. E depois, como é que se dá a transição? Com Tancredo, com uma "ruptura" negociada, entre nós e os militares. Isso dá numa tese, que eu venho desenvolvendo, e que, curiosamente, é a seguinte: a Constituição brasileira diz que o Brasil é um Estado Democrático de Direito. Mas não é!

O que é, então?

É um Estado de Direito, mas não um Estado Democrático de Direito... Acho que a transição para a democracia não foi completada. E a Comissão da Verdade coloca isso de uma forma dramática, quando os militares dizem: "Não abro os arquivos." E a Dilma não tem força para mandar abrir. Ela pode nomear o ministro da Defesa, que deveria comandar os exércitos, mas não comanda nada; ela nomeia os comandantes do Exército, da Marinha e da Aeronáutica, mas, uma vez nomeando, ela perde o poder em relação a eles. Ela não manda. O que eu quero dizer é que, no Brasil, a ruptura é quase sempre negociada — e eu participei diversas vezes disso, como a Lei da Anistia, que foi o que era possível na época.

Eu queria retomar a pergunta inicial. Como você vê a nossa atual realidade política, acrescentando aí mais um dado: como você vê a prática do Direito hoje, nesta nossa sociedade do capital? Você acredita que se possa fazer justiça numa sociedade em que, com muito dinheiro, você tem possibilidade de recorrer a estratégias e subterfúgios?

Eu não usaria a palavra subterfúgio. Usaria recursos legais. E vejo isso com naturalidade. Porque a Constituição de 88 alargou, enormemente, o acesso da população à Justiça, foram criadas defensorias públicas, que são absolutamente excelentes, da melhor qualidade. E, ao mesmo tempo, a legislação comum permitiu o surgimento de ações de segurança coletiva, de ações civis públicas, o que contemplou uma infinidade de pessoas que, por um liame comum, puderam ir à Justiça, apenas pela sua associação, apenas pelo seu sindicato. Isso ajudou enormemente, do ponto de vista da reivindicação do trabalhador. O acesso à Justiça foi enormemente democratizado. Mas o aparelho judiciário não acompanhou, nem poderia, até porque a matéria jurídica é muito conservadora. É da natureza do Direito. O Direito é, de alguma forma, obrigado a ser conservador, porque ele tem que discutir aquela lei, os limites daquela lei.

Mesmo assim, você acredita que o Direito, no Brasil, evoluiu nesse sentido da democratização, não é?

Sim, o Estatuto do Idoso, a Lei Maria da Penha, esse conjunto da legislação com relação ao deficiente e, agora, também, a posição do Supremo aberta em relação à posição homofóbica, assim como a descriminalização do aborto. Mas a Justiça e o Supremo avançaram por quê? Porque há uma disfunção criada e mantida pela Constituição do Dr. Ulysses, que é a emenda provisória. Ela deu o protagonismo ao Executivo, é o decreto-lei da ditadura aumentado, que, diga-se de passagem, não há em nenhum regime presidencialista. Nenhum. O mais próximo da medida provisória é a Ordenança do Direito Italiano, que é parlamentar.

188 PROFETAS DO PASSADO

Mas a Emenda Provisória seria, então, decorrência de quê? Da nossa própria cultura, da cultura do Direito, ou é, ainda, um rescaldo do período de exceção?

A Comissão de Sistematização fez o anteprojeto para ser levado ao plenário no semiparlamentarismo ou no semipresidencialismo. Por isso ficou medida provisória, que é de autoria do professor Afonso Arinos, que era senador pelo Rio de Janeiro e um profundo conhecedor do Direito italiano. Ele criou essa ordenança na expectativa de que fosse instituído o parlamentarismo e que o Sarney aceitaria. Houve até uma intransigência do Mário Covas, porque o Covas queria dar quatro anos pro Sarney e cinco para todo mundo. Mas o Sarney disse: "Não, eu tenho seis! Então, eu aceito cinco." Aí veio aquele negócio do Centrão e ele acabou tendo que aceitar uma posição que, na origem, ele não queria. Aí, começou a comprar, deu rádio, deu não sei o quê, deu televisão e ficou esse presidencialismo estranho, que é o presidencialismo brasileiro e cujo centro seria uma Constituição para um regime semiparlamentar ou semipresidencial. Mas nunca esteve bem definido, tanto que acabou voltando ao presidencialismo natural. Virou, então, um presidencialismo de coabitação, que acabou sendo de cooptação, até esse momento em que a Dilma perde o controle.

Quando você fala em presidencialismo de cooptação, você credita à supremacia neoliberal que se vê, hoje, uma provável justificativa para esse silêncio cumpliciado de parte de nossa *intelligentsia*? Como você explica que uma parcela dessa classe média, cosmopolita e politizada, majoritariamente de esquerda, afine com a posição de que tanto os casos de tráfico de influência, como de lavagem de dinheiro, organização criminosa, tudo que engloba corrupção, enfim, "façam parte da natureza da política brasileira"?

Na verdade, o mundo se acomodou ao neoliberalismo, o mundo se acomodou ao mercado. O neoliberalismo substituiu o chamado capitalismo selvagem, e, hoje, não há outro polo, como quando existia a União Soviética. Havia um polo agregador, com um projeto de socialismo de Estado, que não deu certo. Então, a partir daí, nasce outro mundo, um mundo em que a hegemonia do mercado norte-americano é absoluta. Aquele neoliberalismo que, teoricamente, começa com a Thatcher. Mas nem começa com ela, começa é com o Pinochet, com o Pinochet e com a Thatcher. É o que traz meu livro, de forma muito crítica. Porque a avaliação é que isso, hoje, é uma questão mundial, não é uma questão local. Enfim, eu não coloco aí, no projeto do PT dos vinte anos, o problema do Brasil, porque a questão não é local. Veja: eu quero bem ao Fernando, acho que, dentro das suas possibilidades, ele fez um governo muito bom, até. Ele enfrentou a crise da Ásia, a crise da Argentina, a crise do México, coisas que o Lula não teve. Mas o grande pecado do Fernando, e que é responsável pela situação presente, é o golpe civil que ele deu com a recandidatura. Aquilo é um golpe, um golpe de Estado, pois a Constituição proibia. Agora, curiosamente, ele não comprou ninguém não. E por que o PT, por sua vez, não arguiu inconstitucionalidade da recandidatura do Fernando no Supremo? Não arguiu porque convinha! Convinha aos governadores, aos prefeitos, a todo mundo, e ao projeto de qualquer partido, inclusive do PT, que queria ficar vinte anos no poder. Se foram oito anos de Lula, seriam oito da Dilma — e tomara que sejam oito da Dilma —, para depois serem mais oito do Lula, se ele tiver vida para isso. E deve ser, porque eles não têm quadros. Mas a questão foi a recandidatura.

Você não acha que é reduzir muito a análise da nossa combalida história republicana dizer que estamos hoje com essa degradação moral da nação porque o Fernando Henrique Cardoso deu um golpe com a reeleição?

Não, o que eu digo é o seguinte: esse modelo vem de longe. Em 1853, esse modelo passou a ser adotado pela Argentina, como uma maneira que os constituintes encontraram para evitar o caudilhismo. E em 1889, a República brasileira também acolheu o mandato único, sendo que nunca houve reeleição antes. Até os militares — e olha que coisa terrível —, fora a prorrogação do Castelo Branco, até eles se sucederam. E isso é uma coisa muito curiosa, pois o que faz a recandidatura? Ela leva o governo, no final, no último ano do seu mandato, a vender uma mercadoria que não pode entregar. E aí vem a crise. A crise brasileira atual é o paroxismo da recandidatura. Ela podia ser evitada? Não sei. Porque você não tem o contrafactual. Mas, se a Dilma não pudesse ser reeleita, será que teria criado as promessas e as mentiras que passou para a sociedade? Pois, ao assumir o segundo mandato, os juros vão para 12,75%, ela coloca um sujeito mais radical do que o Armínio Fraga no Ministério da Fazenda... E aí vem crise atrás de crise, vem o petrolão e, junto, um Brasil que não tem condições financeiras, não tem dinheiro... Então, eu nem falo de reforma política, porque a mãe de todas as reformas é acabar com a recandidatura.

Em artigo publicado esta semana no jornal *O Globo*, com o título "É preciso baixar as armas", você afirma, logo no início: "Ainda não vivemos uma crise institucional. Falta pouco, pois a crise política se agrava no dia a dia. Portanto, a questão da hora é como evitar que essa crise política se transforme em institucional." Por que você recomenda que se evite? Mais do que isso, não dá para dizer que o esquema montado, primeiro no mensalão e, agora, com o petrolão, foi por causa da recandidatura, não é?!

[Pausa.] É... Mas o ponto de inflexão é exatamente este: o que nós estamos vivendo hoje, a grande dificuldade que a Dilma tem perante a opinião pública é que ela vendeu uma mercadoria e não entregou. Esse é que é o fato...

Pegando mais uma vez a sua observação de que "ela vendeu uma mercadoria e não entregou", poderia se aventar que são várias mercadorias, na medida em que foram inúmeras as promessas, da mesma forma que foram gigantescas as mentiras, inclusive colocando como protagonista da política econômica a mesma linha.

De Chicago e de Harvard... Quer dizer, voltou o neoliberal, né?

Sim, mas curiosamente, quando as ruas voltaram a se manifestar, a reação oficial é a de que "está em marcha um golpe de extrema direita".

Não, não acho que é um golpe. Até porque, não tem ditadura.

Mas como é isso para você, então, que é um exímio conhecedor do Direito? O que leva, em sua opinião, a serem criadas tantas falácias, simplesmente porque a insatisfação popular é real e, praticamente, incontestável?

Essas manifestações atuais são difusas. E difusas, porque não organizadas, obedecendo a palavras de ordem que manifestam, apenas, a sua repreensão à Dilma. Não é o mesmo que golpe, porque esse se dá quando forças políticas organizadas querem tomar o poder. E hoje, no Brasil, não há nenhum grupo político articulado, e com força militar para isso. O que vai haver, e o que está em curso, são tentativas de campanhas para levá-la a renunciar ou para levá-la ao impeachment, que não tem nenhuma substância legal. E vou lhe dizer por quê: a Constituição de 88 não previa a recandidatura, então, o presidente da República eleito só é responsável pelos atos cometidos na sua gestão. Então, ainda que a Dilma tenha sido negligente, e ela foi negligente ou omissa na questão do petrolão, quando ela era presidente do Conselho da Petrobras, ministra das Minas e Energia, ministra Chefe da Casa Civil etc., quando ela se reelege presidente da República, zerou!

192   PROFETAS DO PASSADO

O nome da presidente Dilma Rousseff foi citado em despacho do procurador-geral da República, Rodrigo Janot, ao Supremo Tribunal Federal, porque seu nome apareceu em depoimentos de delação premiada. Mas o próprio procurador afirmou que não caberia pedido de investigação. E justificou sua decisão em artigo da Constituição Federal, que, segundo ele, "a presidente só pode ser alvo de processo por crime de responsabilidade em atos ocorridos no exercício do mandato." Essa observação é semelhante ao que você acaba de dizer? O que isso significa, exatamente: que a presidente da República está "blindada" para todo o sempre?

Significa que ela é irresponsável. A presidente Dilma é irresponsável perante a presidente Dilma antiga, a não ser que ela, a partir da posse, tenha cometido um delito. E vou mais além: isso é a dogmática do Direito.

E essa dogmática do Direito se aplica a todos os países?

Não, você viu que, agora mesmo, a Cristina Kirchner foi processada pela Justiça comum argentina. O Nixon também foi, lembra? Essa é uma característica do Brasil. Porque a Constituição é feita de uma forma, aí, aparece a recandidatura e como a Constituição não previu a recandidatura... Então, ela está com um dogma. E, uma vez galgada à condição de presidente da República, zerou.

Mas isso não soa como um privilégio absurdo, como uma lei que privilegia...

Não, é uma norma constitucional. Não tem como... Por isso eu coloco com muita ênfase o negócio da recandidatura. Porque ela, de alguma maneira, subverte a ordem constitucional e nos leva a essa situação que, para o observador, seja ele até mesmo um doutor em Física, é um absurdo: "Mas como? Se ela era presidente, então, ela é responsável."

E não deixa de ser verdade. Pelo menos por omissão, negligência, ela tem culpa, não há nenhuma dúvida que ela tem responsabilidade... Agora, pessoalmente, ela tem, também, uma vantagem: ninguém diz que ela se apropriou de bens. É muito forte para ela. Mas uma coisa preocupa: é que, ainda que ela tivesse se apropriado, agora zerou. Olha que coisa terrível...

O mesmo se dá em relação ao ex-presidente Lula?

Não, o Lula, agora, não... O Lula, hoje, é um cidadão comum. E não tem nada contra ele, né? Mas caso venha a existir, ele não tem foro privilegiado, ele pode ser investigado, pode ser preso e algemado, porque, hoje, ele é um cidadão comum.

Se o impeachment, por definição, é um processo de cassação de mandato do chefe do poder Executivo, na medida em que se comprove "denúncia por crime comum, crime de responsabilidade, abuso de poder, desrespeito às normas constitucionais ou violação de direitos pátrios previstos na Constituição" e, reconhecendo, ainda, a existência de descontentamento generalizado, por que não seria legítimo, hoje, o recurso do impeachment?

Porque não teria a menor base legal.

Para tentar entender melhor: qual é então, juridicamente falando, a diferença entre o que aconteceu com o ex-presidente Collor, em 1992, e o que está acontecendo hoje? Como responder a uma espécie de anseio popular que diz: "Por muito menos roubo, foi aprovado o impeachment do Collor." O que o Direito responde a essa indignação de hoje?

O Direito não responde, só a política, né?

194 PROFETAS DO PASSADO

Mas, afinal, o que diferencia 1992 de hoje?

É muito difícil, você não pode comparar o Collor com a Dilma. O Collor era um aventureiro, que começou a cair quando o confisco da poupança não deu certo. Ele começou a cair porque a questão da economia é fundamental como elemento de compreensão da realidade. Essa é uma premissa marxista, mas não pode ser esquecida por nenhum governante. Até porque, a compreensão da realidade é uma fusão da política com a economia. E a outra abordagem é que ele foi eleito por um pequeno partido, numa conjuntura muito peculiar. Ele não tinha força no Congresso — não força de cooptação —, não tinha expressão política. A eleição dele foi uma excrescência. E você vê que ele competiu com grandes nomes, até pela direita, como Aureliano Chaves. Mas tinha Brizola, Dr. Ulysses, Mário Covas, Roberto Freire. Olha, quantos estadistas aí...

E quem foi que o colocou no poder, então? Em sua opinião foi a classe média?

Quem o colocou no poder foi o sentimento contra a corrupção, contra essa mesma coisa difusa que reaparece agora!

Mas, então, o ponto de partida não é o mesmo? O descontentamento popular não é o mesmo?

O ponto de partida, sim, mas são posições diferentes...

Mas por que são posições diferentes? Porque o atual governo continua a consagrar uma política dita de esquerda?

Não, agora não há mais nada de esquerda. E está claro que o Collor não foi impichado por causa do Fiat Elba. Ele saiu, porque não tinha condições políticas, nem força política atrás dele. Se esse negócio do impeachment, hoje, for em frente, pode até haver uma guerra civil. O

PT tem forças para resistir. Com todas as dificuldades da Dilma, ela tem, do lado dela, o PT, o Lula e os legalistas como nós... Mas eu não votei nela. Tenho uma filha, que mora em Paris, que é dilmista. Escrevi para ela: "Pobre país que tem que escolher entre a Dilma e o Aecinho."

Quando você diz que "o PT não é o Fernando Collor", que ele tem forças aglutinadas, você está corroborando a fala do ex-presidente Lula que, recentemente, ameaçou manifestantes contrários ao governo com o "exército do Stédile nas ruas"?

Isso é uma bobagem...

Mas o fato é que ameaçou! E, agora há pouco, quando lhe perguntei o que o governo atual tem de esquerda, você falou: "Nada!" Nessa medida, e sendo um "comunista histórico", como você explica sua posição pela permanência desse governo?

Pela legalidade. E a legalidade é uma questão que, para nós, é muito cara, porque você não sabe o que vem aí. Primeiro, porque você não tem base legal — e esta é uma questão. Então, têm os dilmistas, os petistas, os legalistas... quer dizer, ela tem, por trás dela, uma força descomunal, que você não pode menosprezar. Você leu a nota do Clube Naval? A nota do Clube Naval chama de "gloriosa marcha" o negócio do dia 15 de março.

Mas o fato de ambicionarmos e/ou de estarmos numa democracia, não dá direito de manifestação a todos, indiscriminadamente?

Não, o país não é só o Executivo. Tem, agora, outro protagonista, que e o Congresso Nacional, porque durante os anos de cooptação, ele não existiu; existia, isso sim, o Supremo, quase como um terceiro turno. Quer dizer, a oposição perdia no Congresso e ia com a arguição de inconstitucionalidade ao Supremo Tribunal Federal. Essa é a parte da *judicialização* da política, que é o fenômeno que se dá quando o presidente coopta o Congresso Nacional e só resta à oposição ir ao Supremo Tribunal Federal.

196 PROFETAS DO PASSADO

E quando é que começou, em sua opinião, essa cooptação do Congresso?

Nessa nova fase? Com o Sarney, quando ele comprou o presidencialismo. O Fernando cooptou, também. Isso tudo é um processo histórico... E é claro que o Fernando Henrique, como todo mundo, teve erros e acertos. O Itamar, que era meu amigo querido, muito saudoso, criou o Plano Real. E uma coisa muito curiosa, embora pessoal, é o seguinte: eu era procurador-geral do Conselho Administrativo de Defesa Econômica (Cade) no governo dele e, apesar de ser advogado, o Cade é um órgão econômico, com mandato outorgado pelo Senado. Então, por acaso, participei daquela reunião do Plano Real. E eu não entendia nada do que aqueles caras falavam [risos]: substitui o cruzeiro, cria a URV, que fica um pouco mais forte que o dólar, a URV vira, de repente, real e por aí vai... Eu me lembro do Itamar falando: "A nota de 100 tem que ser maior, porque ela tem que ter mais prestígio do que a nota de 50." Eu perguntei ao Itamar se ele estava entendendo bem tudo isso. E o Itamar: "Entendendo bem, acho que não. Mas eu vou fazer, acho esse negócio bom, e essa conta, rapaz, o povo não pode pagar sempre." A inflação estava fora do controle. E aí entrou o Fernando... O Itamar era tão doido que colocou, como líder do governo na Câmara, o Roberto Freire, que era deputado de um partido — o PCB — que só tinha mais um representante, que era o Sérgio Arouca. E foi o Roberto quem sugeriu que o ministro da Fazenda fosse o Fernando Henrique. Lembro que, nessa hora, ele falou cerimoniosamente: "Presidente, o Fernando Henrique pode não ser economista, mas ele é inteligente, é charmoso, ele vai convencer." Porque, primeiro, tinha que convencer a população, para depois implantar o real. Então, o Itamar teve a coragem de criar o real, que era um pouco um salto no escuro, né?

Mas com essa chancela do Itamar, o Fernando Henrique entra e organiza, é isso?

O Fernando Henrique vira o cabo eleitoral do real, antes de mandar para o Congresso. E implanta o real com três bases: o controle de câmbio, do que depois ele se arrependeu, o superávit primário e a flutuação da moeda. E aí o Fernando organiza, pela primeira vez, desde Dom João VI, a contabilidade da República. Acabou com os bancos estaduais, pois o que havia era um absurdo: o Estado emitia CBDS geradas pelo seu próprio caixa, era uma zorra. Achei justo, a minha ação na Justiça com o negócio do Banerj foi para defender os empregados... Considerei justo acabar com os bancos estaduais.

Só para entender: você está trazendo essa questão porque, agora, no pleito de 2014, a grande ofensiva da presidente Dilma era, justamente, condenar as privatizações, feitas pelo PSDB, apontando, sempre, o nome do ex-presidente Fernando Henrique, como se ele é que fosse o candidato da oposição, não é? Mas qual foi, em sua opinião, o resultado dessa política? Pode-se dizer que, de tanto condenar esse projeto das privatizações, se provocou um tamanho inchaço na máquina estatal, que o que se vê, hoje, é que, tanto a cooptação como a corrupção se transformaram em práticas políticas?

Isso não sei... O que sei é que o Plano Real acaba com a inflação. Aí, o Fernando Henrique enfrenta a crise da Ásia, a crise do México, a da Argentina e vem o problema da recandidatura, que eu já falei. E eu me fixo muito nisso, porque foi uma ruptura, uma coisa terrível na Constituição de 88, foi um golpe de Estado branco... Bom, ele organiza as finanças do país, e quando passa o governo ao Lula, o ambiente mundial modifica. E vem um momento de bonança, que só vai terminar com a crise norte-americana em 2008. Mas aí, o Brasil está extremamente capitalizado, inclusive com quase 400 bilhões de dólares em suas reservas, que dava para pagar as contas. Só que, agora, ela está gastando bastante...

O que se apresenta, hoje, é que as contas não fecham, não só pelo excesso de gastos em 2014, em especial durante a campanha, como também pelos escândalos de corrupção, com esses volumosos desvios de verbas. Não é isso?

Ela está gastando os nossos dólares... O que aconteceu lá atrás: o Lula fez uma enorme inclusão social. Esse foi o momento em que ele demonstrou o grande líder que é, preocupado com que as pessoas tenham o que comer... Mas antes, Sarney fez o Bolsa Leite; depois, Ruth Cardoso fez o Bolsa Alimentação e o Bolsa Escola; e, depois, aquele governador de Goiás, Marconi Perillo, um tucano, foi quem sugeriu ao Lula que reunisse tudo num mesmo programa e chamasse de Bolsa Família. Tanto que o Lula, quando criou o Bolsa Família, deu o crédito a ele. Mas o importante é falar dessa grande inclusão, dessa ascensão da classe C. Só que depois começou uma política inteiramente enlouquecida da Dilma com o Mantega. O Mantega não era ministro, mas um moleque equivocado. E eles apostaram no consumo: fez carros e manteve o pleno emprego até a reeleição. Quando ela se reelegeu, acabou.

Eu queria voltar um pouco na história para perguntar como é que você explica o surgimento do Partido dos Trabalhadores, que nasceu, ali, no rescaldo da ditadura? Como é que você vê essa junção da inédita liderança operária, com as Comunidades Eclesiais de Base e mais esse segmento muito específico da classe média, que são os exilados políticos, que retornavam ao país, naquele momento? Há possibilidade de que, ao servir como "acolhedouro" natural para

o resgate de um projeto político revolucionário, o PT consagraria, então, "os fins justificam os meios" como sua proposta de governabilidade? E, admitindo a possibilidade dessa variável, o que faz com que uma parcela desses revolucionários, ao chegar ao poder, se envolva (e até mesmo comande) os volumosos escândalos de corrupção denunciados hoje?

Há uma questão, que vem à minha lembrança, mas que não implica qualquer julgamento de valor sobre o Lula. Inclusive, essas coisas todas que falam, que ele é agente da CIA, tudo isso é bobagem. Mas uma coisa é verdade. O líder comunista era outro. Era o Lulinha, que morreu no acidente de carro. E ficou o Lula. Bom, fui à fundação do partido, queria ver como era. Os comunistas não gostavam do PT, porque, quando o PT cresce, o que sobrou do Partido Comunista acaba. O PT congrega o clero, os trabalhadores e o pessoal da luta armada. E esse núcleo vai crescendo, porque eles tinham uma proposta de país em que o discurso da ética, da moral e da transparência se torna a principal bandeira. Por isso, é bastante natural que ele venha reduzindo de tamanho, consideravelmente. E, hoje, sem dúvida, o PT acabou.

Mas o que o leva a fazer essa afirmativa de que o PT acabou, já que você defendeu, recentemente, em um artigo publicado no jornal *O Globo*, que se deve "evitar que a crise política se transforme em institucional"?

Mas isso tudo vai desaguar em quê? Eu só não quero que a crise política deságue numa crise institucional, em que haja o descontrole dos poderes.

O que você quer dizer com isso? Que poderes estão sob controle, hoje?

Sim... Tem os governadores, os prefeitos, o clero, tem a Ordem dos Advogados, tem os grandes empresários, a Fiesp etc. O país não se organiza, apenas, por meio das questões que o governo coloca. O governo não é só o Executivo, não é só o Cunha... Veja que coisa curiosa: a Dilma é acusada, socialmente, de irresponsabilidade no petrolão. E estão investigados, no petrolão, o presidente do Senado e o presidente da Câmara, ambos reincidentes. Sendo que o presidente do Senado teve que renunciar, anteriormente, para não ser cassado. Então, a chamada classe política, no que se refere aos altos-comandos da nação, está sob suspeição. E há, ainda, uma suspeição sobre o Michel Temer. Será que ele não sonha em substituir a Dilma, num eventual impeachment? As forças políticas, de forma geral, estão desacreditadas. Entretanto, o país não é só isso. Como forças políticas, tem os governadores, prefeitos, tem os tribunais, tem o Supremo, tem a sociedade civil, tem o clero, tem a burguesia... Esse conjunto vai se reorganizar, de alguma forma, para enfrentar o momento presente e, fundamentalmente, não deixar que o país vá para uma crise institucional, que a gente não sabe onde vai terminar.

Quando você diz que acredita e percebe essa coisa da cooptação, do aparelhamento da máquina estatal, você está se referindo a que tipo de situação? O caso do representante da OAB de Brasília, que nega ao ex-presidente do Supremo Tribunal Federal, ministro Joaquim Barbosa, o direito de exercer a advocacia — e mais —, quando questionado, "justifica" sua atitude na base de "ele tratava muito mal os advogados", o que significa, em sua opinião?

Que há diálogo, tanto que isso não prevaleceu. A Ordem do Distrito Federal negou o registro de advogado ao Joaquim, alegando que ele tratava mal os advogados. Isso é legal. Mas é, ao mesmo tempo, uma bobagem. O sujeito é um idiota.

Mas a atitude desse "idiota", para usar a sua expressão, não poderia estar ligada a um padrão de impunidade, em que sempre há uma "interpretação" oficial para tudo? Por exemplo: manifestação na rua,

hoje, é sinônimo de golpe de extrema direita, corrupção é malfeito, ladrão é preso político... E por aí vai. Como é que você, que defendeu todos nós na época da ditadura, vê essa realidade de hoje?

Em Ibiúna, eu fui preso com o José Dirceu, de quem fiquei amigo até hoje. Um pouco antes de ser preso no mensalão, ele jantou lá em casa, em Copacabana...

Então, qual é o seu sentimento em relação a isso? O que você sente quanto vê os seus amigos queridos, velhos companheiros de luta...

Primeiro, não estou de acordo com a condenação, porque não acho que aquilo caracteriza "domínio do fato". Então, eu pego o Lula. O Lula, quando disse que o capitão do time era o Zé, ele indicou quem era o responsável, né? Mas isso daí, também, é uma coisa de alta indagação política: quais são os limites da concepção do "domínio do fato"? E esse conceito é até antidemocrático, porque foi utilizado, pela primeira vez, em Nuremberg, em resposta aos generais que ficavam na mesa e diziam: "Não, eu nunca dei um tiro." O juiz entendeu, então, que essa tese do domínio do fato, que é de 1937, se aplicava ao Zé. E aí, a defesa dele não convenceu, porque foi entendido que ele tinha o domínio do fato, que ficava, realmente, atrás de uma mesa, comandando tudo, que ele era o "general". Houve duas condenações por domínio do fato, aqui na América Latina: do Rafael Videla, da Argentina, e do japonês Fujimori, do Peru. Mas ambos deram as ordens por escrito. No caso do José Dirceu, o que muitos falam é que não há nenhuma prova de sua participação... Mas isso daí o Supremo já decidiu, e acabou.

Como você analisa recente declaração do procurador Deltan Dallagnol, um dos responsáveis pela operação Lava Jato: "A corrupção rouba a comida, o remédio e a escola do brasileiro. Quem rouba milhões, mata milhões."?

PROFETAS DO PASSADO

Ele é o chefe dessa equipe espetacular de procuradores, todos muito jovens, com idade entre 30 e 40 anos, mas muito preparados... E isso é uma novidade dentro da profissão. A forma como tudo isso está sendo conduzido acaba dando independência e autonomia ao Ministério Público...

Diante dessas constatações, dá para continuar denominando essas figuras, como o ex-ministro José Dirceu e outros condenados pelo mensalão, de representantes da esquerda brasileira? Em sua opinião, eles são de esquerda?

São do dinheiro. A questão toda é dinheiro. O Zé gosta de dinheiro, o Genoino, não.

Se não existe o ideário progressista, nessas pessoas, por que se continua sustentando que este governo que aí está é um governo progressista? Por quê? Porque tem o Bolsa Família? Porque tem o Minha Casa Minha Vida?

Porque apoia a Argentina e a Venezuela que, por sua vez, apoia Cuba... E apoia até o Estado Islâmico, o que é uma bobagem da Dilma. Agora, quem poderia responder bem a essa questão é o Werneck, ele é quem pode falar muito bem dessa confusão entre esquerda e direita.

O que estou querendo saber é como fica o sentimento de um "velho comunista", para, mais uma vez, usar uma expressão sua, em relação a essa realidade?

Está tudo muito misturado, mesmo. Hoje, eu estava conversando com uma amiga, a respeito daquele tal almoço, que se faz aqui neste escritório, que é um "aparelho do PC" [risos]... Não existe mais esquerda e direita, nos termos clássicos em que a gente aprendeu, desde que a União Soviética acabou... Até mesmo o ideológico está sendo revisto.

Quando você diz que "está sendo revisto", isso significa dizer que a ética não precisa estar mais no protagonismo das relações políticas brasileiras?

Não, a ética é o fundamento da moral. A dificuldade é que a direita se apropria da moral sem ter, em si, a ética. No voto contra Jango, a direita se apropriou da moral, do moralismo, e até do moralismo udenista, que é um elemento do PT — isso eu não tenho nenhuma dúvida. O PT não se apropria da moral e do discurso de esquerda e, ao mesmo tempo, larga a ética. Porque o PT sempre foi, historicamente, um partido que se expressava por meio de uma moral. E a ética, como já foi dito, é o fundamento da moral. Agora, ética não é só postura pública... É um conjunto. E é aí que esse partido acaba, é aí que o PT acabou.

Como você considera que o Partido dos Trabalhadores passará para a história brasileira? Como vê essa contradição presente, que confere ao PT a condição de se autointitular como o "partido dos pobres", um partido de esquerda, enfim, embora suas práticas e aliados políticos estejam todos, comprovadamente, à direita?

O PT acabou.

"O PT acabou"? Mas isso não entra em contradição com o que você acabou de dizer, que "o PT tem sustentação suficiente para permanecer no poder e, até mesmo, partir para um confronto armado? Como é que acabou, então?

Não, o que eu disse, é o seguinte: eleitoralmente, não vejo nem no Lula um sucessor da Dilma. Enquanto proposta política, o PT não tem o que propor. Mas, enquanto força na sociedade, ele ainda tem. Você pode dizer que ele já não arrasta as massas, é verdade. Mas os que restaram vão querer enfrentar e vão ter os legalistas do lado dele. Essa é a questão. Agora, do

204 PROFETAS DO PASSADO

ponto de vista político, eles estão muito enfraquecidos, os sindicatos estão muito aparelhados, está tudo aparelhado... E o Stédile, por sua vez, não tem nenhum exército para atacar [risos]... Isso é uma bobagem.

Quando você fala em legalistas, você também se inclui nesse grupo, mesmo sendo um marxista? Você vê alguma contradição nisso, já que o marxista seria, antes de tudo, um revolucionário?

Sim, mas não na perspectiva atual, em que o marxismo também está em revisão. E a questão brasileira que está colocada, hoje, é a manutenção da legalidade. E há uma coisa muito curiosa, aí, pois essa nossa posição é a mesma da época do Jango, em 1964.

Quando você fala em "nossa posição", você está se referindo a quem, exatamente?

A nós mesmos. Quer dizer, é o que está na cabeça da gente. Porque, se a questão colocada é o impeachment... paciência, né? Porque, se o descontentamento for generalizado, mesmo, ele só pode desaguar no impeachment. Não tem outra forma. Uma revolução popular, da rua, não tem organização para isso, e a direita, por sua vez, também não está tão organizada assim.

Mas, na medida em que a economia vai mal, a credibilidade do governo é ínfima, e a insatisfação, como você diz, é total, tentar manter o atual governo não seria o mesmo que tentar empurrar a história com a barriga?

E qual é a alternativa? O impeachment e o Temer assumir? Eu não vejo como, até porque não muda nada. A história engendrou uma situação muito difícil. É ou não é? E não tem ninguém confortável. E como o Brasil não completou a ruptura, que é um estágio para a abertura democrática, eu tenho dúvidas. Então, acho que é tentar manter, ver se ela tem condições de reorganizar. Também não acho que justifique um gabinete de união nacional. Primeiro, porque ela não tem condições para isso... Quer dizer, ela como pessoa, né? O Itamar tentou, mas o Lula não aceitou. O Lula errou sempre. Ele sempre esteve contra a democracia: "Fora FHC" era um golpe contra o Fernando Henrique.

Mas não lhe parece que se trata de um discurso estratégico, que vem de longe e que repete, sempre, as mesmas palavras de ordem? E ao que parece, vem acrescido, agora, de um sentimento de onipotência quase juvenil. Vide o exemplo da última eleição, que mais parecia uma disputa para a presidência de um grêmio estudantil secundarista do que para o cargo de primeiro mandatário da nação. Principalmente, pelo número de "causos" inventados, falácias produzidas, fatos distorcidos — um vale-tudo nunca visto antes. Você, que foi liderança estudantil, sabe disso. Quantas vezes se virava o jogo...

Só que o nosso nível era muito melhor! São mundos muito diferentes. É difícil, hoje... Quem ensina bem a questão da comparação é o Direito Comparado. É o que eu trato neste meu livro. A família constitucional brasileira é da família norte-americana, e esses são os problemas do Brasil, em jurídica... Porque a República brasileira recepciona os fundamentos da Constituição norte-americana, que são o presidencialismo, o federalismo e a independência do Judiciário, mas, ao mesmo tempo, mantém no Direito comum, o Direito francês, italiano e português. E o fato de ter dois lados, no interior do Direito brasileiro, hoje, — de um lado, o Direito comum, de matriz francesa, e de outro, o Direito constitucional de matriz norte-americana — provoca uma tensão. Por isso se vê tantas decisões judiciais desconexas... E dessas decisões desconexas, há um conflito que se expressa também, agora, nessa questão da delação premiada. Há autores, e não são poucos nem são desprezíveis, que a julgam inconstitucional; eu já acho que é constitucional.

Acho que é legal, o nome é que é ruim: delação. O Ministério Público usa colaboração, mas agora não adianta: já pegou delação, e é delação mesmo, né? Os que sustentam, falam que Direito é indisponível, que é uma figura do Direito privado. Vou dar um exemplo: a pessoa pode dispor de metade da herança que vai deixar, mas a outra metade é indisponível, porque é dos filhos. Esse conceito de indisponível é um conceito do Direito civil, do Direito comum. Aí, o que alguns juristas fazem: eles pegam esse conceito de indisponibilidade e colocam no Direito constitucional. Como a presunção de inocência é absoluta, no Direito constitucional, ele não pode se autodelatar, se autoincriminar, é inconstitucional. Então, a delação premiada seria inconstitucional. E, portanto, o Supremo não pode permitir que essa delação seja um elemento de prova. Mas, então, o que é? Éuma figura do Direito privado? É uma questão instigadora. Por isso, é preciso que haja um conhecimento muito profundo do Direito e, às vezes, nem os próprios advogados e juízes são capazes de se aperceber disso. É preciso que fique claro que nem sempre um baita jurista é um baita advogado... O Dr. Sobral, que foi o maior advogado que eu conheci, não era um jurista. Ele, por exemplo, nunca entraria nessa discussão. Ele diria "eu não conheço isso, eu não entendo disso" — e não entendia mesmo. Então, você vê que há uma tentativa de transposição do Direito privado para uma concepção napoleônica, pois o abade Sieyès já dizia que Napoleão ia ficar conhecido pelo Código Civil e não pelas guerras que fez. Até hoje, a base do Código Civil brasileiro é o Código de Napoleão.

Você se importaria em declinar seu voto no segundo turno da eleição de 2014?

Não votei na Dilma. E fico por aí [risos]...

E por quê?

Até pela mesma razão pela qual não votei no Fernando Henrique: não voto em recandidato. Desculpe, mas eu sempre fui assim. Na Dilma não votei e acabou.

Marcello Augusto Diniz Cerqueira, carioca, 78 anos, é advogado, jornalista, escritor e político. Sua militância se iniciou no final da década de 1950, quando já pertencia aos quadros do Partido Comunista Brasileiro. Foi um dos fundadores do CPC da UNE, ocupando o cargo de vice-presidente até o golpe de 1964. Defensor de mais de mil pessoas acusadas pela Lei de Segurança Nacional, foi eleito deputado federal entre 1979/1983. É, também, autor de algumas dezenas de livros e inúmeros textos acadêmicos.

Ziraldo

"Arrumaram um jeito de sumir com o Celso Daniel. O Zé Dirceu é louco o bastante para isso. Eu não duvido nada."

Rio de Janeiro, 30 de março de 2015

Vamos começar lembrando um pouco a sua trajetória de militante. Você pertenceu a algum partido político? Quando você começa efetivamente a militar politicamente: já na época da ditadura ou vem de antes do golpe? Quanto tempo você permaneceu preso?

Só conheci o Partidão. Eu era o que se chamava de inocente útil ou massa de manobra, duas terminologias da época. Só para você ter uma pequena ideia, o Comitê Central do PCB discutiu, durante muito tempo, a minha cooptação. Aí, os mais sensatos disseram: "Deixa o cara fazer o trabalho que ele tá fazendo, porque ele faz, exatamente, o que nós estamos precisando que ele faça." Porque eu era um partidão de alma. A linha do partido, na época, era mais contemporizadora: vamos analisar primeiro, para depois saber aonde a gente vai com o barco. E eu fazia tudo que me mandavam: shows, apresentações, fazia desenho, cartazes. Era só me convocar, que eu ia e fazia tudo. Porque todos aqueles shows famosos da época eram armados pelo partido. Houve um momento, inclusive, que comecei a apresentar shows, também. Quer dizer, eu não estava no olho do furacão, mas sempre fui uma boa massa de manobra [risos]. O que escondi de gente, por exemplo, foi uma loucura, até que me prenderam. Muitas vezes, eu sabia que tinha que esconder alguém, mas não sabia exatamente quem era a pessoa.

Em sua vasta carreira multimídia, com mais de sessenta anos de atividades, destacam-se, entre outras publicações, a criação de duas revistas semanais: *Bundas*, que tratava de assuntos ligados ao destino político do país, e *Palavra*, que se propunha a divulgar e discutir a arte que se faz fora do eixo Rio-São Paulo. Se você fosse criar, hoje, uma publicação que procurasse discutir, com a mesma seriedade, o atual momento da vida política nacional, que nome você daria a essa revista? E ela seria de humor? Por quê?

A respeito de uma nova publicação, eu tenho pensado o seguinte: você não tem espaço, não tem fórum na imprensa brasileira de hoje para discutir, seriamente, o que está acontecendo no Brasil. Ninguém tem informação, nem material para refletir sobre isso. A imprensa está toda tomada pelos interesses do velho capitalismo. Antigamente, os caras achavam, de uma maneira geral, que a publicação, assim como a liberação, era tudo por determinação do Golbery. E não tenho dúvida disso: tanto o *Pasquim* quanto o Cinema Novo, por exemplo, eram consentidos... "Não aperta muito." Com isso, o Cinema Novo foi fazer o cinema que fez, e nós pudemos fazer o *Pasquim*... Era só não dar dinheiro para que a gente não crescesse...

Mas quando você diz que não há interesse, hoje, em refletir sobre o que está acontecendo, está se referindo a que, exatamente? O que está acontecendo, hoje, em sua opinião?

Não deixar escapar pelo ralo nada que fuja da visão que eles devem ter de como é que se comanda o mundo hoje. Acho que é isso. Quer dizer, está bom do jeito que está. Essa coisa de social, igual ao que o Lula pretendia e que a Dilma deu sequência, não é o interesse do capital, não é o interesse da formulação do capital no nosso tempo.

O que você está dizendo é que os programas sociais implantados pelo governo Lula não interessam à sociedade do capital, é isso?

Exatamente. E por isso mesmo, acho que nós devemos voltar a nos reunir, porque há muito mais gente, entre nós, que está aflita com essa situação e que está querendo falar, que está querendo discutir. Acho que nós temos que convocar, urgentemente, congressos, seminários. Provocar encontros.

Como a gente fazia na época em que todos nós começamos a militar politicamente. Eu lembro que a gente se encontrava no Cine Pax, e aquilo ali quase virou um instituto de estudos, né? Foi nessa época que eu aprendi quase tudo na minha vida. Era fascinante, porque, no início, eu era apenas o cara de Caratinga, Minas Gerais, que se sentia inquieto com tudo que estava acontecendo. Mas, à medida que fui entrando em contato com os filósofos, com as cabeças pensantes brasileiras, fui entendendo melhor a realidade... Eu lembro direitinho que, no dia do golpe, liguei para um amigo, Max da Costa Silva, e perguntei: Max, o que nós fazemos? E aí, enquanto eu estava telefonando, ouvi um cara dizer: "Desliga essa porra aí." A casa dele estava sendo invadida e a ligação foi para o espaço... Fiquei esperando que me convocassem. E ninguém me chamou. Fui para a rua, andar feito um pateta e pensando: o que eu faço? Porque ninguém me conhecia. Foi nessa fase que comecei a esconder meus amigos...

212   PROFETAS DO PASSADO

Ok, mas vamos remontar a essa dificuldade, a que você se refere, de que precisamos voltar a nos reunir. Em sua opinião, essa discussão não estaria longe de acontecer justamente porque há um silêncio cumpliciado dessa parcela da classe média — cosmopolita, politizada e tradicionalmente de esquerda —, à qual você pertence, que estaria preferindo se omitir diante da realidade presente?

Você está sacando o que está acontecendo? O chamado tecido social brasileiro, quer dizer, a maneira de conviver, a história da gente, aquela coisa do Gerson, de levar vantagem em tudo, isso é que permeou sempre a convivência no Brasil. Você lembra como é a formação da nacionalidade brasileira? São dois fatos: o Banco do Brasil foi fundado por D. João VI em 1826, então, ele iria fazer 100 anos em 1926. Mas ele fez 100 anos em 1929, porque três anos depois, eles jogaram tudo no lixo, e refundaram o Banco do Brasil. Não havia auditoria que desse jeito. Então, é assim que começa, é aí que o Brasil nasce. É assim que é contada a história do Brasil. Você lê Machado, *Memórias póstumas de Brás Cubas*, e vai ver como funciona o Congresso. Naquela época, já era essa mesma merda que é hoje, já era assim. E desde lá, as coisas sempre se ajeitaram, mais ou menos assim: "Olha, não temos como chegar ao Rio da Prata... Mas não tem aí o Rio de Janeiro? O porto está fechado, não dá para entrar. Mas, espera aí. Não dá por quê? Você não conhece o governador? Vê o que é que tem de ouro aí. Pega água, pega tudo, porque é fácil comprar." E quando eles entraram na Baía de Guanabara, tinha cem navios no porto, cada um de uma nacionalidade. Desde a chegada do Estácio de Sá que já era assim, no Brasil. A história do Brasil começa em 1800? Não, tinha Brasil antes. A gente vem com essa vida consentida. É muito difícil você querer impor, botar limites, onde ninguém respeita ninguém, ninguém se dignifica...

Quando você traz esses exemplos e conclui que há uma eterna convivência e conivência de interesses em nossa história, qual segmento social, em sua opinião, protagoniza o cenário político brasileiro, hoje?

É a alta burguesia, são os empresários brasileiros. Escuta aqui: você acha que tem alguém do PSDB que nunca recebeu dinheiro para fazer campanha?

Eu não gostaria de levar a discussão por aí, a ideia deste livro é ficar na discussão das ideias. Quando se fala em "alta burguesia", você está se referindo a quem? Quem é a classe dominante, hoje, no Brasil?

São os banqueiros mesmo. Todo mundo sabe disso. São os que estão com o dinheiro.

Você acredita, então, que não há uma rede de corrupção em diferentes instâncias da máquina estatal? Você considera que a corrupção está ligada a alguns nomes isolados, aqui e ali, e à alta burguesia?

Não, o que é isso? Não. A corrupção faz parte do comportamento geral. É assim que as coisas são, entendeu? Não tem nada ilegal, você sabe que tem que comprar...

Mas o cidadão Ziraldo Alves Pinto não se indigna com isso?

Eu tenho que cuidar da minha vida, tenho que trabalhar, tenho que acabar o meu trabalho. E, agora, não posso mais ir para rua e, também, não tenho quem vá junto comigo.

Como você entende esse silêncio de uma parcela considerável da classe média, mais exatamente de uma parcela da *intelligentsia* brasileira, que prefere minimizar e, em alguns casos, até mesmo negar, a existência dos escândalos de corrupção, que aparecem hoje, diariamente, em todos os veículos de comunicação?

Claro que tem que estar puto da vida com o que tem de errado. Eu também estou, mas, porra, o que você quer que eu faça? Já fiz tudo o que tinha que fazer. Esse é o meu sentimento. Agora, olho e penso: puta que pariu, nós melhoramos bastante o Brasil. O Brasil era muito pior, era muito mais injusto que hoje. As conquistas sociais, o progresso que alcançamos, tudo isso é decorrência da luta de pessoas do nosso time, entendeu? O nosso time foi muito importante para que a gente avançasse. Algumas conquistas estão difíceis de ser consolidadas, porque não é mole não, há muito interesse em jogo. Por que os caras vão ceder para gente?

Mas, mesmo considerando a veracidade do seu raciocínio, parece que existem coisas irrefutáveis, não?

Se parecem irrefutáveis, enumera aí.

Por exemplo: durante as duas décadas em que esteve na oposição, o Partido dos Trabalhadores nunca fez alianças à esquerda, já que se autoproclamava "reserva moral da política partidária brasileira". Como você vê, então, hoje, esse mesmo Partido dos Trabalhadores que, após doze anos no poder, vem colocando em prática, a todo o momento, as mesmas políticas que sempre condenou?

Respondo com uma fala bem burguesa. Eles não têm berço, é uma gente sem berço. Por isso falo que o Lula é um milagre. Ele também não tinha berço, mas não fez essas cagadas que o PT fez. O Lula tentou segurar o que pôde, entendeu? O Lula se assustou muito: "Como é que vou conter essa gente?" Porque ele não faz parte desse time. Ele é um milagre, eu acho. Agora, o que está acontecendo? A corrupção foi ficando cada vez mais cara. Era 10%, depois 30%, 40%, e hoje é a metade. Isso passou a ser natural na convivência dos poderosos do Brasil, para aqueles que chegaram lá. E é irreversível. Não tem como você fazer propostas filosóficas em cima disso. Porque nós contrariamos toda a filosofia. Somos um país muito complacente, não tem castigo, não tem vergonha. Em outras partes do mundo, o cara é filmado pela televisão, tira o revólver da sacola e dá um tiro na boca na frente dos congressistas. E por quê? Porque ele foi apanhado como corrupto. Aqui, o cara nega. E o que é pior: não se envergonha. Tem uma charge que eu fiz: "Ele apenas se deixou apanhar." Não tem essa coisa? Não, não, por favor, "ele apenas se deixou apanhar". O cara não tem vergonha nenhuma do que faz. Ele está só "explicando" qual é o negócio dele e quem são os seus "clientes". E isso vira uma "explicação aceitável" no nosso convívio social.

Quando você diz "eles não têm berço", quem são eles?

A turma do PT que assumiu o poder. Publiquei no jornal: "Eu ponho a minha mão no fogo por esse partido que está chegando ao poder, indivíduo por indivíduo, sei que eles têm um ideal, sei que ninguém está aí porque quer ficar rico... É a primeira forma legal de o povo chegar ao poder." E depois vira essa bosta! Como dizia o Dr. Ulysses, o poder é afrodisíaco... Você chega ao poder e tem tesão, cada vez mais. E para quê? Para ter poder... porque agora é a minha vez. Agora, por exemplo, qual é o impedimento que eles têm? Nenhum. Eles não têm berço, não foram educados, não tiveram lição de ética, não têm nada. Ninguém explicou para eles, "esse aqui não é o caminho". Então, tudo é fácil, porque vigora o "nada temos a perder", e por aí vai...

Esse "nada temos a perder" é o mesmo que dizer "os fins justificam os meios", já que se "está trabalhando para o bem do povo"? Que outras ilações você faz a respeito da atual postura do PT?

Não sei se teria uma resposta para isso. Agora, repara numa coisa. Fecha os olhos e vê todos nós, lá atrás, em plena ditadura, na casa do Zelito Viana, na casa do Darwin Brandão, ou no Teatro Santa Rosa... Fomos todos para o mesmo lado, né? Então, sabe o que eu queria agora? Queria juntar todos de novo, pegar um representante de cada tendência para entender o que está acontecendo... Eu me lembro de uma reunião na casa do Zuenir, quando alguém disse: "O caminho é esse, é no caos que está o germe de uma nova ordem, vamos ao caos!" Imediatamente, um companheiro que estava ao meu lado, retrucou: "Você não acha que está sendo radical demais?", "Claro que não, esse é o caminho!", o primeiro contestou. E o companheiro ao meu lado sussurrou: "Esse cara, no futuro, vai estar à minha direita" [risos]...

216 PROFETAS DO PASSADO

Você está querendo dizer que essa frase é apropriada para hoje?

Não, nem pensar. Nem agora, nem nunca. Ela serve de exemplo para o que estou querendo dizer. Não adianta ficar discutindo, temos é que sentar para conversar... É muito aflitivo ficar sozinho. Um país não pode viver sem imprensa livre, e não existe isso no Brasil. A imprensa brasileira hoje é a do pensamento único. Todos pensam igual. Qual a diferença de pensamento d'*O Globo*, da *Veja*, do *Estadão*, da *Folha de S.Paulo*, do *Zero Hora*? Estamos perdidos, sem rumo, ninguém tem a palavra "a saída é essa". Quando éramos mais jovens, pensávamos assim: "Vamos criar uma confusão para ver o que nasce daí." Mas éramos muito jovens e até essa hipótese era admissível." Agora não tenho nenhuma sugestão para dar. Você me fez uma pergunta, e eu respondo: até já pensei em editar uma nova revista, tenho essa revista na cabeça, mas não aguento mais, levei tanta porrada... E aqui no Rio não tem ninguém a fim de bancar um jornal. E foi aí, também, um dos grandes erros do PT, um dos grandes erros do Zé Dirceu. Cheguei a sugerir: "Compra o *Jornal do Brasil*, pelo amor de Deus, porque se deixar na mão do Tanure, ele vai acabar." E acabou. O PT não quis ver o exemplo do Getúlio, que fez a *Última Hora*. E olha que a sociedade, na época, não estava tão preocupada como agora, não havia essa lucidez dispersa que nós temos hoje. Mas o Getúlio disse: "Tem que ter um órgão de imprensa, sim." O PT quis vir sem uma televisão, sem um rádio... E, agora, nós estamos desamparados.

Quando conta a história da proposta radical, numa reunião no final da década de 1960, e que mereceu o comentário "esse cara, no futuro, vai estar à minha direita", você está fazendo uma ilação com a trajetória do Partido dos Trabalhadores? Ou, se você preferir, está considerando que o radicalismo é sempre discutível?

O Partido dos Trabalhadores perdeu-se completamente. Não tem nada ali. É uma massa disforme. A quem você vai apelar? Tem uns bons sujeitos. Mas não podemos fazer história com uns bons sujeitos. Então, é o seguinte: não tem pensamento...

Mas como você vê esse resgate da ideologia e de palavras como esquerda e direita, a partir do segundo turno da eleição de 2014? Como você vê isso, na medida em que, durante muito tempo, se desqualificou por completo a possibilidade de que a ideologia, ou seja, a ordem das ideias e dos pensamentos norteasse a condução da política brasileira?

O que age ou o que influencia sobre a escolha eleitoral? Como, no Brasil, nada foi discutido, fica difícil entender. Por exemplo: como é que Minas Gerais derrota o Aécio? Qual é a explicação? São dados que você não coloca na discussão. Tem coisas agindo sobre aquilo ali que ultrapassam as ideias filosóficas. Por mais que você ponha os dados ali, concretos, não é o que acontece. As coisas que aconteceram, por exemplo, na derrota do Aécio, não têm nada a ver com a lógica política. E se você colocar, na sequência, o discurso ideológico, não é justo, porque o que aconteceu lá foi absolutamente maluco. O Aécio foi um bom governador, um bom administrador, ele sabe levar as pessoas na conversa, foi um belo presidente do Congresso. O Aécio é um sujeito bom e ágil. Ele indica, com a certeza de que tinha 92% de aprovação, um udenista. Porque Minas ainda vive entre PSD e UDN. Então, não adianta você colocar nada filosófico em cima dessa merda aí, porra. Como é que na minha terra, que deve milhões de favores ao Aécio, ele teve 20% de votos e a Dilma 80%? Porque a minha cidade é uma cidade pessedista. Você vai querer botar filosofia em cima disso? Não tem jeito. O seu discurso soa antigo, neste momento. Porque mudou tudo...

A ponto de a ética e a moral não entrarem mais em discussão, é isso?

Você acha que a moral continua a mesma? Claro que não, né? Agora, a ética? Não, não tem mais. E não estou falando de ética filosófica, e sim dessa ética usual, a ética da convivência. Hoje, a ética é a seguinte: a moça é casada com um sujeito direito, aí convidam ela para sair pelada, a justificativa é porque "ela está fazendo um bom trabalho".

Mas roubar do povo não é ético, definitivamente, não é?

Não, não. Claro. Mas aí, ninguém coloca a questão ética no roubo...

Por quê?

Porque todo mundo rouba. Eu sou mais esperto do que ele... e por aí vai.

Você acha que moral e ética são dois fatores decisivos para vencer uma eleição no Brasil? Como é que você explica que, apesar de o escândalo da Petrobras ter aparecido justamente no segundo turno do pleito de 2014, isso não afetou a vitória da candidata oficial?

Não, mas aí não tem nada a ver com ética, não.

Não? Mas hoje já se fala, até, em "estelionato eleitoral". Em sua opinião, a candidata não mentiu?

Não, ela usou um discurso falso, porque acreditava em metade do que dizia. Tenho certeza absoluta. Acontece que ela vem de uma escola que tem que ganhar a eleição. Não é que os fins justifiquem os meios... Quer dizer, o fim é ganhar a eleição. É igual à cagada do Zé Dirceu. Eu não posso perder a eleição, não posso perder o poder, então, vou fazer corrupção. Mas o que ele queria? Eu falei: "Zé, escreve seu livro, porra. Escreve *Mein Kampf*. Escreve o que você quer fazer com a chegada ao poder." Porque eu, por exemplo, não sei o que você quer...

E o que foi que ele respondeu?

"É, você tem razão, vou ver." Quer dizer, ele não ouve a gente... Botei minha mão no fogo por ele, porra. Quando penso que o meu artigo foi isso. O José Genoino e o José Dirceu foram os dois heróis do meu tempo. Dois jovens que botaram a vida em perigo por uma causa. É tudo o que eu queria ter sido na vida quando tinha a mesma idade deles... Eu escrevi essa porra.

Você tocou num ponto crucial. Como é que você acha que a história vai enxergar este momento atual, em que, chancelados pela esquerda como "heróis da resistência nacional", nomes como os que você acabou de citar, ao chegarem ao poder, adotaram práticas e condutas reconhecidas, consagradamente, como de direita?

A história vai ter elementos demais para ver isso. Hoje, qualquer informação está ao seu alcance e as pessoas, portanto, estão muito mais informadas. Você vai ter que colocar na conta da natureza humana, não tem outra conversa. O ser humano é assim mesmo. Não tem aquela história de que o homem é o câncer da natureza? Pois bem, é isso. Não tem jeito. Você não pode prever o que vai acontecer. Você pega um banhado, vê lá quantos caranguejos tem e pode dizer que, daqui a cinquenta anos, esse banhado vai estar assim. Você não vai errar. Mas se você pegar um menino, e colocá-lo ao lado do banhado, você não pode mais prever o que vai acontecer com o banhado. Ainda estamos presos às possibilidades do humano. É mole fazer uma análise do PT e chegar à conclusão de que ele escrotizou totalmente, porque não há nenhuma novidade nisso. Aí, não corre risco nenhum. Eu, inclusive, já briguei com o Zuenir sobre o chamado papel da imprensa hoje.

Tratando dessa questão da imprensa, você já se manifestou, assim, a respeito de José Dirceu: "Bandido ou não, ele é um ex-ministro, ele não é um mensaleiro." Como é que é isso?

Ele não pode ser chamado de mensaleiro.

Por quê? Ele não é um mensaleiro?

Não. Não é a qualidade dele, a classificação dele é ex-ministro. Ele é um cidadão brasileiro...

Só para entender: como é que você chama o Alberto Youssef?

É um bandido.

Mas ele é um doleiro, não é?

É. Mas doleiro é uma profissão, mensaleiro, não. Mensaleiro não é uma profissão. É uma maneira pejorativa de se referir à pessoa. Ele não é mensaleiro, senão você vai ter que dizer: "Estava presente aquele ladrão, aquele político... Como chama aquele famoso político paulista? Paulo Maluf!" Todo mundo sabe que é ladrão, mas você diz o quê? Que "estava presente o ex-governador Paulo Maluf". Você não vai se referir a ele dessa forma. Então, não é pelo fato de o José Dirceu estar envolvido no mensalão, que você vai botar um apelido pejorativo nele. Isso não é desrespeito, porque ele não merece respeito, mas é uma distorção. É aí que se define a posição do jornal. Você não pode desmoralizar o sujeito só porque condena o seu comportamento. Se o idiota do Zé tivesse escrito *Mein Kampf*, todo mundo ia ver que ele estava fazendo isso por um projeto político, alucinado e louco, de chegar ao poder...

Mas com essa colocação, você não estaria justificando a corrupção?

Não, claro que não. Nem estou justificando a morte daquele rapaz lá...

Quem? O Celso Daniel?

É.

Você acha que essa morte tem alguma coisa a ver com esse projeto de poder? Por quê?

Arrumaram um jeito de sumir com o Celso Daniel. O Zé Dirceu é louco o bastante para isso. Não duvido nada. Um cara que passa trinta anos casado com uma mesma mulher e não diz para ela a sua origem verdadeira, o seu nome verdadeiro... É muito doido. O Zé é muito doido. Mas ele tinha um projeto político. Isso que ele fez é um projeto político. Mas ele não está rico. Ele é influente, é lobista, mas não ganha dinheiro com isso. Isso não faz ninguém ficar rico...

O coordenador da operação Lava Jato, no Ministério Público, Deltan Dallagnol afirmou recentemente: "Corrupção é um crime hediondo, porque ela rouba a comida, o remédio e a escola do brasileiro." O que você acha disso?

É a mais pura verdade. Porque pouco importa se você mata um ou dez.

Há pouco você chamou o senador Aécio Neves de "bom sujeito".

Inegavelmente. Ele foi um grande presidente do Congresso, um grande governador de Minas, um belo prefeito...

Como é que você vê, então, a demonização desse "bom sujeito", para usar a sua expressão, no último pleito? Uma estratégia eleitoral protagonizada pelo marketing político?

O Aécio começou a campanha dizendo "Vamos conversar?" Lembra o comercial dele? Ele dizia alguma coisa e terminava assim. E quem cuspiu primeiro na cara do outro foi o Aécio. Sentou o cacete na Dilma. Eu disse numa entrevista: "Aécio, pelo amor de Deus, você é um cara gentil, você é um cara fino, vai pegar mal, porque esse seu discurso é falso, as pessoas não vão acreditar, porque você não é grosseiro, as pessoas vão pensar: esse rapaz está mentindo, porque ele não é assim. Você ficou durão. Desde quando você é durão, Aécio? Isso não é você." A irmã dele, a Andrea, ficou danada da vida comigo, quando falei isso. Porque sou como um tio dele. Dizer que a Dilma foi cruel com ele é esquecer o quanto ele foi cruel com ela.

Mas quero sua opinião sobre o fato de ele ter virado "demônio" no último pleito. Porque ele foi demonizado, não é? Você acha que isso pode ter sido obra do marqueteiro?

Acho, sem dúvida.

Quem ganhou essa eleição, então, foi o João Santana?

Foi.

E por quê?

Porque eles sabem direitinho. Eles aprenderam a fazer essa coisa. A escola americana está fazendo isso, agora, adoidado. E como a gente está sempre copiando de lá... Você pode falar mal do concorrente, porque a escola americana de campanha convence todo mundo. Então, é entregar para o marqueteiro que ele faz.

Só para entender melhor: se o marqueteiro convence (e pode convencer) todo mundo, isso quer dizer que para ganhar uma eleição, "vale tudo"?

Exatamente. Mas você está colocando as coisas de maneira equivocada, porque o negócio é o seguinte: o Aécio fez aliança com a Marina, antes da eleição. E depois, um dos discursos mais desconstruídos da Marina foi proferido pelo Aécio. Ele sentou o cacete na Marina. Então, acabou a ética. Ninguém foi ético. Não vem dizer que a canalha da Dilma não foi ética e o coitadinho do Aécio é que era porque ninguém foi ético. Essa coisa não está em discussão. Isso é comportamento humano, não a situação brasileira. Temos que nos ater à situação brasileira, para a qual não tenho nenhuma resposta ainda. E isso me aflige, porque essa coisa de esquerda e direita já foi embora, isso não existe mais...

Mas essa não é a fala oficial. A fala oficial é mais ou menos assim: somos um partido e um governo de esquerda, que estão sendo atropelados pela extrema direita.

Mas isso aí não está muito longe da verdade. Estamos sendo atropelados pela extrema direita. O poder financeiro e a imprensa estão todos na mão da extrema direita...

ZIRALDO 223

Mas o poder financeiro não apoia o PT? Você acha que não?

Não. Você acha que só o pessoal do PT, do PP e do PMDB é que recebe? Você acha que o PSDB só tem gente absolutamente honesta e decente? De onde vem o dinheiro do PT? Já sabe que é da Petrobras, da Eletrobras, ou de qualquer autarquia brasileira. E o deles? Onde é que eles arrumam dinheiro? Quem dá dinheiro para eles? É caríssima a campanha deles. São os bancos! E a mercadoria do banco, o que é? É dinheiro. Banco não lava dinheiro. Banco não corrompe.

Mas não estou aqui para defender ou acusar quem quer que seja. Quero saber a sua opinião. Como é que se pode ter uma prática de direita e se dizer de esquerda? Você acha que essa confusão provocada pelo discurso oficial não aumentaria ainda mais a crença do povo brasileiro em relação à "predestinação histórica" de que o Brasil não tem jeito?

E você faz essa pergunta para mim? Não estou no PT. O que acho disso? Acho um horror. Em algum momento dessa conversa falei "peraí, o PT, não?" Ao contrário, disse que o PT virou uma casta. E mais ainda, disse que eles não têm berço. Isso foi mamãe que falou, certa vez, e ela estava certa. É muito difícil um cara sem origem virar o Lula. O Lula era para ser mais corrupto do que qualquer outro corrupto do mundo. Mas, se alguém me disser que a essência do Lula é a corrupção, eu digo, "pelo amor de Deus, para..."

Você acredita, então, que o ex-presidente não esteja envolvido em nada?

Nessas coisas? Nesse nível? Nem pensar. Ele não está, não interessa a ele. O que ele tem já basta. O belo apartamento que ele tem e algum dinheiro que ele deve ter no banco. Ele deve ter deixado o dinheiro com a viúva do Serjão, com a japonesa, porque ela sabe guardar dinheiro. Ela está com o dinheiro do Fernando Henrique Cardoso, com o dinheiro do Covas, com o dinheiro do José Serra...

O ex-governador Mário Covas já faleceu.

Pois é, mas o dinheiro do filho dele está com ela. A famosa sobra de campanha. Agora, do Sarney ninguém cobra... Vamos parar de discutir essa coisa de quem é ético e quem não é, porque a questão não é essa. É o que nós vamos fazer com essa meleca que está aí. Não tenho resposta. Estou conversando com você para ver se a gente encaminha por aonde vai. Mas não estou achando que a gente avançou nada nesta conversa...

Mas não lhe parece que só se avança quando há contradição? Ficar constatando o óbvio...

Ah... a gente avança na contradição é uma coisa tão velha.

É? E por onde se avança, então, em sua opinião? Pela unanimidade que, quase sempre, é perigosamente burra e preconceituosa?

Não, é que estou achando esta nossa conversa baixa, porque essa coisa de querer saber quem é ético e quem não é ético na campanha eleitoral não tem importância porque não tem ninguém ético. Quem é ético de lá, quem é ético de cá? Não tem. É tudo um melê, o Brasil está uma meleca...

Ao afirmar isso, você considera que não há esperança?

Não, só há esperança!

Por quê?

Porque o negócio é o seguinte: a gente tem um estrato, herdado do português, da ingenuidade portuguesa, da pureza portuguesa, da doçura portuguesa, que é muito sedimentado na alma do nosso povo. É um povo fácil de lidar. Aqui, nunca ninguém falou *viva la muerte*, aqui não tem essa coisa de matar o touro. Nossa herança é do norte de Portugal, vem da Galícia, onde tudo é doce. O nosso caráter se forma a partir daí, junto com essa coisa do índio e essa doçura, também, do negro que veio para cá e que nunca teve coragem de se revoltar. Esse é um povo fácil de conversar, é um povo que tem um diálogo possível. Se você dá mais informação, ele vai saber discernir. Tenho muita esperança. E outra coisa: o Brasil é o único país do mundo que não tem problema sem solução. Todos os problemas brasileiros são resolvíveis, porque aqui não tem ódio permeando a nossa vida. Nenhum branco que eu conheço tem ódio de negro. Nenhum. Pode ter desprezo, antipatia, mas ódio, não. Não é aquela coisa que você vê nos Estados Unidos, por exemplo, onde o assaltante crioulo americano mata com o olhar. Isso foi um americano que me falou: "Eu adoro o Brasil, porque o cara fala: 'Perdeu, compadre!' E eu olho para a cara dele e vejo que se pode chegar a um 'acordo'. Pode ser até que atire, mas a ideia é que ele não vai atirar, a ideia é que ele está debochando de mim. Mas quando um americano bota o revólver no meu peito, eu digo: 'vou morrer'." Então, eu tenho esperança, muita esperança no Brasil. Acho que a gente vai ser a grande nação do final deste século. Não tenho a menor dúvida disso. Não é utopismo, não, entende? Nós somos a melhor gente do mundo, a gente se abraça, a gente se beija, a gente faz tudo para não morrer.

Em sua opinião, então, qual é o sentimento que este mesmo povo que você considera generoso, fraterno, solidário sente, hoje, quando praticamente todas as promessas e acusações da campanha de 2014 foram desmontadas, uma por uma?

Você passou o tempo todo incomodada com isso.

Só quero saber a sua opinião: como é que você acha que este povo se sente?

Olha aqui, isso é irrelevante.

Por quê?

Estou impressionadíssimo como você está preocupada com isso. Você tem andado com gente que não gosta da Dilma, né?

226 PROFETAS DO PASSADO

Não, não estou falando da presidente Dilma, estou falando da atual situação política. Como é que você vê, hoje, a situação política nacional?

Presta atenção: olha o povo que você tem, olha para quem você governa. Rodei este país de norte a sul na campanha das Diretas Já. Passaram pela minha frente 10 milhões de pessoas. Não tem um lugar que eu não fosse com o Tancredo... E o Brasil inteiro disse: Diretas já. Mas em seguida o Congresso mandou todo mundo tomar no rabo. E o que nós fizemos? Voltamos para casa. Se fosse na Argentina, eles quebravam o país inteiro. Então, o que está acontecendo é o que aconteceu nas Diretas Já. A vida continua...

Mesmo com os 2 milhões de brasileiros que foram para as ruas protestar, agora em março? Isso não pesa, em sua opinião?

Metade foi porque é moda. Não tem sinceridade nesse povo, não. A Globo é que mandou todo mundo para a rua, a televisão é que determina. As pessoas se movem muito pelas palavras de ordem. Não me senti traído. Sabia que era discurso de campanha. Era igual dos dois lados. Conheço a raça... Agora, dizer que a Dilma sujou a campanha... Pega as gravações e você vê que é tudo igual. A Dilma mentiu muito. Mas eles não tinham como mentir, porque eles não prometeram nada, só esculhambaram a Dilma, bem grosseiramente. Inclusive, o meu querido amigo Aécio esculhambou a Marina para cacete, sendo aliado dela antes. A baixaria da Dilma foi mentir para caralho e a baixaria do Aécio foi fazer um discurso falso, que não correspondia a nada, só promessas vagas. O negócio do fracasso da Dilma é porque ela era de uma corrente diferente. Porque tanto ela, como o Lula, escolheram os seus guias econômicos. E o que é que o Lula fez? Quem foi o seu consultor? Delfim Neto. E quem foi o seu ministro? Um banqueiro americano. O Lula escolheu uma escola do caralho para poder atravessar a procela. A Dilma não escolheu a escola dele.

Só para entender melhor: buscar inspiração em Delfim Neto e, depois, trazer Henrique Meirelles para o seu governo foram escolhas acertadas do ex-presidente Lula, é isso?

Ele conseguiu governar por causa disso. Foi, sim. Ele tem algum talento, alguma cultura para escolher caminhos econômicos? Ele entende alguma coisa de economia? Então, ele tinha que ter um conselheiro...

Mesmo que os conselheiros de hoje tenham sido os inimigos de ontem?

Economia é algo científico. Você pode prever com uma medida econômica que vai acontecer isso e aquilo. E foi isso que aconteceu... O Lula tinha discernimento para poder escolher um caminho econômico? O Zé Dirceu, que poderia ajudá-lo, estava preocupado com o seu projeto. E o Zé nunca foi conselheiro do Lula. Mas o Lula é muito esperto. Porque ele chamou o Delfim: "Me ajuda aqui, o que eu faço?" Ele não tomou uma medida sem o Delfim...

E o Lula, também, nunca se considerou um homem de esquerda, né?

É isso que eu queria falar lá atrás... Sabe qual é a dificuldade toda do Lula? O Lula não veio da luta política. Por que o Roberto Freire odeia o Lula? O Roberto Freire foi criado no Partido Comunista, é comunista histórico. O Lula não tinha a menor ideia do que era comunismo, nem o que era oprimido. Ele era o cara que descia para tomar cerveja com o pessoal do sindicato porque tinha perdido o dedo no torno. O irmão dele, sim, era um sindicalista bastante esclarecido. Sabe quem foi que lançou a figura do Lula e aí se começou a prestar atenção nele? A revista *Vogue*. Ele saiu na capa da *Vogue*. E depois deu uma entrevista para o *Pasquim*, que a Fiesp mandou imprimir 50 mil exemplares. Sabe quem inventou o Lula? Dom Evaristo Arns. A esquerda nunca deu confiança para ele, nunca confiou nele. Ele nunca foi comunista, nem teve nenhum amigo comunista na vida. Teve alguns amigos trotskistas por aí.

Você acha, então, que ele optou por um projeto pessoal de poder?

Não. Ele é muito inteligente. Quando ele viu que era messiânico, ele disse: é nessa que eu vou. Ele não tem culpa nenhuma de ter virado um messias...

E quem o "conduz", então, para esse lugar: a classe média, tentando expiar suas culpas históricas?

Não tem isso. A classe média não tem consciência de nada, não existe. Ela só existe como classificação. São uns burguesinhos de merda, que querem casar suas filhas com vestido de noiva, que todos os maridos têm amante e por aí vai. É uma bosta, tudo fingido. Classe média é isso. Eu odeio a classe média, posso até fazer parte dela, mas não venho daí, porque minha mãe e meu pai não eram da classe média. No máximo eram da classe média baixa, porque eles não tinham nada.

Só para lembrar: como é mesmo a história de Dom Paulo Evaristo Arns?

Dom Evaristo disse: "Olha, tem um menino aí mandando de uma maneira extraordinária nos metalúrgicos." Você viu o filme sobre ele? Chorei quando vi. A primeira camada repetia, depois a segunda, a terceira e assim por diante, até o discurso chegar lá no fundo...

Você acha que é por aí, nesse momento dos primeiros discursos, que o Lula já se vê messiânico?

Não sei exatamente, mas o dia em que ele descobriu que era messiânico, ele deitou e rolou. "Lulinha paz e amor." Nunca vi uma inteligência assim. E a capacidade de comando?

Você se importaria em declinar seu voto no segundo turno da eleição de 2014?

Votei na Dilma.

Por quê?

Eu gosto muito do Aécio, mas não quero ver a turma dele no poder. Não confio em ninguém do PSDB paulista. Não gosto dos políticos paulistas. Não gosto do pensamento político do Aécio. Se ele tivesse ido pelo Tancredo, ele tinha ganhado essa eleição. Sou tancredista.

Ziraldo Alves Pinto, mineiro de Caratinga, 82 anos, é cartunista, chargista, caricaturista, cartazista, desenhista e humorista. Um dos fundadores de *O Pasquim*, criou, entre outras obras, as revistas *Saci Pererê*, *Bundas* e *Palavra*. É, também, jornalista, dramaturgo, cronista e escritor, um dos mais conhecidos e aclamados escritores infantis do Brasil. Seus personagens mais famosos são Menino Maluquinho e Flicts.

João Batista Ferreira

"Creio que estamos num momento de exacerbação de uma inusitada loucura. Não sei no que isso vai dar. Mesmo não sendo pessimista, acho que a humanidade tem os dias contados."

Rio de Janeiro, 9 de abril de 2015

Queria começar falando da sua trajetória: aos 27 anos, você já exercia o sacerdócio e, também, militava politicamente. Quando e como tudo se inicia?

Eu era da Ordem dos Lazaristas, ou seja, dos Missionários de São Vicente de Paulo, cujo papel principal era pregar para os despossuídos e despossados. Aos 8 anos, ouvi de meu pai, que era um roceiro extremamente inteligente, que o candidato do PC ao governo de Minas tivera sua candidatura impugnada porque defendia os pobres. E foi nesse momento, que o primeiro lampejo de liberdade passou pela minha cabeça, pois, se existiam pessoas que pensavam nos pobres, significava que pobre poderia ter vez? E tive a minha vez... Meus pais me colocaram no Colégio do Caraça, uma escola de excelência no interior de Minas, onde sonhei com o ideal de pensar, de fato, no desapossado. E como a congregação de São Vicente de Paulo era missionária, pensava, exatamente, naquele que não tinha vez.

PROFETAS DO PASSADO

Sua opção pelo seminário já é uma escolha política, então?

Só que, na época, vigia uma ideologia muito retrógrada, porque todos eram de direita. Eu era meio que um pária defendendo pobre. Tanto que, alguns anos depois, quando Jango assumiu a presidência, com o meu total apoio, comecei a receber preterições em meu avanço na carreira sacerdotal. Sou preterido porque sou de esquerda, porque sou comunista e sou anticlerical, sou contra a Igreja, que abomina o comunismo.

Como e por que esse estranho sacerdote participou, então, da missa de sétimo dia do Edson Luiz? Você foi um dos dez ou doze padres que fizeram uma muralha humana no portal da Candelária, impedindo que a cavalaria da polícia invadisse o templo ao final da cerimônia. Você estava ali por uma escolha político-ideológica ou aquele gesto emblemático foi circunstancial?

Não, fui à missa com uma missão específica. Naquele momento, o meu histórico não era dos melhores, na visão da Igreja. Tanto que quando nós propusemos uma reforma no Seminário de Mariana, todo o grupo a que eu pertencia foi expulso de lá. Venho, então, dar aula no Colégio São Vicente de Paulo, no Rio de Janeiro, mas continuo, ainda, com todas as obrigações sacerdotais. Quando entrei para a Psicologia da UFRJ, me tornei não só um militante como busquei de imediato a psicanálise. Meu pensamento era: como posso tratar da vida dos outros, se não sei o que eu quero fazer com a minha? Então, quando cheguei aqui, procurei o Hélio Pellegrino, cujos artigos publicados pelo *Correio da Manhã* eu usava nos meus sermões, nas missas, em Mariana. Assim que ouviu a minha história, o Hélio chamou o Otto Lara Resende e o Antônio Callado para conversarmos. E disse ao Callado, ainda ao telefone: "Você não está escrevendo sobre o padre Nando, em *Quarup*? Pois eu acho que o padre Nando está aqui." E o Callado chega a dizer isso, na dedicatória do livro: "O João é o padre Nando." Então, começamos a conspirar contra os desmandos da ditadura e vamos para a rua com os estudantes: Hélio Pellegrino, Antônio Callado, Mário Pedrosa, Otto Maria Carpeaux, José Kosinsky, Rosiska Darcy, Washington Novaes, Jânio de Freitas, Dario Nunes, Luciano Castelo e tantos outros intelectuais. Formamos um grupo, nada de muito partidário — um grupo de intelectuais pensando o momento brasileiro que, em 1968, é convocado pelo Vladimir Palmeira para formar um grupo de oradores na Passeata dos 100 mil. E fui um dos oradores escolhidos. Acabei sendo o elemento de ligação com o clero, já que tínhamos, também, outro grupo dentro da Igreja, que estava discutindo e pensando o seu papel. Só que foi, ali, na rua, durante a passeata, quando encontrei o bispo auxiliar Dom José de Castro Pinto, que fiquei sabendo que seria um dos oradores. Dom José foi quem protagonizou aquela imagem que correu o mundo. Quando o Vladimir disse "agora todo mundo vai ficar sentado", ele sentou, imediatamente, no asfalto, o que valeu manchete de uma revista francesa: "Um bispo no asfalto" [risos]. E o meu discurso é muito simples: se a Igreja era o povo, e se os estudantes chamavam o povo para a rua, era para lá que a Igreja teria que ir, que ela não poderia mais se alijar desse palco, que ela tinha que estar lá, com o povo, porque o povo é a voz de Deus.

De certa maneira você foi uma espécie de precursor da Teologia da Libertação?

Não, isso já é muita pretensão, porque a Teologia da Libertação já estava acontecendo, paralelamente. Os teólogos do Concílio Vaticano II, uma plêiade de homens fantásticos, ligados a João XXIII e a Paulo VI, já estão teorizando. Só que, depois, vão todos ser "degolados" por João Paulo II, um horror, a meu ver.

Mas eu queria voltar um pouco a esse momento em que você fala na Passeata dos Cem Mil: é um pouco antes da célebre foto, em que estão todos encurralados na parede. Naquele momento, só tinha padres ali?

234 PROFETAS DO PASSADO

Quando o Edson Luiz morreu, todos os grupos pensaram a mesma coisa: "Essa morte não pode ficar impune, nós temos que celebrar uma missa de sétimo dia por esse rapaz." Durante a missa fui avisado de que o negócio estava feio lá fora... A cavalaria estava ensandecida, com sabres desembainhados e, na saída, haveria um massacre. Então, durante a missa ainda, eu comuniquei a Dom José, e veio a proposta: "Vamos sair paramentados e vamos fazer um cordão de isolamento. É uma questão de vida ou morte, mas vamos tentar, porque é nossa obrigação. Não podemos fugir à luta. Se nós fizemos isso aqui, temos que assumir. Ainda que pagando com a vida." Agarramo-nos assim, fizemos uma corrente, com a cavalaria muito próxima. Eu fiquei com um cavalo mais próximo do que você está de mim. E ele bufava, batia com a pata no chão, uma cena de que nunca vou me esquecer.

E por que você acha que não houve um massacre: medo de atropelar os "representantes de Deus na Terra"?

Acho que foi o medo de que isso se tornasse manchete internacional, que a ditadura brasileira tinha abatido os padres na saída de uma missa... E também a questão da superstição, nós estávamos paramentados. E a cruz funcionou como um totem, um fetiche. Então, por isso, por ser um símbolo é que eu acho que a cavalaria, naquele momento, não ousou pisotear. Mesmo que fôssemos uma minoria, como éramos.

Você afirma que a psicanálise e a religião têm algo em comum, na medida em que trabalham com a palavra e se preocupam com a evolução do homem. Ao mesmo tempo, são divergentes, pois a religião lida com o indivíduo como objeto e a psicanálise como sujeito. E você observa: "O padre perdoa, o psicanalista sequer julga." Qual seria a relevância da psicanálise em um processo coletivo de formação de consciências e, como decorrência, de transformação social? Ou essas questões do psiquismo, definitivamente, não fazem parte do universo da política?

Acho que se tem que pensar onde estariam as respostas para algumas questões como estas: na Argentina, se fez uma fogueira, em praça pública, com as obras completas de Freud, nessa mesma época, o então ministro do Interior, no Brasil, coronel Albuquerque Lima, condena toda ação psicológica como subversiva, ao mesmo tempo em que a ditadura acaba com a filosofia e a sociologia como formas de pensar um mundo diferente... Então, onde está a resposta? A meu ver, na psicanálise, que é ultrarrevolucionária, embora seja acusada de ser individualista e de levar o outro, sempre, ao egoísmo. Acontece que ela não lida com o egoísmo, nem com o individualismo. Ela lida com o ego. E ego é outra coisa. Então, a psicanálise vai lhe perguntar, por exemplo, qual é o seu conceito de ética? E vai ajudá-lo a pensar que é você ter consciência crítica para o uso da sua liberdade responsável. Nessa medida, ela está sendo revolucionária, porque você começa a ficar livre dos clichês, das ideologias pré-fabricadas... No momento em que você tem o seu próprio pensamento, você é ultrarrevolucionário.

Quando você faz esse raciocínio, você está querendo dizer que a maneira como a psicanálise é tratada e praticada, seja no meio universitário, seja nos consultórios particulares, pouco auxilia no processo de transformação social? É isso?

Seguramente. Porque a psicanálise quer que você tenha a sua ética. Se for a ética em que você quer viver no privado, não cabe a mim desideologizá-la, posso até não concordar, mas respeito. Agora, se você assume a ética de responsabilidade e de gozo da liberdade de uma forma consciente, você vai ter uma atitude maior na comunidade e vou ficar muito feliz. É um jogo terrível, sofre-se muito, adoece-se dentro desse exercício, porque você ouve, em alguns casos, coisas inacreditáveis. Do tipo assim: conto a história de um filme em que a mulher diz para o marido, condenado à prisão perpétua, que vai se casar com outro para que os filhos possam ter uma vida melhor. E ele a estimula a fazer isso:

"Case, sim, porque nunca mais vou sair daqui." Acontece que, quando ela marca o casamento com o milionário, que vai levar os filhos para a universidade, que dá uma lancha para um, um carro para outra, descobre que o marido foi julgado erroneamente, tem a pena comutada e ganha a liberdade. Mesmo assim, como o casamento acontecerá no dia seguinte, ele resolve deixá-la em paz para não atrapalhar não só a vida dela, como o futuro garantido dos filhos. Mas não resiste e vai à cidade, onde moram os dois adolescentes e, resumindo a história, a mulher que iria se casar, ao descobrir que ele está livre, opta por ele. Aí você conta essa história e ouve: "Ah, mas é muito idiota! Pelo amor de Deus... Ela não ficou com o ricaço e voltou para o pobretão?" Você ouve isso no consultório. É sua cliente, uma pessoa boa, mas que tem essa cabeça inamovível, e que você não pode desideologizar...

Mas seria o caso de desideologizar ou de sugerir uma contraposição, outra visão?

Sim, é o caso de se perguntar: "Você não acha que o amor não supriria essa carência de bens?" Mas a resposta é: "Ah, pelo amor de Deus, é muito idiota!" O que resta, então, é dizer "hã, hã, hã" [risos]...

Dentro do consultório, a psicanálise passa por essas vicissitudes, mas em regra, quando você devolve o contraponto ao outro, quase sempre a resposta é: "Vou pensar!" E esse é o ideal, porque a decisão sempre é da pessoa. A experiência diz que quando a psicanálise saiu dos consultórios e foi para as instituições sociais — e nós tivemos isso por 21 anos, durante a ditadura, através da Clínica Social —, houve uma popularização. Tínhamos como clientes o boy, a empregada doméstica, a prostituta, o estivador. Mas as próprias instituições psicanalíticas isso como uma banalização da psicanálise, viram como uma distorção, e mais o fato de que as comunidades começaram a ficar extremamente inviáveis para esse tipo de trabalho, acabou-se com tudo.

Se entendi bem, caso a psicanálise fosse aberta e transformada em uma política pública, em uma política de governo, sua opinião é a de que...

Ela deixaria de ser consumista, imediatista, e tudo aquilo mais que a gente sabe. O papel social e político da psicanálise seria extraordinário. Tanto é que as ditaduras não suportam a ideia da psicanálise, porque não suportam ver você pensando... Por que Paulo Freire foi tão massacrado e tachado de comunista? Porque fazia o sujeito pensar. Nós tínhamos um trabalho no Catumbi de alfabetização de adultos, que foi extremamente reprimido. O padre Manoel de Jesus, inclusive, chegou a ser torturado em função desse trabalho. E qual era o nosso crime? Ajudar as pessoas a pensar... Ou melhor, a trocar reflexões... Pois você sabe muito bem que o que o Freire queria é que se pensasse junto, todo mundo junto.

Parece incontestável que o traço mais marcante da nossa cultura é, sem dúvida, a afetividade. Como é que você vê a utilização do afeto no curso de nossa história política, em que comportamentos caudilhescos e, portanto, populistas, se alicerçam, quase sempre, num discurso e numa prática fundamentados não só nas relações pessoais, como também na concessão de dádivas?

Não sei... Acho que vou propor responder sua pergunta, trocando a palavra afeto por desejo. Porque o ser humano é um ser do desejo. O desejo é uma cárie inobturável e, nesse sentido, eu sou o ser da falta. Se você me oferecer algo que me seduza, vou correr atrás com uma voracidade desmedida. O consumismo é uma oferta, uma demanda, que um grupo que manipula as massas tem que gerar na linha do desejo. E você não pode chamar isso de um erro, de uma enganação, porque eu sou desejante. Então, uma raiz nobre, que é desejar, acaba virando uma coisa extremamente nociva, que é acirrar em mim uma cobiça voraz, pantagruelesca, de engolir, engolir e engolir mais ainda, por engolir. Eu nem sei por que eu quero o iPad 7, por exemplo, mas como há uma manipulação de oferecer, de gerar o consumismo, de criar em mim uma demanda que não tenho, mas que eu vou acabar assumindo como minha, vou lá buscar o iPad 5. Então, nesse sentido, o consumismo é o bezerro de ouro da contemporaneidade. A raiz — o meu desejo — é nobre, mas esse desejo é manipulável. Então, a "turminha" que comanda as variáveis e que faz de nós marionetes tem todos os cordões na mão e os manipulam, magistralmente.

Você pode fazer uma ilação disso no campo específico da atuação política?

Na atuação política, se joga muito com isso, também. E aí vou ter que citar, equivocadamente ou não, o que aconteceu com o advento do Lula. Quando aparece um torneiro mecânico que fala que o sujeito pode ser cidadão e que, para tanto, vamos dar-lhe uma Bolsa Família, e que, com isso ele se insere, o cidadão fala: "Caramba, não como mais barro, eu como feijão." Ele tem ali a cidadania dele, que o faz perceber, então, que, se ele for por aquele caminho, por aquela luz, por aquele guia, ele pode ter vez, voz e voto. Não é nem uma questão de afeto, é uma questão de desejo. Essa turma, que vamos chamar de turba, que antes era chamada de ignara, hoje é contemplada pela Bolsa Família, pela cota, pela possibilidade de ter um emprego com carteira assinada, pelo Minha Casa Minha Vida, por um carro, ainda que de quinta mão... Essa turma passa a se ver como gente. É um desejo que não é nem ligado ao afeto que tem como direção o líder A ou o caudilho B ou o Antônio Conselheiro C. Não! É perceber-se inserido. Porque o grande drama da contemporaneidade é a inserção. A grande busca, hoje, é da visibilidade: "Você me viu na TV? Sou o que está ao lado daquele sujeito na hora do gol do Botafogo, com uma camisa toda preta." Ele sequer fala do gol, porque não viu o gol do Botafogo. Se me vi na telinha, por que vou olhar o gol do Botafogo? Então, em termos de afeto, olha como isso é diferente. O sujeito que não come mais barro e come feijão se vê cidadão, enquanto esse outro aqui vê, na volatilidade do contemporâneo, que precisa usufruir, e não interessa o quê.

É nesse contexto, ou nessa nova contextualização, que a manipulação política e eleitoral se exacerba, então? Seria isso?

De alguma forma, é. Mas vamos dividir em dois tipos: manipulação cínica e manipulação sã. A manipulação sã é: meu amigo, você pode comer feijão, sim, porque você é um cidadão brasileiro e o Brasil tem obrigação de dar feijão à sua mesa. Esse contexto de inserção seria uma manipulação *lato sensu*, que eu chamaria de uma manipulação sã: ele vai gostar de mim, porque eu botei feijão na mesa dele. A manipulação cínica é dizer que isso é paternalismo, assistencialismo, engodo, peleguismo, e o diabo a quatro. Porque eles não querem essa inserção, porque o que eles querem é o poder de continuar tendo o controle do público, em defesa do particular. Então, essa manipulação, com o sentido de inserir você, e que pode fazer de mim, para você, um candidato nas próximas eleições, é sim uma manipulação, mas que advém de uma consciência sã. Ao passo que, quando se diz "esse assistencialismo todo do PT, essa coisa espúria", aí é manipulação cínica, porque criam um clichê sobre isso. Tanto que é comum ouvir de uma pessoa abonada, por exemplo: "Estamos caminhando para uma venezuelização." Mas o que é venezuelização? "Ah, você não sabe? Venezuela!" Esse jogo manipulador do clichê é fruto de uma consciência má. Porque a pessoa não sabe o que está dizendo, não sabe o que é a Venezuela, não sabe nem mesmo qual é a capital da Venezuela, embora seja PhD em criticá-la.

Gostaria de voltar à questão da ética. Todos nós, que militamos na esquerda desde sempre, aprendemos que, para ser um progressista, você tem que ser, antes de tudo um humanista: respeitar e valorar não só os menos agraciados, mas ter, justamente por esse respeito, um rigoroso padrão de comportamento moral e ético, não é mesmo? Nessa medida, como você vê a atual realidade política brasileira, em que, apesar de se autointitular como um partido de esquerda, o PT tem demonstrado, no exercício do poder, práticas e estratégias tradicionalmente conhecidas como de direita?

240 PROFETAS DO PASSADO

Vou fazer uma digressãozinha: há oito anos, não leio jornal e não vejo noticiário. Como é que eu sei das coisas? Eu abro o computador, se precisar de uma coisinha, procuro por ali, ouço as pessoas comentarem aqui no consultório. Mas, por que busquei esse caminho? Pensei o seguinte: estou no último terço da minha vida e acho que tenho o direito a um mínimo de paz. Então, vou optar por não entrar mais nesse jogo de informações, todas elas muito viciadas e, a meu ver, muito pouco verdadeiras. Porque está para nascer, ainda, uma imprensa verdadeira, no Brasil ou fora dele. Mas não importa, se eu vivo aqui e só existe um jornal, só existe uma revista, só existe não sei o quê, a ponto de as pessoas se perguntarem: "Você leu no jornal? Mas qual jornal?" "Você viu nas páginas amarelas? Ué, mas não existe mais catálogo de páginas amarelas" [risos].

Mas isso a que você está se referindo não seria reflexo da chamada "sociedade do capital"? Quer dizer, tem o jornal "para nós", tem o jornal para classe média baixa, tem um jornal...

Não, não existe isso mais. Só existe um jornal...

Provavelmente, João, você mantém esse sentimento de que só há um jornal, porque a nossa tendência é valorar o nosso universo, como se ele fosse inédito e único, não é? Mas existe um jornal para classe média baixa e existe outro jornal que é para o povão...

Sim, mas os outros só falam de futebol e de crime. Mas tudo bem, voltando à digressão. Por que eu fiz isso? Talvez por defesa, até por uma defesa infantil, como a criança que não quer pensar na morte, porque incomoda muito a ela, ver-se morta. Não leio jornal, não vejo noticiário... E cai em mim uma decepção profunda de ver pessoas tão interessantes, tão pensantes, terem entrado nesse jogo do contemporâneo, um jogo de pulverização de tudo. Mas não me pergunte, Jalusa, qual a causa disso, porque eu não sei explicar. O que sei é que tudo é pó, tudo é descartável: os objetos, as relações, as amizades, os vínculos. Então, acho que entramos numa dicotomia, entramos numa espécie de sensação de insegurança e, ao mesmo tempo, de não pertinência, e isso gera uma espécie de usufruição: "Farinha pouca, meu pirão..."

Mas essa sua análise não está intimamente ligada com a questão neoliberal? O neoliberalismo como princípio filosófico não prevê...

Que princípio? O princípio do neoliberalismo é não ter princípios...

Pois é, mas você deve lembrar que, ainda na década de 1980, alguns filósofos já previam que viraríamos o milênio sem nenhuma possibilidade de que os valores intrínsecos da condição do humano fossem preservados, fossem mantidos...

Então, é tipo assim: e daí, você está fazendo isso? E eu com isso? A palavra, o compromisso, o comportamento não tem mais consistência, são todos pulverizáveis. Nesse sentido, vejo uma classe que pensou magnificamente bem — não gostaria de citar nomes aqui porque são companheiros com quem a gente chorou a morte do Marighella, do Allende, a derrubada do Jango, a tortura violenta na época do AI-5. São pessoas que pensam, hoje, diferentemente. Acham que tudo isso é balela, que não é assim, que o mundo mudou. Mas os outros também têm razão: que negócio é esse? Você pensa que é dono da verdade? A verdade não tem dono, para com isso. É um cinismo, mesmo...

Mas como é que você vê isso?

Eu não sei explicar o que levou a isso, Jalusa. Só sei que me acachapa. Salvo honrosas exceções, defender uma tese um pouco mais consistente, hoje, é ser um ET, é ser um pária, vão rir de você, achar que você está meio gagá. Nesse sentido, então, acho que o contemporâneo passa por um crivo de ausência de valor nunca visto antes na história.

Mas você considera que a origem social (de classe média) de quem sempre esteve na vanguarda da política nacional poderia auxiliar numa tentativa de entendimento do atual momento histórico? A partir daí, você acha que se pode fazer uma ilação com o Partido dos Trabalhadores, que, originário dessa mesma classe social, enquanto esteve na oposição, sempre se proclamou como a única reserva moral da política partidária brasileira, até o momento em que chega ao poder e inicia um projeto de "governabilidade" com práticas e alianças bem distantes do seu ideário inicial? Estaria aí a possibilidade de entender o projeto "de que os fins justificam os meios"?

Não tenho a menor competência para responder a isso. Eu confesso minha total ignorância. Vou fazer uma espécie de associação livre. Você falou e eu pensei em duas coisas aqui. A primeira delas é a seguinte: essa classe média foi fundamental, de fato, foi determinante nessa virada da política brasileira. Só que ela, quando fez essa virada, não tinha sofrido, ainda, na carne nada assim de muito expressivo. Uma vez no poder, ela deu um tiro no pé. Como é que eu explico o tiro no pé? Porque ela começou a inserir o desapossado, começou a trazer o despossuído, e, nesse momento, começou a perceber que ela perdia a empregada doméstica, o porteiro, o jardineiro, o eletricista. As ruas começaram a ficar cheias de carros. Mas a própria classe média, que ofereceu essa chance para esse grupo de desapossados e despossuídos, começou a achar os aeroportos muito cheios. E eles começam a se degradar. A meu ver, há uma deterioração. Começa a criar um bolor, começa a ficar podre. Ela dá um tiro no pé e cria uma gangrena. Hoje, a mesma classe média que foi para as ruas pedir a redemocratização do país, quer o impeachment da Dilma... Esse tiro no pé gerou uma insatisfação radical nessa turma...

Acho que, provavelmente, estamos falando de duas coisas distintas. Porque quem pede o impeachment, hoje, da atual presidente não é só a classe média, não é? Eu estava perguntando a respeito desse segmento classe média que está no poder, ex-companheiros de militância política que, uma vez no poder, começaram a colocar em prática tudo aquilo que sempre condenaram, quando estavam fora do poder. Quem é e o que quer essa atual classe dominante, em sua opinião?

É a classe dominante que sempre dominou. Continuo achando que a classe dominante é uma elite espúria, uma elite odiosa...

Um exemplo: Luiz Inácio Lula da Silva, em sua opinião, faz parte da classe dominante, hoje, no Brasil?

Não.

Por quê?

Em algum momento ele teve uma consagração ímpar na história brasileira, né? Ele foi "unanimidade".

Mas não estou falando de imagem política, estou falando da atuação político-ideológica de um gestor público brasileiro, ex-presidente da República...

Hoje ele é uma pessoa que o próprio taxista abomina, diz que não vota nele... Não sei responder a sua pergunta. Você pergunta de classe dominante e respondo em termos de liderança. É inadequada. O que acho é que este momento é ímpar, é um momento cruel. Ele repete 1964, porque, em termos de dor, é a mesma coisa. É o que eu chamaria de uma revolução branca. Hoje não temos um Mourão Filho que virá para a rua. Mas o jogo é esse...

Você pode explicar melhor que jogo é esse?

É uma meia dúzia, porque é uma meia dúzia mesmo: está um pouquinho na imprensa, um pouco em algumas empresas, em alguns bancos, essa turma que manipula e que encontrou um filão fantástico. E o que é esse filão? Tornar a classe C inconformada, descontente, a classe média inconformada e descontente, e a elite, que sempre viveu do ódio, mostrar esse ódio, escancaradamente. É mais ou menos isso que eu vejo.

Mas essa sua observação sempre foi, tradicionalmente, a forma com que a esquerda fez suas análises. Mas você não considera que houve mudanças significativas, quem é a elite brasileira, hoje?

Quem detém o dinheiro, quem está com o dinheiro, quem detém a informação.

Então, pode se dizer que é quem detém o poder também?

O poder está na informação e no dinheiro. O dinheiro compra tudo, o dinheiro pode tudo.

Ok. Mas a classe política, hoje, como sempre, é a elite econômico-financeira deste país, ou não?

Uma boa fatia é...

Só que quem está no poder há doze anos são os meus, os seus, os nossos antigos companheiros, não é isso?

E que vão sair do poder.

Pois então: por que você acha que se continua fazendo o mesmo tipo de análise? Por exemplo: em 15 de março de 2015, 2 milhões de brasileiros foram às ruas. E não dá para dizer que a elite brasileira tem 2 milhões de pessoas, concorda? Mesmo assim, se tenta condicionar

a insatisfação popular a um "golpe de extrema direita". Queria saber a opinião do psicanalista: por que você acha que se subestima e/ou se desqualifica tanto o sentimento popular? O povo não pode estar descontente, não pode dizer "basta à corrupção"?

Porque o povo nunca pode ter vez, voz e voto. O povo veio para esse lugar, mas tem que voltar para o lugar dele. E mais, quando você fala de 2 milhões na rua e compara com o que aconteceu em 1968, você vai ver que lá era um só propósito, enquanto aqui são 10 mil propósitos diferentes. As manifestações de rua são uma espécie de samba do crioulo doido, é uma colcha de retalhos, em que estão presentes as mais diversas reivindicações. A ponto de você encontrar ali gente dizendo: "Eu vim aqui convocado pelas redes sociais, estou aqui porque eu sigo meu grupo, eu tenho 2 mil seguidores e meu grupo do Facebook está aqui." Mais do que isso: "A gente vai gritar pelo que mesmo?"

Aqui, no Rio de Janeiro, uma das palavras de ordem mais repetidas na manifestação do dia 15 de março era: "Lula cachaceiro, devolve o meu dinheiro!" Você também vê nesse tipo de slogan uma manipulação clara?

Mas isso me parece claro: o povo só pode voltar para o seu lugar, sem vez, voz e voto, se você desfigurar a ascensão que esse "cachaceiro" promoveu.

Esse é que é, então, "o tiro no pé" a que você se referiu?

É, o ser humano é capaz disso. Ele tem essa vileza interna? Tem. Então, realmente, eu não sei explicar. Está tudo muito confuso.

Confuso parece ser, hoje, um sentimento generalizado e, por isso mesmo, eu gostaria de voltar ao atual momento político. Como você explicaria essa relação entre ganância e política, que parece colada ao inconsciente coletivo, quase que de uma forma irreversível? A que (ou a quem) creditar máximas do tipo "basta chegar lá para que todos eles roubem"? Poderia se especular que se trata de um comportamento típico da política nacional?

246 PROFETAS DO PASSADO

Não, é um comportamento típico da essência do ser humano. O desejo se bifurca no desejo da completude e na cobiça para essa completude. O desejo da completude é uma ilusão, é utopia, porque eu jamais vou obturar a cárie, agora, a cobiça pode me levar a perder a dimensão do desejo e a ser um Pantagruel: o que tiver na frente eu vou comer. O que é uma característica do mundo contemporâneo. Hoje é a usufruição, não importa como, não importa por que, não me interessa o que vai acontecer amanhã... E isso vai gerar uma série de desdobramentos, em termos de emprego, de sonho, de família, de sexualidade, de relacionamento, de casamento, de construção de uma história etc. Porque nada interessa, só interessa a usufruição. Por isso a gente chama de pulverização. Porque tudo vira pó com muita facilidade.

Seu raciocínio leva a uma posição quase fatalista, na medida em que a chegada ao poder transformaria todos...

Não acredito, não, embora o poder seja extremamente tendente à cobiça. E uma vez no poder, é muito possível que se apresentem duas coisas cruéis: primeiro, eu achar que sou Luís XIV — *l'État c'est moi* —, e segundo, sendo um sujeito assim, onipotente, acima de qualquer suspeita, eu posso tudo. Posso roubar também, "qual o problema?" Porque a ideia é que, se cheguei ali, estou acima de qualquer suspeita e, assim, posso tudo. E como eu tenho a cobiça, tudo o que puder trazer eu trago, tudo o que puder colher eu colho.

A quem você está se referindo exatamente quando fala desse sentimento de onipotência, você inclui aí o projeto petista de vinte anos de permanência no poder?

Vou estabelecer um paralelo. Quando o Brizola voltou do exílio, ele queria ser governador. Então, ele vai em busca de quadros: chama o Agnaldo Timóteo, o Carlos Imperial, o Juruna, o Joaquim da Silva... Ele chamou gregos e troianos. O PT, a mesma coisa: quando se tornou um partido capaz de assumir o poder, aceitou a adesão de gregos e troianos. Ele acolheu, nas suas hostes, figuras as mais esdrúxulas, para ter uma base de poder. Creio que isso contaminou de tal forma a massa, foi um fermento que inchou de tal forma a massa, que virou tudo farinha do mesmo saco.

Segundo o juiz Sérgio Moro, citando o sociólogo americano Edwin Sutherland, que foi quem cunhou a expressão "crime do colarinho branco", esses crimes "violam, em última instância, a confiança, geram uma desconfiança, o que diminui a moral social e produz desorganização social em larga escala". Ainda segundo Moro, a prisão de empreiteiros, a par dos crimes que cometeram, seria uma forma "de preservar a confiança da sociedade e a credibilidade das instituições públicas". Você concorda que operações como a Lava Jato estariam contribuindo para o fortalecimento das instituições brasileiras?

Não.

E por quê?

O povo brasileiro já foi menos esclarecido do que é hoje. Então, todos esses movimentos da Igreja, da educação na linha de Paulo Freire, essas Comunidades Eclesiais de Base, a Teologia da Libertação, tudo isso trouxe um vento bom, fez as pessoas pensarem. Minha empregada pensa, ela discute política, é uma moça que dá palpite. O porteiro daqui, a mesma coisa, discute claramente sobre as coisas. Acho o seguinte: ampliou-se o leque de informações e, por isso mesmo, todos eles sabem que, nisso aí, há dois pesos e duas medidas. Vou citar nomes só a título de dar um exemplo: Lava Jato identifica Dilma, Lula e Mercadante na operação de subtração de dinheiro da Petrobras para o próprio bolso. Mas, além deles, identifica dois tucanos. E não cita que os dois são o Serra e o Aécio. Então, nessa medida, são dois pesos e duas medidas, porque essa informação chega a essa turma, chega até a minha empregada e ao meu porteiro. E eles: "Poxa, Lula, Dilma e Mercadante, hein?" Agora, dizer que são dois tucanos é a mesma coisa que não dizer nada...

Mas o ex-presidente Lula e a presidente Dilma, pelo menos até agora, não foram formalmente citados, não é?

Ok, vamos pegar o exemplo do Daniel Dantas. Quando foi preso, ele disse: "Não tenho o menor medo lá de cima." Essa frase está nos jornais e parece que foi premonitória. Pois quem soltou o Daniel Dantas foi o ministro Gilmar Mendes. Não tem como falar em fortalecimento das instituições...

Você considera, então, que, na mesma medida em que não há um fortalecimento das instituições brasileiras, também não existe autonomia dos poderes constituídos?

Isso não existe. O Daniel Dantas, na história do porto de Santos, que é o segundo maior porto das Américas, ele comprou todos os juízes que se manifestaram contra os sócios dele. E está aí, se mantém até hoje como um homem que dita as regras, que tem um banco, que opera no mercado... Ele é um plenipotenciário, é quase uma instituição. Então, a pergunta é: por que ele não é preso? Por que ele não está arrolado entre todas essas pessoas que estão sendo acusadas de corrupção? Porque são dois pesos e duas medidas. Acho que uma operação como a Lava Jato vai dar uma assustada, agora, sanear, por completo, não vai. Eu vou fazer uma analogia com a máfia italiana, com a operação Mãos Limpas. E é só perguntar: a máfia acabou? Não, ela diminuiu um pouco, mas não acabou.

Você acha que a corrupção é endêmica, então?

Acho que é do ser humano, uma vicissitude nossa, a nossa doença incurável, como diria o Hélio Pellegrino.

E como você a questão da banalização, que, ao que parece, chega hoje às raias do absurdo, na medida em que atinge tudo e todos. Até mesmo os veículos de comunicação que, para competir com tantas mídias, também parecem privilegiar o business em detrimento da informação. Qual é a sua opinião?

A primeira coisa que se tem que reconhecer é que é muito difícil de analisar os vetores de uma produção cultural. Mas eu quero fazer duas observações: a primeira é que essa nossa discussão não é só brasileira, ela é planetária. A fórmula, que aqui tem o nome de Lava Jato, lá tem o nome de Faixa de Gaza, não sei mais onde é usina nuclear iraniana, mais adiante é o terrorismo islâmico, acolá é o Afeganistão... mas, a rigor, é a mesma coisa. Quer Lava Jato mais fantástico do que o do Putin? A Igreja, por exemplo: fez as Cruzadas, queimou pessoas, não deixou Paganini ser enterrado em cemitério sagrado porque disseram que ele tinha vendido a alma ao demônio para ser o violinista que foi, condenou Galileu porque ele disse que a Terra girava em torno do Sol... Então, tomando de barato que são vários vetores que formam uma produção cultural, se tem para cada década uma marca: os anos 1940 são os anos da guerra; os anos 1950, o da juventude transviada; anos 1960, anos rebeldes; anos 1970, anos de chumbo; anos 1980, uma coisa meio confusa, paranoica; anos 1990, anos da depressão; 2000, mania; 2010, narcisismo. São vários vetores. Pode-se dizer que, ao lado do tiro no pé, ao lado da elite cínica, ao lado do monopólio da informação, ao lado de um PT que entrou na cobiça desmedidamente, há também uma coisa chamada narcísica, que é a condição em que o homem nasce e que se é nobre na raiz, pode se tornar, no secundário, o pior dos seus males. Estamos na era do espetáculo. Quando, três rapazes, gritando Alá, entram numa editora e matam doze pessoas, como foi o atentado ao *Charlie Hebdo*, eles não tinham nada a ver com o islamismo, eles queriam aparecer. Queriam ser notícia. Mesmo a despeito da morte. A morte não tem valor nenhum... E tampouco a vida. O copiloto Lubitza, que provocou, propositalmente, a queda do seu avião, matando 150 pessoas, queria ser notícia. Então, jogo o avião e viro notícia. Agora, se tenho apenas um passageiro a bordo, ou se eu tenho 149 pessoas, isso pouco importa. O que importa é que vão falar de mim. E estamos falando dele, aqui, dia 9 de abril...

250   PROFETAS DO PASSADO

Levando em conta essa sua colocação do tempo narcísico atual, qual é o seu sentimento em relação ao futuro próximo da nação brasileira?

Posso recitar uma poesia? É assim: "Eu tinha que levantar cedo, eu tinha que escovar os dentes, ir à escola, passar de ano, assistir à missa, temer a Deus, e nessa medida, eu tinha a garantia certa da felicidade certa. O resto, isto é, o lado escuro do mundo, os segredos da vida e da morte, os segredos da sexualidade, o resto corre por minha conta." Essa poesia é do Hélio Pellegrino e eu acho que a primeira parte, até temer a Deus, e ter a garantia certa da felicidade certa, é um modelo que existiu na cultura da sociedade e existe, para cada um de nós, até certo tempo da vida. Depois, entra a segunda parte. Há certas coisas, o lado escuro do mundo, os segredos da vida e da morte, os mistérios da sexualidade, ninguém dá conta disso. Então, respondendo a você, acho que o futuro é sempre um mistério. E ainda nesse aspecto penso que o momento social vive uma loucura nova, que o momento é psicótico e que estamos numa fase de exacerbação de uma inusitada loucura. Não sei no que isso vai dar. Mesmo não sendo pessimista, acho que a humanidade tem os dias contados. Eu acho que a profecia do Žižek, de alguma forma, faz sentido: nós caminhamos para o apocalipse! Falta água, falta comida, falta tolerância, falta paciência, falta valorização das coisas, falta ética, falta respeito. Nada mais tem valor. A sensação é que, do ponto de vista de espécie, nós vamos acabar. Agora, do ponto de vista de um próximo desdobramento deste momento civilizatório, deste processo social, acho que virá uma coisa mais branda, porque a história é cíclica.

Você se importaria de declinar o seu voto no segundo turno da última eleição?

Votei na Dilma.

Por quê?

Porque eu não suportava a ideia de votar no Aécio. Simplesmente assim Entre Dilma e toda a sua representação, e o Aécio, um falso, um parasita, que governou Minas Gerais do Leblon e que botou a sua irmã no seu lugar, esse sujeito querer o poder máximo desta nação só amadurecendo muito. Colocaram-no como salvação da lavoura, mas se um era ruim, esse aí é mil vezes pior. É uma enganação. E nessa enganação eu não voto. Então, votei na Dilma porque não voto em branco, não anulo o meu voto. Votei no menos pior.

João Batista Ferreira, mineiro de Belo Horizonte, 72 anos, é psicanalista e escritor. Ex-
-padre beneditino, largou a batina ainda nos anos 1970 por questões político-ideológicas.
Nessa mesma década, dirigiu, durante quatro anos, a Clínica Social de Psicanálise —
experiência inédita de popularização da psicanálise no Brasil, também interrompida
por questões políticas.

Luiz Eduardo Soares

"Acho impensável, injustificável, inaceitável, mesmo, qualquer análise que considere a problemática ética e moral como mero sintoma de ideologia pequeno-burguesa, cripto-udenista etc."

Rio de Janeiro, 10 de abril de 2015

Qual a origem da sua militância política? Você também começou no PCB, ou você faz parte da geração 1968?

Minha militância começou na universidade, quando entrei na PUC, em 1972. E a despeito da clandestinidade — estávamos sob vigência do AI-5, período Médici, auge da repressão —, percebi que todos os discursos me convenciam, mas pelo menos ali, na Vila dos Diretórios, me pareciam contraditórios entre si. Havia muitas linhas: o foquismo, a guerrilha urbana, a guerrilha rural, a transição negociada com o trabalho de massas, via Partidão, o maoísmo, o trotskismo, o guevarismo e muitas outras linhas que começavam a derivar dessas. Uma miríade de opções, e como eu não me sentia seguro, fui adiando a decisão da escolha. O que não impedia que trabalhássemos todos juntos em defesa dos que eram torturados, ou dos que desapareciam. E não nos preocupávamos com as identificações e filiações, até porque, quanto menos se soubesse, melhor. Então, fiz Literatura e nesse momento, em função de um acordo com os

254 PROFETAS DO PASSADO

professores, fui direto para a pós-graduação, o que me permitiu fazer, logo depois, Ciências Sociais. E finalmente me associei ao Partidão, por uma opção intelectual. E o que aconteceu foi engraçadíssimo, porque passei a militar, mas me opunha à sua visão estética e comportamental. Aliás, por conta disso, vivenciei uma experiência engraçadíssima que, na época, foi angustiante: reuni meus amigos, do teatro e da política, para festejar meu aniversário. E nesse dia um amigo meu, psiquiatra do Partidão, tentou "curar" um outro amigo, que era um ator gay [risos]. Minha militância seguiu assim, difícil de classificar: os amigos do teatro, em geral, tinham uma visão política da qual eu discordava, e os amigos do Partidão, com os quais eu concordava na política, tinham uma visão em relação ao comportamento e às artes inteiramente oposta à minha.

Você ocupou os cargos de secretário nacional de Segurança Pública (em 2003, no governo Lula) e de coordenador de Segurança, Justiça e Cidadania do Rio (entre 1999 e 2000, no governo Garotinho), quando foi também subsecretário de Segurança Pública. Em parceria com os policiais do Bope, Rodrigo Pimentel e André Batista, escreveu o livro *Elite da tropa*, que deu origem ao filme *Tropa de elite*. O que fez enveredar por esse caminho da segurança pública? Uma opção ideológica?

Sim, e tem a ver, justamente, com a história anterior. Porque um ponto decisivo nessa escolha, no período da ditadura, foi o caminho dos direitos humanos, a defesa da não violência, do convívio, da tolerância etc. Era muito difícil conjugar isso, na prática e na teoria, com as teses revolucionárias. Então, a partir da adesão a esses princípios, fui fazendo escolhas, pois essa postura pluralista e tolerante era absolutamente crucial para mim. Mas as esquerdas, de um modo geral, sempre tiveram muita dificuldade em se posicionar em relação aos direitos humanos, à problemática da violência, porque o mais importante era a luta de classes, o mais importante era a construção desse mundo futuro paradisíaco, era a construção do socialismo. Os seres humanos eram detalhes, eram acidentes de percurso.

Essa é a sua principal crítica às esquerdas?

Acho que, talvez, seja essa, sim. Porque implica um instrumentalismo em relação aos indivíduos e uma recusa à visão kantiana, com a qual me identifico, e que trata da dignidade do ser humano. Kant diz isso, explicitamente. Se somos insubstituíveis, unos, singulares, nós somos o fim, ou seja, nós não podemos, como indivíduos, submetermo-nos ao tratamento instrumental. Não há como justificar o sacrifício, a tortura, o assassinato de um grupo de pessoas em nome de interesses superiores de quaisquer entidades abstratas. Essa ideia de que o respeito ao outro, que se traduz na tradição socialista através da fraternidade, da solidariedade e do respeito à alteridade, deve funcionar como um princípio do qual não se abre mão. Há aquelas esquerdas que se aliaram a esses princípios e há aquelas que sempre desdenharam ou apenas os instrumentalizaram, oportunisticamente: "Vamos falar em direitos humanos para nos opormos à ditadura, assim ampliamos as nossas forças, obtemos uma audiência internacional, acuamos os ditadores." Mas não há o compromisso, necessariamente, de tornar esses valores objeto de respeito. Acho que essa é, sim, a grande questão. E por que, então, a segurança pública? Porque, ao longo das décadas subsequentes, estudei a problemática da violência, seja teoricamente, seja do ponto de vista prático. E sempre mantive a convicção de que um grande problema do Brasil está na desigualdade do acesso à Justiça. E como a escravidão é o marco maior, a desigualdade se manifesta nas expressões políticas e, portanto, nós dificilmente tivemos experiências democráticas. No acesso à Justiça, essa desigualdade se apresenta de uma maneira particularmente dramática, porque começa na abordagem policial e termina na prolação de sentenças. A ideia da lei como equidade não funciona. Ela é enunciada formalmente, mas não é aplicada na prática.

256   PROFETAS DO PASSADO

Na pré-história das UPPs existiram os Mutirões pela Paz, e também o Grupamento de Policiamento de Áreas Especiais, que foram absorvidas pelo glamour das UPPs, cuja eficácia começa a ser questionada, agora, inclusive, pelo próprio secretário de Segurança Pública do Rio de Janeiro. Como antropólogo, como você vê esse traço cultural que faz com que todas as realizações do governo anterior sejam automaticamente banidas dos programas dos novos mandatários? Como você vê a possibilidade de sobrevida de projetos com forte apelo humano e social, se a supremacia neoliberal aposta em regras e leis diametralmente opostas?

O ponto nuclear, dado que nós reconstruímos a democracia e promulgamos a Constituição democrática em 1988, é fazê-la valer. Se nós fôssemos capazes de aplicar efetivamente os princípios constitucionais, que são, aliás, profundamente democráticos, e colocá-los em sintonia com a Declaração Universal dos Direitos Humanos, estaríamos transformando profundamente o Brasil, reduzindo as desigualdades, inclusive na área do acesso à Justiça. Teríamos uma democracia que, efetivamente, mereceria esse nome, ao mesmo tempo que poderíamos erguer algo similar à ideia de República, no sentido mais radical da palavra. O ponto, portanto, é a legalidade! Falar em legalidade comove e convence. Mas, se, depois de celebrarmos um pacto em torno da legalidade, quisermos colocá-la em prática, é certo que encontraremos resistências de todo tipo, porque isso exige transformações profundas. Imagine a revolução que haveria se uma instituição do Estado, tão importante quanto a(s) polícia(s), respeitasse efetivamente os marcos constitucionais? Ou seja, os direitos humanos. Porque a face mais tangível do Estado para a população mais pobre, mais numerosa, é o policial fardado na esquina. Esse é o grande mediador, com uma institucionalidade política e jurídica e, portanto, fiador da legitimidade. Mas isso nunca foi tratado a sério. E não é preciso nenhuma pauta de esquerda ou progressista, embora, na prática, isso já seria uma revolução. Ocorre que não basta o discurso e a vontade para que o uso da força se dê de forma comedida, para que o racismo, a homofobia, a misoginia e outras práticas sejam abolidas, para que os marcos constitucionais, enfim, sejam aplicados e respeitados, nós precisamos de transformações estruturais. Mas como não cabe ao Estado fazê-lo — isso é matéria do Congresso Nacional e depende de um grande acordo com a sociedade —, quando estávamos no governo do Rio de Janeiro, tentamos reformar nas margens, respeitando os marcos legais vigentes. Então, vieram as Delegacias Legais, os Mutirões pela Paz, a Ouvidoria, os Centros de Referência contra a Homofobia, a Misoginia, o Racismo, a defesa do meio ambiente, a política especial em defesa das mulheres e contra a violência doméstica, a mudança na perícia, e todo um conjunto de transformações, que induziriam essas instituições na direção democrática. E com uma eficiência compatível com os direitos humanos. Criamos um modo de operação em que a legalidade era a grande bandeira. E a legalidade é persuasiva e agregadora. Conservadores, passando pelo centro e, também, o pessoal mais à esquerda, todos reconheciam que havia, ali, conquistas importantes. Porque Brizola, em 1982, deu uma contribuição maravilhosa, quando disse: "Chega de pé na porta." Mas acho que nós fomos adiante, mesmo suspendendo o pé na porta, Brizola não acreditou que havia espaço para uma política de segurança pública.

No governo Brizola não se provocou uma alteração gradativa do estado de consciência das corporações. Seria isso?

Havia a consciência de que era preciso acabar com aquele tipo de prática — e a interrupção foi fundamental —, mas não se ensaiou um caminho alternativo. Então, a opção para a barbárie era a omissão. E assistimos às consequências disso. Isso não é invenção da direita, efetivamente aconteceu. A direita não reconhece o mérito do Brizola, mas a queixa dos conservadores tem um ponto plausível: não houve uma proposta alternativa de enfrentamento da problemática. Fomos em busca do que havia de virtuoso nessa experiência do governador Brizola — visitamos algumas vezes tanto o coronel Cerqueira, como o ex-secretário Nilo Batista. E qual foi, então, a novidade? Dizer que é possível, com grande compromisso popular, ir além do não e dizer sim. Mas dizer sim a quê? Qual é a nossa proposta alternativa para as polícias da democracia, numa perspectiva humanista, de respeito profundo à equidade, de resistência ao racismo, por exemplo, que é uma das formas de iniquidade? Quais são as nossas propostas concretas e realistas, que sejam capazes de convencer de que temos meios para a construção de um processo limpo, no qual a sociedade e os policiais serão protagonistas, para um grande esforço de mudança? Mudança que tem que ser planejada, em muitos anos, em muitas etapas, e, como sempre dizem os críticos, "porque isso tudo é muito arriscado". E é arriscadíssimo, seria uma irresponsabilidade negá--lo. Pois não há certezas. Eu só tenho uma: de que como está não pode ficar, como está é a barbárie e é a barbárie contra os negros, os jovens, perpetrando um genocídio de jovens moradores de periferia. Essa é a certeza, o resto é insegurança, é incerteza.

Mas, algum tempo depois dessa experiência no governo Garotinho, você vai para a Secretaria Nacional de Segurança, ainda no primeiro governo Lula. E sua saída da gestão federal foi, igualmente, abrupta. Por quê?

Porque chegamos ao governo federal com fragilidades, na medida em que a sociedade não discutiu, não negociou, não celebrou um pacto em torno da mudança nessa área. O Brasil transitou da ditadura para a democracia e muitas instituições se adaptaram ao quadro democrático. O Brasil se transformou muito profundamente, desde a ditadura, mas a área de segurança pública, com a sua arquitetura herdada da mesma ditadura, que não a criou, mas a reprogramou e a requalificou, intensificando e sofisticando a violência, foi tudo preservado. E como não se rediscutiu, suficientemente, colocou-se uma pedra sobre isso. Nós nunca chamamos o crime pelo nome — somos campeões do eufemismo no Brasil — e a transição para a democracia não contemplou a grande verdade: o momento em que o Brasil adotou a barbárie como política de Estado. Ou seja, o extermínio, a tortura, o assassinato político. Mesmo que perdoássemos esses criminosos, nós teríamos tido a possibilidade de ter atravessado um rito de passagem indispensável para as transformações do imaginário coletivo. Mas não fizemos isso, e essa parte ficou intocada e permaneceu alheia, senão refratária à transição para a democracia. Claro que houve transformações, mas elas não foram estruturais, não foram capazes de absorver as conquistas democráticas e transformá--las em práticas mais compatíveis com os novos valores consagrados na Constituição.

Você chegou a dizer que não há interesse das esquerdas, nesse sentido, que "isso nunca foi objeto de discussão pública, que não era relevante para as esquerdas, porque houve um processo de uma espécie de suspensão, simplesmente". O que você quer dizer com essa afirmação, já que você ocupou o posto mais alto da República nessa área e, pelo menos até aquele momento, se entendia que o governo, ao qual você pertenceu, seria de esquerda? Você está falando dessa sua experiência?

Não, não descobri isso como secretário nacional de Segurança Pública. Já nos anos 1980, escrevi algumas vezes sobre isso. Porque, ao contrário de outras áreas, como a saúde e a educação, em que ocorreram avanços durante o século XX inteiro, com imensa participação da sociedade civil organizada —, na área da segurança pública não houve nada. Com exceção, claro, de alguns pontos isolados. Mas as razões me parecem muito claras: número um, é a visão marxista-leninista, segundo a qual o Estado é um instrumento de reprodução da dominação de classe. As esquerdas, que chegaram ao poder em 2003, não tinham nenhum compromisso em relação a isso, a despeito do Plano Nacional de Segurança Pública. O que se diz é: "Não há nada a fazer, todas as instituições do Estado são mecanismos de opressão e apenas reprodução do statu quo." Outra razão é a ideia de que, o que de fato produz violência na sociedade são as condições infraestruturais, materiais, econômicas, e, portanto, não há porque perder tempo com uma área que trataria, apenas, das consequências. Discordo dessa visão marxista-leninista, pois, por mais que eles tenham razão — os problemas existem e precisam ser tratados, sejam eles efeitos ou causas —, essa é outra discussão, que merece, igualmente, toda ênfase.

Sempre chamei a atenção para o seguinte: enquanto não se mudam as condições socioeconômicas, há um genocídio de jovens negros nas favelas. Vou contar uma história anedótica, mas que é exemplar dessa postura. Em 2001, quando fomos convidados pelo Lula para elaborar o Plano Nacional de Segurança Pública, fizemos muitas audiências no Brasil todo, ouvimos muita gente, um trabalho enorme, que foi feito coletivamente e do qual fui um dos coordenadores. Tive a ideia, então, de fazer uma audiência pública no bairro mais violento de São Paulo, o Jardim Ângela, que, durante um período, foi a área mais violenta da América Latina. Lula achou ótima a ideia e como havia, lá, um padre progressista, fizemos a audiência, num sábado de manhã, com a Igreja totalmente lotada. Depois de uma hora, o Lula sussurra para mim: "Luiz Eduardo, não aguento mais. Esse pessoal tá aqui há mais de uma hora e só fala de polícia. Não falam de desemprego, não falam de saúde, não falam de educação, só falam de polícia!" Aí eu disse: "Lula, sabe por que eles só falam de polícia? Porque você é o líder popular mais importante da América Latina e nunca falou de polícia. Polícia, para eles, é a diferença entre vida e morte, se o filho vai chegar vivo ou morto em casa. Então, para você lutar por saúde e educação, você tem primeiro que estar vivo. Polícia não é secundário, é questão de vida ou morte para os mais pobres, para os que vivem na periferia. É urgente! É questão democrática, é questão de justiça, é questão primordial!" O que ele disse expressava, exatamente, o pensamento do seu grupo político... ou dos grupos políticos em geral, tanto da sua geração como de outras também.

Um exemplo como esse remete a outas questões, não é? Pois quem fala isso é o filho de um nordestino pobre que, por injunções históricas, se transformou num líder sindical e, daí, cria o Partido dos Trabalhadores etc. Como você observa o fato de que essa figura reproduza o mesmo padrão de comportamento que as ditas classes dominantes e os setores mais conservadores sempre trilharam? Ou você considera que essa questão da segurança pública independe do histórico social e econômico do político? Porque essa sua história é emblemática, não é?

Claro. E a resposta específica, da segurança pública, é muito simples: essa é a nossa cultura! E seria até de surpreender se o Lula fosse diferente. Ele é membro de uma sociedade e de um grupo amplo das chamadas esquerdas, que sempre partilharam visões de mundo em relação a essa problemática da violência muito marcadas por essa ótica que acabei de expor. Atravessei o país inúmeras vezes, conversando sobre isso, e todos pensam assim. A verdade é que estamos retardando demais a construção de uma reflexão pública de peso, de densidade, em torno dessa questão. Agora, por que o governo Lula, que foi um avanço, mas também teve muitos tropeços, não singularizou essa questão, continuo acreditando que é porque o PT tem um problema de origem, um problema de negação de mediações. Não houve, no PT, a formação de uma cultura que compreendesse a complexidade e a contradição, e que fosse capaz de incorporar mediações. As mediações, por sua vez, que são políticas públicas cumulativas e gradualistas, têm que estar integradas e não preveem, portanto, uma conquista do poder e a afirmação de uma hegemonia. Ao contrário, preveem uma reforma histórica democrática, que só acontecerá na medida em que a população, em sua maioria, aderir a ela. Mas não houve reflexão para enfrentar os limites. O limite do jogo econômico pesado, o limite da pressão transnacional, o limite que o Lula logo descobriu, quando chegou ao Palácio do Planalto.

262   PROFETAS DO PASSADO

A Carta aos Brasileiros teria sido uma tentativa, então, de ultrapassar determinadas barreiras, de conciliar com esses limites?

Sim, porque quando você não tem mediações, a opção passa a ser adesão; você só vai fazer o que os outros fizeram, vai ser mais realista que o rei. A Carta aos Brasileiros é uma rendição à continuidade. Não estou dizendo que tenha sido errada, mas se estivesse associada, de fato, a um conjunto que pudesse incorporar os elementos do passado, abrindo perspectivas para o futuro... Porque ali nós tivemos a consagração do passado, o que depois foi contradito pelas acusações a Fernando Henrique Cardoso e ao PSDB. Na verdade, a polarização começou a se constituir a partir dali, caracterizando uma negação, porque a Carta aos Brasileiros é um reconhecimento à pauta do PSDB, é uma espécie de rendição ao mundo conservador. O que eu encontrei em Brasília, no governo Lula, foi a reiteração do mundo conservador. Não se esperava que eu fizesse marola. Eu tinha uma imagem respeitável, então, estava bem para o governo.

Você chegou a se sentir "um instrumento útil" para uma jogada de marketing?

Acho que não foi jogada de marketing porque eu era perigoso demais. Não vou entrar nos detalhes que antecedem a minha chegada ao governo, e que depois justificariam o dossiê apócrifo contra mim em outubro, porque aí é uma longa história. Mas o certo é que tínhamos esse programa bastante ambicioso, que envolvia a reforma das instituições. Minha proposta era conversar com os governadores, somando todas as forças para influenciar o Congresso e apresentar uma proposta de reforma do modelo policial, uma reforma da arquitetura nacional de segurança pública. E era um projeto compatível com o programa do governo, que previa a reforma institucional. Então, autorizado pelo ministro Márcio Thomaz Bastos e pelo presidente, comecei a conversar com os governadores, obtive 27 endossos à carta que nós havíamos elaborado, e que sintetizava as propostas de mudança. O Lula, então, convocaria os governadores ao Palácio e celebraria o que chamamos Pacto pela Paz. O presidente entregaria o documento aos presidentes do Senado e da Câmara, e as nossas propostas seriam submetidas ao Congresso, com grande chance de passar, se não tudo, pelo menos alguma coisa. Seria um momento histórico, porque nós estaríamos rompendo essa camisa de força que é o artigo 144 da Constituição, que trata do modelo policial. O presidente desmarcou a primeira data, desmarcou a segunda... e não marcou a terceira. E, logo depois, veio o dossiê apócrifo, fui expelido do governo e não se falou mais disso. Nem mesmo a imprensa toca mais no assunto. E por que o presidente "desistiu"? Porque o chamado núcleo duro, aquele que depois "derreteu", o convenceu de que não faria sentido dar aquele passo. Acho que o núcleo duro fez avaliação do ponto de vista de um pensamento político utilitário, conservador e tradicional. Imagino que as objeções tenham sido do tipo: se um dia depois da convocação dos governadores para essa solenidade, com toda a mídia presente, a dona Maria é assaltada ali, na Princesa Isabel, ela vai dizer ao repórter: "Poxa, ontem o presidente estava na TV dizendo que agora vai ser uma maravilha a segurança pública e eu acabei de ser assaltada!" Ele, Lula, se tornaria o destinatário das cobranças e eis, aí, uma fonte gravíssima de desgaste. A única, aliás, da qual ele está preservado, pois a segurança pública sempre esteve no colo dos governadores.

Mas esse tipo de raciocínio não lhe parece muito estreito para quem pretende governar uma nação com 200 milhões de cidadãos?

Sim, e por isso eu falava da ausência de mediação e do conservadorismo como saída. Ou seja, se não pode ser a revolução, vamos ser mais realistas que o rei... É da cultura tradicional conservadora pensar estritamente no cálculo político imediato. O outro fato diz respeito ao que aconteceu no início de 2003. Logo que assumi a Secretaria Nacional, a minha segurança, aqui no Rio, era provida pelo pessoal da PRF. E alguns policiais rodoviários federais me trouxeram uma denúncia muito grave, com provas, contra o então superintendente da PRF no Rio de Janeiro. Pedi, então, que dois deles se prontificassem a me acompanhar, voltei a Brasília e, no mesmo dia, marquei um encontro com o diretor-geral da PRF. Ele hesitou e questionou muitíssimo o que lhe foi apresentado, mas eu exigi que o superintendente fosse imediatamente exonerado. Ele teria todo o direito de defesa, o que se daria por inquérito interno, mas não poderia mais continuar no cargo, Na manhã do dia seguinte, saiu a exoneração no Diário Oficial, e, na metade do dia, eu comecei a receber telefonemas desse superintendente, no meu celular pessoal. Segundo o relato do meu assessor, que atendeu todos os telefonemas, ele se mostrava muito desequilibrado, querendo falar comigo a qualquer preço. Duas horas depois, recebemos, aqui do Rio, do Disque-Denúncia, uma comunicação de que estava em gestação um atentado contra mim, envolvendo esse ex-superintendente. Eu viria para o Rio nesse dia e logo na chegada percebemos que havia um Passat branco nos seguindo — e depois descobrimos que era um carro com placa fria. Dois ou três dias depois, de madrugada, o mesmo carro, provavelmente, já que as características eram as mesmas, parou em frente ao prédio dos meus pais, onde eu costumava me hospedar, e fizeram vários disparos, quebrando inúmeras janelas. Nós recebíamos comunicados da mesma fonte — esse ex-superintendente — dizendo que "quem ri por último ri melhor, que ele iria fazer o sucessor, que o sucessor seria fulano de tal, do mesmo grupo político, e que eu iria pagar por isso. Uma semana depois, o ex-superintendente sofre um atentado e quase morre, quase perdeu um braço. E o registro da ocorrência desapareceu da delegacia. Por que ele sofreu esse atentado tão grave? As informações vieram logo depois. Ele já tinha vendido, de fato, o conjunto das operações que eram feitas regularmente: tráfico de combustível, adulteração de combustível, tráfico de armas, coisas muito graves. Ele já tinha feito algum acordo e recebido uma importância grande. Só que, agora, não tinha mais como cumprir a sua parte nos "negócios", porque dependia do cargo para isso. Era isso, ou, então, queima de arquivo. Nós estávamos, ainda, naquelas análises, quando vimos, no Diário Oficial, a nomeação do novo superintendente, que era a pessoa que tinha sido citada nos telefonemas ameaçadores. Desci, perplexo, para o gabinete do ministro e, antes que eu falasse qualquer coisa, ele disse: "Já sei o que você vai dizer, também estou chateado, mas o José Dirceu já tinha articulado isso com o Roberto Jefferson e não teve outro jeito." Quem conhece a história do Brasil subsequente entende o que isso significa. Naquele momento, só senti indignação, porque não é a questão da aliança política. A questão é a aliança política que estava sendo feita, ao preço da segurança pública, e promovendo máfias criminosas armadas.

E como você observa isso?

Não sei se é uma degradação moral sem precedentes, porque o sujeito que nós exoneramos fora nomeado no governo Fernando Henrique. Então, esses dois momentos — o fato de todo o trabalho do primeiro semestre ter sido jogado no lixo, e esse episódio da PRF, que é indescritível, inominável, inqualificável — dão uma medida do que a gente encontrava lá, e quais eram os limites. O primeiro mandato do Lula, na área de segurança, ficou reduzido a ações espetaculares da Polícia Federal na mídia.

Eu queria voltar à origem do PT: ele nasce em pleno rescaldo da ditadura, sustentado por três pilares: o movimento sindical, as comunidades eclesiais de base e a extrema esquerda que voltava dos mais diferentes exílios. O que você acha que prevaleceu, então, em sua formação: o líder operário que viu na chegada dessa classe média a ressonância ideal para o fortalecimento do novo partido, ou seria esse grupo, que viu nessa inédita liderança sindical a possibilidade de colocar em prática suas ideias revolucionárias?

Em primeiro lugar, é preciso dizer que, mesmo abrigando facções, a diversidade não é uma característica que distinga o PT. O que o distingue é que é um partido extraordinariamente importante, porque tivemos, aí, um partido de massas como nunca antes. O PCB, em 1945, ensaiava um caminho que poderia ter sido um prenúncio de algo nessa direção. Mas o PT já nasceu com uma força extraordinária e você descreveu muito bem. E isso já está, inclusive, bastante trabalhado nas análises históricas. Nós, do PCB, tínhamos uma visão muito crítica do PT, mas, também, muita inveja. Porque falávamos muito em partido de massas, mas a massa à qual tínhamos acesso era a do frei Chico e não a do Lula. O Lula é quem tinha acesso às massas. Nossos laços com a classe operária eram precários. Então, era muita inveja daquele partido, com aquela vitalidade, com aquela enorme capacidade de agregar. Entraram para o PT os exilados ou militantes da esquerda, o pessoal da Teologia da Libertação, através das Comunidades Eclesiais de Base, a turma que vinha dos movimentos de reforma agrária, os sindicalistas de ponta, que não estavam ligados ao partido, nem aos pelegos tradicionais, os intelectuais mais independentes, e a classe média crítica, jovem, que buscava vocalização mais autêntica, depois de tantos anos de sufoco. Então, as primeiras decisões do partido apontavam para a radicalidade em torno de alguns princípios e isso, naquele momento, emergindo da ditadura, era muito atraente. A opção foi pela construção do partido e da sua identidade, e isso se fez a cinzel contra pedra, atropelando quaisquer outras considerações. Por exemplo: se o Suplicy não tivesse sido candidato, o prefeito de São Paulo teria sido o Fernando Henrique e não o Jânio. O mesmo aqui no Rio. O Darcy Ribeiro poderia ter sido o governador, ou vice-versa, o Gabeira é que poderia ter chegado lá. O PT não quis, também, participar do colégio eleitoral para eleger o Tancredo, não assinou a Constituição, inicialmente, e expulsou Bete Mendes, Airton Soares e José Eudes. Depois, já com o Itamar, criou dificuldades com a Erundina, porque ela apoiou a unidade em torno do presidente. As atitudes sempre foram de afirmação da sua singularidade, marcando uma força própria.

E onde protagonizava, sempre, o discurso da ética e da moral...

Sim, da ética e dos compromissos sociais efetivos. Como se o "trabalho sujo", entre mil aspas, da negociação com a ditadura e da transição tivesse sido "terceirizado", legado aos outros, para que eles, "puros", emergissem na democracia, beneficiando-se dos frutos do trabalho alheio, da luta alheia, do esforço alheio. Ora, é claro que todos contribuíram na luta contra a ditadura, mas, do ponto de vista partidário, o trabalho "sujo" da negociação, do entendimento, das concessões, foi terceirizado, atribuído, exclusivamente, aos operadores, que foram, entretanto, fundamentais para que a democracia viesse, para que o PT emergisse, para que a censura caísse etc. Então, foi possível pegar carona, para usar a expressão da Ciência Política, e beneficiar-se dos frutos daquele processo. O PT nasceu, "puro", "imaculado", e isso dava ao partido — e você disse muito bem — uma ética e uma estética extremamente atraentes. E houve uma conjugação que, simbolicamente, quase dramaticamente, fez as lideranças se personificarem: Zé Dirceu fez o papel do grande organizador, uma espécie de Lenin organizador, autoritário, mas organizador, e o Lula carismático, que exerceu a liderança nessa medida. São duas lideranças, uma para dentro e outra para fora, quem organiza e quem é capaz de se comunicar com a população, quem cria uma máquina imbatível, ou, pelo menos, fortíssima, e quem é capaz de vencer eleição. Lula e José Dirceu eram irmãos siameses, mas se odiavam profundamente, na medida em que eram interdependentes e ambiciosos, e sabedores que teriam que enfrentar tensões muito graves, benefício de ambos e, também, de interesses coletivos.

Quando você diz "interesses coletivos", a que você está se referindo, exatamente, já que, como você acabou de pontuar, o PT nunca se mostrou capaz de qualquer aliança com o campo da esquerda? Em sua opinião, qual é o legado que este partido deixará para as novas gerações?

268   PROFETAS DO PASSADO

É muito triste isso, porque quando se analisa a importância histórica do PT, e se reconhece que há degradação, o legado é exatamente desse tamanho. Os prejuízos ou os vícios decorrem da escala da virtude. Identificando os principais protagonistas, eu diria que eles se encontram, por caminhos diversos, ainda que com muita discordância interna, em torno de três negações de mediação. Primeiro, a mediação conceitual, representada pelo anti-intelectualismo nas bases, que é muito forte, e que menospreza o rigor do conceito, do trabalho de análise, do reconhecimento da diversidade. O que há é essa verdade histórica que emerge na e da experiência. Portanto, só os militantes, os ativistas, só o povo que sofre é que sabe a verdade, e que aparece, portanto, como uma espécie de resistência ao vanguardismo elitista, autoritário, de matriz leninista, que sempre marcou a história do Partido Comunista. Mas quando cai no extremo oposto, que é o caminho do populismo do século XIX, acaba tendo um significado de extremo oposto, igualmente diluidor. A segunda negação é a da mediação didática: não há nada a ensinar, nem a aprender. O que se ensina e se aprende se faz no processo, e se faz coletivamente, compartilhando-o. E isso aponta para o assembleísmo, para aquele tipo de visão populista que se conhece, associando-se a isso, a negação do conceito da reflexão. E aí se tem a terceira negação de mediação, que é a da representação política, na medida em que o processo se faz ao caminhar, a verdade emerge da experiência direta do povo, não há o que ensinar, todos aprendemos em comum. E a construção do novo poder se dá, então, nesse processo. Se há instituições, elas estão aí, e nós vamos nos apropriar delas na medida do indispensável, do necessário. Essa tríplice negação de mediações é que vai produzir, vinte anos depois, a adesão conservadora ao statu quo e aos métodos de governabilidade tradicionais. Sobra o receituário disponível, fazer o que os outros fizeram. O primeiro governo Lula foi brilhante, foi capaz de retomar o equilíbrio econômico, a estabilidade, que estava, de fato, ameaçada, e foi bem adiante de Fernando Henrique, com programas sociais muito inteligentes. No Brasil, desde 1994/1995, com o Plano Real, se teve uma redução de desigualdades que, depois, se hipertrofiou, no primeiro governo Lula. Há muitos avanços no campo social e político. Mas, no segundo governo, havia a suposição de que uma nova matriz econômica estaria se constituindo, quando, na verdade, houve uma confluência de vetores muito favoráveis, internos e externos, e, apesar da crise, Lula se saiu muito bem, com uma política agressiva de fortalecimento do mercado interno. Enfim, até ali, nós estávamos no rumo da virtude. Paralelamente, a política continuou sendo praticada como sempre foi, sem limites para acordos, práticas, procedimentos, métodos, porque tudo é justificável em nome das grandes conquistas populares. E começou a haver a formação de uma espécie de casta ou segmento social de ex-sindicalistas, de sindicalistas e, a partir daí, foi se armando exatamente o mesmo tipo de estrutura. Quer dizer, aquela pequena prática dos acordos indecentes, sem critérios, traindo o discurso anterior e as supostas práticas cultuadas. Isso se manifestou em várias instâncias; vamos encontrar, então, as velhas práticas de corrupção, que sempre existiram, mas foram negadas pelo PT com as promessas de transformação. E tudo isso hipertrofiado e articulado num sistema que só a tradição bolchevique é capaz de produzir [risos] Nós nunca construímos um poder bolchevique no Brasil, mas, no plano da corrupção, caminhamos no sentido da centralização, no sentido dos grandes, dos megaprojetos.

E tudo isso regado por um meticuloso trabalho de marketing, no qual se tenta conciliar políticas ditas de esquerda com um magnânimo projeto de corrupção. Como você observa essa questão? Como é que você acha que a história fará a leitura deste atual momento, que aponta para uma, igualmente, controvertida política externa, em que tudo parece ser milimetricamente orquestrado com o objetivo de se perpetuar no poder? Em sua opinião, qual o sentimento que prevalece, hoje, em especial junto aos segmentos mais politizados, se você preferir, aqueles que sempre estiveram no campo da esquerda e que se dizem, hoje, confusos, sem perspectiva e, em alguns casos, sem esperança?

270   PROFETAS DO PASSADO

Comparativamente, eu não seria capaz de imaginar situações, porque elas são, sempre, muito diferentes. Em relação ao passado da esquerda, lembro o desespero dos militantes com o XX Congresso do Partido Comunista da União Soviética, com suicídios e depressões, foram momentos da descoberta da barbárie stalinista. Na história do Brasil, tivemos momentos comparáveis, não nessa magnitude, mas com alguns elementos comuns. Por exemplo: as eleições de 1986, se não me engano, quando o PMDB ganhou de Norte a Sul, por conta do Plano Cruzado. O Sarney era endeusado, os "delegados espontâneos" do Sarney entravam nos supermercados, fiscalizando os preços. Quando o PMDB venceu as eleições, no dia seguinte, ou dois dias depois, suspendeu o Plano Cruzado. A diferença é que o PMDB não era um partido que se constituíra para a democracia e, tampouco, com compromissos éticos tão rigorosos. Era um ator político da ditadura, que fora parceiro na transição, com negociações e que acabara na Presidência. Mas, de toda maneira, ele acaba merecendo uma grande admiração pública durante aquele ano, pelo sucesso provisório do Plano Cruzado.

Mas esse exemplo é uma prática conhecida, tradicionalmente, como de direita, não?

Sem dúvida. Essas são práticas tradicionais de manipulação grosseira. O que aconteceu é que nós imaginávamos que muitas práticas e procedimentos seriam alterados com a chegada do PT ao poder. E o fato é que houve avanços significativos, enquanto, paralelamente, havia esses métodos que degradavam a própria política. Enquanto o Lula era o "fiador" do progresso social, econômico, a política estava parcialmente salva, do ponto de vista popular, porque o Legislativo era esquecido, e todas as práticas intermediárias eram, também, esquecidas. A política se centralizava no Executivo e no papel, quase bonapartista, desse "grande herói nacional". Quando, entretanto, no governo Dilma, começaram a se tornar evidentes a limitação do modelo, seu esgotamento, os problemas e as contradições, que se tornam insustentáveis...

Mas, antes de entrar o governo Dilma, já tinha os 4 milhões de reais do Roberto Jefferson...

Mas falo disso quando digo que os dois governos Lula foram importantes social e culturalmente, mas que preservaram, incrementaram, intensificaram e organizaram as práticas de corrupção. Mas tudo isso estava "saindo na urina", como diziam os velhos atores dos sistemas corruptos, porque o metabolismo do corpo nacional era razoavelmente saudável, em função dos bons indicadores que se acumulavam. E, também, porque a política estava muito associada ao Executivo, ao papel destacado do Lula, um líder nacional, que tinha todo um simbolismo etc. Quando o Executivo começa a fazer água, com problemas de toda ordem, já não era possível calçar na grande figura carismática toda a legitimidade das instituições jurídico/políticas. Nesse momento, o processo se torna multifacetado. A Dilma não tem o carisma, a importância, a imagem e o simbolismo de Lula.

Há quem afirme que, no início do primeiro governo, a presidente tentou se rebelar um pouco contra o esquemão montado, na medida em que fez umas três ou quatro demissões de ministros, em alguns casos até por possíveis casos de improbidade...

Não, eu não acredito nisso, de jeito nenhum. Quem era chefe da Casa Civil do Lula, participava do conselho da Petrobras, e sabia, evidentemente, o que estava acontecendo, não descobre que o problema existe depois que vira presidente da República... E aí, começa a agir, trocando ministros? Qualquer medida que ela tenha tomado que possa ter parecido contra a corrupção, a meu juízo, é jogo de cena. Voltando, então: com a saída de Lula, episódios como o mensalão e outros insistem em aparecer. E aí, o governo vai se perdendo. Quer dizer, o resultado que estamos colhendo hoje já era previsível por qualquer pessoa medianamente informada em economia, desde o início do governo Dilma. É impressionante como, por sua teimosia, ignorância, obscurantismo, autorreferência, onipotência, ela foi incapaz de dialogar, de ouvir, de se render à realidade. E a manipulação dos números, essas tais "pedaladas", "alavancadas" etc. já são um sintoma gravíssimo. A matéria da *Piauí*, sobre a relação Dilma-Lula, conta que ele teria dito a interlocutores próximos que qualquer um que senta na cadeira presidencial toma um banho de realidade imediata. O que não aconteceu com ela, segundo Lula, na mesma reportagem: "Nem sentando ali, ela teria esse banho de realidade. A onipotência dela foi tal que se desgarrou até desse banho de realidade." Se ele disse ou não, eu estou repetindo o que está na matéria. Mas o que é que você tem aí? Uma perversão, uma degradação ética, moral, política, que são indissociáveis. E o governo definhando, numa irracionalidade brutal, num arremedo de bonapartismo.

Pois o que nós tivemos como paradigma durante o primeiro governo Dilma? A pusilanimidade dos subalternos. Eles tinham que engolir seu autoritarismo, submetendo-se a posições que são inadmissíveis. O que ela matou ali? A iniciativa. Ela centralizou o governo, ninguém tem capacidade de operar assim, muito menos ela. Então, tivemos no governo Dilma uma tremenda encrenca, porque a degradação ética, moral e política que, de alguma forma, vinha sendo temperada pelos sucessos econômicos e sociais emerge do pântano. Esse lodaçal, que parecia uma correnteza paralela, acabou assumindo o protagonismo por conta, justamente, desse conjunto crítico. E aí nós chegamos a 2014, que traz a disputa eleitoral mais violenta que se testemunhou. Acho que essa violência tem uma origem muito clara: era preciso que a bipolaridade, que estava prevista desde o início da campanha pelo quartel-general do PT, fosse preservada a qualquer custo, porque isso garantiria a vitória. Porque o outro lado era a elite, e era evidente que, nessa polarização, Dilma venceria. Ocorre que, com a tragédia do Eduardo Campos, há uma convulsão nos indicadores e era necessário, então — e o PT aceita, e a Dilma autoriza —, uma intervenção ortopédica de uma brutalidade nunca vista na democracia, pela qual três se convertem em dois. Marina tinha que ficar igual ao Aécio e, para que houvesse essa sobreposição, operou-se a redução de uma biografia, o estilhaçamento de uma história, o atropelo de quaisquer pruridos éticos, de qualquer compromisso com a verdade e quaisquer princípios. E isso, claro, precipitou um ódio e uma virulência porque o outro deixou de ser adversário, tornou-se inimigo — e o que é pior —, a divergência se transformou em objeto de condenação moral. A alteridade deixou de ser a da disputa política e se converteu numa alteridade moral. O moralismo está nessa tentativa de transformar divergência em desvio, condenando o outro simplesmente pelo fato de divergir.

Mas dentro desse clima falacioso, digamos assim, se sobressaem duas outras questões: a dicotomização e a demonização que estão postas, hoje, na sociedade, de uma forma rancorosa e raivosa, tanto que a eleição de 2014 já foi considerada como o "pleito do ódio". Segundo a sua observação aqui — se é que eu a entendi bem —, essa seria, também, mais uma estratégia pensada. Então, nessa medida, o que quer, efetivamente, o PT, ou se você preferir, o que pensa querer o PT, efetivamente?

Manter o poder a qualquer preço. Isso é o ponto final. Agora, o momento mais importante da história recente do Brasil, do ponto de vista da cultura política, foram as manifestações de junho de 2013. Aquela energia toda de mobilização cívica, de participação que deixava o "rei nu" significou o repúdio às formas de prática política tradicionais. Quer dizer, estavam sendo repudiados, ali, de forma inédita pelo seu caráter espontâneo, a política brasileira como um todo, as práticas de corrupção, esse teatro farsesco, essa ópera-bufa a que sempre assistimos. Mas essa energia toda não encontra canal para fluir em 2014. O processo eleitoral foi muito mais pobre, até porque foi a expressão desse sistema político criticado nas ruas. E como houve um esforço para fazer com que essa multiplicidade de fluxos de energia convergisse para as eleições, as emoções se tornaram muito mais intensas. Basicamente, tivemos uma hipertrofia do tensionamento, uma hipertrofia do ódio, pela atuação do PT. E isso ajuda a entender por que, antes da emergência dos efeitos da crise, mais de 1 milhão de pessoas se manifestam no dia 15 de março. Porque nós ainda não chegamos lá, mas estamos indo. E em março já se tinha desenhado esse futuro. E como era possível tamanha disposição de repúdio? Porque esse ódio "arquitetado" passou a funcionar como fator agregador, como a regra do jogo. Não estamos operando como fazíamos antes, estamos regidos pelo ódio, pela lógica da bipolaridade, uma lógica reiterada de guerra fria, que foi inventada pelo João Santana como operação eleitoral. E ocorreu um ano depois das manifestações de junho, quando o espírito de participação já tinha deixado claro que o sistema representativo estava em declínio, estava degradado. As eleições não eram suficientes para isso, mas foram aproveitadas como força magnética capaz de atrair vozes e opiniões, de acordo com esse jogo da dicotomização. A supressão de Marina, de forma violentíssima, também entra aí. Enfim, essa manifestação de março, antes dos efeitos da crise, só foi possível porque continua girando essa espiral de repúdio e de ódio. E isso é muito grave.

Uma curiosidade: você considera possível ter sido orquestrado, também, depois das manifestações de junho, o surgimento dos chamados *black blocs*? Como você vê essa questão de que, além de não traduzirem o sentimento pacifista da maioria da população, esses grupos incutiram, de certa forma, o medo de voltar às ruas e, curiosamente, desapareceram como surgiram: repentinamente! Não teria se produzido aí mais um deslocamento histórico, já que não se discutia mais a manifestação, mas sim o número de caixas eletrônicos quebrados, o volume de patrimônios danificados? Você considera plausível que se questione por que os *black blocs* nunca mais apareceram?

Me parece que não há dúvida de que eles foram uma bênção para os governos e para os setores conservadores, que queriam que as manifestações desaparecessem rapidamente, porque eles podiam ser, então, alvo de todas as manchetes. Funcionaram perfeitamente bem para criminalizar mobilizações, porque, antes desses grupos, chegaram a computar 80/85% de popularidade. Me parece claro que, se não fosse isso, teria sido muito mais difícil, para as forças conservadoras, lidar com o chamado "fenômeno das ruas".

Mas quem seriam, exatamente, esses setores conservadores, para usar sua expressão, já que se torna difícil, hoje, definir os campos de atuação política?

O que se sabe — e já há estudos a respeito — é que havia uma mescla Primeiro, porque não existe *black bloc*, isso é uma tática. Vários indivíduos podem adotá-la e se vestir dessa maneira de acordo com seu impulso. E segundo, que tem se discutir as circunstâncias que propiciaram aquilo. Quando se torna um padrão, muita gente se sente atraída para participar, o que não deixa de ter uma legitimidade, porque manifesta a sua indignação. Mas considero esse movimento negativo, de todos os pontos de vista, porque ele acaba mimetizando a violência policial, reproduzindo aquilo que ele critica. Quando não é uma tática racional, até dá para compreender. Vamos pegar um exemplo: o que a polícia faz na favela, todos os dias, é alguma coisa que você, sendo vizinho, pai, mãe, familiar ou testemunha, vai reverberar e você será o primeiro a avançar contra quaisquer símbolos que possam representar o alvo. Mas a gente sabe, também, que tinha gente de alguns grupos políticos oportunistas querendo minar certos governos. Havia de tudo.

Eles não aparecem agora, porque não há clima nenhum. Imagina. Tem 300 mil pessoas, juntas, que se opõem a esse tipo de postura, eles seriam devorados pela massa. Lá atrás, eles estavam ensaiando, testando, e vivenciando uma novidade, porque era uma circunstância absolutamente inaudita. Mas você lembrou bem: de toda maneira, eles fazem parte do elenco e do repertório de uma nova dramaturgia que emerge no Brasil. Há uma outra, que eu acho muito interessante, porque é um exercício de redefinição geopolítica simbólica, no imaginário das cidades, onde os negros não eram aceitos, que são os "rolezinhos". Não tem violência, eles vão passear em grupo, quase sempre de forma festiva, mas provocam tensionamentos, porque aquilo representa a manifestação de novas possibilidades: esse lugar também é nosso! O fato é que, com esse elenco — *black blocs* na sua multiplicidade de vozes e de intenções, os "rolezinhos" com as suas virtudes, mas com o tensionamento que carregam, e mais o processo eleitoral, marcado por uma tragédia e por uma extrema violência protagonizada pelo PT, e a degradação das representações, com o envolvimento de todas as instâncias de todos os poderes —, tudo isso gera, de fato, uma situação crítica. Diante disso, me parece que é um equívoco enorme a tal saída à esquerda, não só irrealista, como absolutamente equivocada. O que se trata, agora, é de buscar um consenso mínimo entre forças democráticas capazes de repelir todos os golpismos: seja os da direita, que estão aí mostrando os dentes e as garras, seja o bolivariano, que ronda certos grupelhos de esquerda e setores do PT, seja o próprio golpismo de dentro do governo. O que precisa ser alterado são as condições nas quais se dão as relações entre sociedade e Estado. Porque o colapso das representações políticas e a sua degradação chegaram a um ponto tal que colocam em risco, de fato, todas as conquistas, inclusive as democráticas.

Você está se referindo ao chamado Estado Democrático de Direito?

O Estado Democrático de Direito e as conquistas econômicas, a estabilidade da moeda, que foi pré-condição para os avanços, e, também, as conquistas sociais e culturais. Isso tudo está em risco. E a crise política é a maior de todas, porque é aquela que inviabiliza a solução das demais, é a mais aguda, porque envolve atores que dependem de legitimidade para operar, mas que estão atingidos, justamente, em sua legitimidade. Portanto, acho impensável, injustificável, inaceitável, mesmo, qualquer análise que considere a problemática ética e moral como mero sintoma de ideologia pequeno-burguesa, cripto-udenista etc. Pois, se criamos uma ideia de República, aos poucos, se consagramos uma Constituição que afirma princípios dessa natureza, se queremos distinguir, portanto, o que é coisa pública e o que é coisa privada, sobretudo do ponto de vista das ações políticas, não podemos aceitar que o espetáculo da diluição dessas fronteiras seja negligenciado, subestimado, como se fora um desvio acidental (e necessário) para cumprir grandes metas. A meta maior é a infusão de credibilidade, confiabilidade e legitimidade na política. E o que está ameaçado é isso, que foi atingido pela degradação da democracia, representada pela corrupção. E não estamos falando de desvios individuais.

E qual seria o caminho, ou a saída, então?

Espero e torço muito para que não aconteça o impeachment, por várias razões. Até porque, eu acredito, sinceramente, que isso seja o sonho dourado do Lula, para voltar em 2018 como vítima e como oposição. Porque nada melhor do que ser oposição, num governo em declínio, com situações econômico-sociais degradadas e consumido pela corrupção. Quem dirigir a oposição tem tudo para vencer. É claro que isso tudo pode ser transformado, mas tudo indica, hoje, que o cenário seja favorável à oposição. Então, se o PT está fora do governo por um impeachment, isso vai ser chamado de golpe, as manifestações vão para a rua, fortalecendo, ainda mais, o clima de ódio e de bipolaridade que transforma o PT de algoz em vítima. Esse, então, é o primeiro ponto: o PT tem a responsabilidade, agora, de devolver o governo a um país minimamente decente, pagando o preço político e eleitoral por isso. O segundo ponto é que eu acho que não há condições jurídicas e legais suficientes para isso. Acho que se deve evitar, ao máximo, um expediente como esse, pois mesmo

278   PROFETAS DO PASSADO

não sendo golpista, ele pode vir a ser manipulado, de forma golpista, dependendo dos jogos parlamentares e das correlações de força. Quando se tem uma presidente com 13% de aprovação, qualquer coisa que se faça vai ser popular num primeiro momento. Mas os protagonistas têm a necessidade de se cercar de todas as garantias, porque estão todos com a espada de Dâmocles na cabeça, muitos sendo investigados por corrupção. Eles vão ter que operar pensando, sobretudo, na sua sobrevivência. Não há nenhuma questão de Estado, nenhuma preocupação superior. Se os nossos principais operadores políticos, as principais lideranças políticas, institucionais, da Câmara e do Senado, não significam saída da crise, mas aprofundamento dela, então, você imagina: se Dilma é objeto de uma precipitação legal, que soa como golpe, pode ser introduzido, facilmente, um retrocesso maior. E aí, em vez de nos livrarmos da cultura política do PT, que é regressiva, obscurantista e, sobretudo, autoritária, e que, sem dúvida vai obrigar que muitos companheiros nossos do PT revejam suas próprias posições, vamos gastar energias para excluir o "pato manco", criando condições para o aprofundamento da crise e vulgarizando o instituto do impeachment. Acho que ele só pode ser, de fato, adotado, em última instância.

Só um pequeno detalhe: você não estaria se esquecendo de pontuar, em sua análise, a provável origem dessa questão, na medida em que a presidente teria, apenas, reproduzido a herança cultural recebida, que é a da onipotência? Mesmo que a frase tenha sido cunhada pelo ex-ministro Delfim Neto — "Lula elege até um poste" —, é notório que o ex-presidente nunca se preocupou em desdizê-la, chegando mesmo a permitir que fosse repetida em vários momentos de campanha eleitoral. Então: não seria mais justo, historicamente, creditar a atual situação brasileira a quem provocou isso? O que pretendia ele, em sua opinião, quando lançou o nome de uma pessoa sem a menor experiência político-administrativa, para ser presidente da nação?

Tem toda razão. Eu gostaria de fazer essa retificação. Não observei esse ponto. Nós vivemos essa situação, porque o Lula, obviamente, escolheu a Dilma, na certeza de que ela não lhe faria sombra, esquecendo-se de que estava se tratando dos destinos de um país, com todas as suas contradições. Penso, também, que o Zé Dirceu foi o idealizador desse projeto de longa permanência no poder, porque ele achava que seria ele o substituto. Mas gostaria de reiterar que não se pode relevar a importância desse gesto do Lula, que você acabou de perguntar. Embora a sociedade tenha participado disso tudo, votando. Mas o Lula não teve problema de entregar o país para alguém que ele imaginava capaz de devolver a ele o poder, sem lhe fazer sombra, sem fazer muita marola... Esqueceu que um país tem necessidades, contradições, forças organizadas, instituições fortalecidas, sem falar nas contradições inerentes à dialética.

Você se importaria de declinar seu voto no segundo turno de 2014?

Claro que não. Votei em Aécio Neves.

E por quê?

Porque sou membro da Rede e o programa comum, proposto por Marina, foi aceito e endossado pelo Aécio. Era impossível apoiar o PT, pelo comportamento nas eleições e por tudo. E voto nulo seria a última opção, porque, se julgávamos o país em uma situação crítica, não assumir uma posição, naquele momento, seria um grande equívoco.

Luiz Eduardo Soares, fluminense de Nova Friburgo, 61 anos, é antropólogo, cientista político, professor e escritor. Um dos maiores especialistas em segurança pública do país, foi coordenador dessa área durante o governo Garotinho, no Rio de Janeiro, e secretário nacional de Segurança Pública no governo Lula. Afastado dos dois cargos por pressões políticas, narrou suas experiências como coautor em dois best-sellers: *Elite da tropa* e *Elite da tropa 2*. Com uma densa carreira acadêmica, inclusive no exterior, é autor, também, de mais nove livros.

Gaudêncio Frigotto

"A nação está mais ou menos no piloto automático. Quer dizer, o ideário do mercado ocupou as vísceras da sociedade."

Rio de Janeiro, 13 de abril de 2015

Vamos começar falando um pouco da sua trajetória: de onde vem a sua opção político-ideológica? Você já pertenceu a algum partido político? Sua militância começou em oposição ao regime militar, ou ela é anterior ao golpe de 1964?

Olha, na verdade, começou depois, porque, quando veio o golpe, eu estava fazendo o nível médio. E, em 65/66, nós organizamos um grupo de catorze seminaristas que começou a trabalhar numa pequena experiência comunitária. E essa experiência foi muito interessante porque nos colocou diante do impasse: ou iríamos entrar na Filosofia, ou entraríamos na Ordem.

E nesse contexto, se juntava o debate, digamos, da Teologia com a questão social. Optamos pela Filosofia, fomos para a universidade dos Capuchinhos e iniciamos um trabalho chamado "Comunidades de Base", que, naquele momento, já estavam se organizando no campo e, também, com operários na cidade. Tive, aí, a base para essa visão de mundo que

282 PROFETAS DO PASSADO

nunca abandonei: um pé na academia e um pé na realidade. Ainda na Unijuí, participei de outro grupo, em que havia um casal, Elsa e Jorge Falkembach, que nos apresentaram ao marxismo e, também, ao trabalho de ajuda aos presos políticos. Bom, permaneci nessa universidade até 1973, quando vim para o Rio fazer mestrado. E acabei ficando por aqui. Nunca me vinculei a partido político. Agora, sempre tive influência daquilo que toda a minha geração sempre usufruiu, que foi o Partido Comunista Brasileiro. Sempre fui um simpatizante.

Inclusive, quando se fundou o PT, teve muita pressão, mas eu nunca me filiei. E nunca me filiei por uma questão que, até hoje, não decifrei. Um dia, ouvi isso de alguém, não sei quem, e acho que é uma bela instigação: que, como nós temos uma história de uma classe dominante muito truculenta, humanamente pouco cultivada, que não fez a revolução burguesa completa, temos, então, uma esquerda muito frágil. Então, eu percebi que, ao entrar no partido, tem que entrar no jogo e saber qual é a facção... Hoje, eu diria: saber qual o recorte teológico, né [risos]?

Você é considerado um dos maiores pensadores da educação brasileira, na medida em que, ao fazer uma opção pelo viés progressista, soma uma densa formação intelectual a uma prática real de militância política. Portanto, como você vê, hoje, não só a questão da educação brasileira, como a própria situação do país?

Uso aqui uma imagem que não é minha, é de Francisco de Oliveira. Ele diz que nós padecemos uma espécie de castigo de Sísifo, porque nós temos uma sociedade em que os movimentos populares, as propostas educativas, as propostas sociais — os CIEPs são oriundos de uma delas e você sabe bem o que eu estou dizendo —, toda vez, enfim, que há um movimento que pode alastrar, significativamente, o desenvolvimento do humano, há uma interrupção, seja por ditaduras, seja por "estratégias institucionais". É como se tivéssemos um poder marcado por um processo de colonização escravocrata, antipopular e antissocial da classe dirigente, inclusive a intelectual e, também, a eclesiástica. Em certo momento, a gente encarregou os militares disso, e é um equívoco. Porque é uma questão de classe, de classe social. Nesse contexto, a sociedade brasileira andou... Aos trancos e barrancos, mas andou. Conseguimos, inclusive, que as próprias Forças Armadas entendessem, como disseram outro dia, que não tem sentido, de tempos em tempos, os militares intervirem: a sociedade é que tem que resolver isso. Então, como é que eu vejo a sociedade hoje? Vejo num sentido em que a palavra, digamos, *política*, é de regressão! Florestan Fernandes já dizia que como a classe dominante não fez a revolução burguesa completa, burguesa clássica, como na Alemanha e na França, sobretudo, quem tem que fazer essa revolução são as classes populares. Quer dizer, acreditar muito na importância de um projeto nacional popular. E o que é isso? Fazer reformas que até o Japão fez: reforma agrária, reforma tributária, isso que ainda está na agenda. Estou muito vinculado ao movimento MST e é uma vergonha absurda nós termos esse movimento no Brasil por falta de terra! Mas ele é um indicador. Então, por que é regressivo? Porque nós perdemos a ideia de projeto de sociedade, de projeto de educação. A nação está mais ou menos no piloto automático. Quer dizer, o ideário do mercado ocupou as vísceras da sociedade. A questão mais emblemática, para mim, é a aprovação, agora, da flexibilização da terceirização. Estava lendo um texto do Ruy Braga, e é um pavor para a sociedade: vai recolher menos, vai explorar mais, vai ter menos empregos etc. É um momento regressivo. Entretanto, a sociedade não está morta: as próprias mobilizações indicam isso, gostemos ou não, em que medida elas são construídas, tem que se analisar isso. Pois essas mobilizações indicam que a sociedade está em movimento. Para onde vai isso é o que a sociedade vai conduzir. E aí, eu volto ao Florestan, quando ele diz que "a história nunca se fecha ou se abre por si. Quem debate, quem luta, quem muda, abre e fecha os recursos da história são os homens e as mulheres." A verdade é que estamos num momento de tremenda interrogação, porque há muita decepção, desilusão e muita pressão, também. Quer dizer, o mundo globalizado não tem quase mais pátria, não tem mais nação, né? Meu grande medo é que as forças indomáveis do capital — como diria o historiador Ladislau — ocupem os últimos poros que restam à sociedade brasileira.

Essa sua citação nos remete a outra questão, trazida pelo neoliberalismo, que é a desideologização. Pablo Gentili, professor da Universidade Federal Fluminense, em artigo sobre o seu livro *Educação e a crise do capitalismo real*, afirma: "No plano educacional, as reflexões de Frigotto inserem-se e inspiram-se numa multiplicidade de experiências alternativas de gestão que foram (e estão sendo) desenvolvidas no Brasil por administrações populares... O novo livro de Gaudêncio ajuda-nos a pensar que é possível renascer das cinzas, que é possível e necessário lutar por um mundo mais justo e igualitário. Simplesmente, porque a história ainda não terminou." Como você, que é capaz de provocar observações desse tipo em seus pares, vê a questão da ética e da moral serem relegadas a um segundo plano da discussão política, hoje, no Brasil? Mais do que isso: a educação não deveria, igualmente, protagonizar essa discussão?

Claro que sim. Sem dúvida...

Mas por que não acontece?

É, você mencionou o neoliberalismo. Sem dúvida, o caráter mais letal do neoliberalismo é ter apagado a perspectiva das alternativas. Não há alternativa ao mercado. Esse é o primeiro ponto. Segundo: a maior violência ética é você desenvolver uma sociedade em que o outro não existe como sujeito; o outro existe como mercadoria ou como objeto. Então, essa é a regressão que vivemos. Quando se fala da perda de projeto societário e da perda do projeto educacional, está se falando, na realidade, da perda da política. Porque quase todas as relações sociais estão sendo mercantilizadas. Eu pegaria a ideia que Lefèvre destaca, dizendo o seguinte: Marx chamava atenção para que nós analisássemos os problemas de um tempo pelos limites das classes dominantes daquele contexto histórico. Eu diria que entramos, nessas últimas décadas, com esta questão: de que não se põe limites aos processos de mercantilização da sociedade como um todo. Isso, sem dúvida nenhuma, não só é ideológico, mas teórico também. A universidade, por exemplo, carece de um aprofundamento maior de leitura da realidade. E qual é, fundamentalmente, a questão ética? Do ponto de vista de uma filosofia marxiana, ser ético é ser responsável, pelo fato de ser humano. Mas o mercado não tem ética. O grande descalabro é que, de certa forma, universalizou-se o critério mercantil naquilo que tinha a fecundidade de serem experiências que poderiam apontar para outras perspectivas da sociedade. Remeto-me à pedagogia de Paulo Freire, remeto-me às experiências de educação popular, mas não só à tentativa da escola pública, dos próprios CIEPS, aqui, e de outras experiências... Hoje ninguém fala disso. Sem dúvida, a própria esquerda não debate ideologicamente. Talvez seja mais difícil discutir, hoje, dentro da esquerda. E agora, então, com uma esquerda tão dividida...

Mas essa não seria uma forte característica da esquerda: a de nunca estar unida, principalmente nos momentos históricos decisivos?

Mas, em nossa história, pode-se ver momentos de união da esquerda, como aquele momento da saída da ditadura, por exemplo. Houve um consenso, um conjunto de pontos bastante claros nos diferentes âmbitos da esquerda. Não é ruim existirem diferenças. O problema é que, como Leandro Konder dizia, "tanto a direita como a classe média sabem o que é essencial. E o essencial é impedir que a grande massa faça política".

286 PROFETAS DO PASSADO

Esse era um dos primeiros conceitos que se aprendia, lá nas décadas de 1960 e 1970, nos seminários promovidos pelo PCB. E tanto o raciocínio como a reflexão eram de que, para ser um progressista, e, depois, um cidadão de esquerda, ou um marxista, você precisava, antes de qualquer coisa, ser um humanista. Não é isso?

Sim, sim, era isso.

Mas para ser esse humanista sonhado, pensado, ou se você preferir, "idealizado" pela esquerda brasileira, era preciso observar padrões morais e éticos bastante rígidos, na medida em que parecia ser impossível tornar-se um revolucionário sem obedecer a esse pressuposto. Nessa medida, como você vê a posição do Partido dos Trabalhadores que, mesmo se autointitulando um partido de esquerda, tem abusado de práticas e falas que, historicamente, sempre pertenceram à direita?

Acho que essa é, sem dúvida nenhuma, uma questão central, né? Se há alguma coisa de novo em política, que várias análises internacionais colocam, inclusive, foi exatamente esse contexto que confluiu com a criação do Partido dos Trabalhadores, com as forças heterogêneas da Igreja, dos movimentos sindicais etc. Parte da esquerda — e aí vai uma autocrítica — entendia que o PT era um partido eminentemente socialista, quando o próprio ex-presidente Lula, que o fundou, sempre disse: "Nunca fui socialista, sempre fui sindicalista!" Mas, certamente, foi o primeiro partido de massa do Brasil e isso, para a democracia brasileira, naquele momento, foi importantíssimo! E o mote, se você lembra bem, era o seguinte: "A esperança venceu o medo". Em 2005 ou 2006, escrevi um artigo para a revista *Observatório Latino Americano* invertendo: "O medo venceu a esperança." Por quê? Porque, em contato com a base, de professores especialmente, que vendiam camisetas, que não davam propina, davam a militância, já se percebia isto: o sentimento era o de traição. Portanto, lá, numa nota, eu colocava uma coisa até arriscada do ponto de vista analítico, que era o meu medo de que o Lula se tornasse um Lech Walesa (da Polônia). Esse é o primeiro ponto. O segundo é: o patrimônio que se jogou fora tem várias dimensões. Aliás, nenhuma realidade tem uma única explicação. Mas uma dessas dimensões, sem dúvida, é que qualquer governo que queira minimamente mudar, em qualquer parte do mundo, vai ser afrontado pelo capital; hoje, o capital é o governo do mundo, como diz Noam Chomsky.

Mas a pergunta é em relação ao PT, ao partido que está no governo há doze anos e que se autointitula...

Então, falando desse partido. Eu não sou do PT, mas considero que ele continua com a maior base social do Brasil. Nenhum partido tem uma base social como essa. Hoje, não é aquela base social mais ideológica, politizada, é uma base que tem o Bolsa Escola, o Bolsa Família, Minha Casa Minha Vida... É a base social da transferência de renda. O próprio debate político mostrou que qualquer governo que assuma, seja ele A, B ou C, se não quiser convulsão social, vai ter que assumir isso. Só no Rio de Janeiro, lá na Baixada, tem 45%, em média, da população que vive com meio salário mínimo. Então, se não fizer esses programas de política social, você vai ter uma desordem...

E essas políticas, para seguir o seu raciocínio, serviriam, então para apaziguar a nação, é isso?

Significa alívio à pobreza e... um termo que o capital gosta: governança! Mas quero voltar ao PT. E a estes programas sociais. São todos ovos da serpente. Como é formado o sentimento popular? Esse sentimento, sinceramente, é produzido, é uma subjetividade produzida, porque ele é muito ambíguo. Esse mesmo povo, por medo de perder isso — e isso é o "ovo de serpente" —, vai continuar votando por esse lado. Vejo essas mobilizações muito mais como uma produção de uma subjetividade dessa massa, porque 13% da Dilma não é real.

288 PROFETAS DO PASSADO

E por quê?

Porque é produzido, é uma subjetividade produzida.

Só para procurar entender: quando dava 70% de aprovação era real? Ou seja, qual é a diferença na avaliação?

Não! Se eu quero ser cientista, tenho que analisar o que o povo diz, senão como vou orientar uma tese, na base do "Ó, o povo disse isso, isso é a verdade." Eu tenho que ver que mediações estão produzidas! É, portanto, uma subjetividade produzida. O que não retira o descontentamento. Mas o descontentamento do povo está muito mais, sem dúvida nenhuma, na luz que subiu, no desemprego que está brutal, entende? Eu vejo muito por aí as mobilizações. O que acontece com o PT? É a mesma coisa que a Petrobras, né? A Petrobras tem uma corrupção brutal, mas são 80 milhões de trabalhadores na Petrobras. E são vinte canalhas. São vinte canalhas que fizeram o que fizeram, de fato, e é ótimo que estejam na prisão! Concluindo, então, a questão do PT, da forma mais direta possível: o PT, enquanto grupo dominante de poder, no núcleo que fez essa opção lá em 2003/2004, e que aí só se afundou, porque não fizeram outra coisa que não seja a prática da política brasileira! E se não se disser isso, não se diz a verdade. O delator disse o seguinte: "Olha, as empresas sempre fizeram isso e nunca deram nada. Elas emprestam, emprestam!" Então, a prática da corrupção na eleição é institucionalizada. A falta de ética e a perda moral do PT foi entrar nisso. Isso não elide o que, por exemplo, foi também a ditadura... Tudo bem, não havia democracia, mas, se você for tirar isso a limpo, sobra pouca gente. Hoje a questão de poder é um problema de disputa de quem vai "pilotar" esse poder. Eu concordo que, nesse sentido, PSDB e PT não se diferenciam. E é por isso que entendo que o problema não é o PT. É também o PT! E nós temos a obrigação de ir mais fundo nisso.

GAUDÊNCIO FRIGOTTO 289

E como você vê, então, essa tentativa de dicotomizar tudo, ou se você preferir, de dividir tudo numa canhestra relação entre nós e eles, em que o nós representa o lado bom, e eles, os maus? Não lhe parece que a candidata oficial dicotomizou e demonizou a relação eleitoral, contrariando todo e qualquer ideário de esquerda que, como você bem colocou, deveria primar pelo aprofundamento e a conscientização das questões?

Sim, o nível da campanha foi lamentável!

Nessa medida, "estratégias" e falácias como as que foram adotadas na última campanha, com uma indiscutível contribuição do marqueteiro político, não aumentariam ainda mais a crença do povo brasileiro em relação à "predestinação histórica" de que o Brasil não tem jeito?

Não, não, não! A postura reacionária é isolar a história disso. É querer dizer que a corrupção é o PT.

Só para esclarecer: o que é dito, hoje, pelo PT, não é exatamente isto: que a corrupção é endêmica, ou seja, que sempre se roubou e que "eles" roubaram muito mais... Não é isso? Enfim, isso é justificativa?

Não, não justifica. E é o que estou dizendo: não dá para isolar. Para pôr a limpo isso, tinha que dizer: bom, vamos ver... Agora, o presidente do Congresso e o presidente do Senado estão na Lava Jato. Só que eles não vão ser condenados!

E tampouco a presidente que, provavelmente, não será sequer citada, porque a liturgia do cargo não permite, né?

Sim. E tem outra coisa, como é que você vai acreditar no Judiciário? O que você acha do Supremo Tribunal presenteando-se com um aumento de 83% em suas diárias de viagens? Isso é a pior das corrupções. Por isso não prefiro nada, em termos de corrupção. A do PT, do PCdoB, de toda

PROFETAS DO PASSADO

a esquerda, tem que se apurar até o fim. Tem que ser apurada, inclusive, com mais rigor. Mas também tem que apurar todas as demais "torcidas", vamos dizer assim, porque o grande risco é o de se partidarizar a questão. A questão não é partidária. E isso a mídia está fazendo. É uma disputa de poder, não é de sociedade.

Como você vê a figura dos marqueteiros políticos? Seriam eles os principais responsáveis pelos sucessivos "deslocamentos" das discussões políticas brasileiras hoje? O João Santana, que lançou um livro agora, pós-eleição — *João Santana: um marqueteiro no poder* —, parece não ter pruridos de dizer quais foram as estratégias utilizadas por ele na campanha...

Sem dúvida que está faltando muita ética, está tudo sem ética.

Em cima disso, o que você pensa a respeito dessa mistura entre Estado e governo, hoje, no Brasil? Ou se você preferir, essa mistura entre Estado e o partido do governo? Despreparo político-intelectual dos governantes ou uma onipotência que faz com que se governe só com certezas?

Não saberia responder. Apenas diria que o que está hiperdimensionado é uma disputa de poder. No fundo, quando não há sociedade que participa, quando não há agenda, não há projeto e só há o mercado, o que acontece? Os grupos que estão no poder não querem sair, e quem está fora, quer galgar o poder. O que eu estou querendo dizer com isso é que o medo venceu a esperança. E que a esquerda do mundo inteiro, vinha aqui, nos fóruns internacionais, como o Perry Anderson, que disse que a eleição de um operário poderia até não fazer diferença para o Brasil, mas que faria diferença de outra perspectiva para o mundo, na contramão do neoliberalismo. Não tenho dúvida disso. Agora, também acho que precisamos produzir mais debates. Aqui na UERJ organizamos um grupo chamado Conjuntura, que vai realizar oito encontros, com esta ideia: tentar fazer a universidade sair do papel... Como diz Antonio Candido, "a universidade tem um papel específico, que é o de tentar pôr ordem nas ideias". O que me incomoda na forma como se produz a discussão, hoje, é imaginar que o problema da sociedade brasileira é o PT. Eu não defendo o PT, não sou do PT, mas o problema da sociedade não é esse! Ou se cria, no campo das forças, chame de progressistas ou de esquerda, um consenso mínimo das tarefas, ou a minha visão é que vamos pagar um preço alto, o Rio já paga um preço alto!

É inequívoco que, se todas as relações são dialéticas, sempre existirão, portanto, responsabilidades. Nessa medida, como você vê essa questão da manipulação que, influenciada ou não pelo marketing político, criou "fatos" absurdos até mesmo para o cenário do "vale-tudo" em que se transformou a última disputa presidencial. Exemplo: quando a candidata Marina Silva disse que gostaria de ver a independência do Banco Central, foi produzida uma peça publicitária de mais de três minutos, que vinculava essa proposta ao desaparecimento da comida na mesa do trabalhador, a ponto de deixar sua família à míngua.

O que você está dizendo é verdade. Naquele debate da campanha presidencial não houve nenhuma dialética. E eu nem falo de manipulação. É o seguinte: como não há projeto de sociedade, como não há projeto de educação, ninguém discutiu projeto na campanha. Discutiu-se algum projeto? Não, a sociedade não existiu nos debates. Então, foi uma disputa de poder. E a disputa de poder não se dá pela dialética, se dá por antinomia: é bom ou mau, é preto ou branco. O que se viu foi uma campanha política, social e ética de baixíssimo nível e deseducativa. Os marqueteiros trabalhavam a desconstrução de A e B, não é verdade? Então, você observa bem, quando diz que não houve dialética. Como não havia (e não há) projeto, foi exatamente isso.

292   PROFETAS DO PASSADO

Embora se fale em um "projeto petista" que, a priori, prevê vinte anos no poder. O que você acha que está no bojo desse projeto?

Não sei o que tem hoje. O que sei é que, na sua origem, o que estava no bojo era fazer aquilo, digamos, que o pensamento de esquerda e o pensamento progressista foi construindo, desde os anos 1910, e que é a tentativa de fazer um marco de não retorno. Mas para isso precisa contrariar interesses. E interesses não foram contrariados. Então, não há projeto. E eu diria que o que reelegeu a Dilma foi muito a migalha, a migalha, sim — e aí existem várias análises. O Ruy Braga escreveu *Precariado*, um livro longo e denso. Porque um aumento pequeno na transferência de renda, salário mínimo, enfim, isso não quer dizer avanço. Acho que esse, para mim, é o ponto-chave: a campanha foi absurdamente deseducativa, antiética, politicamente incorreta. Foi só uma disputa de poder, um lado querendo desconstruir o outro. Então, é isto: não existe projeto piloto, o mercado está tomando conta! O Banco Central não está independente? Claro que sim. Os juros, inclusive, vão aumentar agora mais um pouco.

Mas eu queria voltar, ainda, à questão do PT, na medida em que é impossível retirá-lo da condição de protagonista da história política recente. Como você vê o seu surgimento, praticamente, no rescaldo da ditadura, e sustentado pelo tripé do sindicalismo, das Comunidades Eclesiais de Base e...

E pela própria história do Partidão. Mais uma vez, recorro ao Chico de Oliveira que diz que os petistas têm uma relação *filius pater* com o PCB.

Mas não lhe parece que certo entendimento a respeito do que é o partido, hoje, passaria pela outra base desse seu tripé de criação, que seriam os dissidentes do Partidão, os grupos que fizeram a opção pela luta armada, em 1968, e que, ao retornar de seus exílios, viram, nesse

novo partido, a possibilidade de retomar os seus ideais revolucionários? Como você explica que esse partido, que sempre se denominou reserva moral da política partidária brasileira, tenha, hoje, na base de sustentação de seu governo, aquilo que os próprios "petistas de ontem" chamariam de "a pior direita brasileira"?

Se você olhar a América Latina, essas opções da luta armada aconteceram, também, em vários países. Não diria que essa ideia é de classe média; foi um viés de filhos da classe média intelectualizada, que ambicionava mudar a sociedade, implantar o socialismo para tomar o poder do Estado. Curiosamente, num momento em que Gramsci já havia sepultado isso ao analisar a União Soviética. Acho que esse percurso tem origem nisso, sim, e num grande trabalho de base. Agora, em que medida esses grupos se renderam a outros compromissos, a ponto de se chegar à mesmice de hoje? Essa é uma questão-chave. E é por isso que eu concordo que o PT e o PSDB não têm diferença. Poderia ter, também, outra explicação: como você tem uma classe dominante, que não é uma classe burguesa clássica, e sim colonizadora, escravocrata, é esse parto que o Brasil não consegue fazer. E, por isso mesmo se aventurar a dizer o que vai acontecer é muito difícil, porque essa partidarização sem projeto está provocando um esgarçamento do tecido social brasileiro como um todo. Talvez a prova mais contundente que se tenha é aqui, no Rio de Janeiro, quando o Beltrame diz que enxuga gelo e quando, para poder manter a mesma política, você tem que treinar, em vez de uma polícia pacificadora, uma polícia belicista. E o grande drama é que não há luz aí, não aparecem grupos, forças, que possam romper esse cerco em que estamos metidos. E é interessante: alguém sinalizava, esses dias, que, ao mesmo tempo que nós temos uma Constituição parlamentarista, o governo é presidencialista. E um dos grandes erros do pensamento da esquerda é acreditar no líder! Acho que nós construímos sempre a ideia de que não é a sociedade, não é a capilaridade da sociedade, não são os processos de formação política, onde a escola entra com uma mediação fundamental, pelo que ela ensina e como ensina, como é o caso da sua dissertação de mestrado. Isso nos coloca num beco sem muita saída. Embora, dialeticamente, a história sempre mostra que as saídas aparecem. De qualquer forma, não acredito que, hoje, elas possam surgir, seja pela intervenção militar, seja pelo impeachment. O impeachment pode, até, ir para o Congresso, mas vai ocupar o Brasil por um ano ou dois. O problema não é tirar o poder da Dilma, é entregar para o Temer ou para o presidente do Congresso.

Gostaria de insistir, também, nessa questão das classes sociais. Como você vê o fato de uma parcela dessa classe média formadora de opinião, politizada, cosmopolita, de esquerda, enfim, e na qual você se insere, tentar sublimar e, até mesmo, "negar" a realidade presente, produzindo verdadeiros "deslocamentos históricos"?

Não, não acato isso por uma razão: o empírico não é o real, e eu leciono isso há trinta anos. Setenta por cento de rejeição à presidente, por exemplo, pode significar muita coisa, ou nada!

Mas quando as pessoas saem de suas casas e vão para a rua, isso não é mais empírico, não? Não existe uma determinação?

Sim, mas é uma determinação empírica. Até que eu diga o que está subjacente aí, quem produz esse movimento, quais as forças, quem convoca, quem não convoca, eu não tenho o real. Então, para mim, esse é o problema. Não estou dizendo que não tenha que se levar a sério: claro que tem! O governo se reuniu e qual foi a sua estratégia depois de 15 de março? Ficar caladinho. Mas, também, fica difícil observar, porque quem está na rua, fundamentalmente, não é o povo. Nem a favor, pois foram pífias as manifestações favoráveis a Dilma. Quem está na rua, dominantemente, é a classe média. O que não quer dizer que não tenha insatisfação. É uma sensação difusa, pois se você pensar qual é o projeto, no que vai dar isso, além de dizer "vamos tirar a presidente" ou "o problema é o PT", qual é a alternativa dessa massa?

Na medida em que você admite que a insatisfação existe e que os 73% de rejeição popular estão em todas as pesquisas, por que há tanta dificuldade, assim, em sua opinião, de se acatar esse sentimento de traição, que também vem das ruas, mas parece estar presente na sociedade como um todo? Por que o intelectual brasileiro resiste a contabilizar, com a relevância merecida, as reivindicações populares?

Bom, em primeiro lugar, porque são negados ao povo os instrumentos mínimos da cidadania. Cidadania política implicaria hoje, minimamente, ensino médio, minimamente cultura... Posso dar um exemplo doméstico: minha filha tem uma secretária que já foi sua babá. E esses dias, ela perguntou: "O que é mesmo democracia? Estão falando tanto em democracia e a gente não sabe nada, acho que não querem que a gente saiba." Eu voto no Lefebvre, que diz que, quando a gente vai lá embaixo — e tem que ir, diz ele —, é que se percebe os limites de uma classe, ou das classes que nos representam, produzindo a realidade, de uma forma ou de outra. Historicamente, voltando lá para a primeira pergunta, nós temos uma classe dominante, que é uma elite golpista. E aí, tome lobista e tome golpista, já que a disputa, cada vez mais, é do poder. E o grande drama, hoje, é, exatamente, como você vai galvanizar esse descontentamento do ponto de vista de um projeto de sociedade e não de um projeto de poder.

Acabamos, então, de certa maneira, achatados pelo neoliberalismo, que não induz nem a esse tipo de reflexão?

Pois é. E aí, quem define são as forças do mercado, são interesses imediatos. O mercado, agora, está interessado em terceirizar a força de trabalho. E as consequências disso são: primeiro, esse cara vai trabalhar três horas a mais; segundo, ele vai ganhar 25 a 30% menos; terceiro, qualquer governo que vá assumir vai ter menos impostos. E quem ganha com tudo isso? Ora, quem ganha é o mercado! O mercado e a classe dominante, porque nem os pequenos empresários nem os mais nacionais ganham.

Então, nessa medida, a pergunta não seria, exatamente, esta: como é que você vê essa política adotada pela coligação de centro-direita que está no poder, hoje, sob o comando do Partido dos Trabalhadores? Como você acha que essa estratégia petista de se autointitular de esquerda, ao mesmo tempo que adota práticas de direita, será vista pela história? E mais: o que você tem a dizer em relação à perda da esperança, já que é recorrente se ouvir hoje desabafos do tipo: "Se o Lula que é o Lula chegou lá e fez o que fez, este país não tem jeito, mesmo"?

Vou ser curto e grosso. Acho que a história verá assim o PT: primeiro, como um partido que, em vez de construir com a sociedade que lhe deu base um projeto de sociedade, de educação, de nação, optou por um projeto de poder; segundo despolitizou a política, praticando uma "hegemonia às avessas". O que significa dizer que, em vez de politizar, despolitizou. Acho que só a internet vai ter poder de galvanizar. Por isso temos que analisar melhor como o povo está sendo bolacha, como ele está prensado. Porque alguém optou por um projeto de poder e não por um projeto de construir com a base um modelo de mudanças. A gente poderia dizer que o Paraguai fez melhor. Concordemos ou não com a Bolívia, ela também fez melhor. Então, é este o preço. Hegemonia às avessas. Pois quando você despolitiza, não há capacidade de pôr na agenda os verdadeiros interesses.

E isso, sem dúvida, não pode ser entendido como uma prática de esquerda, não é mesmo?

Exato. Claro que não.

Você se importaria em declinar o seu voto no segundo turno do pleito de 2014?

Votei na Dilma.

E por quê?

Porque, na minha análise, a configuração dos oito anos do Fernando Henrique na educação e, sobretudo, na privatização do patrimônio público, me dava a seguinte opção: ou votar nulo ou votar na Dilma. Como eu não voto nulo... Mas vou lhe dizer: na primeira vez que o Lula concorreu, não votei nele. Porque eu avaliava diferentemente naquele momento.

Gaudêncio Frigotto, gaúcho de Paim Filho, 68 anos, é professor, filósofo e escritor. Autor ou coautor de pelo menos vinte livros e de dezenas de artigos em revistas nacionais e internacionais, é hoje uma das maiores referências da educação progressista brasileira, exercendo, no momento, a função de professor no programa de pós-graduação (mestrado e doutorado) em Políticas Públicas e Formação Humana da Uerj.

Fernanda Montenegro

"O PT, hoje, é uma esquerda envergonhada. Todos se intitulam de esquerda, mas são todos de direita."

Rio de Janeiro, 14 de abril de 2015

Em tempos de celebridades, você é uma das raras atrizes brasileiras que, aliado ao talento, construiu sua carreira com uma densa e consequente participação em vários momentos da nossa história. Sem falar nas inúmeras premiações, comendas e honrarias, que culminaram com sua indicação para ser a titular do Ministério da Cultura. O que a fez declinar o convite?

A ausência de vocação política. Para ser um bom político, no sentido que queira, dentro da ideologia que você escolher e da prática política que quiser empregar, tem que ser vocacionado para isso. Não tenho nada a ver com a estrutura da prática política, que é um talento.

Sim, mas me parece que você está falando de política partidária, quando, na verdade, estou buscando a ação política no sentindo mais amplo...

Não, estou falando de política na vida. Porque se você tem uma prática, tem uma política de vida, queira ou não, tem uma ideologia de vida. Mas com o engajamento é diferente. Quando você se engaja, tem que partir para uma prática para esse engajamento. Além disso, o convite para o Ministério da Cultura foi um momento poético do Sarney, um momento poético do José Aparecido em achar que o meu nome poderia chegar lá. Mas eu seria uma espécie de cereja do bolo. Seria apenas o enfeite, um nome, mas que não teria poder decisório nenhum. Teria que me entregar aos assessores, seria um pau-mandado. Porque eu também não tinha lastro para dar um soco na mesa.

Então, se é que estou entendendo, o que a fez recusar, a princípio e por princípio, foi a questão ética? Quer dizer, você não se sentiria confortável em ocupar aquele cargo público sem ter, a priori, condições para exercê-lo?

E já partindo do seguinte princípio: deveria haver um só Ministério no país, o Ministério da Cultura e as suas ramificações em secretarias. Porque, no mundo de hoje, tudo é finança. Tudo, a estrutura de um país está na mão da economia e das finanças. Sempre reparei o seguinte: nos grandes momentos decisórios da nossa história, nunca chamaram o secretário de Cultura e/ou o ministro da Cultura para opinar. Como trabalhei dez anos na Rádio da Educação e Cultura, na Rádio MEC, tenho aquela visão do Capanema: o princípio de uma nação. Porque não é o princípio da pátria, mas, sim, o princípio da nação. Então, eu tenho, para o Ministério da Cultura, uma visão muito absoluta, que é a de um poder que não existe. É um enfeite.

Como é que você vê essa relação artista versus gestor público? Há um preconceito, também, em relação a isso? Estaria aí, nesse preconceito, o fato de que, paradoxalmente, quanto mais progressista se diz um governo, menos valor ele dá à cultura? Tanto que, salvo honrosas exceções, o histórico das gestões públicas e políticas da cultura, em qualquer nível de poder, sempre são tratadas como...

Como um bombom!

FERNANDA MONTENEGRO   301

Não lhe parece que, talvez, seja mais do que um bombom, já que é um lugar onde se acredita ser possível, também, realizar muitos apadrinhamentos e algumas barganhas?

Você quer saber? Acho que nem nessa dimensão a cultura é dimensionável [risos]. Nós não somos prioritários. A nossa pasta, o mundo criador, dentro desse conceito contemporâneo, continua não sendo prioritário. Prioritário é o pedreiro, é o médico, é o gari, é o professor, é o cientista, é o jornalista. Sem eles, a sociedade não se move. Mas a arte, não. Ela entra numa outra esfera. Então, qual é a prioridade: ouvir uma sonata de Beethoven ou dar o pão para um faminto? Por outro lado, o ser humano sempre vai se expressar no seu imponderável. Por exemplo: se ele tiver vontade de dançar, ele vai dançar, sem música, na rua, e até poderão dizer: "É um louco!" E não deixa de ser, para o que está ordenado e codificado pela sociedade. Mas quem faz isso, na verdade, está apenas exercitando a sua transcendência, porque se isso não expressar dentro dele, a vida fica insuportável. Mas essas questões não são computadas por quem diz tratar e pensar a cultura.

Mas voltando ao que a gente estava falando da relação entre a classe artística e a gestão pública na cultura...

É sempre calamitosa.

E por quê?

Porque isso está sempre a serviço de uma ideologia, de alguma praticidade, de alguma servidão política, de algum voto, de algum tipo de interesse, às vezes dos mais baixos.

Essa situação não se explicaria pelo fato de se viver num regime neoliberal, que, como dizem os especialistas, é marcado pela determinação com que o mercado rege todo o tipo de relações, sejam elas políticas, profissionais e pessoais?

Acho que o Brasil não vive isso no momento. No momento, o Brasil vive, culturalmente, um sistema estatal. Temos uma lei que coordena, através do Estado, por meio de uma comissão, quem pode e quem não pode, quem a gente aceita, quem não se aceita, dentro de uma visão administrativa/ideológica. E isso acaba determinando qual o rumo que as coisas tomam. Não vejo isso como neoliberal. O que vivemos, atualmente, é a estatização da cultura. E isso é uma realidade.

Então, pegando o seu raciocínio, como é que se poderia buscar um caminho cultural mais democrático, digamos assim, e mais acessível para nós, a chamada "sub-raça" do teatro [risos]?

É disso que estou falando: em "sub-raça do teatro". Agora você usou a expressão perfeita. Eu sempre respondo isso. E a sua pergunta, agora, é a confirmação do que eu acabei de falar. Quanto a essa prática de buscar adesões na classe artística, como maneira de multiplicar apoios e votos, isso não é, entre aspas, um privilégio do Brasil. Isso é um jogo, um jogo mundial. É uma faceta do capitalismo máximo que está em voga nos Estados Unidos. E Hollywood é uma prova disso. Os estúdios inteiros apoiam esta ou aquela candidatura. E aqui ainda tem mais um detalhe: o simples fato de se tornar uma "celebridade" já transforma aquele nome num candidato em potencial para o próximo pleito.

Você concorda, então, que o business tomou conta também do cenário eleitoral? Como você vê o atual momento da política brasileira, em que o protagonismo do marqueteiro parece ser absoluto?

Sinal dos tempos. O marqueteiro sempre existiu. Ele vai assessorando uma pessoa, ou um grupo. Não existe um candidato, em qualquer época do mundo, que não siga as indicações de "é melhor por aqui, melhor por ali, não faz assim". Isso se consubstanciou de uma forma agora... porque vivemos numa época muito tecnológica, um período de tecnologia e ciência em que esse estrato ganhou protagonismo. Tudo tem que ser analisado do ponto de vista do conhecimento e do processo a que esse conhecimento pode chegar. Isso está na moda. Você sonda, você argui, você toma o pulso de cada ato da vida humana, hoje em dia, não é? Tudo é pesquisado, nada é só do ser, tudo vem através de grandes expectativas, de grandes estudos, de grandes análises: "É melhor isso, depois é melhor aquilo, não adiante isso aqui, ponha aquilo." É o mundo no qual nós estamos vivendo! Nada é na sua essência, tudo é feito de acordo com uma pesquisa, que naturalmente vai buscar opinião de A, de B ou de C, seja do João da Silva, lá do fundo de uma favela, ou do grande cientista que está lá fabricando um treco qualquer que vai curar o câncer, compreende? Tudo tem "análise".

Nessa medida e no caso específico do universo eleitoral, que é o nosso foco de discussão, quer dizer, então, que tudo se justifica? Tudo pode ser dito pelo marqueteiro?

Tudo pode ser manipulado.

E tudo pode ser inventado, também?

A invenção já é uma força, uma força indomável. Embora, hoje em dia, até o invento é analisado, pesquisado.

Mas e quando se criam falácias, como foi o caso da última eleição, que se criavam, o tempo todo, novas versões?

Não sou engajada em partido. Não estou fechada numa ideologia. Eu tenho uma profissão tão humanizada, e venho, também, de uma origem de sobrevivência absoluta, porque sou neta de imigrantes. Sou filha de operários, venho do subúrbio mesmo. E atravesso quase um século de história deste país. Já tive emoções ingênuas em torno de A, de B ou de C, deste ou daquele caminho. Mas depois, quando você vê que o tempo apura o fato... Então, é essa coisa do título do seu livro, *Profetas do passado*. Acho um grande título, porque é isso mesmo! Houve uma época em que a gente ia atrás. Depois, as pessoas que nos propuseram alguma coisa abandonaram tudo, por razões políticas, partidárias. Realmente, ver o Lula apertar a mão do Maluf?! Tá bom, se eu sou engajada naquele partido, eu não vou ter medo de uma revisão daquele gesto, compreende? Agora, quem fizer crítica, "é porque é um burguês, está dentro do ponto de vista de uma visão burguesa e decadente. Porque desde que eu atinja o meu propósito, vou apertar a mão do Maluf", e ninguém tem que discordar... Aí fica difícil. Porque eu sempre votei no Lula. Tenho por ele uma grande admiração como um sobrevivente, que entendeu tudo isso que a gente está falando aqui. Agora, quando um líder de esquerda aperta a mão de um de direita, como a do Maluf, o que é isso? Vamos falar do ponto de vista do Maluf: enquanto o Lula pensa que está jantando o Maluf, o Maluf é que está almoçando o Lula! Estou dando um exemplo máximo, de uma coisa, assim, absolutamente estupefaciente, compreende? Porque o que importa, para todos eles, é botar em vivência um preceito político-ideológico, um engajamento político-ideológico. Mas ninguém me convence de que o outro não está lá, fazendo um pensamento do tipo "foda-se esta esquerda, quero que venha na minha casa, aperte a minha mão e vá comer do meu partido [risos]. Então, sabe o que acontece normalmente? Para observar essa gente, viro plateia, como faço com os meus personagens. É como a gente faz em teatro, é como se eu estivesse fazendo estudo de mesa em cima de um texto...

Quando você faz essas observações, me parece que se aproxima de uma espécie de "consenso", que está por aí e que "fala" que a política tem suas leis próprias de conciliação e de ajustes, independentemente do lado em que você esteja. Nessa medida, como você vê a posição do Partido dos Trabalhadores que, mesmo se autointitulando um partido de esquerda, tem abusado de práticas e falas que, historicamente, sempre pertenceram à direita?

O PT, hoje, é uma esquerda envergonhada.

Por quê? A transformação radical por que passou o PT, especialmente nestes doze anos em que está no poder, é que explica essa sua afirmativa?

Do ponto de vista da esquerda, "os fins justificam os meios". Do ponto de vista da direita, "os fins justificam os meios". Os dois lados estão em transição. Por quê? Porque o Brasil tem uma democracia. Existe uma nova ciência e tecnologia que está comandando o mundo, que é a internet. Então, o político vai sair do medo. Há uma opinião pública solta no espaço. Não sei se é melhor ou se é pior, mas existe. Esses comícios que estão ocorrendo, essas reuniões políticas pelas ruas do Brasil, têm sempre alguma coisa que organiza: ou organiza muito ou organiza menos, mas têm sempre um centro que organiza. A maioria se comunica pela internet afora, diariamente, a toda hora, de uma forma incontrolável. Isso é uma novidade, uma novidade absoluta.

Você considera que há um sentimento de traição, por parte do povo brasileiro, depois ter ouvido tudo o que ouviu durante o processo eleitoral de 2014 e, agora, perceber que as coisas estão acontecendo de uma forma diametralmente oposta ao que lhe foi dito e prometido?

Você veja bem que o Brasil está 50% para um e 50% para outro. Acho que o Brasil está se medindo de uma forma muito equilibrada. Estamos num momento de transição, estamos com uma oposição completamente apagada, sem liderança nenhuma. Não se tem. E essa direita, quer dizer, essa esquerda está tão de direita... que você também não... Então, é isso. Vamos deixar o tempo agir dentro desse estupor, né? O tempo vai definir isso. Mas não sei, realmente, hoje em dia, quem é de direita e quem é de esquerda. E fico aqui dizendo bobagens [risos].

PROFETAS DO PASSADO

Não, você não está dizendo bobagem, porque é essa, justamente, a ideia deste livro: intermediar uma grande conversa entre todos vocês. Porque não quero uma rigorosa organização mental, e sim uma salutar contradição emocional. Pois como você muito bem disse, "se joga um postzinho na internet e aí, se lava a conscienciazinha". Nessa medida, concorda que o Brasil é muito maior que o PSDB e o PT juntos?

É claro que sim.

Então, qual é o sentimento que você acha que prevalece, hoje, no povo brasileiro, em relação ao atual momento político. Não lhe parece que o povo brasileiro que está indo, agora, para as ruas, sente-se traído? Como você vê essa questão: 2 milhões de pessoas nas ruas de todo o país?

Ainda acho que falta o povão na rua. Eu acho que vai uma classe média, pode até ir uma classe menos favorecida, porque eu não gosto de dizer classe média baixa, compreende? Mas quem está indo à rua é, ainda, aquele povo que paga imposto. Quem está indo à rua é aquele segmento da sociedade que, seja pouco ou muito, é obrigado a pagar seu imposto na fonte. Ainda não está indo à rua aquele que sequer tem condições de pagar imposto. Isso não quer dizer que não tenha importância absoluta essa classe média: média, baixa e, até, a classe média alta, que são os segmentos que contribuem para este país existir, com toda uma infraestrutura administrativa e social. E olha que, no Brasil, você ganhando mais de 1.900 reais, por mês, você paga imposto na fonte. E o que significa isso? Significa que, para você pagar imposto, você tem lucro, você tem ganhos na sua vida econômica e a gente sabe que com 1.900 reais não há possibilidade. Quer dizer, jogam na classe média, em quem tem 1.900 reais, essa dívida. Porque este "pobre", vamos dizer assim, já paga imposto. E isso é de todos os governos: de direita, de esquerda, centro, radical, suave, forte, alto, baixo, magro, gordo, branco, preto...

Vamos fazer uma projeção histórica rápida? Pelo que eu entendi, você é a favor de uma melhor distribuição de renda, por uma maior igualdade social?

Não sei o que eu sou. Eu sou pela... justiça social. Pois quando um cara ganha 1.900 reais e paga imposto de renda, realmente, isso não é justiça social. Não é. E mesmo esses programas sociais, como Minha Casa Minha Vida, Bolsa Família são apenas um pingo d'água.

Mas como é que você vê o fato desse "pingo d'água" ser tão utilizado e tão manipulado, eleitoralmente?

Aí está um bom exemplo de "os fins justificam os meios"! É melhor do que nada? Claro que é melhor do que nada. Mas a gente que mora no Rio de Janeiro e onde, felizmente ou infelizmente, a miséria toda está em cima da gente, não é? Porque você olha para esses morros lindos do Rio de Janeiro e todos têm favelas. Não ficam lá nos confins da cidade, lá longe, a quilômetros de distância. As cidades todas, em sua maioria, a miséria está lá longe, onde não se vê. O Rio de Janeiro é maravilhoso nisso, porque você vê essas "condições de sobrevivência" daquele que já paga o imposto. Porque hoje em dia, quem mora na favela ganha 1.900 reais. Ou seja, é gente que já paga, na fonte, o imposto de renda! Pois é, justiça social num país que tem 50% de seu espaço na lama, nas fezes, na podridão, viver numa favela já é, até, uma coisa melhor! E nas nossas aqui, do Rio de Janeiro, pelo menos, tem uma visão bonita do mar lá adiante, compreende? Eu vou contar um fato. Há coisa de uns dois anos, fui fazer o Criança Esperança num prédio de atendimento recreativo ao lado da Rocinha, que seria antigamente um hotel de luxo 5 estrelas. Uma ideia maravilhosa, realmente. Tem música, tem dança, tem ginástica, tem tudo ali no prédio, que atende a Rocinha. Muito bem. Mas ao entrar nesse prédio, no que seria o hall de entrada do grande hotel de luxo, para pegar o elevador, senti um mau cheiro impossível. Nesse pátio

308 PROFETAS DO PASSADO

de entrada tem um buraco de piscina, que virou uma fossa aberta. Esse buraco, ou essa "piscina", estava pelo meio de cocô, de urina, de merda, enfim. Quer dizer, os que moram do lado e não têm saneamento, trazem e jogam ali. Então, essa piscina, que seria a piscina onde eles poderiam nadar, estava sem água e pela metade de excrementos humanos, no pátio de um prédio que é de recreação artística, cultural, educacional. E olha que a Rocinha, hoje, é um bairro.

Queria voltar um pouco, quando você diz: "Não sei muito bem o que eu sou". Mas lembro que lá atrás, no início da década de 1970, o Fernando Torres era, ainda, um simpatizante do Partido Comunista.

Era simpatizante. Porque esta é a questão: querer justiça social é ser de esquerda? Querer uma educação de qualidade para todos, é ser de esquerda? Querer que o indivíduo tenha onde fazer as suas mínimas necessidades dentro de uma estrutura de saúde pública, é ser de esquerda? Fernando e eu entramos em tudo que foi movimento. Somos sobreviventes de um teatro combativo — e você acompanhou isso. Nós tivemos censurados *Calabar*, *Um elefante no caos*, *Trivial simples*, e os cortes do *O homem do princípio ao fim*. Foi muito sofrimento. Não sei o que precisa atualmente na nossa profissão. Como a cultura está estatizada, e se você tem onde morar, se você trabalhou setenta anos da sua vida honestamente, pagando seus impostos, então... você não precisa de mais nada. É aquela coisa do Jobim, né? "Não tem ofensa maior do que você dar certo no Brasil!" É uma ofensa pessoal. Você só é chamado para as celebrações... Agora, a miséria do nosso orçamento na Cultura, disso não se trata.

Saindo um pouco da arte e pulando direto para a realidade política atual. Como você acha que a história verá este momento presente, na medida em que a classe política, que está no poder, se autointitula de esquerda, mas suas práticas são, tradicionalmente, consagradas pela direita?

Hoje, todos se intitulam de esquerda, só que são todos de direita. Isso nos coloca num impasse. Não estou julgando, não quero julgar moralmente, quero ver é o fato. Não faço uma profissão moralizante... Ele pode ter uma moral, mas ele não é moralizante. Não vou para cena para doutrinar ninguém. Entende?

Mas quando você diz que o momento é de impasse, como você pensa que este impasse será entendido pela história?

Como um momento de transição absoluta.

Você se arriscaria a fazer um prognóstico para o futuro político imediato da nação?

Não. Porque não vejo lideranças. E eu, também, não quero um líder. Mas o que não vejo são lideranças realmente presentes, publicamente conceituando o país, compreende? Não temos, hoje, uma liderança política no Brasil com força de... pensador, com força, até mesmo, de um posicionamento político-ideológico real.

E por que você acha que não tem?

Acho que é o próprio correr dos fatos, a própria história que estamos fazendo. Existe uma crise. Tudo parece ter pouca consistência hoje. A herança humanista está se extinguindo, porque a ciência e a tecnologia estão pondo o mundo numa outra era. E o ser humano está mudando de pele, compreende? Ele está confuso, baratinado, interligado, ainda se agarrando em definições de espaço, sem perceber que esses espaços já estão rompidos.

E isso faz, então, com que se alterem, hoje, todos os tipos de relações, especialmente as políticas? Seria por isso, em sua opinião, que se misturam com tanta "propriedade" os limites dos espaços de atuação entre governo, Estado e partido que está no governo?

Não, isso sempre existiu. O que está acontecendo é que quem não é realmente do jogo político profissional, está dizendo: "Olha, gente, não dá mais!" Há uma pulverização aparente, mas ela não é sem consistência, ela tem uma leitura por trás disso, é isso que está baratinando o mundo.

Então vamos de novo em busca da dialética. Você está falando das redes sociais, da proliferação das mídias, que acabam trazendo uma possibilidade de informação e de discussão que antes não se tinha? É isso?

Não se tinha. A não ser por grupamentos, que sempre tinham um chefe, um guru, um líder, entende?

Você acredita que essa pulverização de informações possa tirar, de forma inédita, o protagonismo da classe média em nossa história política? Vide o exemplo das últimas manifestações de rua, que não têm partidos políticos chamando, não têm palavras de ordem pré-estabelecidas...

Pois é, não tem. A única que tem é quando o governo promove a sua. A oposição, hoje, no Brasil, reúne gente de todo lado. Ela não veste uma camisa. Enquanto o adversário bota a camisa vermelha, tem os brasileiros que vão de verde e amarelo...

O que você quer dizer exatamente com isso? Que essa nova forma de participação, que exclui velhas lideranças, partidos políticos e, até mesmo, as representações sindicais, começa a se esboçar como uma igualmente nova forma do fazer política, em que o que se busca é um Estado, ao mesmo tempo democrático, e quase ufanista, pelo resgate de nossa cidadania? É isso?

É. E por isso mesmo não vejo essas manifestações como catástrofes. Pelo contrário. É um exercício pleno de democracia. Temos que nos habituar a não esperar mais pelos gurus. Não podemos mais nos assustar com a liberdade de expressão: uma facção que quer o impeachment e outra que não quer o impeachment. Ah, é, então vai para a rua! Pode ser até que quebre o pau. Mas aí chega a polícia, bota tudo em ordem e acabou. O que não se pode é dizer que não pode pedir ou que não pode não pedir, compreende?

Como você vê essa tentativa de dicotomizar tudo? Ou se você preferir, de dividir tudo numa relação entre nós e eles, em que o nós representa o lado bom, e eles, os maus.

Acho maravilhoso! Porque temos que passar por isso. Significa um país em estado total de liberdade. Se tivermos que cumprir esta fase, vamos a ela. Porque depois vai se ter, dialeticamente, um resultado. Agora, se vai o pau comer, se vai não sei o quê, enquanto um não suporta a tese do outro... Não importa, porque uma hora dessas, a humanidade, o Brasil, ou o país que for, onde tiver esse processo, vai dar o salto.

É pensando em tudo isso que você afirmou, há pouco, "não acho ruim o que estou vendo, em termos de momento presente"?

Sim, porque é um momento de extrema liberdade de expressão, um momento de extrema democracia funcionando. A gente veio de um período... somos sobreviventes, né, Jalusa? Sofremos e passamos por crises políticas horrendas, e você sabe muito bem disso.

Esse, então, é que é o seu prognóstico para o futuro imediato do Brasil, de que haverá melhora, porque há esperança?

PROFETAS DO PASSADO

É a tal coisa: é do ser humano falar da esperança e da melhora. Porque é inerente à gente. Você acorda e quer viver o seu dia. Se chega ao fim do dia, você agradece a você mesmo, ou a Deus, por ter atravessado aquele dia. É nesse sentido que acho que chegaremos a uma, não digo harmonia, mas a uma justa coexistência.

E provavelmente a um crescimento da nação como um todo?

É, porque acho que, desde a República, herdamos muito essa coisa imperial, essa coisa de um Império comandando uma base de nação. E a nossa República, por sua vez, herdou muito essa mesma visão centrada, essa visão em cima de um imperador, de um presidente com plenos poderes. Um presidencialismo quase absolutista. Então, é baseada nessa história que eu acho que, neste momento, nós estamos caminhando para algo que busca outro tipo de participação social.

E qual seria?

Democracia levada às últimas consequências: sem demagogia política, sem manipulação política. Manipulação essa que, para mim, está representada no marqueteiro. Impossível! Impossível um chefe de estado ser ensaiado, coordenado, não por uma grande dramaturgia, mas por um fazedor de golpes cênicos — agora já estou falando, de novo, como mulher de teatro. Sabe, acho este seu livro muito sério para eu ficar aqui cuspindo as minhas bobagens [risos].

Não vou nem comentar isso [risos]. Só para fechar: você se importaria em declinar seu voto no segundo turno da eleição de 2014?

Não voto mais. Quando fiz 80 anos, parei de votar. A última pessoa em que votei foi no Lula...

E você não sente vontade de votar?

Não.

Por quê?

Porque não tenho em quem votar. Por enquanto.

Fernanda Montenegro (Arlette Pinheiro Esteves Torres), carioca, 86 anos, é atriz de teatro, cinema e televisão. Considerada uma das maiores damas dos palcos, é a única brasileira já indicada ao Oscar de melhor atriz e, também, a primeira a receber o Emmy Internacional. Com mais de sessenta anos de carreira, coleciona títulos, prêmios e muitas honrarias, onde se destaca a Grã-Cruz da Ordem Nacional do Mérito.

Joel Rufino

"Acho que é melhor uma guerrilheira mentirosa, digamos assim, do que um oligarca que fala a verdade."

Rio de Janeiro, 14 de abril de 2015

Quando e como você começou a militar politicamente? Você era ligado a algum partido na época? Você fez parte ativa do movimento estudantil pré-64?

A minha primeira atuação política foi no curso secundário, na segunda parte, que era o Científico. Ajudava no grêmio e já era simpatizante do Partido Comunista, já me considerava um comunista.

Quando é que você entrou definitivamente no Partido?

Quando entrei já estava no primeiro ano da Faculdade Nacional de Filosofia. Logo depois fui dar aula no cursinho do próprio grêmio. Quer dizer, saí de boy de uma empresa para professor do cursinho do grêmio da Filosofia. O golpe me pegou no último ano, quando fui expulso. Mais tarde, ganhei um título da universidade: "Notório saber e alta especialização", para pessoas que não completaram seus cursos, por conta do golpe.

316 PROFETAS DO PASSADO

Quando você fala que passou a dar aula no grêmio da Filosofia, me fez lembrar dos famosos seminários de Filosofia Política, organizados pelo Partido Comunista, que, mesmo em plena ditadura, tratavam da formação filosófico-ideológica de seus quadros. Mais de 90% dos entrevistados deste livro, hoje, têm essa mesma origem. Ou seja, todos aprenderam que, para ser de esquerda, você precisava ser, fundamentalmente, um humanista que, por princípio e por definição, devia respeitar o outro e ter uma visão honrosa em relação às suas práticas, sejam elas políticas, pessoais, profissionais. Não é verdade?

Acho que o Partido Comunista teve uma importância grande na história do Brasil. Quando os comunistas dizem, ainda hoje, que o Partido foi decisivo na formação brasileira, eles estão acertando. Uma boa parte da minha geração entrou na política pelo Partido Comunista, pela Juventude Comunista — a sua também, que é a seguinte, né? E nessa formação comunista, estava o dever de conhecer os pensamentos dos principais formuladores do marxismo. E claro que, no marxismo, a gente bebia o humanismo, o marxismo é, antes de tudo, humanismo. Aliás, é uma das poucas razões pelas quais ele sobrevive, porque ele é uma ideia sobre o homem e a sua evolução social, a sua mudança social. O Partidão foi um tronco, do qual, na metade dos anos 1960, começaram a surgir os galhos, e alguns galhos estão aí, né? Uma parte do PT é, em parte, filha dessa tradição. Eles negam, mas não importa. A realidade é que o PT é filho dessa tradição, o trabalhismo atual, que praticamente desapareceu, também é filho dessa tradição, e a social-democracia, enfim, são rebentos de um tronco que foi esse Partido.

Então, independentemente das ponderações e das críticas que possam ser feitas ao PCB, é inegável que, naquela época, o Partidão não só promovia a formação política da juventude brasileira, como fazia

com que prevalecesse, sempre, a questão da ética e da moral. Nessa medida, como é que você vê, hoje, o Partido dos Trabalhadores, que continua se autointitulando de esquerda, embora sua atuação venha corroborando com o que se conhece, tradicionalmente, como "velhas práticas da direita"?

Ser comunista até os anos 1960 era mole. Depois, ficou mais complicado e foi se separando o vinho da água, o joio do trigo. O Partido dos Trabalhadores, o PT, começou como um partido sindical, como todo mundo sabe, em parte, um partido da Igreja no campo. E ele tinha, também, alguns laivos de socialismo, de marxismo, mas não era predominante. E, com o tempo, foi o que se revelou: ele não era um partido essencialmente de esquerda, e não era, sobretudo, nessa parte do compromisso duro, rígido, com a moral, com a ética... Em parte, essa moral do Partido Comunista era burguesa, né? Conservadora, antifeminista, mas, sem dúvida, havia uma moral. Não havia nada que se pudesse dizer daqueles líderes, nesse sentido. E o fato de o Partido dos Trabalhadores não ser mais um partido de esquerda e sim um partido pragmatista, um partido pragmático.

Que está, exatamente, onde, no campo ideológico?

Ele ora é de esquerda, ora de direita, ora de centro, mas a linha principal é a linha de centro. Vou usar um dado para que fique mais claro. Por exemplo: o PT não fez a reforma agrária, que é o sonho dos revolucionários brasileiros desde o século XIX. E eles podem até explicar: não fez por isso, não fez por aquilo, mas todas as justificativas são razões de capitulação, né? Então é isso: não é um partido de esquerda, pois um partido que permanece doze anos no poder e não faz a reforma agrária não merece ser chamado de esquerda.

318 PROFETAS DO PASSADO

E como é que você vê o desdobramento disso: de que o PT, durante os anos em que esteve fora do governo, jamais coligou com qualquer grupo e/ou partido de esquerda? Como é que a história vai traduzir essa atuação pendular do Partido dos Trabalhadores, a que você se referiu agora?

Esse centrismo que é chamado de "governabilidade"?

Então, como é que você acha que a história vai observar isso?

A história é sempre uma profecia sobre o passado. E é o que estamos tentando fazer agora, né [risos]? Mas olhando para esse partido, que já tem uma trajetória, e o quadro brasileiro que se esboçou depois da ditadura, diria o seguinte: que esse partido cumpriu um papel positivo, ele foi bom para a sociedade brasileira. Mas esse papel se esgotou. Ele não é mais o que foi durante esses doze anos, e, mesmo não fazendo a reforma agrária, ele fez outras reformas interessantes, mostrou que é possível os trabalhadores governarem.

Você acha que os trabalhadores governaram? Por quê?

O fato de o presidente ser um trabalhador, com compromissos explícitos com a classe trabalhadora, ainda que a classe trabalhadora dele seja a classe trabalhadora paulista, "a vanguarda do proletariado", como os comunistas diziam, antigamente. Acontece que o buraco é mais embaixo: os trabalhadores brasileiros não são os paulistas do ABC, que trabalham em fábrica. Mas de qualquer jeito, ele tinha esse compromisso com as classes trabalhadoras e fez esses programas sociais ou ampliou esses programas sociais que vinham de antes. Quer dizer, o PT fez bem à sociedade brasileira, mas também deixou de fazer, talvez desde o fim do primeiro governo Lula. Porque o lulismo é uma especie de peronismo à brasileira. Um sujeito que se sustenta nos sindicatos, nos trabalhadores organizados, na classe média organizada, nos servidores públicos, no homem do campo. Ele se sustenta nisso. Mas se sustenta de que maneira? Ele usa essa massa que o sustenta, como um meio de garantir o poder. Só falta o ingrediente militar, e, quem sabe — por isso que a gente não pode prever o futuro —, se o lulismo não cisme com o militarismo para permanecer no poder. O lulismo faz tudo para permanecer, diria que, esse sim, esse é o verdadeiro populismo.

Nessa medida, não lhe parece que o Partido dos Trabalhadores sempre manteve uma "coerência" em sua trajetória, especialmente quando inviabilizava qualquer aliança com a esquerda? Por exemplo: mesmo tendo viajado com o Lula pelo Brasil, transferindo-lhe todos os seus votos para o segundo turno da eleição presidencial de 1988, o ex- -governador Brizola, ao voltar ao governo do Rio, em 1990, não contou nem com o apoio político de seu antigo aliado e, tampouco, de seu partido. O que isso denota em sua opinião?

É complicado, porque, quando a gente faz uma análise, tem que to- mar cuidado para não ser injusto, no caso aqui, tanto com o Partido dos Trabalhadores, como com o lulismo. Senão, a análise não serve de nada. Eu, pessoalmente, jamais gostei do Lula, seja como pessoa, seja como ente político. Ele é um sindicalista pragmático e o que ele quer, no fundo, é sempre levar vantagem sobre os patrões. Ele não pensa nunca em mudar esse sistema, em que ele é o operário e o outro é o patrão. Ele não quer alterar as relações. Ele quer levar uma vantagenzinha qualquer e acho que essa é a essência do lulismo. Agora, pelas condições do povo brasileiro, isso funcionou algumas vezes. E é claro que pode ter sido um avanço, embora vire um atraso, a partir de um determinado ponto.

320   PROFETAS DO PASSADO

Você pode explicar melhor por que Lula nunca mereceu o seu apreço?

Não gostava do Lula por causa dessa cultura de operário metalúrgico do ABC. A cultura deles se limita a levar o pessoal para Santos para jogar bola na Praia Grande e ficar bebendo cerveja, vendo Silvio Santos. Não se tem, portanto, nenhuma preocupação com a instrução, com a leitura... Lula demonstrou isso várias vezes. Ora, um presidente que não gosta de ler, um sujeito que faz carreira política e não gosta de ler. É um sujeito muito inteligente, não há dúvida. Com essa instrução zero que ele tem, com esse desgosto por livros que ele tem, ele é um cara que comanda, que lidera, que dá orientações.

Porque entra aí uma inata vocação caudilhesca. É isso?

É, tem um pouco. Mas o caudilho, pelo menos o caudilho tradicional, tem suas leituras. Preza a educação.

Partindo dessa sua análise, como você observa o papel exercido pela chamada classe média nos mais diversos momentos da nossa história? Como você vê esse seu movimento pendular de atuação política? Em 1964, por exemplo, ela foi pras ruas...

E derrubou o Jango!

Mas quatro anos depois, já na vigência do AI-5 e com os filhos, parentes e amigos presos, ela mudou de posição. Nessa medida, como você vê o surgimento do PT, que se dá no rescaldo da ditadura, alicerçado por um tripé já conhecido: o ufanismo pelo surgimento do novo líder operário, a base de sustentação político-ideológica que as Comunidades Eclesiais de Base forneciam e mais a determinação dos grupos de extrema esquerda, que retornavam dos mais diversos tipos de exílio. O PT não teria se transformado, então, no habitat

natural desse segmento social que, posteriormente, ao chegar ao poder, teria visualizado a possibilidade de conduzir os destinos da nação, segundo os seus interesses?

É isso mesmo. Não só concordo como já fiz uma formulação muito parecida com essa, naquele trabalho *Parlamentarismo, não*, ou qualquer coisa assim, que o Paulo Becker editou. Agora, também não vamos ser injustos: esse pessoal que correu para o PT porque o viu como um espaço real, de transformação, longamente ambicionado. Ninguém correu, ou pensou correr, naquele momento para um partido de direita... Ninguém correu para o fascismo. Então, acho que foi uma espécie de "uma mão lava a outra", né? Uma oscilação permanente: jovens que viram no Lula o ídolo, e aí "santificaram" o cara, expiando, um pouco, "suas culpas", ao mesmo tempo que esse cara se aproveitava dessa "santificação" para realizar seu projeto. A única coisa que eu não concordo é que se ache que foi um processo premeditado. Os processos nunca são premeditados. Porque o homem, o ser humano não funciona assim, né? Você não é determinado, suas ações não são, sempre, deliberadas por um raciocínio prévio.

Ainda mais no processo histórico, não é?

Ainda mais no processo histórico. Conheci algumas pessoas que ficaram profundamente destruídas quando o Lula e o PT começaram a fazer sacanagem. Mas eu já tinha visto esse espetáculo antes, quando se revelaram os crimes de Stalin, no stalinismo. É sempre assim, né? De repente, você cai em si.

E como você vê uma espécie de fanatismo político-partidário, que parece ter tomado conta, hoje, de alguns setores do Partido dos Trabalhadores? Seria mais um fenômeno tipicamente classe média, que precisaria, sempre, criar ídolos?

322 PROFETAS DO PASSADO

Todas as classes precisam criar ídolos. Mas vamos pensar na situação de agora: a direita está avançando em todos os campos ideológicos e teóricos, né?

Até porque a esquerda está deixando vários flancos em aberto, né?

Sim, também por isso. Mas o que se vê, hoje, é que a maioria das pessoas quer a pena de morte, quer reduzir a maioridade penal, quer liberar armas e, uma parte pequena, mas significativa, quer a volta dos militares. Enfim, um avanço da direita. Mas não é, deliberadamente, "agora estou com a direita". Entra nisso porque é movido, também, por um sentimento de frustração, de ódio.

Você não acha que a traição é o sentimento popular que prevalece hoje, após o segundo turno da eleição presidencial de 2014? Por quê?

Acho que não, porque a maioria do povo brasileiro não era PT. O que se pode dizer é que a traição incomodou quem se beneficiava dos programas rurais, mas mesmo o movimento de reforma agrária continua aplaudindo o PT... com algumas reservas, mas continua aplaudindo. Tomara que essas reservas cresçam e aí eles se deem conta: "Pô, estão aí há doze anos e não fizeram reforma agrária, não fizeram reforma política, tinham a maioria no Congresso e foram se juntar ao Sarney." Eu me sinto traído. Mas acho que a maioria se move, mesmo, por uma espécie de ódio de classe, de status, de inveja.

Mas aí você continua falando da classe média, não é?

É... Mas o que é a classe média? O sujeito que tem renda de 20 mil ou o sujeito que tem renda de 5 mil ou de 2 mil? Porque tem muita gente pobre que ganha dois, três, 5 mil. O comerciante de favela, por exemplo, ganha muito. Agora, a instrução deles sobre o mundo é sempre Deus, Deus, Deus... É triste de ver, né? Tudo é "Deus que me dá". O cara fodido lá, no meio da lama, o barraco cai, mas não cai em cima dele, então ele diz: "Foi Deus." Isso tudo faz parte da condição de classe, essa alienação básica, esse deísmo, vamos dizer assim.

Você é uma referência em cultura afro-brasileira. Nessa medida, como você vê a questão de que, mesmo com o avanço das redes sociais e a proliferação das mídias, uma parcela considerável da população brasileira ainda se considere um pouco à margem das chamadas grandes questões do país? A escravidão pode ser apontada, ainda, como um fator preponderante nessa questionável apatia e/ou alienação? Ou a desigualdade social e econômica continua sendo a questão preponderante nessa discussão?

Acho que a existência, de longa duração, da escravidão influi no comportamento atual, mas não é mais preponderante. E por quê? Tem uma prova lógica — embora a gente deva desconfiar das coisas lógicas [risos] —, que é: quanto mais nos afastamos da escravidão, mais o povo se torna servil, mais a discriminação aumenta. Ao invés de diminuir, com o tempo ela aumenta!

Mas por que, Joel? Que lógica é essa?

Bom, aí passamos da lógica para a estatística. O trabalhador negro, hoje, em média, ganha 40% menos do que o trabalhador branco de igual qualificação. E isso é estatística. E, nas profissões que pagam melhor, o negro vai desaparecendo conforme vai subindo a renda. Então, você tem muito negro funcionário público, muito negro comerciante, negro sargento... Mas depois, quando chega a coronel, quando chega a comandante, vai rareando o número de negros. Quando chega ao sistema financeiro, então, onde estão os maiores ganhos, o negro não existe. Então, o mercado de trabalho continua discriminatório, e, com o desenvolvimento econômico, aumentou essa discriminação.

324   PROFETAS DO PASSADO

Sim. Só não ficou claro, qual é a lógica disso?

A lógica é que a gente devia, ao se afastar da escravidão, se tornar mais altivo, menos humilde. Vou dar um exemplo: nós vamos fazer um evento aqui, que é "O Desenforcamento de Tiradentes". E vou fazer uma surpresa que vai mostrar a altivez do negro. São três meninos, que fazem passinho, que é a própria majestade... da arte negra. Não tem nada a ver com improviso, com aquela coisa "pega aí o pandeiro, que vou fazer um sambinha". É a altivez, a majestade. O que eu quis dizer com isso? Que o negro, de um modo geral, continua servil, pedindo licença. A escravidão está marcada na cor da pele. Agora, tem outros que se libertam disso. Então, tem essa situação ambígua: cento e poucos anos depois da escravidão, a maior parte continua "sim, senhor", enquanto uma pequena parte, graças inclusive à tecnologia, vem tentando se libertar.

O historiador Marco Antonio Villa, em seu livro *Um país partido — 2014: a eleição mais suja da história*, afirma: "Somos um país com uma pobre cultura democrática. E isso tem uma longa história. A República nasceu de um golpe militar. A participação popular nos acontecimentos de 1889 foi nula." Como você relaciona esse histórico com a realidade presente, quando 2 milhões de pessoas foram às ruas, em 15 de março, para falar das suas insatisfações? Como você vê essas manifestações que proclamam: "Não queremos partidos políticos", "Não queremos sindicatos", "Não queremos parlamentares"? Tudo isso é, efetivamente, um fato novo na história brasileira?

A análise que o governo fez das manifestações foi equivocada. Não foi um 3º turno de gente que votou no Aécio que foi pras ruas. Se fosse assim, o governo teria que admitir que a eleição foi fraudada, né [risos]? Qual é a análise correta que se pode fazer? Primeiro, esse governo se tornou muito impopular. Mesmo que não seja a totalidade, todas as categorias estão desgostosas, hoje, com o governo. Segundo, o governo está sem capacidade de reagir, seja lá por que for, ele está atônito, recebeu várias pauladas.

Quando você fala "está sem capacidade de reagir", qual é seu diagnóstico? Ou seja, por que isso não acontece? O que falta ao governo para poder reagir: moral, política, coerência?

Tudo isso junto [risos]... Talvez a única coisa que eu ressalve é que tem coerência, né? A Dilma pode ter sido boa lutadora contra a ditadura, mas ela não sabe fazer política. Enquanto o outro, o Lula, sempre foi esperto demais, a ponto de se tornar um desavergonhado, sem escrúpulos. Ela, não. Ela não sabe fazer política, tornou-se um nada, inativa. Ela não consegue reagir...

Entre as suas inúmeras bravatas, o ex-presidente sugeriu, certa vez, que elegeria até mesmo um poste, graças à sua popularidade. Quando você diz que a atual presidente "não sabe fazer política, a ponto de se tornar um nada", você considera que ela, também, estaria incluída nessa desastrada observação de seu antecessor?

Exatamente. Ela é um poste político, né? O que eu digo dele, como dela, não é pessoal. Embora eu possa dizer que não gosto do Lula pessoalmente, isso nunca influiu, porque sempre votei nele. Na Dilma também votei, nas duas vezes. Estamos num momento, nós, militantes de esquerda, que a gente não sabe para onde vai. Na última eleição, por exemplo, fiz o seguinte balanço: uma pessoa que tem um passado de luta e uma pessoa que é neto... do Tancredo. Quer dizer, a fé de ofício dele é a família. Então, preferi ficar com a lutadora.

326 PROFETAS DO PASSADO

Mesmo que a lutadora, ao que tudo indica, venha traindo esse seu histórico?

Não tenho tanta certeza disso...

Por quê?

Pelo benefício da dúvida... Quanto ao Lula, faço meu diagnóstico tranquilamente, mas quanto à Dilma, não tenho certeza...

Mas aí você não estaria personificando demais a política? E, com isso, não haveria a possibilidade de se reduzir um pouco a discussão? Afinal, o que é mais importante: discutir pessoas, discutir projetos ou discutir a nação?

Você tem razão. Mas também não se pode reduzir uma pessoa a nada. Acho que a personalidade tem um papel. Por exemplo, no caso da construção do PT, da dominação lulista do PT, há a personalidade do Lula. Ele teve talento nisso. Era ele que dominava.

Dentro, ainda, de uma perspectiva histórica, como você vê essa tentativa de dividir o país entre "nós" (os bons) e "eles" (os maus)? O que você perscruta por trás desse recurso? Como você vê a questão da manipulação, em especial durante o segundo turno do último pleito, quando predominou um clima de "vale-tudo"? Por exemplo: o fato de a ex-lutadora, para usar sua expressão, estar traindo, digamos assim, não só a sua própria trajetória, mas também a esperança do povo brasileiro, não o fez oscilar na hora da escolha do voto? Por quê?

Eu posso responder isso. Para mim, não foi fácil saber em quem votar. E se eu não fosse historiador, se não tivesse passado a maior parte da minha vida estudando história, provavelmente eu votaria no Aécio, por tudo isso que estamos falando aqui. E, essencialmente, pelas mentiras da Dilma... Mas acontece que o voto não é uma coisa completamente racional...

Não?

Não. Então, votei nela e não votei no outro, porque penso historicamente. Acho que é melhor uma guerrilheira mentirosa, digamos assim, do que um oligarca que fala a verdade. É discutível, mas vamos fazer um raciocínio maniqueísta: ele fala a verdade, ela fala a mentira. Ainda assim, o meu sentimento pende para ela.

E como é que você vê esse sentimento, se fosse classificá-lo?

Fui torturado por ser comunista, e isso é uma experiência que não se apaga...

Você votou, então, na sua história. É isso?

Votei numa menina que estava lá na torre das donzelas, no presídio Tiradentes... Uma questão de simpatia...

E esse "sentimento" de que você fala é que, talvez, tenha lhe impedido de observar, então, o chamado "estelionato eleitoral", que, hoje, é uma espécie de consenso nacional, já que tudo que foi prometido e acusado como prática dos opositores virou "políticas" de governo?

Sabe como é que eu resolvo isso? Da seguinte maneira. Teoricamente, né? Eu acho que o PT, o Lula, a Dilma, o José Dirceu, o Genoino, toda essa gente cumpriu um papel. Mas, a partir de um determinado momento, eles desonraram esse papel, largaram esse papel, viraram outra coisa. Então, para mim, o ciclo do PT, o ciclo Lula, acabou.

Mas não há aí uma contradição? Ao votar no PT, você não estaria apostando na continuidade?

É, mas votei porque não queria votar no Aécio. Por essa razão sentimental que falei. Mas desde o início da campanha, sabia que o PT tinha se

328 PROFETAS DO PASSADO

esgotado, eu não seria louco, irracional, a ponto de dizer: "Ah, quero que o PT ganhe a eleição porque quero que ele governe mais!"

E como é que o cidadão Joel Rufino se sente em relação a esse voto, diante dos últimos acontecimentos políticos: você se sente culpado?

Não. Pelo contrário. E sabe por que não há culpa? Por causa disso que estou te dizendo: acho que esse período foi encerrado por eles mesmos, com chave de ouro, esses traidores... E esse vazio vai ser ocupado por alguém. Pode ser ocupado pelo PMDB — e ao que tudo indica é isso que vai acontecer. Ou pode ser ocupado pela facção militar, o que é muito improvável. O mais certo é ser pelo PMDB. Ou pode haver a ocupação por um novo tipo de política, uma nova maneira de fazer política.

Por que, em sua opinião, não se cogita, publicamente, a questão da renúncia, deixando que a rua peça, sempre, o impeachment? Especialmente nos últimos meses, quando parece haver uma "renúncia branca", como quer a oposição?

Discordo. Eu acho que o impeachment pode acontecer, sim. Já tivemos um. Acho que cada um tem que fazer a sua parte. Esse "desenforcamento" que realizamos aqui é um pouco isso. A discussão foi em torno do que era importante se falar agora. E entendeu-se que tinha que se falar de liberdade, de identidade nacional, de anticorrupção, de anticontrabando, de antiarrocho fiscal etc.

E qual seria, então, o seu prognóstico para o nosso futuro político imediato?

Que haja uma renovação política. E que o país participe dela.

Uma renovação política da qual você não se furta de participar?

Não, claro que não. Quero participar e muito. O que não quero mais é votar no PT, na Dilma. Não quero que eles permaneçam, porque acho que já acabaram. Mas fica sempre a questão: quem vai ocupar o lugar deles?

Joel Rufino dos Santos, carioca, 74 anos, é historiador, professor, escritor e jornalista. Referência da cultura africana no Brasil, doutor em Comunicação e Cultura pela UFRJ, tem cinquenta livros publicados, entre infantis, didáticos, paradidáticos e outros, que lhe valeram alguns prêmios e indicações. Perseguido pelo golpe de 1964, exilou-se na Bolívia e, depois, no Chile. Só retornou ao Brasil em 1973, quando foi preso. Joel Rufino faleceu em 4 de setembro de 2015, quando exercia o cargo de diretor de Comunicação Social do Tribunal de Justiça do Estado do Rio de Janeiro, quatro meses e 21 dias depois de ter concedido esta entrevista.

Alberto Dines

"Houve um vácuo deixado pela fragilidade da Dilma. Ela não conseguiu impor uma política, uma virada econômica. Ela já não comanda desde a campanha eleitoral."

Rio de Janeiro, 15 de abril de 2015

Então, queria começar conversando a respeito da sua militância. Nesses seus 63 anos de atividade profissional, além das premiações, do reconhecimento e da referência do jornalismo moderno que você se tornou, contabilizam-se perseguições e, até mesmo, uma prisão durante a ditadura. Nessa época, você participou de algum partido ou organização política?

Fiz muito cedo minhas opções políticas. Mas nunca tive militância partidária. Embora não houvesse, naquela época, essas coisas de ética, de você, como jornalista, não poder militar num partido, não foi por isso, foi porque sempre fui muito absorvido pelo jornalismo. Minha militância foi sempre por intermédio do ofício. O que eu tinha que escrever, ou escolher, sempre foi muito dentro dos meus princípios... Fui educado numa casa social-democrata, meus pais eram europeus e já vieram com essa formação.

332 PROFETAS DO PASSADO

Quando você fala nessa herança social-democrata, você está falando de alguém contrário à ditadura, que sempre se mostrou um progressista, não é? É por essa razão que você acaba sendo preso, durante a ditadura, ou você poderia ser considerado como um simpatizante do PCB, como era o caso de inúmeros colegas jornalistas?

Achei a posição do Partidão mais próxima da minha, quando houve aquela aproximação com o eurocomunismo. Mas isso já foi no final. O período stalinista não me apeteceu. Muito embora, inúmeras vezes, no jogo internacional, a Rússia pudesse, eventualmente, estar certa. Agora, os meus melhores amigos eram do Partidão. A minha prisão foi por duas coisas: porque eu confrontei a censura, no dia 13 de dezembro de 1968, e porque, uma semana depois, indignado com a mesma censura, denunciei sua existência.

Apesar desse histórico, você foi alvo de observações bem críticas em relação a sua postura, nesses tempos de repressão, apontando como exemplo o livro *Os idos de março e a queda em abril*, publicado logo após o golpe, com artigos de vários jornalistas do *Jornal do Brasil*.

É, acho que esse jornalista gaúcho não entendeu, até hoje, o que se pretendeu naquele livro. Ele pegou todos os autores e colocou no mesmo saco. Inclusive o Callado, que já era uma figura notória e um homem dos seus 50 anos. Eu era um menino e o que fiz foi, apenas, organizar o livro. E o importante foi ter a ideia de organizar um livro antes do golpe, porque estava vendo que iria haver uma colisão, uma ruptura, sobretudo a partir do dia 13. De fato, não aconteceu em março, mas aconteceu em abril. Então, o título do livro ficou *Os idos de março e a queda em abril*. E o que se queria colocar, ali, era um pouco da tragédia que se começava a viver. Cada um escreveu o seu, não houve nenhum controle.

Mas eu trouxe essa questão para chegar aos dias de hoje. Ou melhor, para trazer essa questão da demonização que, ao que parece, é uma coisa que vem de longe. Você vê isso como um traço cultural nosso, como um comportamento específico de uma classe?

Não, não. É ciúme, despeito, são maus sentimentos... "Ah, não, esse sujeito aí está subindo muito, vou arrasar com ele."

Simples assim?

Simples, não, acho terrível. O sujeito falar mal do Callado... O texto dele sempre foi primoroso. E dizer que o Callado é arrasador contra o Jango... Quinze dias depois do golpe, o Callado já estava numa manifestação contra o Castelo Branco.

Mas quando eu fiz essa pergunta sobre traço cultural, é porque hoje se vê muito isso, não é? Inclusive, eu queria que você comentasse esta sua frase: "Pretendo continuar a viver da minha profissão, renda ela o que render, porque, para mim, o jornalismo não é apenas sobrevivência, é opção de vida, limpa, digna, honesta." Como é que você acha que uma postura dessa ordem repercute, hoje, quando se tem um cenário político no qual ética, moral, dignidade, respeito não são mais protagonistas?

Essa frase está num artigo que eu respondi ao jornal *O Globo*, num episódio que envolveu os meus filhos que moram no exterior e que me deixou muito amargurado. Não entrei em depressão nem nada, mas fiquei convencido, finalmente, de que a imprensa brasileira é viciada. Ela é viciada na sua competição, na sua atuação. A classe jornalística é capacho, incapaz de dizer para o chefe: "Não, não, isso eu não vou fazer."

PROFETAS DO PASSADO

Você acha que se perdeu, totalmente, a ética?

Nunca houve ética, entendeu [risos]? O que há é o seguinte: "Não, se eu puder fazer direito e o patrão gostar, tudo bem. Mas eu vou fazer antes o que o patrão quer." Porque o negócio de colocar a "Família Dines" — eles usaram essa expressão — é uma indignidade. Escrevi que tem outros Dines. Inclusive, tem um sobrinho-neto meu que é jornalista formado e que trabalha n'*O Globo*. Ele é da mesma "Família Dines". Quer dizer, não há preocupação com a ética. É o famoso embrulha e manda.

Mas essa perda dos valores morais não teria se intensificado, ainda mais, quando, a partir da década de 1980, o neoliberalismo e suas leis de mercado, traduzidas na supremacia do ter sobre o ser, passou a regular todas as relações?

Não usaria essa periodização que você usou — dos anos 1980. Eu acho que não. Durante a ditadura houve, também, muita canalhice.

Mas lá tinha uma justificativa: de que tudo era proibido.

Não, não era. Por exemplo: em 1980, a *Folha* me demitiu por telefone. E me demitiu porque eu insisti com um artigo que eu queria publicar. Eu escrevia na página 2, e o Boris Casoy, que dirigia o jornal, vetou o meu artigo. Eu escrevia outro texto, com outro título, mandava e ele vetava. Acho que no terceiro eu peguei e publiquei no *Pasquim*. Mas aí não pode. Eu tinha direito de escrever no *Pasquim*, se eu quisesse. Mas eles me demitiram. Antes disso, eu já tinha perdido o cargo de chefia da sucursal, num ato pensado mesmo. Houve a greve dos jornalistas e todos os meus amigos do Partidão, que estavam no MDB, eram contra essa greve. Tinha outro grupo lá, que depois virou PT e mais tarde foi lamber as botas do patronato, que eram os radicais, eles que forçaram a greve. E pensei: sou o chefe dessa sucursal aqui. Então, não vai ter ponto nesse dia: quem quiser vem, quem não quiser não vem. Vou ter que trabalhar, porque sou chefe e tenho uma coluna. A direção achou que eu estava permitindo a greve. E entreguei o cargo. Essa greve foi em 1979. No ano seguinte, um ano depois, mais ou menos, houve a greve do ABC, houve aquela violência toda. O Maluf era o governador e escrevi um artigo responsabilizando-o pela repressão. A *Folha*, que sempre foi muito ligada ao Maluf, não gostou. Mas não foi o governo que me demitiu. Foi a *Folha*. Fui demitido do *Jornal do Brasil*, por razões políticas, em 1973. E, novamente, quem me demitiu foi o dono do jornal.

Você acha que o jornalismo que se faz hoje cumpre a sua função política e social, ou o número abusivo de mídias vem alterando substancialmente o papel da imprensa? A partir da sua longa trajetória, como você vê essa questão?

Não tem mais espaço. Acho que nunca teve espaço para o jornalismo independente. Quer dizer: o dono pode fazer jornalismo independente, o colunista, o repórter, não. Você tem exemplos de momentos formidáveis de um jornalismo independente. Mas quem sempre bancou isso foi o dono do jornal. Já em outros países, como nos EUA, por exemplo, você tem colunistas que peitam.

E por que você acha que aqui, no Brasil, não acontece o mesmo?

Porque o mandonismo, o patronato, tem uma força incomensurável numa sociedade escravagista, como ainda é a nossa: você não tem o direito de ter uma vida independente, de fazer o seu espaço naquele ambiente. Por outro lado, não é à toa que o Brasil teve uma ditadura ao longo de 21 anos. O país é mandonista, é autoritário. A cultura da nossa sociedade é autoritária. É uma herança que vem lá de trás, do período colonial, inclusive.

336 PROFETAS DO PASSADO

Vem, então, da formação cultural da nação brasileira, é isso?

Eu diria que é da formação religiosa. Porque o Brasil e os outros países da América Latina foram criados num período em que a Península Ibérica era absolutamente teocrática. Espanha e Portugal eram países dominados pela Igreja. E a Inquisição se fazia muito presente. A Inquisição, de Portugal em nosso país, foi instalada em 1536, ou seja, 36 anos depois da descoberta. E na Espanha, foi um pouco antes da descoberta da América. Isso nos marcou profundamente. Mesmo assim, entre a colônia portuguesa, que era o Brasil, e as demais colônias espanholas há uma enorme diferença. Entrevistei esse antropólogo argentino, Néstor Canclini, que vive no México, e ele comentou que lá houve Inquisição, com auto de fé, mas mesmo assim, a primeira tipografia mexicana antecede a brasileira em duzentos anos. No Brasil, a primeira tipografia e o primeiro jornal datam de 1808. Só que com um detalhe: para a imprensa no Brasil ser livre, sem censura, o jornal, que era o *Correio Braziliense*, teve que ser impresso em Londres. E o patronato daqui não gosta de dar a esse jornal a primazia, e sabe por quê? Porque ele era maçom, o Hipólito da Costa era maçom, ele tinha sido contra a Inquisição, foi preso, inclusive, pela Inquisição, em Portugal. Ou seja, a Igreja é que está por trás. Uma das mais importantes consequências da chegada da Corte foi a criação da Imprensa. Porque quando a Corte chegou aqui precisava de um jornal para dizer que se assinou o decreto tal, que se fez isso e aquilo.

Você acha que a partir dessa sua análise, pode se encontrar um melhor entendimento, não só para o padrão cultural da subserviência, mas também para essa apatia popular?

Não diria apatia. É uma resignação. É o dogma. Você se curva ao dogma, porque a casa-grande esteve sempre associada com a capela [risos]. Estou fazendo uma metáfora (porque toda casa-grande tinha uma capela), ou seja, o dono da casa-grande era o dono da capela.

Ainda sobre o papel da imprensa hoje: na última eleição, de 2014, produziram-se, incontestavelmente, muitas falácias, muitos factoides, a ponto de ser cunhada a expressão "estelionato eleitoral". E nesse cenário eleitoreiro, sobressaiu-se a figura do marqueteiro. Ou seja: não importava a realidade ou a verdade do fato, mas sim a sua interpretação ou aquilo que você poderia jogar, midiaticamente, à população. Nessa medida, como é que você viu o último pleito, em especial o segundo turno da eleição?

Não concordo que o segundo turno foi pior do que os outros, foi a mesma coisa. Vou dar um exemplo: a gente se preocupa muito com corrupção, mas quando ela é praticada por políticos, sejam eles do governo ou não. Quando a corrupção é praticada por empresários, ou pelo aparelho burocrático, isso não causa grandes comoções. No fim de março, nos dias 27 ou 28, apareceu um escândalo de enormes proporções; o volume de dinheiro — não dinheiro roubado, mas dinheiro envolvido, é até mil vezes maior que o da operação Lava Jato. É esse negócio da Receita federal, o Conselho Administrativo de Recursos Fiscais (Carf), que é uma instituição superior da Receita, uma espécie de tribunal, onde você pode chegar e reclamar da Receita, se você foi multado ou punido por alguma forma. É uma instância jurídica da Receita, altamente democrática, mas isso foi tudo corrompido. Os próprios funcionários, aqueles que decidiam, foram comprados por uma máquina extraordinária, comandada às vezes diretamente pela empresa, às vezes por um escritório de advocacia, que chegava lá e falava para um alto funcionário: "Te dou 10% da multa." E isso está comprovado pela Polícia Federal.

PROFETAS DO PASSADO

Você acha que esse exemplo que você deu pode ser traduzido como um corporativismo classista?

Não é bem um corporativismo, porque não há uma solidariedade institucional, há solidariedade de quem tem dinheiro, de quem tem poder. "Você é o dono de um grande banco, então vou ser simpático com você e nós vamos ficar amigos." Então, é a solidariedade, a aproximação, a empatia dos interesses.

Mas parece incontestável que se vive um dos mais curiosos momentos de nossa vida política, especialmente no que diz respeito ao papel que a história reservará ao Partido dos Trabalhadores. Nessa medida, como você vê a posição do PT que, mesmo continuando a se autointitular como um partido de esquerda, vem utilizando práticas e falas que, historicamente, sempre pertenceram à direita, participando de esquemas de corrupção, fazendo alianças...

Espúrias.

Como você definiria este momento da vida nacional?

Como sou muito mais velho do que você, já vi outras situações, de uma esquerda, justamente em março de 1964, que são absurdas, impensáveis. E não fui eu que disse. Por exemplo, não sei se você viu os quatro programas que fizemos sobre o golpe. Tem coisas ali muito graves. O Marco Antonio Coelho, de quem eu gosto muito e que, hoje, é um homem de quase 90 anos, que foi do Comitê Central do PCB, e que foi torturado... Ele conta no seu livro de memórias, publicado quando o Darcy Ribeiro ainda estava vivo, que, no dia — não sei se foi no dia 31 ou no dia 30 de março —, quando já tinha um movimento de tropas, no Palácio, em Brasília, o Darcy Ribeiro reúne as lideranças políticas de esquerda e sindicais, sobretudo, e avisa: "Olha, a direita está marchando, quer nos derrubar, e nós temos que acabar com a direita no Brasil." E mandou vir — isso ele conta — alguns caixotes com metralhadoras, dizendo: "Vamos liquidar a UDN!" Paranoico. Quem conheceu o Darcy Ribeiro — e conheci muito bem —, era uma figura fantástica, mas doido, doido. E ele completa: "Vamos ter que liquidá-los todos. Agora, ou vai ou racha." E o Marco Antonio falou: "Não, peraí. Vocês estão no poder, vocês têm a polícia, vocês têm o Exército. Façam vocês." Tem outra coisa que ele contou, mas foi no nosso programa de televisão. O Marco Antonio conta que o Luís Carlos Prestes, no início de 1964, não sei se foi em janeiro ou fevereiro, lançou a candidatura do Jango para presidente em 1965. E isso foi uma provocação. Primeiro, porque ele nem podia ser candidato, porque não tinha reeleição. Mas lançou. E aí os milicos e a direita pensaram: "Ora, eles querem realmente tomar o poder."

E sem nenhuma sustentação, ao que parece, não é? Mas, então...

Era o Partidão. Um partido que estava clandestino, mas que operava, quase que abertamente, com sólidos apoios internacionais. E aí, faz uma provocação dessas? Como o comício da Central, que foi uma loucura. O Jango, logo no início, forçado pelo acordo do parlamentarismo, foi muito hábil. Ele se cercou até de conservadores. Ele queria fazer o que o Lula fez: primeiro com o José de Alencar'e depois com o Temer. O Jango fez o que o Magalhães Pinto queria. Como ia ter o plebiscito, que estava previsto no acordo quando o Jango voltou da China... quem organizou o plebiscito? O sobrinho do Magalhães: José Luiz de Magalhães Lins, o homem do Banco Nacional. Então, quem presidiu a campanha do plebiscito foi o José Luiz e o Darcy Ribeiro, que era o chefe da Casa Civil do Jango. E o resultado foi espetacular: se não me engano, 80% votaram pelo presidencialismo. Quando o Jango percebeu isso — provavelmente não foi coisa dele, mas dos conselheiros —, decidiu: "Então, agora, esquece a burguesia e vamos para o pau." E esse foi um erro incrível. Porque, se as eleições tivessem se realizado, teria sido uma disputa muito interessante: Juscelino, Magalhães Pinto, Brizola, que também queria, mas não podia — quer dizer, podia, porque cunhado não é parente, né [risos]? O Lacerda também queria.

340 PROFETAS DO PASSADO

Mas quando você enumera essas peripécias da história brasileira, qual é o seu objetivo: estabelecer uma correlação com o momento atual?

Não, não! Apenas mostrar como um grupo idealista, socialista, progressista, que está fazendo uma coisa bem feita e, de repente, joga tudo pela janela, porque aparecem dois malucos lá, tomam um porre e dizem: "Vamos tomar o poder" [risos].

Como você vê a formação do Partido dos Trabalhadores, que nasceu, praticamente, no rescaldo da ditadura, reunindo Comunidades Eclesiais de Base, uma inédita liderança operária, e os diversos grupos que voltavam do exílio, fundamentalmente os que, em 1968, fizeram a opção pela luta armada? Em sua opinião, quem organizou esse projeto petista de poder: esses mesmos grupos de classe média que, ao voltar do exílio, encontraram no PT o "habitat natural" para resgatar seus ideais revolucionários? É muita ilação aventar isso?

Não, não é ilação. Isso sempre aconteceu. Estou lendo muito sobre a Revolução Russa, que já teve um problema no início: quem derrubou o czar não foram os comunistas, foram os social-democratas, Kerensky e outros. Os comunistas chegaram depois, entraram e a coisa funcionou muito bem, a capacidade de mobilização e, sobretudo, quando começou a luta armada, quando o Trotski veio e organizou o Exército Vermelho. Mas logo depois, começaram as disputas pelo poder, e provavelmente até o Trotski estivesse errado. De qualquer forma, houve uma fragmentação, que continuou desde lá, de 1920 até hoje. Mas o mais grave, em termos de erro histórico, foi o negócio do nazismo, quando o partido comunista alemão, que era fortíssimo, achou que o inimigo número um não eram os nazistas, mas os social-democratas... Isso foi confirmado por uma testemunha, que é o Eric Hobsbawm. Quando o partido comunista alemão, que era muito organizado, fez uma revolução socialista, logo em seguida à da Rússia, acabou fazendo uma opção louca, que permitiu a vitória do nazismo. Se os dois estivessem juntos — comunistas e social ·democratas — eles tinham tomado o poder.

Essa divisão das chamadas forças de esquerda parece ser uma constante na história da humanidade. No caso do Brasil, como é que você vê essa questão, pelo viés da classe social, já que tradicionalmente as camadas populares sempre estiveram à margem das grandes decisões?

Não, aqui no Brasil as classes sociais são pouco definidas, não se sabe muito bem o que é classe média, por exemplo. E a esquerda, por sua vez, nunca esteve no poder. Então, quando ela toma o poder, ela não sabe enxergar a longo prazo, porque ela não tem esse treinamento, essa perspectiva... Quando é que a esquerda chegou ao poder, no mundo todo? Muito pouco. A primeira experiência foi no México, mesmo assim muito fragmentada, depois vieram os comunistas na Rússia, depois os alemães, quando também houve muita fragmentação. Acho que não há, ainda, tempo sedimentado de experiência para você ser mais tranquilo quando exerce o poder. É uma atitude psicológica compreensível. A direita, os conservadores, não, eles têm experiência de domínio. E nunca se dividem.

Batendo ainda na mesma tecla: qual é, em sua opinião, o rescaldo histórico dessa estratégia adotada pelo PT, especialmente nesses tempos de Lava Jato e pós-mensalão? Como você vê essa possibilidade de que práticas da velha direita sejam confundidas, hoje, como uma política de esquerda? Essa confusão provocada pelo discurso oficial não viria aumentar, ainda mais, a crença do povo brasileiro em relação à "predestinação histórica" de que o Brasil não tem jeito?

Não posso dizer nada definitivo, porque estamos vivendo o momento. Não tenho condição de dizer se essa referência do Lula, por exemplo, vai ser permanente. Porque já há, hoje, na sociedade brasileira e nas diferentes classes médias — é difícil dizer o que é classe média, porque ela começa bem embaixo —, uma noção das coisas. Eu me atrasei por causa do engarrafamento, mas fui compensado porque estava com um motorista, que peguei na rua. Um sujeito extraordinário, informadíssimo. Ele me disse: "Esse Aécio aí, que agora diz que vai participar das manifestações, se for, vai acabar com as manifestações, porque o sucesso delas é não ter partido." E ainda completou: "Eu penso assim, embora não seja cientista político, não." Acho que a gente tem que se acostumar ao fato de que o brasileiro está aprendendo a pensar. Eu diria que a gente está deixando de ser criança, o Brasil está ficando mais adulto. Todas essas experiências vão criando uma sedimentação.

Pode-se creditar essa alteração a uma perspectiva dialética que chega com a internet, com as redes sociais, com essa democratização das multimídias? Essa sedimentação a que você se refere não estaria acontecendo porque, agora, a informação chega de forma instantânea para milhares de pessoas?

Eu sou muito cético. Acho que as redes sociais são boas, elas são "saca-rolhas", elas facilitam a manifestação, sobretudo quando é indignada, quando tem o palavrão etc. Não acredito muito que a reflexão sensata venha das redes sociais. Ela vem do boca a boca, sim, mas acho que ela ainda vem do jornal, das mídias tradicionais.

Mas talvez a informática acabe aguçando mais a curiosidade, não? Porque o celular permite, hoje, que você acesse a mídia tradicional, inclusive. Nessa medida, você não acha que entra aí, em jogo, o fator multiplicador?

Acho que sim. Porque o fator multiplicador se dá das mais diferentes formas. O comentarista de rádio, de manhã, lê os jornais, e quando comenta, ele está multiplicando. Acho que tem uma força, sim. A sociedade brasileira está ficando adulta, inclusive sob o ponto de vista da mídia. Sobretudo a TV Globo, que trata a sociedade brasileira como infantil, infantiloide. Mesmo que a premissa da manipulação permaneça, acho que já estão aparecendo umas brechas, à custa de sofrimento. Inclusive agora, quando todo mundo está percebendo aonde vai dar a inflação, ela não está parada.

O que você tem a dizer a respeito desses atuais "deslocamentos" de discussão? Por exemplo: 2 milhões de pessoas foram às ruas em 15 de março de 2015, e o que se repete, o tempo todo, é que "isso é um golpe de direita, que estamos sob sérias ameaças de vivermos um novo regime de exceção". Essas repetidas falácias não seriam uma forma muito velada e, ao mesmo tempo, muito perversa de desqualificar as reivindicações e o clamor popular que vêm das ruas?

É a velha máxima: nós somos do povo e, portanto, nós mandamos no povo. Tem isso, mas eu acho que é fruto, também, da inexperiência.

Você não considera que essa postura se assemelha com aquilo que se chamava, antigamente, de "práticas da velha direita": o ataque é a melhor defesa, pega-se um fato e transforma-se em outra coisa, dicotomiza-se tudo, e por aí vai?

Isso é próprio de nossa formação autoritária: demonizar o outro! Se "nós somos Deus, eles são o demônio". Mas mesmo existindo isso, ao mesmo tempo há esse processo de amadurecimento. O povo não é mais aquele rebanho que vai pra cá e pra lá. Acho que há elementos novos no quadro psicológico do país, elementos psicossociais, que é preciso levar em consideração. Aquela coisa de dizer "estamos com os pobres, então, a gente pode fazer tudo", não pode mais.

Essa independência do Ministério Público, da Justiça Federal e da própria Polícia Federal caracteriza o quê, em sua opinião? Você acredita que uma operação do porte da Lava Jato possa auxiliar no fortalecimento das instituições e, em última instância, no fortalecimento do Estado Democrático de Direito?

Sim e está começando a se articular nesse sentido. O Ministério Público criou o que eu chamaria de uma elite de servidores. Eles são servidores públicos, de fato, em defesa da sociedade, assumidos como tal, quer dizer, eles podem até ter partido, mas antes de tudo é a sociedade. E eu acho que isso está fazendo a diferença. Isso, certamente, influenciou a Polícia Federal, e criou-se também uma elite de policiais com a ideia republicana: "Não, nós estamos aí para impor a lei e não para proteger os amigos." E isso está começando a ocorrer. O governo petista realmente foi o que mais prendeu até hoje, mas por causa do Ministério Público, da Polícia Federal e da Justiça Federal. Você tem aí atualmente um grupo de magistrados da idade desse Sérgio Moro, 40 e poucos anos, que veio para botar as coisas no lugar. Vou dar um exemplo: quem primeiro falou no Sérgio Moro, em termos mais pessoais, foi o Flávio Dino, eleito governador do Maranhão pelo PCdoB. O cara me chamou atenção, logo no primeiro turno, quando derrubou todas as oligarquias, vencendo inclusive o PT. Eu o entrevistei e achei fascinante tudo o que ele dizia. E ele se dizia amigo do Sérgio Moro, porque cursaram, juntos, a Escola da Magistratura. E ele me falou: "Esse cara é bom, esse cara é sério, e eu nem sei de que partido ele é."

Mesmo assim, você não acha que continua existindo certa confusão entre o que é papel do Estado e o que é papel do governo, hoje, no Brasil?

A Polícia Federal é o Estado. É por isso que se diz que a Policia Federal é republicana. Mas quem paga, quem faz o investimento, é o governo.

E isso lhe daria poder para mandar na polícia?

Não, não pode mais. A última vez em que se fez isso, de forma vergonhosa para a Polícia Federal, foi na operação Satiagraha.

Só para esclarecer: quando a presidente Dilma afirma "mandei a Polícia Federal investigar" (referindo-se aos desdobramentos da operação Lava Jato), não denota aí uma certa mistura entre o que é, efetivamente, da competência de cada um dos poderes?

Não, acho que aí é só uma simplificação. Embora você tenha razão: a Polícia Federal é um órgão do Estado, mas quem administra o Estado é o governo. Porque o Estado não tem representantes. Mas como a Polícia Federal está afeta ao Ministério da Justiça, ela é um órgão do governo, e aí podem surgir essas confusões. A Polícia Federal é uma polícia judiciária, mas não é comandada pelo Poder Judiciário. Talvez devesse ser. Mas não é, nem aqui, nem em nenhuma parte do mundo. Nos EUA, o FBI é o governo, quem nomeia o chefe do FBI é o governo. Lá não tem o Ministério da Justiça, tem a Procuradoria-Geral. A escolha do procurador-geral da República, aqui no Brasil, é feita por lista tríplice, mas a escolha fica a cargo do presidente da República.

Com toda essa mistura de competências, funções e papéis, como é que você vê, hoje no Brasil, a questão da independência dos três poderes? Ela existe, de fato?

Existe, sim. O Brasil ainda não chegou a um esquema de independência como é nos EUA, onde o Obama, embora não tenha o controle do Legislativo, ele fez, talvez, as coisas mais importantes do seu governo, nessa situação de inferioridade. O Executivo tem força para fazer acordos internacionais, como os que estão sendo feitos. Então, nós não chegamos, ainda, a esse aperfeiçoamento. Mas o espírito republicano está começando a permear. Temos, hoje, um Ministério Público impregnado realmente desse espírito. É uma coisa nova, progressiva, mas que está caminhando rapidamente. Surgiu com a Constituição de 88, que foi quando se criou o MP. Temos, hoje, servidores do Ministério Público admiráveis. Ontem mesmo gravei um programa sobre reality show e coloquei lá um representante do Ministério Público. Sempre achei que o MP tem que cuidar de tudo. Ele é um defensor dos direitos e nós temos o direito de escolher o que nos oferecem na televisão, por exemplo, que é uma concessão.

346 PROFETAS DO PASSADO

Nessa linha de raciocínio, pode se dizer, então, que operações como a Lava Jato têm contribuído para o fortalecimento das instituições brasileiras?

Acho que sim. O próprio mensalão foi uma etapa, uma etapa muito corajosa, que também começou no Ministério Público. O procurador-geral da República, Antonio Fernando de Souza, abriu inquérito contra uma organização criminosa; inicialmente, ele não apontou suspeitos. Então, o que se começa a ver é um Estado que cumpre as leis, ou melhor, que faz cumprir as leis. Mas como é o governo que administra esse Estado, obviamente que o governo tem uma participação nisso.

Qual o seu prognóstico para o futuro imediato da política brasileira? Como é que você vê este atual momento político, quando a oposição já começa a falar em "renúncia branca"?

Houve um vácuo, deixado pela fragilidade da Dilma. Ela não conseguiu impor uma política, uma virada econômica. Ela já não comanda desde a última campanha eleitoral. Quem comandou a campanha e a obrigou a dizer coisas que ela não poderia ter dito foi o marqueteiro, que, por sua vez, obedecia ao PT, ao Lula e ao alto comando do partido. E mais ainda, com o Aécio Neves colocando o Armínio Fraga na campanha. Pois se ele colocasse assim: o Fraga vai me orientar na economia, o Cristovam Buarque vai ser meu homem da Educação, fulano vai ser isso, ele estaria eleito. Mas só o Fraga?

Qual a sua observação a respeito do último processo eleitoral, ou seja, da última campanha?

Que a diferença em votos foi mínima, que foi a mais acirrada, a mais venenosa, a mais viciosa, a mais desrespeitosa campanha eleitoral que já se viu. Com muita mentira também: primeiro em cima da Marina e, depois, em cima do Aécio. E mais tarde, em cima de todos que digam não ao governo.

Você vê alguma relação entre essa postura e a denúncia de que o projeto petista de vinte anos no poder prevê a cooptação dos setores médios, por meio do aparelhamento da máquina estatal, que, já há algum tempo, estaria contemplando fundações, autarquias, organizações não governamentais? Um exemplo disso poderia ser a postura da seccional da OAB, em Brasília, negando, num primeiro momento, ao ministro Joaquim Barbosa, quando se aposentou da presidência do STF, o direito de voltar a advogar?

É, mas você vê que hoje, ou ontem à tarde, a presidente escolheu o substituto do Joaquim Barbosa. E há uma espécie de consenso de que se tem um ministro de origem, que vem "do outro lado do balcão". Um advogado, enfim um defensor da sociedade, que é o caso do ministro Fachin, de quem eu, por exemplo, nunca tinha ouvido falar, e que parece que apoiou a Dilma na outra eleição, no primeiro mandato. Aliás, uma coisa que, como juiz, ele não deveria ter feito. Mesmo não tendo cargo na ocasião, como é o caso. Mas um advogado também tem seus direitos, e um deles é o de se manifestar politicamente.

Em recente entrevista no seu programa *Observatório da Imprensa*, você entrevistou o atual ministro da Educação, que, incontestavelmente, é um educador, um homem da Filosofia, que dá aulas de ética. Não lhe parece curioso que ele venha substituir uma das mais contraditórias figuras que já ocuparam o MEC? Porque não dá pra você sair da eleição dizendo que vai implantar a Pátria educadora e escolher um parlamentar, que nada tem a ver com a educação, como o Cid Gomes, para ser o ministro, não é?

Eu acho. Mas achava que era uma jogada para fazer o quanto pior melhor. Ou seja, vamos escolher a escória, mesmo, para depois dar outra virada e fazer outro Ministério. Se a Dilma continuar no poder — e eu acho que ela vai continuar, pelo menos vou lutar para que ela continue até o fim —, ela vai ter que fazer outro Ministério. Menor e melhor.

E por que você vai lutar para que ela continue?

Porque acho que não há razão nenhuma para o impeachment. Embora tenha muita coisa ainda para surgir. Mas eu acho que ela tem que ficar, porque o Brasil não merece, a essa altura, ter uma crise institucional. Porque, evidentemente, vai ter, porque, tirando a Dilma, não vai ser como foi com o Collor. O Collor ninguém respeitava.

E o que você tem a dizer a respeito da última pesquisa que aponta um índice de 73% de rejeição à presidente?

Pois é, não querem mais, mas dizem, ao mesmo tempo, que não conhecem o substituto dela, que é o Temer. Então, tem uma incongruência aí... Se ela sai, quem vai substituí-la? Não querem mais a Dilma por razões inteiramente subjetivas. Eu acho que ela tem que terminar. A não ser que tenha alguma coisa que ela tenha feito, comprovadamente. Acho que uma troca, agora, seria uma ruptura e isso seria muito ruim para o país.

Você se importaria de declinar seu voto na última eleição?

Não votei na Dilma. Não poderia votar porque a campanha foi viciosa. E disse isso publicamente. Não foi uma eleição em que se jogou limpo. Não foi negócio de dinheiro, não. Foi violência mesmo. Contra a Marina, contra o Eduardo Campos e, depois, com o pobre do Aécio. E sem nenhum escrúpulo, sabe? Joga pesado, joga pesado mesmo, para depois admitir: "Não estamos desconstruindo... mas isso é do jogo." Mas não é assim. Temos que criar novos hábitos de convivência política e, talvez, agora a gente consiga.

Por quê? Porque agora teria respaldo popular para isso? Mas como, se os padrões culturais ainda são: aqui não se discute, se briga, não se confrontam ideias, se criam inimigos, e por aí vai?

Pois é, é isso. Infelizmente, é isso que estamos vivendo. E o final ainda parece estar longe. A agonia desse sistema tribal, canibal, ainda não chegou. Mas se ainda não é o fim, pelo menos pode se dizer que já está dando uma viradinha, uma pequena alteração. Ou seja, as pessoas estão deixando de ser infantis [risos].

Alberto Dines, carioca, 73 anos, é escritor, professor e jornalista. Com mais de cinquenta anos de carreira, dirigiu e lançou diversas revistas e jornais, tanto no Brasil como em Portugal. Referência do moderno jornalismo brasileiro, leciona, desde 1963, em universidades brasileiras e estrangeiras. Autor de quinze livros, premiado e condecorado, igualmente no Brasil e no exterior, criou o *Observatório da Imprensa* — primeiro periódico online de acompanhamento da mídia no Brasil, tanto pelo rádio como pela TV.

Zuenir Ventura

"Um dos riscos dessa coisa toda é a Dilma ser arrastada para o centro desse escândalo. Porque é muito difícil ela não estar metida nisso. O Lula, então, nem se fala."

Rio de Janeiro, 16 de abril de 2015

Queria começar falando da sua trajetória, da sua história de militância. Sei, mais ou menos, que você foi preso duas vezes, na época da ditadura. Mas não sei por quê. Por que você era do Partidão?

Sabe que eu não era? Eu não, mas o carro era... É, o meu carro era do partido [risos]. Tinha sempre um companheiro que ia lá em casa — eu morava na Urca — e pegava o carro. Por sorte, ele nunca caiu, porque se caísse, até eu explicar... Mas, enfim, eu tinha grandes amigos no partido. E sempre ajudei, escondi gente em casa, como o Julião, por exemplo. Quando entrevistei o Carlos Nelson Coutinho, em Paris, onde ele e o Leandro Konder estavam exilados — eu era da *Veja* nessa época —, quando eu disse que não era do partido, ele falou: "Eu sabia que ninguém é perfeito, como é possível isso, você não é do partido?!"

352 PROFETAS DO PASSADO

Você, então, é um daqueles exemplos típicos de que a proximidade com os comunistas e o exercício da atividade profissional, com ousadia e responsabilidade, faziam com que você se tornasse, também, um "subversivo" para a época?

Pois é, exatamente isso. Pelo que acontecia naquele momento, a posição mais correta era essa. Porque você tinha uma oposição armada — "só o povo armado derruba a ditadura" — e você tinha a turma do Partidão — "só o povo organizado derruba a ditadura". Eu era do lado do povo organizado, era um reformista, como se dizia naqueles tempos [risos]. Então, esta é a minha história. Fui preso mais porque eu era professor, do que por ser jornalista. Porque eles achavam que nós é que fazíamos a cabeça dos jovens... quando, na verdade, nós é que éramos liderados pelos jovens. Participei de passeatas, assembleias, cheguei a ser preso três vezes... Fui preso com o Hélio Pellegrino, mas minha participação, realmente, não tinha importância política nenhuma. Só tinha importância como mais um.

Então, desde a década de 1960, quando a maioria dos entrevistados deste livro iniciou sua trajetória política, parece ter existido o consenso de que ser de esquerda, ser revolucionário, era ser, antes de tudo, um humanista, respeitando os padrões éticos e morais. Nessa medida, como você vê a posição adotada, hoje, por uma parcela considerável da chamada "*intelligentsia* brasileira", que se cala, minimiza ou chega a negar os atuais escândalos de corrupção? O que mudou: a esquerda ou a classe média? Quem é a classe dominante, hoje, no Brasil?

Você trouxe um conceito fundamental, que é o da ética. Eu me lembro do tempo em que eu dizia pros meus amigos, com orgulho: "Votei no Lula!" Eu tinha a maior simpatia pelo PT. Eu dizia: "Reparem só, não tem nenhum escândalo em que você encontre alguém do PT, não tem ninguém." Eu dizia isso para amigos meus reacionários... Mas, agora, é o contrário. Hoje é: "Espero que não tenha ninguém do PT." A perda da ética, o abandono da ética como projeto de um partido, em especial por um partido como o PT, que era um partido ético, basicamente ético, é lamentável. O Hélio Pellegrino, que foi um dos fundadores do PT, colocava a ética acima de tudo.

Pois é, durante quase os vinte anos em que esteve na oposição e, portanto, fora do governo, essa sempre foi a principal bandeira do PT, não é?

Sim, essa sempre foi a sua principal bandeira. E isso contaminou muito o país, não é? Quer dizer, quando se tem, hoje, essa exposição, esse propinoduto, essa coisa de escândalo que não tem fim, que não tem limite, escalas astronômicas... Então, acho que essa é a grande questão: recuperar, resgatar, de alguma maneira, a ética como norma e como prática da política. Acho que a principal herança de 1968, aquilo que nos deixou de melhor foi o exercício da ética e a paixão política, a paixão pela ação política. Com todas as porra-louquices — para usar uma expressão da época —, toda aquela garotada lutava com ética e se entregava de corpo e alma, literalmente, por um projeto de país. Não tinha nada de pessoal. Era um projeto de país. E isso se perdeu.

Quando você lembra dessa entrega da geração 1968 — e todos nós sabemos que ela foi real, quando vários companheiros perderam a vida e outros tantos ficaram com sequelas incalculáveis —, você vê alguma coincidência entre aqueles jovens e alguns dos atuais "expoentes" da política nacional? Ou seja, não estaria aí, na origem social desses filhos da classe média, que se filiaram ao PT em seu retorno do exílio e que, posteriormente, chegaram ao poder, uma provável justificativa para os desmandos governamentais de hoje? Afinal, os cientistas políticos são pródigos em afirmar que a prática política dos segmentos médios é a de trilhar o caminho mais curto para a satisfação de seus interesses...

Acho que se tem, realmente, uma grande confusão. Acho que a gente vive uma complexidade muito grande... E ainda temos as variáveis de hoje. Por exemplo: a ascensão da chamada classe C para a classe média fez com que todas essas fronteiras e/ou análises fiquem muito difíceis de serem estabelecidas. A gente não sabe onde a classe média de hoje começa e até onde ela vai, porque o quadro se alterou bastante. A minha empregada tem, hoje, valores de consumo que são de classe média, o meu motorista tem computador melhor que o meu, e por aí vai. Mas isso não é o suficiente para você estabelecer que eles sejam membros da classe média. Talvez mais pelo consumo...

Mas não estou querendo discutir pelo viés do consumo. Estou querendo buscar — se é que existe — uma justificativa, minimamente coerente, para esse projeto de os fins justificam os meios. Você já pensou sobre isso? O que você acha dessa ilação a respeito da classe média?

Não, não cheguei a pensar, embora seja uma grande preocupação. Agora, também acho que a gente não pode ver tudo como um bloco. Parte dessa turma que veio da luta armada, você tem desde o José Dirceu até o Fernando Gabeira, que são completamente diferentes, estavam todos muito próximos naquela época. E o "outro" era mais sensato, quer dizer, o José Dirceu parecia mais sensato que o Gabeira... Mas, enfim, não dá para gente analisar isso em bloco. Acho que você tem várias trajetórias de várias vertentes. Cada um seguiu um caminho. Até fiz um livro, chamado *1968 – o que fizemos de nós*, discutindo isso, e você vê lá todas essas fraturas. Você tem lá desde o Caetano, passando pelo Luiz Eduardo Soares, pelo Franklin Martins, e até o Gabeira... E você vê como são diferentes. Têm uma base comum, uma trajetória comum, mas vão até um determinado ponto, depois, vai cada um para um lado, ética e politicamente...

Pois é, ética e politicamente. Quer dizer, então, que você descarta essa possibilidade de fazer uma análise enquanto classe social?

É, porque fica difícil. Acho que ela é precária, pode levar a erros, porque de lá para cá houve uma mobilidade, uma ascensão muito grande de classes. E, geralmente, quando são feitas essas análises, as classes sociais são divididas por categorias, pelo consumo, pelo poder aquisitivo. E não é só isso que pesa, quando se caracteriza alguém de uma determinada classe. E agora, então, depois de todas essas mobilidades sociais...

Você se tornou escritor por decorrência natural de uma autoexigência em aprofundar e refletir, sempre mais, as questões abordadas pelo jornalismo diário. Foi assim em *1968 — o ano que não terminou, Cidade partida, Chico Mendes: crime e castigo* e *1968 — o que fizemos de nós*, só para citar alguns exemplos. Como um bom cronista do seu tempo, você não se sente tentado a escrever um outro livro sobre o atual momento da história republicana?

Ontem dei uma entrevista a Míriam Leitão e ela fez uma pergunta parecida... E eu estou muito confuso em relação ao país e em relação ao mundo. Não sei exatamente como houve essa aceleração da história — hoje é tudo em tempo real, a notícia se dá de uma forma abrupta. Estou meio perdido, mas acho que não sou só eu, também... Antigamente, a gente tinha a muleta da ideologia: se você era de esquerda, "bom, tá do meu lado e está certo, se está do outro lado é que está errado". Hoje, em que você pode se escorar para analisar a conjuntura? Você tem um país onde a conjuntura que se apresenta te dá uma sensação de um mar de lama. E o que é pior, num mundo que é um campo de batalha. Porque, com essa guerra religiosa imperando — o que é uma coisa terrível, uma verdadeira barbárie —, acho muito difícil você pré-estabelecer critérios para analisar isso ou aquilo... Eu estou meio perdido, entende?

356 PROFETAS DO PASSADO

Você acabou de falar que "antigamente, tinha essa muleta, que era de ser de esquerda", e você se diz, também, muito confuso diante da atual realidade. Mas não lhe parece que está posta, deliberadamente, nas discussões políticas de hoje uma confusão e/ou uma mistura de conceitos? Por exemplo: depois de anos propagando a desqualificação da ideologia, o que se viu agora, no segundo turno do pleito de 2014, foi a retomada de expressões como direita e esquerda, que, durante décadas, se "trabalhou" para excluir. Como você vê esse resgate? Mais uma estratégia de marketing eleitoral?

Pois é. Primeiro, acho que os conceitos de esquerda e de direita mudaram muito. Você diz "Ah, a ideologia acabou". Acho que a ideologia do regime não acabou.

Também acho que não vai acabar nunca...

Não vai acabar nunca, né? O que acho que houve foi o seguinte: houve uma mudança na classificação desse conceito de esquerda e direita. Antes era muito fácil. Quem era de esquerda era a favor da reforma agrária, da justiça social, a favor, enfim, da participação popular nas grandes causas e tal...

É, se tinha um conceito progressista...

Sim, mas hoje, não. Primeiro, porque a direita se apropriou de muitos desses valores. Acho que foi o Goulart que escreveu um artigo dizendo assim: "Todo mundo é comunista, todo mundo é a favor da reforma agrária" [risos]...

Mas é a direita que se apropria do discurso da esquerda ou é a esquerda que vem se apropriando, hoje, das práticas da direita?

Acho que as duas coisas. E acho que você tem razão. Acho que não é só jogar, transferir para a direita essa responsabilidade... Se você considera este governo — o governo Lula se elegeu como um governo de esquerda. Mas e o que aconteceu? Este governo fez coisas que eram projeto da direita. Tanto que o Lula terminou o mandato muito querido pelos banqueiros, pelos empresários, quer dizer, aparentemente era uma contradição... Porque se perguntava: "Mas como isso? Um cara de esquerda que fez com que a elite se sentisse ameaçada, morrendo de medo porque achou que ele iria expropriar propriedades, acabar com os ricos?" E acontece o contrário: ele fez realmente um governo que atendeu, e muito, os interesses da burguesia. Então, para começar, não se pode considerar o "Lula de esquerda" pelo cânone mais rigoroso. Mas fica a pergunta: o que é ser direita e o que é ser esquerda?

Mas, em sua opinião, o ex-presidente Lula é um representante do pensamento da esquerda brasileira?

Não, acho que não...

Mas quem o consagra como tal, então?

Acho que a prática dele. Repara só: não só a prática de oposição durante os quase vinte anos em que pleiteou o poder, mas toda a campanha dele... Lembro bem. Eu o acompanhei durante um mês na chamada Caravana da Cidadania. Fui com ele, e era, realmente, um discurso de esquerda, as propostas, as bandeiras, era tudo de esquerda. Agora, no poder, seja pelo próprio realismo do poder, que exige mudanças, porque lá você tem uma realidade e aí, realmente, tudo fica muito complicado. Porque é isso: o poder requer mudanças. Mas, no caso dele, houve uma mudança que foi uma inflexão à direita...

Queria retomar essa questão. Quando você diz que houve uma inflexão à direita, você está se referindo exatamente a quê? Pois, em 2002, a Carta aos Brasileiros buscava alinhar a sociedade brasileira ao "Lulinha, Paz e Amor", como forma de conquistar, talvez, uma melhor governabilidade, não é mesmo? Mas, depois, a gestão pública petista virou um gerenciamento de negócios, em que se somam as coligações mais inusitadas e um vasto processo de corrupção. Seria isso que você chama de inflexão à direita? Um desses desembargadores da operação Lava Jato afirmou, há poucos dias, em *O Globo*: "Pouco importa de onde rouba: se rouba, rouba do povo."

Claro, pouco importa de onde rouba: se rouba, rouba do povo!

Então, nessa medida, eu volto à pergunta inicial: por que você acha que alguns amigos nossos, formadores de opinião e, historicamente, de esquerda, reproduzem, hoje, certas máximas que sempre foram consideradas como de direita? Exemplos: "roubar sempre se roubou", "isso faz parte da natureza política brasileira", "os problemas sociais de grande alcance não foram tocados pela corrupção". Como você vê isso?

Acho que fazem isso por paixão, por fanatismo, por irracionalismo.

E também por irresponsabilidade?

Também por irresponsabilidade, claro. Mas, sobretudo, por esse apego. Quer dizer, todos nós temos amigos, hoje, que estão tapando o sol com a peneira. Eu ouço muito: "Isso é uma ação política contra o PT, corrupção sempre houve." Há pouco, perguntei a um desses amigos: "Você acha que a operação Lava Jato é uma manipulação da mídia golpista contra o PT, contra o governo?" Porque tem gente que acha isso. Quer dizer, pessoas ilustradas falam isso. E não estou falando de pessoas que têm pouco e/ou nenhum acesso à informação. Estou falando desse segmento a que você se referiu: pessoas que acompanham os noticiários, que têm acesso à informação. Por isso, eu acho que tem a questão da irresponsabilidade, mas entra, também, certa dose de fanatismo. Porque a política tem esse viés também que, às vezes, chega no fundamentalismo, que é um extremo horroroso. Mas tem um pouco disso, sim, a gente não costumava chamar os petistas mais radicais de xiitas? Hoje não se tem mais os xiitas, mas se tem algo que está além dos xiitas.

Você falou que é uma coisa impressionante, porque vai para o fanatismo. A pergunta, então, é: a dubiedade desses comportamentos não estaria chancelando, em última instância, um caudilhismo ímpar ou um populismo sem precedentes? Você concorda com essa observação que, mesmo feita à *boca chiusa*, afirma que o projeto petista de vinte anos no poder prevê a cooptação de uma parcela considerável da classe média, pelo aparelhamento da máquina estatal que, já há algum tempo, vem contemplando fundações, autarquias, organizações não governamentais, sindicatos, associações de classe etc?

Olha, você lembra que o projeto do Collor também era de vinte anos no poder, e deu no que deu. Acho que esse projeto, hoje, já quebrou a cara. Esse escancaramento da corrupção, nessa escala, a reação das últimas pesquisas, porque a queda da Dilma foi por isso. Mesmo que esses bolsões de fanatismo, de fundamentalismo, resistam, há pessoas, também, que mudam de opinião diante da realidade. As últimas pesquisas da impopularidade da Dilma são um exemplo disso. As pessoas estão tomando consciência, tanto que ela perdeu terreno justo com a classe C, exatamente, dos seus eleitores mais fiéis. Mas sou otimista. Acho que, se a gente mantém a democracia porque a grande questão é esta: mesmo com todas as suas fragilidades, com todas as imperfeições — é imperfeita, é incompleta e tal —, é o que ainda nos assegura a cidadania, que mantém e garante a ética. Sou muito crente na democracia. O problema é que esse regime, na história deste país, foi sempre um parêntesis. A gente não teve períodos históricos de democracia — e eu não estou falando de décadas, mas de períodos históricos. Quando tivermos isso — e acho que este país não vai ser para mim, vai ser para os nossos netos — teremos encontrado o caminho. Porque acredito que este é o caminho. Porque, observe: quando as coisas melhoram, a que se atribui essa melhora? À democracia. É isso que possibilita surgir, de repente, em Curitiba, por exemplo, um juiz de 42 anos, como é o caso desse rapaz, Sérgio Moro, com toda essa determinação e rigor a que estamos assistindo.

Você escreveu num artigo, há poucos dias, referindo-se ao rápido encontro que você manteve com o juiz Sérgio Moro, quando ele veio ao Rio receber o prêmio Faz Diferença — Categoria Personalidade do Ano: é um rapaz de 42 anos, que carrega a maior carga de anseio ético do país e que afirma: "A corrupção é apenas um problema. Com o apoio das instituições democráticas e da sociedade, eu acredito que vamos superar esse problema com tranquilidade." E aí, você faz, ao final, uma brincadeira, dizendo: "Esqueci, péssimo repórter que sou, de perguntar se era no meu tempo ou no dos meus netos."

Pois é, acho que não vai ser no nosso tempo, para o nosso tempo [risos]. Mas o país está melhor, Jalusa, o país está muito melhor do que era há vinte, trinta anos.

Sim, mas a questão é se perguntar por quê: porque houve, por exemplo, uma ascensão da classe baixa, que subiu um patamar e tem mais poder aquisitivo? Porque os índices de desemprego caíram? Tudo indica, então, que melhorou por vários fatores. Mas o que você tem a dizer desta realidade de agora, quando os últimos acontecimentos políticos, econômicos e sociais apontam, praticamente, para um estelionato eleitoral? Como você vê essa estratégia adotada pelo PT de inverter e/ou confundir o discurso de esquerda com a prática de direita, fazendo com que até pessoas como você se sintam "completamente confusas"? E não haveria, ainda, a possibilidade de que essa confusão, provocada pelo discurso oficial, faria aumentar, ainda mais, a "crença" popular em relação à "predestinação histórica" de que o Brasil não tem jeito?

Aí, eu discordo. Quer dizer... discordo, não...

Mas aqui neste livro, você, como qualquer outro entrevistado, não só pode, como deve discordar [risos].

Eu sei. Mas digamos que eu tenha uma visão mais otimista, está entendendo? Acho o seguinte: que este país tem tudo isso, mas ele é, também e ao mesmo tempo, muito ciclotímico. Basta dizer que, aqui, o vice-campeão, por exemplo, é vaiado. Ou é o melhor ou não é [risos]. Então, ele tem essa possibilidade de dar a volta por cima, eu acho que o Brasil tem essa capacidade de virar o jogo... Acho que a própria conjuntura, por exemplo, é que vai determinar qual vai ser o papel do Lula, daqui a pouco: se ele deve voltar candidato, e pode ser até que ele volte candidato, com todo esse sebastianismo: contra a Dilma, contra o próprio PT. Porque, de vez em quando, ele já faz um discurso criticando o PT...

Há notícias, inclusive, de que ele estaria organizando a criação de um novo partido...

Pois é, este PT — é o que ele vai dizer —, este PT não é o meu. Meu projeto de PT era outro. Enfim, vem muita coisa aí, nestes próximos anos, e este país é meio imprevisível, e nós, jornalistas — e temos muitos sociólogos no Brasil, também, somos muito assim —, como é que eu vou dizer, somos profetas do passado. A gente não acerta nunca na nossa previsão [risos].

Profetas do passado? Que ideia maravilhosa, Zuenir! Obrigada. Acabo de encontrar o título deste livro [risos].

Mas é verdade, a gente sabe tudo que aconteceu. Agora, foi incapaz de prever, há cinco anos, há dez anos, coisas que estão acontecendo hoje. Lembra do mensalão? Lembra aquele tesoureiro, o Delúbio Soares, que dizia: "Isso não vai dar em nada." Foi condenado e a gente também achava que aquilo não ia dar em nada. Tem ainda esse processo da Lava Jato que, ao que tudo indica, pode ser que traga, ainda, revelações finais assustadoras.

Então, vamos pegar daí, dessas "revelações assustadoras". Que tipo de postura e reflexão, em sua opinião, tais revelações deveriam provocar nesse segmento a que você se referiu: o de jornalistas, cientistas, filósofos? Exemplo: as manifestações nas ruas do Brasil inteiro, em julho de 2013. Pela primeira vez na história republicana não se aceitava nenhuma forma de tutela, a classe média perdia o seu papel de vanguarda, enquanto o controle da situação fugia, literalmente, das mãos da classe política. Mas, não mais que de repente, surgem os grupos armados saqueando, quebrando, incendiando. O "business da violência" toma conta das coberturas jornalísticas, e se deixa de falar do conteúdo das reivindicações. Os *black blocs*, em sua opinião, poderiam ser apontados como o mais recente exemplo de "deslocamento histórico"?

Você sabe que esses grupos é que acabaram com o sonho daquele grande movimento, não é? Através de uma ação de vandalismo, de radicalismo absoluto. E isso não é novidade. Quer dizer, eles reivindicavam um pouco do anarquismo, e acabaram incutindo o medo. E com um grande equívoco, porque quebravam caixa de banco achando que estavam quebrando o capitalismo. E que apedrejar os bancos, também, era uma dessas formas.

Você não considera, então, a possibilidade de manipulação, de ter havido uma tentativa de desvio de foco com o intuito de acabar com as manifestações?

Acho que pode até ter havido, mas não acredito. Embora a gente fique tentado em ver manipulação, e às vezes há mesmo, nesse caso acho que não. Conversei com um desses meninos, participei de debates, e é um negócio de uma espontaneidade, de um voluntarismo, que lembra, em escala muito maior de radicalismo, os chamados "porra-loucas de 68", que achavam que podiam lutar contra os canhões do Exército, porque a luta armada era uma possibilidade. Acho que tem muito dessa coisa que é própria da juventude — aquela etapa voluntariosa da vida que, ao longo da história, deu certo em alguns lugares. Como é o caso da Revolução Cubana, por exemplo, cuja tomada do poder foi feita por jovens e fazendo uma coisa que parecia uma loucura: derrubar uma ditadura. Meia dúzia, uma dúzia de jovens, 24 jovens ou um pouco mais do que isso. Então, isso não me assusta, digamos assim. Mas claro que, naquele momento, eu levei um susto. Como todo mundo. O país sendo apedrejado, uma coisa assim sem causa aparente, contra tudo... Mas, a longo prazo, eu não me preocupo com isso não. Isso sai na urina da história, já saiu outras vezes e sai de novo.

Mas o jovem que atirou o rojão que matou o cinegrafista Santiago Andrade, da Band, quando foi preso na Bahia, disse que recebia 150 reais por manifestação, que havia umas kombis nas esquinas, onde eles pegavam, também, pedras, paus etc. Mas essa história nunca mais apareceu. Você acha que a morte do Santiago pode ter sido um fato isolado?

É, pode ter manipulação... Você tem razão. Você está levantando um assunto que eu não estava lembrando agora. Acho que pode ter sido estimulado, de alguma maneira. Não gosto da palavra manipulação, porque ela pressupõe, sempre, uma teoria conspiratória. Mas agora, ao relembrar os fatos, fica claro pra mim que foi estimulado, que houve isso. E que esse movimento, como disse, ajudou a acabar com as manifestações: no início tinha 1 milhão, no final não havia mais de cem pessoas. Mesmo assim, acho que esse movimento dos *black blocs* não tem expressão política, está entendendo? É uma manifestação exacerbada de rejeição, de oposição, de desencanto, tudo isso que a gente sabe, mas é uma coisa minoritária, mesmo, entre jovens. Porque os jovens estão sempre na vanguarda, e a vanguarda é, sempre, uma coisa minoritária. De qualquer forma, acho que o fôlego desse movimento foi muito curto.

364   PROFETAS DO PASSADO

Você falou que acompanhou de perto o movimento dos *black blocs* e que manteve contatos com alguns desses jovens. Quem são eles? São filhos da classe média ou filhos do operariado?

Pelo que a gente sabe, acho que são, predominantemente, classe média, embora tenha, também, filho de operário... Não sei se operário, operário mesmo, mas gente de baixa renda, talvez. Mas, no geral, acho que é mais classe média.

E como você vê essa tentativa de dicotomizar tudo, ou se você preferir, de dividir tudo numa canhestra relação entre o nós e o eles, em que o nós representa o bem, e o eles, o mal? Pode se dizer que essa profícua criação de novos "fatos políticos" é um traço marcante da cultura nacional? Por quê? Como você vê que, mesmo diante de 2 milhões de manifestantes nas ruas de todo o país, há quem continue insistindo em associar o pedido de impeachment da presidente a um "golpe de Estado da extrema direita"?

Como um tanto de delírio, não? Tem uma piada que eu acho muito boa: que tem gente dizendo que é rico só para participar contra a Dilma [risos]. E uma das últimas, agora, me parece que é de um senador petista, lá do Acre, que disse que todas essas manifestações estão sendo manipuladas pela CIA. Fazia muito tempo que a gente não ouvia isso. "A culpa é da CIA!"

Na verdade, estão voltando todos os chavões de esquerda da década de 1960, não é mesmo?

Acho que sim. Apesar de tudo isso ser uma mistura muito estranha. Porque você tem, nas ruas, juntos, desde o exército do Stédile, como diria o Lula, até o Bolsonaro querendo a volta dos militares. Mas acho que foi uma coisa positiva, porque o próprio governo, a própria Dilma, as pessoas mais responsáveis do governo, acabaram admitindo que aquilo era o resultado de uma insatisfação geral e legítima, por ser a maioria do povo. Até o ex-marido da Dilma falou: "É, eles têm razão." E a própria Dilma acabou, também, dizendo a mesma coisa. Num dos seus últimos discursos, reconheceu a legitimidade daquele movimento que, no começo, diziam ser coisa das elites brancas, dos ricos, dos "coxinhas" essa tentativa de tapar o sol com a peneira, como já se falou aqui, e que, agora, ficou desmoralizada. E acho que vem mais por aí, porque este ano vai ser um ano muito complicado. Vai ser muito difícil, Jalusa, vai ter inflação, vai ter desemprego, vai ter este desencanto que está aí, por todo lado. Poxa, qualquer coisa aí é um rastilho.

E como você explica essa mistura entre Estado e governo? Ou se você preferir, essa mistura entre Estado e o partido do governo? Despreparo político/intelectual dos governantes ou uma onipotência absurda daí decorrente, e que faz com que se governe, praticamente, só com certezas? O que faz, por exemplo, com que o pacote de medidas anticorrupção, requentado, agora, pós-manifestações de 15 de março, tenha permanecido quase dois anos sem qualquer discussão a respeito? E por que, em sua opinião, outro pacote, que combate a corrupção com muito mais vigor, transformando-a em crime hediondo, e penalizando também os próprios partidos políticos, e que foi redigido por procuradores da Câmara de Combate à Corrupção da Procuradoria-Geral da República, tenha sido entendido pelo líder do PT na Câmara como uma "provocação ao partido"? O que é isso, em sua opinião?

Acho que isso é esperteza mesmo, porque essa coisa de misturar privado com o público é para levar vantagem. Isso não é inocente. Essa prática, esse discurso, não é sem intenção. Não tem nada de ingênuo nessa história, porque se você aparelha todas essas autarquias, por exemplo,

366 PROFETAS DO PASSADO

você tem aí uma das formas de você "ocupar" o Estado. Quer dizer, a Petrobras é o exemplo simbólico de tudo isso que está acontecendo e que, provavelmente, aconteceu e está acontecendo também, em escala menor, em outras instituições do Estado.

Segundo o ex-diretor da Petrobras, Paulo Roberto Costa, em sua delação premiada, acontece em todos os níveis, não é?

Em todos os níveis! Você vê o seguinte: a gente estava falando das dificuldades do governo, hoje. Fala-se muito que a imprensa, a "mídia golpista" é que está por trás, mas esse escândalo foi entregue para a imprensa de dentro da Petrobras, não é? Foi a delação premiada, foi o Paulo Roberto, ou seja, os diretores que, anteriormente, saíram roubando e que agora estão denunciando, mais ou menos assim: "Mas aquele também roubou e o outro também." E por aí vai. Não foi a imprensa. A imprensa divulgou, mas não foi ela que descobriu isso. Quem descobriu e divulgou realmente, foi o "fogo amigo".

Em 1992, Collor foi destituído da presidência, por impeachment, porque ficou comprovado crime de responsabilidade. Nessa medida, por que não seria legítimo o sentimento do povo brasileiro em pedir, agora, o mesmo impeachment? Foi manchete em toda a mídia: o ex-diretor Paulo Roberto Costa, em e-mail para a então ministra-chefe da Casa Civil, Dilma Rousseff, mostra-se receoso de "que a decisão do TCU, e posteriormente do Congresso, interrompesse o repasse de recursos para as obras de três refinarias". Justamente das obras que, segundo o próprio Paulo Roberto, ele retirava o dinheiro para manter o esquema do mensalão. O que diferencia, em sua opinião, as denúncias contra Collor das denúncias contra o governo hoje?

Acho que... Olha, tomara que você não tenha que publicar este livro antes do final deste ano, viu? Porque acho que um dos riscos dessa coisa toda é a Dilma ser arrastada para o centro desse escândalo. Porque é muito difícil ela não estar metida nisso. O Lula, então, nem se fala. Pois a pergunta é: como é que ela não sabia disso? Pode ser que não, ou pode ser que já se tenham as provas do envolvimento dela de alguma maneira. E aí vai ser realmente indefensável. Porque, até agora, é o seguinte: não tem nada de concreto, quer dizer, não tem nada aparecendo contra, não tem nada sobre a participação dela, mas eu temo. Até perguntei ao juiz Sérgio Moro, mas é evidente que ele não respondeu. Imagina se ele iria dizer, né?

O que você perguntou a ele?

Primeiro, perguntei se isso era apenas o começo, como algumas pessoas achavam... Aí, ele desconversou, mas quase que disse "é"! Quase que disse quase! Mas não disse [risos]. E, em relação à participação da Dilma, ele disse: "É, tem muita coisa ainda a ser apurada." Como quem diz que é cedo para dizer sim ou não. Enfim, acho que pode surpreender, embora nada mais surpreenda neste país, não é?

O que você pensa a respeito do número de falácias produzidas durante o último pleito? Por que não se discute e/ou se analisa melhor as estratégias de marketing, também regiamente utilizadas, como: "a melhor defesa é o ataque", "aquele que não se une a mim, desagrega", "com eles o Brasil vai acabar?" O que isso reflete? Que a impunidade da classe política, ou da classe dominante, aquela que comanda o país.

Pois é, mas acho que essa estratégia, também, está se desmoralizando... Está virando piada, virando motivo de chacota. Essa coisa da elite, da mídia golpista, está virando piada. Os ricos, essa coisa da "elite branca" e agora, por último, a CIA [risos]. Acho que já não tem mais defesa. É a realidade escancarada. É esse nervo exposto, que a democracia permi-

368 PROFETAS DO PASSADO

te, de você botar para fora tudo, de denunciar tudo. Os jovens dizem: "Mas antigamente não tinha a corrupção que tem hoje, não tinha a violência que tem hoje." Tinha, mas a gente não sabia, a gente não podia denunciar. Hoje, você tem isso escancarado. O país está fedendo, tem um cheiro ruim, mas é melhor assim, porque a democracia permite escancarar tudo. É melhor do que tapar, do que botar band-aid para esconder nossas mazelas.

Mas, ao mesmo tempo, dialeticamente falando, por mais que a gente tenha esse espaço propagado pela democracia a que você se refere, o chamado papel (crítico, investigativo e político) da imprensa ou da mídia, para usar um termo mais atual, vem passando por uma transformação radical, não é mesmo? Trata-se de uma decorrência natural destes tempos neoliberais, ou, com a proliferação abusiva das mídias eletrônicas, destitui-se o protagonismo histórico do chamado jornalismo impresso e, consequentemente, a linguagem, hoje, é outra? Como é que você vê essa questão?

Vejo o seguinte: que o melhor jornal, hoje, seria o jornal de explicação, não precisava ser de informação. Informação, você já é bombardeado, hoje, o dia inteiro. Agora, o problema é o seguinte: também está difícil de explicar. Com essa velocidade, essa vertiginosidade dos acontecimentos — e, no caso dos escândalos, então, um depois do outro —, é meio complicado você refletir em cima disso. E, já que você tem que fazer um jornal, todo dia, e todo dia, também, tem um escândalo diferente, imagina se tivesse que todo dia publicar uma análise? Então, acho que a mídia não está dando conta. Mas não é por falta de vontade nem por falta de competência, não. É porque, realmente, está difícil explicar o que seria ideal. Porque a gente sabe dos acontecimentos, sabe de tudo, mas não sabe por que aconteceu, como aconteceu, né? Então, essa enxurrada de informação, esse excesso de informação é complicado, mas é o que se está vivendo hoje.

E como é que você vê o jornalismo televisivo praticado hoje? Como você vê exemplos como o do repórter que chega junto com a polícia e flagra o prefeito recebendo propina, em uma bolsa cheia de dinheiro? Tudo sendo filmado e gravado, ao vivo. E o repórter resume, então, sua "cobertura" com a pergunta: "E aí, prefeito?"

Mas, ao mesmo tempo, esse flagrante foi um flagrante importante [risos], já que ele não ia responder nada mesmo. Eu falo muito com jovens, e quando eles vêm me entrevistar, sempre pergunto sobre o que está acontecendo com o jornalismo, hoje. Eles dizem que o problema é que houve um enxugamento tão grande nas redações que o repórter, que antes fazia uma ou duas matérias, tem agora que fazer quatro. Quer dizer, fazer o seu trabalho e de mais três ou de mais dois, que foram demitidos. Há aí também um problema de mercado do jornalismo. E essa coisa, que eu falei a pouco, que é a avalanche de informação. Possivelmente, esse repórter que foi lá, cobrir ao vivo o flagrante, já teve que fazer não sei quantas matérias antes. Tem isso também. Mas como eu não frequento a redação, eu só tenho essa visão de fora.

E tem, também, o fato de que a notícia já está ali, já está sendo mostrada ao vivo. Mesmo assim, não parece que se perdeu um pouco da inquietação que, junto com a indignação, seriam duas condições obrigatórias para a prática do bom jornalismo?

Pois é, mas sempre tem o outro lado da mesma história. Por exemplo: eu faço parte do júri do Prêmio Embratel, e recebo matérias de todo o Brasil. E tem alguns colegas que dizem: "Acabou o jornalismo, a grande reportagem." Mas o que acontece é que, só em relação a esse prêmio, chegam mais reportagens, a cada ano. Agora, foram mil e tantas grandes reportagens, com temas fundamentais. Então, não dá para você dizer que acabou a grande reportagem! Porque isso vem da televisão, da internet, do rádio, dos jornais e das revistas, e é uma coisa impressionante. Eu até já escrevi sobre isso: a gente fica dizendo que a grande reportagem acabou. Mas como? Se só aqui, como este prêmio, todo ano, eu vejo uma presença expressiva da participação do jornalismo na vida brasileira.

E qual seria o seu prognóstico para o futuro político imediato da nação brasileira?

Acho que estamos diante de uma grande interrogação. Justamente por aquela razão que eu disse antes: somos os grandes profetas do passado! Eu fico muito cheio de dedos, quando olho para a frente, porque eu lembro que não previ uma porção de coisas. Não previ, por exemplo, 1968 — e quando digo eu, digo a imprensa. Não previ a operação Lava Jato, o mensalão 2005. E ali você achava que tinha se chegado ao máximo e que tudo aquilo, portanto, acabaria ali. Então, eu só acho o seguinte: parece que se tem uma dinâmica muito surpreendente, tanto para o bem como para o mal. O Brasil vive nos surpreendendo. As coisas que você diz, tanto para o pior, como para o melhor, acabam também nos surpreendendo. Prefiro apostar sempre no melhor. Aposto na manutenção da democracia, embora eu ache que, mesmo que seja em escala menor, a gente vai ter que lutar por isso, também.

Você se importaria em declinar seu voto no segundo turno da eleição de 2014?

No primeiro turno votei na Marina e no segundo votei no Aécio.

E por quê?

Primeiro, porque acho que a alternância de poder é uma característica da democracia. Por que não experimentar outro jovem, outra possibilidade, outra alternativa? Basicamente por isso. E, também, porque achava que ele tinha mais condições. Via mais verdade no que ele dizia, e acho, hoje, que ele tinha razão. Havia mais verdade no que ele dizia do que no que a Dilma dizia. Não foi voto ideológico, não. Foi um voto pragmático.

Zuenir Carlos Ventura, mineiro de Além Paraíba, 83 anos, é jornalista, professor e escritor, com uma vitoriosa carreira de quase sessenta anos exercida entre os principais veículos de comunicação do país. Detentor de alguns prêmios, é autor de seis livros, dos quais se destacam *Cidade Partida, 1968 — o ano que não terminou* e *1968 — o que fizemos de nós*. Colunista do jornal *O Globo*, é o sétimo ocupante da cadeira 32 da Academia Brasileira de Letras, desde 2014.

Carlos Lessa

"O governo do PT optou por um movimento que chamo de "Casas Bahia": reduz a prestação, estica o prazo para pagar, embute o juro sem deixar que fique visível."

Rio de Janeiro, 17 de abril de 2015

Sua bem-sucedida carreira como economista, inclusive com trabalhos na ONU e como professor em várias universidades estrangeiras, sempre esteve ligada à sua atuação política, que o levou ao exílio, por ocasião do golpe de 64, e que o fez construir, também, uma sólida carreira na gestão pública. Quando e onde começou sua vida de militante?

O primeiro partido ao qual me filiei foi o MDB. Depois resisti muito no PMDB — eu me dizia PMDB do U, que era o PMDB do Ulysses. E quando saí do PMDB, fui para o PSB. E nele permaneço por uma razão muito simples: sempre disse que é impossível operar uma sociedade com a complexidade da brasileira se não for por mecanismos de representação. Por isso mesmo, é importante que todos tenham militância partidária. Sempre defendi essa posição.

E o senhor a defende até hoje?

Defendo. Acho que não consigo descobrir um sistema diferente de representação. Não acho que seja o melhor sistema do planeta, mas é o único que, razoavelmente, segura as coisas. Porque é impossível manter um povo em assembleia geral e permanente. Quer dizer, a democracia direta, ateniense, que se praticava na ágora, na praça pública, somente era possível porque havia os periecos, que se dedicavam a outras funções para que os cidadãos pudessem discutir o tempo todo. Qual é a possibilidade de você se dedicar um dia inteiro a acompanhar as questões da sociedade, as questões de uma cidade? É quase impossível. Além disso, eu acho que, muitas vezes, pela democracia direta você chega a coisas que não têm saída. Por exemplo: todos querem um cemitério, mas nenhum bairro quer que ele seja instalado ali. Ou seja, você só consegue acertar questões que dizem respeito a grupamentos se você tiver formas indiretas de poder lidar com isso, porque a democracia direta, embora seja perfeita do ponto de vista utópico, ela não é operacional. Mas deixa eu voltar um pouco, só para te dizer uma determinada coisa que, para mim, é importante. Cada um de nós é sempre fruto da sua trajetória familiar, social, local, de certas influências, de certos livros que você lê. E isso tudo tem alguma componente que é um pouco aleatória. Mas tem outras componentes que vão passando pelo crivo emocional, da sua estrutura de personalidade, do modo como você tende a se comportar. Sou produto de uma família oligárquica carioca, o que é uma coisa rara, e estou lhe dando esses dados só para dizer o seguinte: por todas essas influências, eu tive uma determinada visão de Brasil a partir do Rio. E confesso a você que, na medida em que meu olhar se alargou, maior foi a minha paixão pelo Rio. Quer dizer, eu combino uma espantosa curiosidade sobre a trajetória brasileira com um afeto quase que infantil pela cidade do Rio.

E por quê? Você poderia explicar melhor?

A curiosidade sobre o Brasil eu intelectualmente resolvo, dizendo o seguinte: o Brasil é uma esfinge. Sabe-se que a lenda da esfinge diz que quando ela faz uma pergunta, se a resposta for certa, tudo bem, mas se for errada, ela come o viajante. Gerações e gerações de intelectuais brasileiros, como a esfinge, colocam a pergunta o que é o Brasil, o que é ser brasileiro? Às equações dadas, a esfinge engole. O Brasil ainda é um construto, quer dizer, ainda é uma identidade em construção. Não é uma identidade razoavelmente decantada. E, por isso mesmo, é uma pergunta absolutamente enigmática. Bom, eu quero te dizer que, como era de boa família oligárquica, eu tinha muita influência do meu pai, um homem extremamente conservador, historiador, erudito, músico, mas muito, muito conservador. Tanto que eu me desenvolvi sem ter a percepção do problema social, quando eu era jovenzinho. Eu não tinha ideia da qualidade diferente do povo. E só passei a ter alguma noção disso porque minha mãe tinha uma política pessoal de apoio aos mais necessitados. Todos os dias, na minha casa, tinham quatro ou cinco crianças que comiam lá, porque minha mãe fazia absoluta questão de lhes dar almoço. Mesmo assim, quando fui para a faculdade, o meu primeiro contato foi com o pensamento conservador em sua melhor versão: fui aluno do Roberto Campos e do Otávio Bulhões. Eles me apresentaram um modelo de funcionamento do Brasil com uma economia liberal. Até eu esbarrar com o livro *Formação econômica do Brasil*, do Celso Furtado, que foi, na verdade, o primeiro grande livro sobre o Brasil no qual eu pus a mão. E pouco tempo depois eu tive a oportunidade de ir a Recife, onde sofri um choque cultural violentíssimo. Vi a existência da miséria na praia da Boa Viagem, onde as pessoas viviam em condições as mais trágicas que você possa imaginar, o famoso *Círculo do Caranguejo*, do Josué de Castro, é de

376 PROFETAS DO PASSADO

lá. Olhei para aquilo e pensei: está tudo errado. Essa noção do errado estava muito fundamentada, também, no livro do Furtado. E comecei a mergulhar: tem alguma coisa de extremamente errada na sociedade brasileira, como é que se permite que brasileiros vivam assim? Acho, então, que foi através desse choque moral, que passei a ser crítico da sociedade brasileira.

Você chegou a ser um marxista?

Não, nunca. Como todos da minha geração, olhava o Brasil e me perguntava: qual é a saída? E é óbvio que, imediatamente, apareceu a saída dita marxista. Só que eu já estava impregnado de diversas visões de história quando pus a mão em outro livro: *O zero e o infinito*, de Arthur Koestler, que tentava explicar como, nos julgamentos de Moscou, em 1937, Stalin havia conseguido que heróis da Revolução Soviética se confessassem culpados das coisas mais horrorosas. E é uma explicação que passa muito mais pela convicção de que era necessário consolidar a revolução do que propriamente pela tortura. Li aquilo e pensei: uma sociedade que leva as pessoas a terem esse tipo de comportamento está profundamente errada. Então, eu nunca consegui entrar em uma organização de esquerda. Todas me cantaram ao longo da vida.

Mas também nunca conseguiu entrar numa organização de direita...

Também não. Eu tinha uma convicção profunda de que a sociedade brasileira tinha erros estruturais, constitutivos, seriíssimos. E eu achava que, para poder entendê-los, tinha que mergulhar na história brasileira. Até porque, quando estudava Filosofia da História, eu me dava conta de que toda Filosofia da História opera num nível de abstração muito alto, que a história concreta é muito mais particular. Estou falando isso para dizer o seguinte: cristalizou-se, para mim, a convicção de que era preciso entender o Brasil. Estou com 80 anos e continuo a colocar essa pergunta: como é que eu explico o Brasil? Aí, vêm os vetores que eu fui lançando mão. Por exemplo: sempre achei fascinante o século XVIII, porque ele cria um mercado interno. Minas Gerais vira mercado para produtos do Vale do São Francisco, produtos do sul do Brasil e importações pelo Rio de Janeiro. Quer dizer, a ideia do Brasil como arquipélago é uma ideia boba, o século XVIII uniu o mercado interno, e é por isso que a independência do Brasil é *sui generis*. Na verdade, não acho que foi uma independência: foi um divórcio, a gente perdeu Portugal, assim como perdemos o Uruguai, a Província Cisplatina.

Só para entender: que dizer que nós é que teríamos, na verdade, uma colônia na Europa? É isso, é essa a sua tese?

Na verdade foi o único país do mundo que teve a sua independência herdando toda a superestrutura do Estado dominante. Construímos o Estado nacional brasileiro a partir da monarquia portuguesa, a partir dos tribunais portugueses, das forças armadas portuguesas, a partir de tudo português. Na verdade, a mais importante cidade do planeta português era o Rio de Janeiro. Quero pegar esse ponto — o da identidade cultural —, porque ele é extremamente importante. Na verdade, a matriz colonial perpassou, sem ruptura, a formação do Estado nacional brasileiro, que é o tipo de formação que vai se dando por ajustes parciais e não por ruptura...

E que se perpetua até hoje?

Acho que se perpetua até hoje. Temos uma história que é singular, do ponto de vista do Novo Mundo e, de certa maneira, singular no mundo todo. Temos o caso de um broto, que é muito mais vigoroso do que a matriz.

E é isso que nos dá, então, essa singularidade toda?

Sim, porque temos, aqui, uma fortíssima presença portuguesa ajustada às condições que foram se criando em nosso país. É uma criação que tem uma intencionalidade, inicialmente portuguesa que, depois, passa a ser uma intencionalidade da elite dominante. O povão, portanto, sempre foi deixado ao Deus dará. A leitura marxista da formação brasileira é cheia de equívocos. Se você tomar como paradigma Florestan Fernandes, ele diz: que a escravidão foi a relação social que permitiu construir o capitalismo na periferia do mundo, chamado Brasil. É verdade? É verdade. O que é rico é Gilberto Freyre que prega, em *Casa-grande & senzala*, que foi se criando uma matriz brasileira, inclusive um idioma português, por uma assimilação do falar africano e do falar índio. Aliás, isso é uma coisa absolutamente impressionante. Tanto que você coteja o falar brasileiro com o falar português e as diferenças sintáxicas e léxicas são brutais. E por quê? Porque o Gilberto Freyre estava certo numa coisa: a escravidão foi, sem dúvida nenhuma, a relação social de produção que permitiu o capitalismo periférico do Brasil. Ao mesmo tempo, foi o ingrediente que se soldou, antropologicamente, à formação do povão brasileiro. Então, para mim, os procedimentos de combinação, de mistura, de transmutação, de adaptação são muito mais importantes para explicar o povo brasileiro do que a relação social de produção. E a primeira coisa que me chamou atenção foi a formação de um povo livre e pobre, que não era escravo, junto dos escravos.

E convivendo com os escravos, sem nenhum problema, e aceitando, afetivamente, esses escravos. É aí, então, que está essa nossa singularidade, que nos faz praticamente únicos no mundo?

Únicos! Por isso eu tenho uma enorme confiança em uma categoria que foi saindo de moda, chamada civilização brasileira, que pode até não existir, mas existe em potência. A ideia de civilização nos trópicos, a ideia de que todo esse processo complexíssimo pelo qual vai se formando o nosso povão tem, dentro de si, uma possibilidade civilizatória espetacular. E eu sempre achei que o Rio de Janeiro é a síntese de tudo isso.

CARLOS LESSA   379

Entre os nossos traços culturais mais fortes, talvez porque nossa História tenha sido feita sem rupturas, está o fato de que o povo sempre esteve apartado das grandes decisões. Como você explica isso, pelo histórico da formação nacional: primeiro, um país de degredados, segundo, um país de analfabetos, depois, um país de ladrões? Pode se fazer essa ilação, sem risco de cair numa simplificação barata?

Claro. Mas olho tudo pelo contrário. Acho que o povão brasileiro é absolutamente admirável, que sobrevive a uma elite que nunca fez, como seu projeto nacional, elevar esse povo ao processo civilizatório. E quando eu olho para o povo brasileiro, a primeira grande pergunta que eu faço é: o que é que ele é? É proletário? Não, não é. Mas por que ele não pode ser proletário? Por uma razão muito simples: porque as forças produtivas não o assalariaram. Então, como é que ele sobreviveu? Na época da colônia, o povo sobreviveu formando a tal população livre e pobre, que sobrevivia numa economia natural, ocupando a fronteira agrícola. A outra coisa é: esse nosso povo é vendedor de força de trabalho? Adoraria sê-lo, mas não há comprador. A debilidade do capitalismo brasileiro não é capaz sequer de explorar em massa toda a população. Mas como é que essa população sobrevive, então? No falar popular carioca: se virando! E o que é se virar? É assumir todas as configurações possíveis para sobreviver. E o nosso povo tem uma característica muito curiosa: é profundamente conservador com tudo o que tem e sabe, mas ao mesmo tempo, é profundamente perspicaz em relação a tudo que é brecha para sobreviver. Vou dar um exemplo para fixar melhor a ideia: quando você vê um cara do povão que, durante o verão, vende mate na praia ou no sinal, e, durante o inverno trabalha descarregando caminhão, o que você acha que ele é? Eu diria que é um autônomo que sobrevive conforme lhe dão espaço. Por isso mesmo é que o povo brasileiro valoriza, enormemente, não onde trabalha, mas onde mora. Quer dizer, tenho a minha carteira de identidade no lugar onde eu moro, no lugar onde eu nasci. Então, a ideia de lugar é muito maior no imaginário do populacho do que a ideia de classe. Outra coisa é essa estranha combinação de ser totalmente aberto ao que é novo e totalmente cioso do que se sabe. Por exemplo: você pode ter, no Largo da Carioca, um sujeito vendendo garrafadas no mesmo lugar em que, há dois séculos, outro vendia. Mas, ao mesmo tempo, ele lança mão de procedimentos publicitários que aprendeu na televisão. Ou em qualquer outro lugar. É uma enorme capacidade de se adaptar e transmutar, para sobreviver, e, também, uma enorme capacidade de preservar. Sabe quem, em minha opinião, deveria estar na Academia Brasileira de Letras? O analfabeto. Porque ele preserva o idioma de Camões. Já a classe média deleta e printa. Ele preserva o idioma de Camões porque é o idioma que ele recebeu, então, é o que ele usa. Nesse sentido, ele é fiel à cultura que lhe foi dada, enquanto a nossa classe média quer se colocar na "modernidade". Por isso é que ela printa em vez de imprimir, deleta em vez de apagar. Essa é uma demonstração inequívoca de absoluta subordinação cultural.

Seguindo essa sua linha de raciocínio, um dado que impressiona nessa sua exposição sobre a formação do Estado e da nação brasileira é a permanente dicotomia existente. Nessa medida, como é que você, que já ocupou um cargo de importância dentro do governo petista — foi presidente do BNDES, num dos mandatos do ex-presidente Lula —, vê não só o surgimento do Partido dos Trabalhadores, como o que ele passou a representar na vida brasileira?

Acho que você já avançou um pouco na resposta, mas deixa eu chamar sua atenção para um fenômeno que, talvez, você não tenha sublinhado. Como fui meio fundador do MDB — acompanhei toda sua trajetória quando vim do exílio —, houve um momento, já em tempos de Geisel, em que começamos a receber adesões de todos os lados. Criou-se, então, uma enorme frente, reunindo as mais diversas tendências, que entendia que todos os problemas do Brasil derivavam do sistema autoritário. Eu me lembro que nós só recusamos duas filiações: Jânio Quadros e Sandra Cavalcanti. Foram os únicos. O mais impressionante foi que Antônio Carlos Magalhães virou herói da democracia porque xingou o Maluf no aeroporto em Salvador. Houve um processo pelo qual as pessoas colocavam uma camisa e passavam a heróis na luta contra a ditadura. Estou banalizando, mas quero dizer que o autoritário caiu e, em vez de ser passado a limpo, a eleição indireta cancelou completamente a discussão sobre o Brasil. Não se colocou uma pergunta muito singela: por que havia autoritarismo no Brasil? O que se afirmou foi que tem inflação por culpa do autoritário, buraco na estrada, também, culpa do autoritário. Na verdade, a frente encontrou uma explicação universal para o Brasil, e a Constituição brasileira foi feita sem que houvesse qualquer discussão, em profundidade, sobre por que o Brasil teve um sistema autoritário. E para completar: o PT também não é um partido, é uma frente. Você não pode dizer que o PT é um partido operário, você não pode dizer que o PT é um partido de esquerda. O PT é uma frente que pegava frações de ultraesquerda, com um denominador comum, que era o horror ao Partido Comunista, pegava a esquerda católica e pegava a liderança sindical. Então, é um híbrido, é, de novo, uma frente. E, para completar, mais ainda: o que decantou, da queda da ditadura, foi que o Brasil queria, desesperadamente, os direitos civis e queria desenvolvimento social. Eu acho que os direitos civis foram garantidos, a partir de 1988, e vêm sendo aperfeiçoados. Mas qual é o problema dos direitos civis? É que, como o ar, você só percebe que é importante quando falta. As pessoas não percebem que eles foram uma conquista da democratização brasileira. E o desenvolvimento social se expressa na vitória do PT dentro desse processo, quando o PMDB renunciou um projeto próprio de poder. Quer dizer: tudo mudou, mas nada mudou muito. Como professor, percebi o que está acontecendo com a novíssima geração: depois de um longo processo de confiança no Brasil, posteriormente, houve

382 PROFETAS DO PASSADO

uma perda de confiança. Porque o país não foi capaz de perceber que a conquista dos direitos civis foi uma vitória da democracia. Simplesmente se passou a desfrutar dessa vitória da democracia. Já a questão do desenvolvimento social foi percebida por uma projeção do capitalismo: o desenvolvimento social é dado pelo acesso aos bens de consumo capitalistas e não pela construção de uma sociedade mais justa. Na verdade, o que o PT fez foi generalizar o acesso ao automóvel, subsidiariamente à geladeira, à televisão, enquanto todos os bens de consumo público foram deixados de lado. Não teve uma discussão em profundidade sobre educação, sobre saúde. Não se discutiu a cidade, apesar de 80% da população brasileira ser urbana. O governo do PT optou por um movimento que eu chamo de "Casa Bahia": reduz a prestação, estica o prazo para pagar, embute o juro, sem deixar que fique visível. Então, você tem um fenômeno psicológico incrível: cria-se uma nova classe, que não é proletária, porque não se está gerando emprego, porém se sente copartícipe dos benefícios do capitalismo, porque já tem um patrimônio que é o seu automóvel, a sua geladeira. Cria-se uma espécie de movida ideológica para a direita numa extensão espantosa. Porque houve um enorme desenvolvimento social. A renda *per capita* do Brasil mais que dobrou nos últimos dez anos. Porém, o sistema educacional teve um pífio aumento, as instituições brasileiras não foram aperfeiçoadas. A minha avaliação é que, agora, a Nova República terminou. Porque conseguiu resolver a questão dos direitos civis e conseguiu uma forma distorcida de desenvolvimento social. E a garotada na rua está com a ideia de que há algo de podre no reino da Dinamarca. Porque o PT é um desdobramento da Constituição de 88, mas que se esgotou.

Quando você diz que no final da ditadura não houve nenhuma força capaz de discutir essa nova etapa da história brasileira, você não associa essa sua reflexão ao fato de que é justamente nesse momento que o neoliberalismo se impõe no mundo todo, pela globalização?

CARLOS LESSA 383

É evidente que o cenário mundial é muito importante para entender a trajetória brasileira. Porém, não somos explicados por ele. Esse cenário que você está descrevendo, que é um cenário do final da Guerra Fria, da hiper-hegemonia norte-americana, que assiste, também, ao fortalecimento da China e à explicitação de uma enorme potencialidade chinesa, é o cenário da dissolução das utopias, que foram dissolvidas pelo fracasso do socialismo real soviético. Então, acho que essa garotada que está aí hoje está ávida por uma utopia. E não é só aqui: é *urbi et orbi*. Mas no Brasil, sinto com uma enorme densidade.

E como é que você vê essa estratégia petista de se autointitular um partido de esquerda, ao mesmo tempo em que demonstra ter uma prática, tradicionalmente conhecida, como de direita? Qual será, em sua opinião, o rescaldo dessa estratégia: a de ter saído da condição de "reserva moral da política partidária brasileira" para protagonizar o que já está sendo chamado de "maior escândalo da história republicana"?

E mais do que isso: sem fazer aliança com qualquer organização mais progressista, os petistas, por exemplo, nunca apoiaram o PMDB. Mas vejo tudo isso com tristeza, porque é uma inconsistência colossal. Fico até constrangido de falar sobre isso por razões que percorrem fatos biográficos. Mas uma das coisas que me chamam muito atenção é o fantástico descolamento entre o debate e o real.

E como você entende esse descolamento: como responsabilidade do marketing eleitoral ou como um dado do chamado projeto petista de vinte anos no poder?

Não sei. Acho que todo e qualquer partido político sempre quer se eternizar. Isso é do jogo. Mas a inconsistência do discurso é brutal. Vou falar sobre uma coisa que me escandalizou violentamente: A atual presidente se reúne com seus 39 ministros, depois de meses de silêncio, e não fala nada sobre água. Quando termina a reunião, um jornalista pergunta pela

384   PROFETAS DO PASSADO

água. Ela diz que é questão estadual. É o descolamento entre o real e a representação, que vai às raias do impressionante e gera uma perplexidade sem precedentes. O que é que explica esse afastamento dessa organização chamada PT do debate das questões brasileiras? Porque é abismal a distância. Eu não consigo compreender como é possível uma sociedade estar com o fantasma da sede e, simplesmente, há uma postura de Pôncio Pilatos no primeiro andar. Isso, para mim, é um escândalo. Muito maior do que a coisa do petróleo. Porque o Brasil não está em pauta. E acho que isso tem várias razões: de um lado, nunca fomos às raízes do autoritarismo, de outro, porque a história brindou o governo Lula com uma situação fantasticamente favorável, que foi a explosão dos preços e do mercado dos produtos primários, com o barateamento de produtos industriais. Foi o período de maior prosperidade externa relativa brasileira — e era externa relativa porque internamente havia desnacionalização —, mas que fez com que o Brasil contasse com condições absolutamente excepcionais, que o Lula usou para melhorar a fatura social.

Quando você fala em fatura social, você que dizer o quê?

Consumo. E isso, ao mesmo tempo, produziu o fenômeno Eike Batista. Porque sempre digo que o Bolsa Família tem o contraponto no Eike Batista.

Por quê [risos]?

Como é que você pega uma pessoa inexpressiva e leva ao pódio das estruturas mundiais em quatro anos?

E como que é que se fecham companhias como a Varig.

Não, a Varig é um terror. As inconsistências dos discursos são dramáticas. Repare o seguinte: nós não passamos a limpo a matriz autoritária brasileira. Ficou o quê? Ficou assim: onde o militar era o culpado, o Collor trocou pelo marajá. O Collor se elegeu em cima de "velho morre" — eu sou jovem, não vou morrer, e "eu sou caçador de marajás". Depois evoluiu para a ideia de que o aparelho público é o culpado. Mas essa é uma tese de direita, uma tese liberal. Então, acontece que a suspeita, também, em relação ao autoritário reforça o viés político típico pró-liberal. De certa maneira, o que o PT fez com a Carta aos Brasileiros foi declarar o seguinte: respeito todos os contratos. E nem sei se pode se chamar de discurso da esquerda, porque tenho a impressão de que chega um dado momento em que as categorias de esquerda e direita não dão mais vazão, em razão da complexidade do que está se vivendo. O problema é o seguinte: estamos vivendo um déficit de utopia, o que leva, historicamente, ao ressurgimento da religiosidade. Não é à toa que há esse fenômeno espantoso que é o Papa Francisco, da Igreja católica. E não é à toa que você tem esse crescimento espetacular dos evangélicos, dos neopentecostais, uma revitalização espantosa, radical, do Islamismo. Se você prestar atenção, a crise, no mundo, está buscando saídas não pela razão, mas pela percepção religiosa, o que é das grandes crises — elas são assim.

E qual seria a esperança?

Não sei. Posso apenas dizer que acho que, de certa maneira, a força religiosa se expandiu em uma velocidade absolutamente surpreendente.

Quando você aceita participar do programa de governo do senador Marcelo Crivella, para o governo do Rio, essa perspectiva não lhe assustou?

Não, o que me assustou foi, a posteriori, constatar a história desses "gladiadores", que, uniformizados e com uma postura típica nazifascista, se chamam de "gladiadores de Deus". Mas deixa eu voltar um pouco. Acho que o Rio de Janeiro, para o bem ou para o mal, é a síntese dos Brasis. Teria ficado extremamente feliz se o Garotinho tivesse ganhado, mas como não aconteceu, acho que o Crivella se tornou a opção no cenário eleitoral, em 2014. Eu tinha a esperança de que ele poderia ser a voz do

Rio, porque o Pezão, que conheci como prefeito de Piraí, entrou num declínio moral terrível. E o Crivella poderia ter se declarado a favor da família, como base da sociedade, na qual se cria a nova geração. Ele podia ter escapado, espetacularmente, de alguns problemas só assumindo a defesa da família, desde que assumisse a família por amor. Mas não assumiu. E tem mais: ele terminou a eleição e, ao invés de perceber que tinha ganhado um capital político colossal, jogou tudo fora porque resolveu entrar para a composição do governo da Dilma. E se ferrou totalmente. Assim, no momento, o Rio não tem voz nenhuma.

Eu queria levantar outra questão: como é que você vê esse fenômeno da demonização que, embora não seja recente na história da política nacional, foi resgatado, agora, pelo PT, no último pleito, provocando uma dicotomização de tudo e de todos, dividindo o país entre o "nós", que personificamos o bem, e o "eles", que são os detentores do mal?

Acho que o modo pelo qual o PT está querendo sobreviver acelera a sua debilidade. Deixa eu fazer um diagnóstico pequeno: vivemos, hoje, a mais séria crise republicana de todos os tempos. Porque combina uma crise econômica selvagem, que vai gerar recessão, desemprego, perdas patrimoniais do povão, com uma crise política, que traz uma dúvida essencial em relação aos mecanismos de representação: políticos e partidos inteiramente desacreditados. Ou seja, um caos institucional, com uma coisa cultural muito difusa e uma desconstrução dos elementos que deveriam constituir a imagem do brasileiro. Quer dizer: vem lá dos anos 1920 a ideia do brasileiro cordial, sem preconceito, a ideia do brasileiro não violento. Mas veja só o discurso de hoje, ele não só está dizendo que o brasileiro é violento, como incita a violência, ele diz que o brasileiro tem preconceito racial. Todo o discurso está dizendo, enfim, que o brasileiro não é cordial. Eu sempre gosto de tomar o Rio como ponto de partida para reflexão. E dizer que o carioca é violento é uma estupidez. Violento como, se faz a festa de passagem para um novo ano, com 2,2 milhões de pessoas nas praias, com essa polícia de merda e um sistema de transporte precário, e não há violência nenhuma, praticamente? Qual é a sociedade do mundo que coloca 1 milhão de pessoas desfilando entre obras públicas no centro da cidade, como é o caso do Bola Preta? Sei que existe violência, sem dúvida, mas o povo não é violento. Mas não é mesmo.

Mas a quem interessaria fomentar isso?

Não sei dizer. Acho que a desconstrução da identidade brasileira, que estava em construção, é um fenômeno terrível. Por exemplo: essa questão étnica. Brincadeira! Nosso povo é mestiço. O popular brasileiro não tem nenhum preconceito. Nenhum! É o povo menos preconceituoso, menos arrogante do planeta. Agora, há uma coisa do outro lado, também: ninguém está reforçando a construção. É como se nós estivéssemos abertos a vetores de qualquer natureza. No caso do Rio de Janeiro, eu diria que a nossa imprensa se especializou em denunciar violência. E não é de hoje. O discurso do PT de dividir entre o "nós" e o "eles" é rigorosamente trabalhar em cima da violência. E não é uma violência povão versus classe média. É uma violência muito mais complicada, que está sendo preconizada pela falta de norte do PT.

O que faz, em sua opinião, que, mesmo em tempos de multimídias e, portanto, com uma participação popular efetivamente maior, não exista crédito (e muito menos escuta) para o clamor popular das ruas. O que faz com que as "respostas" oficiais sejam, sempre, as mesmas: "são manifestações orquestradas, é um golpe da extrema direita"?

Sou muito incompetente do ponto de vista tecnológico, mas meus filhos me transmitem esse quadro de fanáticos, de ódios etc. Mas não acho que haja muita consistência nesse debate que está aí. Por exemplo: nas passeatas do ano passado, vi um casal de namorados, abraçadinho, ele com um cartaz dizendo assim: Mais educação e mais saúde. E ela com outro cartaz: Menos impostos. É a quadratura do círculo: como é que você produz mais educação e mais saúde com menos impostos? Então, a questão

PROFETAS DO PASSADO

da corrupção não é discutida, é apenas denunciada. Porque a civilização é como uma escadaria. Se a escadaria está suja, você tem que fazer um duplo movimento: limpar do andar de cima para baixo e limpar de baixo para cima. O que é limpar de cima para baixo? É rigorosamente punir os poderosos que roubaram, que sujaram a escada. E de baixo para cima? É não subornar o guarda de trânsito, é pagar seus impostos etc. E a nossa classe média pode dizer que tem pé limpo? Então, há uma inconsistência estrutural nesse discurso. Porque eu entendo que o cara do povão, que vive de expedientes, não tem nenhuma percepção das regras gerais. Porque ele precisa sobreviver, ele busca uma brecha. O exemplo mais espetacular disso são os flanelinhas, que são mais numerosos do que os operários metalúrgicos no Brasil. O que é um flanelinha? Sociologicamente, ninguém sabe o que é. A coisa mais parecida que existe é, na Idade Média, quando se fazia uma espécie de pilhagem de quem passava no vau do rio. Como aqui: você estaciona o carro e paga. Agora, a coisa mais espetacular são os vendedores de biscoito, nos sinais de trânsito. A regra é a seguinte: eu vendo um biscoito e vou para trás da fila e o outro vem para a frente. Cada fila tem um chefe. É uma organização perfeita, totalmente informal. O povão descobriu que se o cara está preso dentro do carro, ele precisa de água e de comida. Para sobreviver, o nosso povo é de uma criatividade total. Mas, ao mesmo tempo, ele não percebeu, ainda, que as regras gerais são necessárias para ele sobreviver. Ele respeita as regras do lugar. Ele até sabe que a participação dele é fundamental para mudar a realidade, ele sabe que é, mas não consegue generalizar isso para o país como um todo.

Seria pelo medo, que, culturalmente, é um sentimento muito forte?

Não, eu acho que é porque é difícil seguir as regras de seu próprio lugar. A classe média, por exemplo, não segue, ela não paga contribuições para manter a rua limpa. Na verdade, o problema é que há uma mídia que usa, ideologicamente, esse mesmo grupo social como sendo o povo. Não é o povo. Sabe qual é a nossa tragédia midiática? Antigamente, havia a

Última Hora e, hoje não há nada parecido com a *Última Hora*. Mas por outro lado — e esse é o dado novo — essa juventude está aprendendo a confiar na mídia deles. Se bem que já começaram a instrumentalizar. Meu filho diz assim: "Tem gente em folha de pagamento nas redes sociais." Mas o que eu acho mais importante é o que eu acabei de dizer: o povo sabe a necessidade de obedecer às regras no lugar onde ele está. Lá, onde ele conhece todo mundo e ele é conhecido de todo mundo. Só que ele, ainda, não transportou isso para o país como um todo. Mas você tem ideia de quem bancou, agora, a última eleição da Dilma? O Bradesco. Porque o presidente do Bradesco, que o Lula indicou para ser ministro, não aceitou. E, aí, então, colocaram esse menino, o Joaquim Levy. Quer dizer que quem ganhou foi o Bradesco, e não necessariamente a classe média. Eu, pessoalmente, acho que o *mainstream* brasileiro manipula a classe média, e que não é a classe média que está no governo.

Qual é o sentimento, em sua opinião, que predomina hoje no homem comum brasileiro, após o resultado dessa última eleição? Você acha que é um sentimento de traição, ou o pacote de programas sociais, como Minha Casa Minha Vida, Bolsa Família, entre outros, acabam por minimizar a indignação popular?

Acho que Minha Casa Minha Vida não teve praticamente efeito nenhum. O que teve efeito foi a elevação real do salário mínimo, o poder de compra desse salário. Porque ele é um indexador de todas as remunerações populares. Na verdade, você tem um grande preço para a sobrevivência do povo que é o salário mínimo real. Se mexerem nele, vai dar confusão séria. Ou seja, vai haver um estado de irritação absolutamente incontrolável. É muito difícil responder a essa sua pergunta. Mas eu quero crer que há uma novíssima geração que está aprendendo a ver a importância do Brasil como referência. Acho que ela vai descobrir que é necessário ser protagonista, e você vai ter uma nova geração politizada, com informação, nessas confusões de rua. Mas a história está aberta.

390 PROFETAS DO PASSADO

Não gostaria que tivesse impeachment, gostaria que a Dilma continuasse e que houvesse uma espécie de presença republicana no Congresso e no Poder Judiciário. Mas acho muito difícil fazer essa arquitetura, porque o Brasil vai enfrentar, também, um cenário internacional tão pesado quanto o nosso, com a China se contraindo, com a Europa desorganizada e com os Estados Unidos vivendo um momento delicado.

No início da nossa conversa, você colocou que a nossa história é feita de ajustes e não de rupturas. Querer manter o governo Dilma, até o final, não seria mais um típico recurso de ajuste?

Provavelmente sim, porque não vejo condições de ruptura. Deixa eu explicar: a ruptura só vem quando há uma proposta e protagonistas. Onde é que está a proposta e onde é que estão os protagonistas? Eu diria a você, olhando para as ruas, que nós estamos, classicamente, em condições de uma revolução social, mas não tem nem partido, nem proposta, nem nada...

E no caso da renúncia, que é outro instrumento legal, embora a oposição diga que a presidente já fez uma renúncia branca. Como é que você vê isso?

Não sei como ver isso. Nas condições atuais, o impeachment da Dilma implica duas alternativas para presidente: ou o Michel Temer ou o Eduardo Cunha. Complicado, né?

Uma curiosidade: há possibilidade de se montar um esquema (ou uma cadeia) de corrupção dentro de uma instituição como o BNDES, por exemplo, sem que o seu presidente sequer suspeite da sua existência?

Fui presidente do BNDES durante dois anos, um pouco menos. Bloqueei quase inteiramente as operações do BNDES no mercado de capitais. Na verdade, o que eu fiz foi evitar que a Vale caísse em mãos de um banco estrangeiro e cobrei uma dívida colossal que o maior grupo energético norte-americano tinha com o Brasil. Nesses casos, tive que fazer operações no mercado de capitais para poder realizar as duas tarefas.

E o que lhe levou a bloquear essas operações?

O entendimento de que a forma mais sofisticada de corrupção não é a propina, é a informação reservada. É amador o corrupto que tira dinheiro de um fornecedor, desvia mercadoria etc. Essa é uma forma primária do capitalismo. Você ter informação privilegiada vale muito mais do que qualquer outra coisa. Não precisa nem usar: é só passar a informação.

A informação privilegiada já tem um valor real de mercado, não é?

Isso. Olha, até agora, quando tem toda essa corrupção denunciada no petrolão, você acha que não tem gente levando vantagem da oscilação das ações da Petrobras? Eu, se fosse um fiscal das contas brasileiras, em primeiro lugar ia fazer um acordo com a prefeitura de Miami para levantar todos os brasileiros que compraram imóveis lá nos últimos tempos. Com a prefeitura de Paris também. E provavelmente faria o mesmo com o governo português. Só com essa lista eu já teria uma ferramenta poderosíssima. Você não faz ideia do que eu iria fazer [risos].

Essa sua postura independente, digamos assim, é que faz com que você seja convidado a se afastar da presidência do BNDES?

Na verdade, o Lula solicitou que eu pedisse demissão. Eu disse a ele que não, porque eu achava que não tinha feito nada errado. Que ele me demitisse, então. E foi o que ele fez.

Durante a sua gestão, você bateu de frente, várias vezes, com seus companheiros de governo. Conta a lenda que foi aí, num desses embates, que você foi defenestrado, e que essa seria, tradicionalmente, a posição do ex-presidente Lula. Ou seja, quando os interesses se conflitam de uma maneira que possa prejudicar os interesses do governo, ou os seus próprios interesses, ele pede que o antigo companheiro redija a sua demissão. No seu caso, qual foi o embate central?

Foi uma queda de braço minha com o Banco Central. Porque eu achava que, para recuperar a economia brasileira, precisava ter uma taxa de juros mais baixa e o Banco Central queria empurrar para cima. E chegou uma hora em que o Meirelles mandou fazer uma pesquisa e inventou que, porque o BNDES tinha juros mais baixos, ele era obrigado a empurrar os juros para cima. Uma mentira colossal. Aí eu disse: quando o presidente Lula me chamou para ser presidente do BNDES, me pediu para presidir o banco dos sonhos dos brasileiros, e eu, agora, estou vivendo um pesadelo político e econômico. Aí ficou uma história interessante, porque houve uma parte dos deputados do PT que se moveu para me proteger; o vice--presidente da República declarou, no Equador, que eu era um homem necessário ao mesmo tempo em que eu era degolado. Portanto, posso dizer que o fato de eu ter sido demitido, da maneira como fui, me dignifica. Honra o meu currículo. Mostra que eu não transijo.

Na sua saída, houve, então, uma atuação direta do próprio ex-presidente?

Não, acho que não. Foi uma pressão enorme sobre o presidente, de pelo menos quatro pessoas. Porque eu cancelei muita coisa. Mas deixa para lá.

Você disse que cancelou muita coisa na sua gestão. Você está se referindo a que, exatamente?

Quando cheguei ao BNDES, nos primeiros cinco dias eu demiti todo o alto-comando do banco, e encolhi — havia um monte de superintendências. Fiz uma verdadeira revolução lá dentro. Botei para fora, por exemplo, todos os tucanos que estavam lá empoleirados, e tinha a diretoria toda na minha mão, porque dos seis diretores, o Lula me deu a indicação de cinco. Ganhei carta branca. Quer dizer, fico muito constrangido em bater no Lula por causa disso. Ele me deu carta branca, mas chegou uma hora em que ele disse: Me devolva a carta. Ao que retruquei: não devolvo, você pega porque a carta é sua. Foi mais ou menos assim. Agora, consegui fazer coisas no BNDES das quais me orgulho muito. Porque tem algumas pequenas coisas que sempre fiz na vida, que faço naturalmente. Por exemplo: não deixo nenhum familiar meu entrar em carro oficial, só viajei para o exterior duas vezes como presidente do BNDES, e assim mesmo porque foram viagens estritamente necessárias. Porque é preciso ser e parecer sério. Eu mandava a minha funcionária, por exemplo, comprar selos para estampilhar as cartas pessoais. São gestos pequenos, mas que acho importantes. Tanto que já passei por vários lugares e não tenho nada a temer.

Você se importaria de declinar o seu voto no segundo turno da última eleição?

Não, votei Dilma.

Por quê?

Por uma razão muito simples. Estou convencido de que ela não interromperá a revisão do salário mínimo real, porque isso geraria uma recessão brutal. Mesmo que eles queiram.

Eles, quem?

As forças dominantes. Estão querendo terceirizar. E da maneira como vai ser feito, vai ser um horror. A terceirização, com uma legislação para proteger os terceirizados, eu não sou contra. Mas sem sindicato, sem nada, com contratos com tempo determinado, é um *nonsense*. Agora, as empresas vão procurar terceirizar o máximo que puderem.

Você acha que a terceirização é um projeto de quem: da oposição ou do governo?

Não sei dizer. Acho que é um sonho das elites brasileiras. E acho que, nesse particular, o porta-voz da CUT tem toda razão, quando diz que isso vai massacrar os sindicatos, de vez. Agora, os sindicatos foram muito enfraquecidos na gestão petista, na gestão do Partido dos Trabalhadores.

Carlos Francisco Theodoro Machado Ribeiro de Lessa, carioca, 79 anos, é economista, professor e escritor. Doutor em Filosofia e Ciências Humanas, ocupou inúmeras funções de destaque no Brasil e, também, em organizações internacionais, como o Instituto para Integração da América Latina, ligado à ONU. Exilado no Chile, logo após o golpe de 1964, retornou ao Brasil antes do AI-5. Presidente do BNDES, entre 2003 e 2004, foi afastado do cargo, pelo então presidente Lula, por razões que especifica nesta entrevista.

Ricardo Cravo Albin

"A presidente é absolutamente responsável pelo petrolão. Sua responsabilidade está definida, mas no academicismo e na estrutura burocrática paquidérmica do Estado brasileiro, isso não é visto com clareza."

Rio de Janeiro, 20 de abril de 2015

Baiano de nascimento, você constrói toda a sua vida no Rio de Janeiro, onde se forma em Direito. Mas sua preocupação, desde sempre, foi com a história e a trajetória da música popular brasileira. Como surgiu esse interesse?

Desde a época do internato no Colégio Pedro II, quando, em vez de dormir, eu ficava ouvindo num radinho o programa da Rádio Nacional. Era um prazer que, talvez, até hoje, eu não saiba dizer por que, mas sei que é um prazer [risos]. Mantenho com a música uma relação orgânica. Foi ali, na universidade, que consegui me despir da carolice e entrar numa fase agnóstica. A maioria dos estudantes adotava a estrutura hegeliana, marxista, seguida por toda uma geração, inclusive pelos nossos professores. Eu militava na Reforma, que era a ala da esquerda na Faculdade Nacional de Direito. Nunca

396 PROFETAS DO PASSADO

cheguei a ser um marxista militante, mas sempre lutei pela melhoria das condições de vida e pela igualdade de oportunidades. Mas jamais me filiei a um partido político. Eu diria que sempre fui uma pessoa voltada para o humanismo. Um humanista...

Mas para ser um progressista, você tem que ser, antes de tudo, por princípio e por definição, um humanista...

Sempre fui um progressista, nunca um comunista, porque não poderia optar pelo comunismo, já que sou contrário a qualquer possibilidade de aprisionamento de ideias. Agora, durante todo o tempo, seja na faculdade, nos cursos que fiz, no meu trabalho, estava sempre desenvolvendo a minha ligação com a música. Até que, em 1965, assumi o Museu da Imagem e do Som, designado pelo Rafael de Almeida Magalhães.

Mas antes de chegar aí, queria lhe fazer outra pergunta. Apesar das suas opções político/ideológicas, em sua época de estudante, você recebeu honrarias e comendas durante o período da repressão, o que não era comum acontecer. Enfim, parece que você passou incólume pelas perseguições infringidas pela ditadura aos chamados expoentes da cultura nacional. Por quê? De alguma maneira, você apoiou o golpe de 1964?

É claro que eu não podia, em hipótese alguma, apoiar o golpe. Agora, tem um detalhe curioso, que aconteceu comigo, aqui, no Rio de Janeiro, que foi o apoio de um primo, que se chamava Enaldo Cravo Peixoto. Ele era o diretor do departamento de esgoto sanitário da City Company, e me chamou para trabalhar em seu gabinete, nomeado pelo então prefeito Negrão de Lima. E depois, quando Carlos Lacerda assumiu o governo do estado, em 1961, ele convocou o engenheiro mais prestigiado na época para ser presidente da Sursan. E o Enaldo novamente me chamou, e deixou claro que se houvesse qualquer sabotagem da minha parte, quem seria prejudicado era ele. Na verdade, o combate contra o Lacerda, lá, na faculdade, era muito grande. Ele era o grande motivo de tudo, era o "Corvo", era o reacionarismo, era o fim da picada. Então fiquei numa encruzilhada. Mas acabei dizendo sim, que não faria nenhuma sabotagem e que serviria lealmente a ele, meu primo, que era quase meu pai. Tanto que terminei meu curso e as pessoas sabiam que eu era mais um no serviço público. Até que, no final de 1965, Carlos Lacerda saiu do governo e entrou Rafael de Almeida Magalhães, o vice dele, que eu já conhecia porque éramos amigos das peladas da praia de Copacabana. Rafael, portanto, sabia o quanto eu gostava de música popular e de jazz. E por intermédio do Enaldo, me fez uma consulta de como é que eu veria a possibilidade de fazer uma "aventura" no Museu da Imagem e do Som.

Quer dizer que foi dele, então, a ideia do MIS?

Foi, foi do Rafael. Quer dizer, a ideia do museu foi do estado da Guanabara, o Carlos Lacerda queria isso e o secretário de Cultura, Alberto Ferreira, também. Quando o Rafael me fez a consulta, resolvi pesquisar para saber do que se tratava. Antes de aceitar o convite para ser o diretor executivo da Fundação, eu fui ver o que seria esse museu e a ideia me interessou muito. Meu companheiro foi o Maurício Quadro, que era um colecionador de respeito e que me disse: "Isso é para a gente arquivar a imagem do Rio de Janeiro: estou aqui com os livros do Debret, com o arquivo do Malta, o do Lúcio Rangel, com a obra de música popular do Almirante", que o Lacerda já tinha comprado, anteriormente, ao mesmo tempo que colocou o Almirante dentro do museu. Isso tudo foi no segundo semestre de 1965 e ninguém sabia muito bem o que era o Museu da Imagem e do Som. Mesmo assim, resolvi topar. E saíram as nomeações para as três fundações que o Rafael tinha bolado. A primeira, a Fundação do Museu da Imagem e do Som, da qual fui o primeiro diretor executivo, depois, a Fundação do Parque do Flamengo, cuja diretora executiva foi a Lota de Macedo Soares, e, por último, a Fundação do Parque Lage, dirigida pela arquiteta italiana Lina Bo Bardi.

398 PROFETAS DO PASSADO

Essa sua posição singular, digamos assim, lhe valeu alguns preconceitos e perseguições durante o período de exceção? Olhando para trás, você considera, hoje, que foi vítima de algum tipo de patrulhamento ideológico? Em caso afirmativo, como você vê essa contradição, pois resgatar a historiografia da música popular brasileira, por exemplo, não deveria ser considerado algo progressista, já que sempre foi significativo o descaso oficial pela nossa cultura popular?

Vejo que concordamos em gênero, número e grau. Embora eu observe que muitas pessoas entendam o contrário. Por exemplo: já ouvi, muitas vezes, que preservo uma memória imaterial e que isso seria reacionário: "Você é um passadista, você é um reacionário, você só pensa na memória — e como é que fica o hoje, o atual?" Considero essa posição de uma burrice, mas o fato é que já ouvi isso muitas vezes. Assim como lá atrás, também, me foi perguntado, algumas vezes, quase que afirmativamente: "Você aderiu à Revolução?" Por isso, eu gosto muito quando se toca nessas questões, porque só assim tenho condições de desenrolar todo o fio da meada, com absoluta verdade. Porque foi exatamente isso o que realmente aconteceu.

Você vai dirigir o museu, faz um trabalho que o transforma em referência para outros tantos museus semelhantes em todo o país, e tem, inclusive, episódios que hoje são engraçadíssimos, mas que, na época, devem ter custado uma boa "dor de cabeça". Como é que você inicia esse trabalho? Quem o apoiava na ocasião?

Ninguém, não se tinha um tostão, só da passagem. Então, sem ganhar absolutamente nada, eu mantinha o museu com o meu empreguinho de funcionário público do estado da Guanabara. E isso é importantíssimo para mim, é um orgulho.

Mais do que fazer o registro documental da vida e obra dos grandes nomes da música popular brasileira, você implantou uma política pública de preservação de nossa história cultural. E tudo isso, como se sabe, feito com parcos recursos, a ponto de você utilizar, para gravações, as fitas do projeto "Aliança para o Progresso". O que significa dizer que nomes como Elizeth Cardoso, Jacob do Bandolim, entre tantos, gravaram suas histórias para a posteridade em fitas originais do programa norte-americano de propaganda ideológica [risos]. Ainda no período Geisel, você, também, desviou material da representação da Superintendência Nacional de Abastecimento (Sunab) e, por isso, quase foi preso. Qual era a motivação que te levava a correr tantos riscos?

Primeiro, vale a pena dizer, sempre, que o Museu da Imagem e do Som tem uma longa história. E quando o Rafael transmitiu o governo ao Negrão de Lima, fui até o Palácio Guanabara entregar minha carta de demissão. Chegando lá, encontro muitas pessoas que eu já conhecia, como o chefe de gabinete da Casa Civil, que era o Álvaro Americano, e que já tinha me visitado, anteriormente, várias vezes com projetos ligados à música; o próprio Luiz Alberto Bahia, que também era meu amigo e estava na chefia da Casa Civil; o Alberto Braga, que estava na Procuradoria do estado. Enfim, nenhum deles aceitou a minha demissão e me disseram que, embora fosse difícil, porque, vindo da estrutura anterior, a ideia era não aproveitar ninguém, eu ia ser convidado a continuar. Porque o museu — continuavam — é mais um abacaxi do que qualquer outra coisa. Não tem dinheiro, o estado está falido, portanto, não espere qualquer ajuda financeira. A partir daí, foi uma luta constante, desde o momento em que eu "reassumi". O Carlos Alberto Vieira, que era o presidente do Banco do Estado da Guanabara, por exemplo, resolveu fechar o museu e distribuir o acervo, já existente, para os arquivos e bibliotecas públicas. Foi aí que pensei: "Eu tenho que parir esse museu para opinião pública, imediatamente." Foi criado o conselho de música popular brasileira, e logo passei a fazer as entrevistas, que chamei de "Depoimentos para a Posteridade". No momento em que gravei os primeiros depoimentos, inauguramos simultaneamente o cineminha de arte no auditório. E também fizemos cursos em horários alternativos: curso de relações públicas, curso de inglês, curso de francês, tudo para arrecadar dinheiro para o museu. Mas não só para isso, mas para marcar a presença do museu na cidade. A partir dos primeiros "Depoimentos para Posteridade", abriram-se as portas dos jornais. O primeiro depoimento foi do João da Baiana. Estamos falando do momento áureo dos festivais de música popular. Só se falava em Chico Buarque, Milton Nascimento, Edu Lobo, Elis Regina — a turma pioneira do samba estava jogada para baixo do tapete. Os sambistas da Rádio Nacional estavam todos ressentidos. Resgata-se, então, a velha guarda, colocando os pioneiros do samba dentro do pódio da posteridade. Não deu outra, foi o maior sucesso. E se fazia um depoimento a cada semana, com um verdadeiro bombardeio da imprensa inteira. O MIS virou objeto de atenção do próprio governo, nunca mais se falou em fechar, mas continuou sem um centavo sequer. Com nenhum tostão de dotação do governo do estado da Guanabara, nem do antigo Banerj. E eu continuei sem receber nada. Pelo menos até 1972, eu é que colocava dinheiro no museu. E, também, fazíamos dinheiro com todas as atividades que já enumerei e com uma outra coisa que o Luiz Alberto Bahia inventou: a *Guanabara em Revista*, que tinha como órgão diretor a Secretaria da Fazenda, o que permitia que se jogassem anúncios do estado da Guanabara dentro da revista. Nunca mais eu soube dessa revista. Agora, só para concluir aquelas histórias das fitas. No meio daquela angústia, sem dinheiro para comprar material, e a cada semana utilizando várias fitas, recebi um telefonema do adido cultural da embaixada americana, Martin Ackermann, que me disse que gostaria de fazer uma proposta: nos oferecer as fitas da "Aliança para o Progresso" para que elas também entrassem para a posteridade. O governo do presidente Kennedy — explicou ele — tinha grande apreço pela memória da "Aliança para o Progresso", e queria que elas fossem guardadas como um momento importante da presença americana no Rio de Janeiro. Bom, sem dinheiro para comprar fitas novas, regravei, ou melhor, destruí todas as fitas, gravando Pixinguinha, Ataulfo Alves, e todos os demais que se seguiram. Então, essa é que é a história.

Uma história de guerrilheiro [risos]?

É... não deixa de ser. Mas também, de alguma maneira, a história de um embusteiro, porque eu enganei o adido cultural da embaixada americana da maneira mais torpe. Agora, o que vai ser de mim se alguém procurar pelo acervo da "Aliança para o Progresso"? Da mesma forma que foi feito, de maneira secreta, para que não fôssemos apanhados, o depoimento do almirante João Cândido... Essa é outra linda história.

Em que época, exatamente, aconteceu essa linda história?

Isso foi entre 1968 e 1969, depois do AI-5 e, aí, realmente, eu tinha que ter toda a cautela. Fizemos um depoimento supersecreto, que só veio a público depois da ditadura. Guardei o depoimento na minha gaveta, fechada com chave, atrás de muitos papéis, porque, no caso de uma busca — pelo menos eu achava isso —, esse lugar "tão fácil", não despertaria a atenção da repressão. Porque eles já tinham ido ao Museu da Imagem e do Som antes, para prender *O encouraçado Potemkin*, programado pelo Cinema de Arte. Na primeira vez, levaram só a cópia, mas, nove meses depois, quando programei nova sessão, eles voltaram e levaram a cópia e eu junto. Isso foi em 1969.

Então, você misturava um pouco de tudo nesse projeto: trabalho de formiguinha, um pouco de guerrilha, sem falar no espírito Robin Hood, né [risos]? Tamanha determinação, diante de adversidades de toda ordem, lhe rendeu, comprovadamente, muitos projetos e conquistas. Nessa medida, mesmo guardadas as diferenças históricas, como você vê o atual momento da cultura nacional? Mais do que isso, como é que você observa as atuais relações entre gestores públicos e artistas, e vice-versa? Você concorda com a máxima que diz que "quanto mais progressista um governo, menos valor ele dá à cultura"?

402   PROFETAS DO PASSADO

Acho que a gente pode ir por etapas. E a primeira coisa é sobre isso que você falou, que eu acho muitíssimo interessante — e confesso que não tinha me dado conta dessa equação perversa da relação da cultura versus governo de esquerda. E vice-versa. Ou seja, é uma equação que, embora pareça surpreendente, é o que acontece de fato. Não tenho certeza dos porquês, mas vou especular. Talvez porque num governo mais à esquerda, já está subentendido que existirão melhores oportunidades, melhores verbas para a cultura. E aí, como já existe esse pressuposto, os governos e/ou governantes imaginam que a cultura já está no papo, como se diz popularmente. Porque há um senso comum em relação à cultura ou em relação a mais verbas para a cultura: de que essa será, sempre, uma preocupação dos governos progressistas e não dos reacionários. Só que o que se vê, normalmente, não é isso. Como os governos mais à direita se julgam, obrigatoriamente, devedores, porque a cultura nunca lhes é simpática e eles precisam "cooptar" a sua simpatia, surgem, então, mais benesses para a cultura nesses governos. Quer dizer, essa equação, como tese, se aproxima de uma verdade. Mas isso não significa, também, que todos os governos de esquerda sejam assim.

Já há algum tempo instituiu-se no Brasil a prática de buscar adesões na classe artística, como maneira de multiplicar apoios e votos. O fato de se tornar uma "celebridade", independentemente da área de atuação, passa a ser avaliado como um bom pré-requisito para uma candidatura. O business, portanto, tomou conta também do cenário político/eleitoral? Como você vê essa questão?

Eu me surpreendo com essa possibilidade, porque não acho, realmente, que tudo possa ser resumido em business, não quero, não posso e, também, tenho medo... de achar. Ainda acredito no ser humano, que ele possa ter atitudes, realmente, sinceras. Esse toma lá, dá cá, esse imediatismo, me apavora. A cultura da celebridade é uma via de mão dupla: na mesma medida em que existem "estrelinhas" que forçam uma barra para se projetar politicamente, há aqueles que assumem tamanha notoriedade e popularidade que acabam sendo levados à política. Eu cito o exemplo de uma dessas figuras, que jamais buscou isso e, por isso mesmo — acredito eu —, nunca tenha aceitado nada, que é o caso da nossa querida Fernanda Montenegro. Mesmo assediada pelos mais diversos convites, ela sempre manteve uma discrição invejável, até mesmo nos momentos de recusa.

Ainda sobre o mesmo tema. Como você vê este atual momento da política brasileira, em especial o que se viu no último pleito presidencial, em que a figura do marqueteiro protagonizou, com destaque, o que foi apresentado e/ou representado no segundo turno?

Para início de qualquer conversa, vejo isso como uma distorção cruel do sistema eleitoral, que se baseia nessas estruturas não eficazes e não verdadeiras, e que precisam ser mudadas, a meu ver. Acho que tem que se fazer alguma coisa em relação a essa marquetagem profissional, que está em uso hoje, e que segue, exatamente, o modelo americano, que, por sua vez, disseminou esse mesmo modelo para as mais diversas democracias do mundo. Ou seja, aquelas em que os eleitores escolhem pelo voto os seus candidatos preferidos. Mas quais seriam as possibilidades de as pessoas preferirem um candidato, por ele ser o mais falado, o mais veiculado, o mais insistentemente imposto e o mais mentiroso que possa ser? Em geral, acho que as coisas são relativas, não acredito em maniqueísmo, em céu e inferno absolutos, em direita e esquerda absolutas meio maniqueístas. Ou seja, exatamente o oposto do que eu sempre acreditei, quando era jovem. Porque quando se é jovem, a certeza é a de que a minha fé e a minha crença é que são as melhores. O grande problema da marquetagem é a mentira, porque mentira pode ser instaurada. Ou seja, o "marqueteiro genial" pode provocar a eleição de um grande *fake* — e esse é o risco que corremos.

404   PROFETAS DO PASSADO

Pegando a sua frase: "sou contra o maniqueísmo". Como você vê essa tentativa de dicotomizar tudo, ou se você preferir, de dividir tudo numa canhestra relação entre o "nós," que representa o bem, e o "eles", que personifica o mal? Como você observa essa fabricação permanente de novos "demônios", ou se você preferir, de novos bodes expiatórios? Exemplos: o estelionato eleitoral que se viu em 2014, e agora, mais recentemente, o ato de rotular as reivindicações populares expressas nas manifestações das ruas como sinônimo de "golpe da extrema direita"?

É um assunto muito complicado. Porque acho que a estrutura política do Brasil, hoje, está sedimentada no campo minado da hipocrisia. A ação política, hoje, é o elogio da hipocrisia. Inclusive, o que vimos na última eleição foi essa questão da demonização a que você se refere. Não existiam oponentes, mas, sim, inimigos. Penso que essa hipocrisia chegou a um nível assustador, porque sempre existiram falácias, mas parece que, antes, as coisas eram, pelo menos aparentemente, menos hipócritas, menos mentirosas. Acho que, antes, as pessoas não usavam tantos factoides, porque as relações políticas vinham alicerçadas numa ideologia na qual, de alguma forma, existia um código moral. Filosoficamente, se trazia para a cena política os princípios de Marx, Lenin e Hegel. Mas agora, não. Desde a instalação do PT no governo, o que se vê é um aumento progressivo da hipocrisia, nesse projeto de poder em que "os fins justificam absolutamente os meios". Basta ver o volume de mentiras durante o processo eleitoral; foram tantas que, menos de um mês do início do segundo mandato, ainda em janeiro de 2015, as máscaras começaram a cair.

Mas você considera que o que se vê, hoje, na cena política nacional tem a ver com o que apregoava Marx em suas proposições filosóficas? Pois parece que sempre existiu consenso, que ser de esquerda é ser, antes de tudo, um humanista, valorizando e respeitando o humano pelos

seus princípios morais e éticos, não é? Nessa medida, como você vê a posição do Partido dos Trabalhadores, que, mesmo se autointitulando como um partido de esquerda, tem abusado de práticas e falas que, historicamente, sempre foram creditadas à direita?

Bem, vejo essa evolução do PT até o ponto que chegou, agora, como lastimável. E, portanto, com grande decepção, porque votei no PT, votei no Lula, fiz muita campanha. Porque ele significava uma possibilidade de mudança. Mas a decepção, ao longo do tempo, especialmente depois do mensalão, começou a se transformar numa indignação, que foi se agigantando, a cada momento, e que culminou, na última campanha eleitoral, com a candidata oficial nitidamente falando mentiras, fazendo promessas impossíveis de serem cumpridas. Quer dizer, ficou claramente delineada, na minha cabeça, a teoria canhestra do PT: de que o fim, que é o poder a qualquer preço, justificava perfeitamente quaisquer meios. Enfim, vive--se, hoje, uma enorme hipocrisia e uma enorme mentira. O que não quer dizer que todo o PT esteja metido nessa indignidade. Tem muitos quadros do PT que são honrados e honestos. Porque eu me recuso a aceitar esse tipo de maniqueísmo. E cito o exemplo de um petista conhecido, que não concorda com tudo isso que está aí, uma pessoa que não conheço pessoalmente, mas que admiro, que é o Tarso Genro. E poderia citar outros tantos nomes, embora uma parcela deles já tenha abandonado o partido.

O que faz com que a presidente Dilma se reeleja, já que, em outubro de 2014, as denúncias já estavam todas por aí, embora em menor proporção que hoje?

A mentira, simplesmente! Embora dentro dessa mentira haja, naturalmente, alguns restos de defesa muito justas, no campo das ações sociais. Mas, mesmo assim, nem todos os programas são defensáveis. Por exemplo, a necessidade do Minha Casa Minha Vida, eu questiono. Já o Bolsa Família, não. Esse programa não foi um blefe, era uma necessidade e, ao que parece, tem mais resultados positivos do que negativos. E essa foi uma política de resultados que a Dilma utilizou muito dentro da sua campanha eleitoral. E com razão. Só que as mentiras foram tantas que suplantaram, de longe, a razão. Sem falar que também existem críticas procedentes ao programa, que é justamente o fato de que ele vicia e acomoda o cidadão. E que agora, na melhor das hipóteses, já estaríamos entrando na "terceira ou quarta geração do Bolsa Família". Ou seja, aquela velha prática reacionária: continua se dando o peixe, porque ele é imbatível em termos eleitorais, e sequer se cogita em dar a vara de pescar. Quero deixar claro que estou fazendo essas ponderações porque sou totalmente contrário ao maniqueísmo...

Quando você responde, com tamanha objetividade, "foi a mentira", sua postura traduz, no mínimo, independência... Nessa medida, como você vê essa acusação que, mesmo feita à *boca chiusa*, afirma que o projeto petista de vinte anos no poder prevê a cooptação de uma parcela considerável da classe média, através de um aparelhamento da máquina estatal que, já há algum tempo, estaria contemplando fundações, autarquias, organizações não governamentais, sindicatos, associações de classe? Você acredita que grandes centros urbanos, como o Rio de Janeiro, por exemplo, onde é enorme o contingente de funcionários públicos, foram decisivos na reeleição da presidente, mesmo que por uma margem apertada de votos?

Acho que a primeira coisa a ser feita é uma reflexão sobre o aparelhamento do Estado. Como é que se dá esse aparelhamento, que foi uma coisa que se viu muito bem agora e que se traduz, na verdade, como um grande desserviço ao país, na medida em que as repercussões desse aparelhamento político serão sentidas por décadas seguidas. Esse aparelhamento político é um erro gravíssimo. Pois veja a "lógica": para se conseguir apoio em votações do Congresso Nacional, aparelha-se, quer dizer, compra-se tudo e todos. Mas qual o benefício dessa estratégia, fora os enriquecimentos ilícitos? Nenhum, vai dar sempre no que deu agora: desvenda-se toda a podridão e aparece a má gestão, em sua plenitude. E o que é pior, em se tratando da realidade atual, muito mais coisa ainda vem por aí, como se o petrolão já não fosse mais do que suficiente para corroer instituições, governos, iniciativa privada etc. Agora, é importante que se destaque esses admiráveis brasileiros, como o ministro Joaquim Barbosa e o juiz Sérgio Moro, além de uma relevante parcela da Justiça Federal, do Ministério Público e da Polícia Federal. Pois o que se via, rotineiramente, era a ocupação dos cargos executivos do país, única e exclusivamente, por interesses políticos. E essa cultura da cumplicidade política tem raízes profundas e vem de longe. Tanto que, depois de ocupar a máquina do Estado, com 150 ou 200 mil funcionários novos, fica difícil fazer uma desmontagem, mesmo com todos os estudos apontando para uma necessidade de enxugamento. E é aí que entra o "papel histórico" do PT. Pois em vez de fazer aquilo que todas as recomendações técnicas indicavam, que era diminuir a máquina pública, houve um aumento criminoso dessa mesma máquina. É um grande desserviço ao país, um aparelhamento perverso, porque vai entregando aos parceiros políticos, entre aspas, todos os cargos de importância. É o governo do toma lá, dá cá, em que a maioria dessas "indicações políticas" não tem competência técnica e, muito menos, respeitabilidade.

Grande parte das pessoas que se prestam para esse tipo de nomeação não fazem gestão, vão para lá para fazer a "gestão de meter a mão", que é exatamente o caso da Petrobras. O aparelhamento do PT, do próprio PMDB, está no cerne do roubo da Petrobras. Pois são dois erros que se cometem, simultaneamente: equipar os cargos públicos de importância com os apadrinhados políticos, ao mesmo tempo em que se apadrinha o restante da máquina pública com os filiados e aliados do próprio PT.

408 PROFETAS DO PASSADO

Mas como você vê o fato de que, durante os 22 anos em que esteve na oposição, o PT se transformou num partido de massa, justamente porque chamou para si as bandeiras da moral e da ética?

Essa me parece a questão central. Pois a mim, o que me cativava no PT, era não só a honradez, a honestidade, a transparência, mas, sobretudo, a possibilidade de fazer com que as pessoas menos protegidas fossem, minimamente, atendidas pelo poder público. Só para você ter uma ideia, eu era daqueles que acreditavam fielmente no PT. Eu até continuo filiado, só que não acredito mais num partido que se tornou o mais maniqueísta possível.

Mas o que, em sua opinião, justificaria uma alteração tão radical de rumos? A origem do PT poderia ser um viés para essa reflexão, na medida em que o partido nasceu no rescaldo da ditadura e alicerçado em um heterogêneo tripé, no qual estão as Comunidades Eclesiais de Base, a extrema esquerda, que voltava do exílio, e um novo sindicalismo urbano? Ou seja, segmentos de uma mesma classe média que, tradicionalmente, desempenha um movimento quase pendular na política, podendo passar, com rapidez, de um extremo ao outro, desde que sejam atendidos os seus interesses mais imediatos?

Bom, primeiro quero deixar claro que a minha fala não é acadêmica, é uma fala absolutamente curial. E, portanto, insisto na tese do pluralismo, negando o maniqueísmo. E digo mais: talvez, se uma boa parte daqueles que foram perseguidos pela ditadura tivesse sido melhor aproveitada pelo governo do PT, quem sabe os rumos não teriam sido outros? Porque me parece que o que falta ao PT, desde as suas origens, é uma sustentação ideológica mais consistente. Desde 2003, quando o PT se instala no governo, já deveriam ter sido aproveitados aqueles quadros, que voltaram ao Brasil com a anistia, e que estiveram lá, todos eles, no ato de criação e de formulação política do novo partido. Mas não, o projeto acaba sendo totalmente traidor, abandonando, por completo, a crença de que ali estava a possibilidade efetiva de a esquerda chegar ao poder. Eu lembro que, ainda nos anos 1980, fazendo espetáculo no Teatro Tuca, em São Paulo, com Ismael Silva e Carmen Costa, vi, na primeira fila, Sérgio Buarque de Holanda e sua mulher Maria Amélia que, mais tarde, nos convidaram para jantar. Nessa noite, Sérgio Buarque me disse uma coisa que jamais esqueci: "O PT é a única possibilidade de nós, intelectuais, atingirmos o gozo" — palavra que ele usou —, "o gozo do poder, já que será um poder justo, ético e definidor do melhor que tem o brasileiro." O outro episódio foi em Brasília, início dos anos 1980, lutando contra a censura para o que o livro de poemas de Francisco Julião fosse liberado. Um desses poemas, que era a estrela vermelha do PT e falava do que ele acreditava: na possibilidade de que, depois de décadas de ditadura, de décadas de corrupção, de décadas de mentira, estava, ali, a possibilidade de sair do buraco. E Julião me disse: "Vamos acreditar nisso (apontando para a estrela vermelha), que certamente é puro." Então, Sérgio Buarque de um lado, Francisco Julião do outro, dois grandes brasileiros, que eu sempre admirei, me emocionaram e me motivaram, para entrar e somar ao que o PT deveria ser. Mas que não foi. Portanto, minha indignação vem desse sentimento de traição, do processo de traição que começa no desacerto do mensalão e culmina na infecção generalizada, que é o petrolão.

Você acha que traição é o sentimento predominante, hoje, na sociedade como um todo?

Acho que sim.

Você acaba de levantar uma questão que considero essencial para este livro. Quando você cita o historiador Sérgio Buarque de Holanda, que via no PT a possibilidade de um gozo cívico, especialmente por parte do intelectual, não poderia perguntar se não estaria, aí, nesse "gozo cívico", uma parcela da nossa *intelligentsia* optando pela viseira cívica?

410 PROFETAS DO PASSADO

Uma coisa que me pergunto, sempre, é quem é que está defendendo, ainda, essa política, já que as pesquisas apontam para uma rejeição sem precedentes em nossa história? O cenário político brasileiro se inverteu totalmente. Tanto que não é exagero afirmar — até porque é estatístico — que quem apoia o atual governo são as pessoas que estão se beneficiando dele, de alguma forma. É preciso que se reconheça que são as pessoas que estão recebendo o Bolsa Família — o que é legítimo. Porque ainda existem milhões de brasileiros abaixo da linha da miséria e essas pessoas precisam se alimentar.

Ainda sobre o mesmo tema: como você entende que se continue tentando desvincular os gigantescos escândalos de corrupção da vertiginosa queda de nosso crescimento econômico? Não lhe parece lógico que, se foram desviadas quantias volumosas de dinheiro de diferentes programas do governo, é "natural" que falte dinheiro para que a economia cresça e que o povo receba, em última instância, os benefícios devidos?

Em primeiro lugar, é claro que quando se desvia dinheiro do erário público, quem está sendo lesado, irrefutavelmente, é o povo. Mas o fato de essas questões não serem discutidas com a intensidade que a realidade exige, acredito que é porque tudo isso é, ainda, muito novo. As coisas estavam às escuras, agora que os escândalos sucessivos estão abrindo o veio do esgoto. Só agora, por maior que seja a perplexidade, é que as pessoas começam a entender que "estamos no esgoto". E isso faz com que a situação mude. Mas eu não descarto a possibilidade de que, no futuro — e torço para isso —, essas "torneiras" estanquem e a situação se modifique para melhor. Quem sabe, até com a própria Dilma não se chegue a um processo de antiesgoto purificador [risos]. Porque não se pode, também, abrir mão de uma possibilidade de esperança.

Em sua opinião, por que a palavra impeachment constrange e tensiona, mesmo, as discussões políticas? Por que alguns segmentos formadores de opinião minimizam a indignação do povo brasileiro diante de tantas mazelas, desqualificando, portanto, que a proposta do impeachment possa ser uma legítima aspiração popular?

O impeachment é difícil, mas não impossível. Hoje, inclusive, no mês de abril de 2015, ele é concretamente possível. Porque o futuro imediato pode indicar que houve um ato lesivo, que envolva diretamente a presidente da República. Como também pode não haver, mas como tudo se desenvolve, atualmente, de uma maneira muito veloz, é possível que se chegue logo a uma definição. De qualquer forma, é muito arriscado emitir qualquer opinião. Penso que você tem que deixar muito claro isso, neste seu livro, que ele está sendo feito num momento controverso, e que as coisas estão acontecendo com grande rapidez. Pessoalmente, acho que a presidente é absolutamente responsável pelo petrolão: tanto como presidente do Conselho da Petrobras, tanto como ministra das Minas e Energia, tanto como ministra da Casa Civil, tanto como presidente da República... A meu ver, sua responsabilidade está perfeitamente definida, mas, no academicismo e na estrutura burocrática paquidérmica do Estado brasileiro, isso não é visto com clareza. Agora, quanto à militância, acredito que existam hoje dois tipos de militantes: os que foram cooptados por carguinhos, cargos ou cargões dentro da distribuição do fatiamento do poder e a militância que eu reconheço que ainda pode ser pura, mas que está, cada vez mais, minoritária. De qualquer forma, insisto: não se pode demonizar 100%, não só porque isso é maniqueísta e perigoso, mas também porque estaríamos reproduzindo exatamente o que tanto condenamos.

Para finalizar: você considera que as pessoas têm, hoje, medo de confrontar ideias justamente porque não há muita coerência entre o que se diz e o que se faz?

412   PROFETAS DO PASSADO

Acho que elas têm medo, sim. Até porque, num país como o nosso, em que se sofre com todo tipo de controvérsias, a dialética se torna penosa. Na verdade, as pessoas não sabem o que pensar. Chegamos a tal estado de confusão que o prejuízo moral é gravíssimo e, com certeza, afetará também as gerações futuras. O pior débito, a pior dívida do PT não é com o que ocorreu, seu grande pecado é o da contaminação das gerações futuras. Se isso não for punido exemplarmente, você pode anotar que as piores consequências disso tudo ainda estão por aparecer. Nunca me esqueço de um pequeno exemplo da época da ditadura, quando o então ministro da Fazenda, Ernane Galvêas, desviou a rota de um avião, com 180 passageiros, apenas porque ele queria chegar mais rápido. Ou seja, apenas pela truculência de poder. E esse episódio, apesar de toda censura, chegou aos ouvidos do povo. Eu estava fazendo uma conferência sobre a grandeza da música popular brasileira, em uma escola pública, quando os alunos me interromperam: "O senhor fala em grandeza, porque o ministro desvia um avião, e se ele desvia, se ele pode, nós também queremos poder. A gente quer o poder para desviar também o avião." Olha o prejuízo ético e moral que um gesto pode provocar. Imagine, então, agora, com esse acúmulo de gestos negativos.

Nessa medida, como você vê a figura do ex-presidente Lula? Como você acha que a história o definirá?

Como a maior controvérsia da história republicana brasileira. E eu me refiro à história republicana porque é ela a mais cheia de controvérsias. A República Velha já era ruim, mas talvez a República Nova tenha sido pior. E o que acontece é que a grande controvérsia — talvez a maior de todas — caiu, exatamente, nas costas de Luiz Inácio Lula da Silva. E por quê? Porque ele era a esperança para os pobres e para os intelectuais. E se mostrou, exatamente, o oposto disso. E eu o definiria como ele já tentou se definir: ele é a controvérsia que caminha, que vai se transmudando, a cada momento. Um ambulante, cujo projeto faliu por conta dos malfeitos. Ele é uma grande e trágica controvérsia. Ele é a controvérsia ambulante!

Você se importaria em declinar seu voto no segundo turno do último pleito presidencial?

Votei no Aécio.

E por quê?

Porque via a Dilma, presidente da República, mentindo, tranquilamente, em frente às câmeras. Votei no Aécio por causa dos programas de televisão. Meu voto não foi contra o PT, meu voto foi contra a mentira.

Ricardo Cravo Albin, baiano de Salvador, 71 anos, é escritor, jornalista, historiador, radialista, crítico musical e um dos maiores pesquisadores da música popular brasileira. Formado em Direito, Ciências e Letras, foi o primeiro diretor do Museu da Imagem e do Som, cujo trabalho serviu de modelo para criação de outros MIS em todo o país. Desde 2011 é presidente do ICCA (Instituto Cultural Cravo Albin), de quem foi também o idealizador, e cujo acervo, hoje, é reconhecidamente outra referência da história da música brasileira.

Alba Zaluar

"E o pessoal do PMDB? Bife, bala e bíblia! Quer coisa mais conservadora do que isso! Tudo da base aliada!"

Rio de Janeiro, 21 de abril de 2015

Quero começar nossa conversa perguntando a respeito da sua militância. Antes do golpe de 1964, você participou do CPC da UNE. Nesse momento, você estava ligada à AP ou ao PCB?

Eu era membro do Partido Comunista Brasileiro. Éramos mais de cem pessoas na base da Faculdade Nacional de Filosofia, onde estudei. Era um grupo muito ativo, todos comunistas. E a minha militância no PCB é que me levou a participar do CPC da UNE.

Essa sua militância no CPC da UNE foi a causa da sua ida para o exílio?

Não, não, a história é a seguinte: comecei a fazer as atas das reuniões da seção das Ciências Sociais. E foi isso que me pegou, porque a gente guardava os caderninhos com o nome de todo mundo... Com o golpe, eles pegaram esses cadernos, compararam a minha letra, instauraram um IPM e fui chamada duas vezes para depor. Eu já estava casada com o Alberto Passos Guimarães Filho, que também era comunista e que já estava exilado na Suécia. Fui encontrá-lo e de lá fomos para Manchester, na Inglaterra.

PROFETAS DO PASSADO

E quando você voltou ao Brasil?

Voltei em 1969, por causa da morte do meu pai. Mas como o Alberto permanecia lá, retornei, então, para Manchester, até 1971, quando voltamos, os dois, definitivamente, para o Brasil.

Quando você retornou, em 1971, já formada em Antropologia, seu foco de atuação e interesse era a cultura popular, em especial as escolas de samba e o Carnaval do Rio, que fez com que, entre muitos trabalhos, artigos e livros, você afirmasse, em 2004, em entrevista à *Folha*: "Diria que temos motivos para otimismo porque não somos um país de guerreiros. (...) Nossos heróis são jogadores de futebol, sambistas e artistas. Somos um país que valoriza muito o espetáculo e que reconhece que o talento pode aparecer em qualquer classe social." O que você quer dizer, exatamente, com essa afirmação: que estaria aí, nessa nossa singularidade cultural, uma das razões para que o Brasil seja visto, historicamente, como a "terra da esperança"?

Essa coisa da esperança é uma marca que foi deixada pelas interpretações sobre o Brasil, né? Brasil, país do futuro, tudo isso.

Mas foi deixada por quem?

É uma história complicada, porque tem, na verdade, duas correntes: uma corrente que é essa do otimismo, do Brasil "país da alegria", do país em que você tem uma enorme criatividade, e uma outra corrente, extremamente pessimista, que é a do "complexo de vira-lata", na qual está Sérgio Buarque de Holanda e um monte de gente. Para ser mais exata, ainda acho que o Sérgio Buarque oscila entre uma posição e outra, mas outros são claramente contra. Quer dizer, pessimistas em relação ao futuro do país, por conta da herança portuguesa, do patrimonialismo, do clientelismo, de todos esses *ismos* que são fantasmas que nos assustam até hoje. Mas também acho que é uma bobagem ficar atribuindo à colonização portuguesa, culpando a colonização portuguesa, que já terminou há quase duzentos anos, né?

Mas esses traços não se reproduzem, não proliferam?

Não, é claro que você tem uma inércia cultural. Mas uma inércia cultural não leva duzentos anos. Aí, você tem, na verdade, que analisar como é que foram feitas as negociações, observar os conflitos entre as diversas forças sociais, como foram montadas as nossas instituições... Portugal, hoje, é muito diferente do Brasil. Lá, por exemplo, eles resolveram o problema das drogas, e nós, até hoje, não resolvemos...

Não será pelo fato de que temos uma multiplicidade de heranças culturais?

Sim, intelectualmente falando, temos uma influência tanto americana como francesa. Agora, politicamente, pertencemos ou pertencíamos ao chamado Terceiro Mundo. Só que, agora, isso já explodiu, porque se tem o BRICS. Mas, na América Latina, hoje, há um padrão que resvala para isso, pelo populismo, você acaba incorporando essas formas todas de patrimonialismo, clientelismo, como o governo do PT provou agora. Para mim, é a maior decepção que tivemos. Então, vivemos nessa corda bamba, nessa tensão mesmo, nesse profundo pessimismo, em que nos culpamos e choramos pelo fato de termos sido colonizados por uma nação que é considerada menor na Europa. Há um enorme preconceito também contra os portugueses e, na verdade, isso também é fruto do próprio pessimismo dos portugueses, em relação a Portugal. Teve um período da história portuguesa, enquanto Salazar esteve lá, que os intelectuais portugueses eram extremamente pessimistas. Hoje, isso já não existe mais...

Isso seria outra faceta dessa herança cultural, já que a nossa autoestima, enquanto nação, também é baixa?

Não, não diria isso, até porque ela oscila... Temos orgulho porque somos simpáticos, porque somos benquistos no mundo inteiro, porque temos ídolos do futebol, artistas, música! Fazemos um enorme sucesso,

418 PROFETAS DO PASSADO

as novelas da Globo fazem um enorme sucesso. O cinema idem. Não temos nenhuma razão para ficar nos depreciando, ou deixar que nos depreciem. Isso me irrita profundamente!

Porque tem também essa coisa "colonizada" de que tudo de lá de fora é sempre muito melhor, não é?

Exatamente. E aí a gente fica copiando... Por exemplo: acho um erro terrível esse negócio das cotas raciais, porque as cotas são baseadas numa classificação dicotômica que existe nos Estados Unidos. A nossa classificação nunca foi dicotômica: brancos versus negros. Nós nunca tivemos leis raciais no Brasil, nunca tivemos segregação como existiu nos Estados Unidos, em que os negros não podiam entrar nem frequentar os mesmos locais que os brancos frequentavam. Ou como na África do Sul, que era pior ainda. Nunca tivemos isso. Então, tentar impor essa classificação dicotômica, racializando o país — porque não é que não exista racismo, mas aqui ele é hierárquico: quanto mais branquinho você é, mais valorizado. E gradativo, porque tem um monte de coisas internalizadas e eles reclamam disso, como se o bom, o certo, fosse a dicotomia! Esse pensamento dicotômico acabou contaminando tudo! E a política virou um Fla x Flu. E o Brasil é múltiplo. Você não tem duas cores, você tem duzentas! Mas o que querem é que as pessoas fiquem preocupadas com isso, que elas se definam assim: ou negras, ou brancas! Mas, para mim, a consequência mais grave é que, ao fazer isso, você esquece a pobreza, você desloca, você esquece de lidar com a questão fundamental, que é a da desigualdade. Pois tem um monte de brancos pobres. Você vê isso, muito claramente, nas favelas. Antes, as favelas do Rio eram de negros, ex-escravos principalmente. Com a migração de outros estados, na maior parte das favelas, hoje, os negros, propriamente, os descendentes de africanos, são menos da metade. A maioria das pessoas é parda, descendente de índios, e brancos. Fiz esse levantamento, nos anos 1990, na Cidade de Deus, que era onde tinha mais negros. E sabe por quê? Porque, justamente, foi resultado da remoção das favelas da Zona Sul e algumas da Zona Norte, onde predominavam os negros. Essas outras, Rocinha, Alemão, Maré, é tudo dominado por nordestinos, que não são negros em sua maioria. O negro ali é minoria. E eles têm preconceito racial.

Mas essa é uma história antiga, pois enquanto se discute a opção sexual, a etnia, não se discute a questão política e social da exclusão, não é mesmo?

É, e a questão da pobreza não é só de renda: ela é de atendimento nas unidades de saúde, ela é da escola pública, que piorou muito desde a minha época. Eu sou um produto da escola pública e vejo pelos meus alunos, que chegam na pós-graduação e não sabem escrever português. Mas não é só isso. A questão da saúde, da moradia, também não foi resolvida.

Você concorda que um dos traços mais significativos da nossa cultura é a questão da afetividade? Você até já falou sobre isso aqui...

É, isso é Sérgio Buarque, o que ele chama de congenialidade...

Como é que você vê a utilização do afeto no curso de nossa história política, em que comportamentos caudilhescos e, portanto, populistas se alicerçam quase sempre num discurso e numa prática fundamentados nas relações pessoais de afeto e de concessão de dádivas?

Tenho certo problema teórico com o uso da palavra utilização. Porque a utilidade está ligada ao utilitarismo e, portanto, ao que é instrumental. Você usa visando um fim e isso está muito próximo da manipulação. Mesmo que não seja uma coisa fingida. Na verdade, quando o ator político está visando um fim e usa a emoção para conquistar adeptos, vira uma manipulação. Temos aí um ex-presidente que usa muito isso. E ele tem uma enorme capacidade de empatia, de agregar pessoas pela

420 PROFETAS DO PASSADO

identificação com seus sentimentos. E nisso a racionalidade perde muito para a emoção. As pessoas começam a agir todas pela emoção, como ele age. Só que ele age pela emoção nos discursos, nos bastidores é pura racionalidade política. Eu estou falando do Lula. A Dilma é o contrário: é um fracasso nessa área emocional da identificação. Ela quer usar a racionalidade, mas ela não consegue convencer, pela racionalidade, sobre a verdade do que ela está dizendo, sobre a certeza do que ela está propondo. Diria que em nenhuma sociedade, em nenhum lugar deste planeta você tem apenas a frieza da racionalidade com a emoção completamente sufocada. Isso não existe. Nem na França, a mais racional de todas as culturas, você tem sempre esse lado emocional. Até porque é impossível não ter. O ser humano é, sempre, emoção, racionalidade e intenção. E a maior parte das vezes é a emoção que toma a frente. Digamos assim: essa questão do afeto, no Brasil, é importante na sociabilidade...

E nas relações políticas?

Sim, a sociabilidade existe também nas relações políticas. É uma coisa, assim, culturalmente mais profunda. É o *"Brésil profond"* [risos], porque as pessoas que são duras, antipáticas, não conseguem convencer ninguém de nada. Os políticos brasileiros mais bem-sucedidos usam isso bem, Getúlio usava isso bem, Juscelino usava isso muito bem, e agora o Lula. São grandes líderes. E até mesmo Ulysses Guimarães, ele também sabia usar a emoção. É impossível não usar a emoção nesse sentido: de que, ao se deixar levar pela emoção, se crie essa comunicação que vai além da racionalidade, que envolve os sentimentos das pessoas.

Quando você diz que é impossível dissociar o caráter emocional do discurso, seja ele de que natureza for, porque estamos falando de seres humanos, como você relaciona essa sua observação com estes nossos tempos neoliberais, em que a supremacia do ter sobre o ser parece incontestável?

Não, não. Olha só: o neoliberalismo, num certo discurso político, virou um palavrão, virou uma acusação. Tem gente aqui que é acusada de neoliberal e que não é neoliberal. Por quê? Porque no neoliberalismo, você só considera o mercado, que é a força mais importante, é ele que vai resolver todos os conflitos e criar a estabilidade e, até mesmo, o desenvolvimento econômico. O Estado não precisaria participar para diminuir a desigualdade, criada pelo mercado, o Estado não precisaria participar para desenvolver o econômico de uma forma, digamos, que seja mais favorável às pessoas, ao planeta etc. Neoliberais mesmo são muito poucos. E o neoliberalismo é um pensamento, digamos, que não foi criado no Brasil. É uma das imitações do modelo americano, onde essa ideia de que o Estado deve interferir o mínimo possível na economia é a predominante. Agora, aqui, sempre tivemos uma tradição muito forte de desenvolvimentismo em que o Estado é a força principal. Só que isso também resultou em quê? Resultou em proteção a alguns empresários, a algumas firmas, que conseguiram empréstimos mais favoravelmente, que usaram muito a Petrobras também para isso e, portanto, criou-se uma deturpação. É um sistema capitalista, mas é um sistema capitalista em que o Estado favorece algumas empresas de determinados grupos econômicos. Ou seja, aquilo que se chama de capitalismo de Estado. Então, a ideia de que o mercado deveria entrar de uma forma mais forte, para que, na concorrência entre essas empresas, se diminuísse o efeito da proteção política, eu acho que era uma ideia certa, e ela está sendo muito necessária neste momento. É preciso fazer com que o Estado deixe de proteger, via BNDES, via Petrobras, via Banco do Brasil, via Caixa Econômica, algumas empresas, alguns estados, alguns grupos econômicos, em detrimento dos demais. Isso precisa acabar, se o Brasil quiser dar certo. Além do mais, no desenvolvimentismo desse projeto não há a menor preocupação ambiental. E a preocupação ambiental tem que existir no momento. O que a gente quer, no desenvolvimentismo, é o desenvolvimento econômico. Porque o desenvolvimentismo tem

422 PROFETAS DO PASSADO

essa distorção. O que é preciso, no Brasil, hoje, é o desenvolvimento econômico sustentável, em que as forças do mercado não sejam, digamos assim, abafadas naquilo que elas têm de bom, no que elas têm de interessante, que o Marx elogia, inclusive, que é o fato de as pessoas terem que competir. O que vai fazer com que elas queiram melhorar, se aprimorar, por várias razões, até por melhores relações de trabalho com seus empregados.

Mas quando eu lhe pergunto a respeito do neoliberalismo é, exatamente, nessa medida. Por exemplo: como é que você vê a presença desse projeto neoliberal no atual momento da vida nacional? Estaria definitivamente consagrada entre nós a supremacia do ter em detrimento do ser? A compulsão desenfreada pelo dinheiro e pelo lucro, a banalização de tudo, em especial dos valores morais, podem ser creditadas a esse sistema e ao regime do capital? Por quê?

E você acha que isso é só no Brasil? O neoliberalismo teve um impacto muito grande em todo o planeta. Até na China existe isso que você está dizendo, de uma forma muito forte: corrupção, individualismo, avidez pelo dinheiro. Acabei de voltar da China impressionada: eles gostam de exibir riqueza, de exibir status. Eles procuram formas de ganhar dinheiro, às vezes de qualquer maneira. E é isso que está aqui no Brasil, também, porque é um processo global. O mercado produz e por isso ele tem que ser limitado, ele tem que ser controlado institucionalmente. A preocupação maior é como você faz para recuperar essa capacidade institucional de conter o mercado e, também, a sociedade, através da moral. Essa é que é a questão. Mas eu acho que as duas ainda existem no Brasil: tanto a moral — você tem muita crítica, você tem muitas pessoas preocupadas com isso, ninguém diz, ninguém confessa, ninguém admite que só se pense em dinheiro, em ganhar dinheiro.

Então, não acho que as pessoas estejam, moralmente, tão perdidas, nem que a falta de ética seja o traço mais importante do Brasil, hoje. Acho que esse traço é da classe política. Pode ser que, no momento, ela esteja muito marcada por isso: por conta desses últimos anos, em que houve um crescimento enorme da população, por conta do nosso sistema eleitoral, por conta do fato de que os partidos tinham que encher as burras de dinheiro para bancar as eleições, que são caríssimas etc. Mas a verdade é que houve um aumento brutal da corrupção no Brasil, nos últimos anos. E isso é uma consequência do neoliberalismo? É. Mas é também uma consequência das escolhas políticas feitas pelo partido que está no poder, que não pode ser eximido da responsabilidade. Nem o partido, nem os seus líderes podem ser eximidos dessa responsabilidade. E por quê? Porque assumindo a responsabilidade moral, eles estão restaurando a moralidade no país, eles estão dando o exemplo, que é a coisa que o povo mais quer ouvir. Ou seja, o culpado admitir a culpa e restaurar a moralidade. É isso que o Brasil está esperando.

E qual é o sentimento que você acha que tem o chamado homem comum brasileiro diante do atual quadro político? Como é que você considera que são vistas, por ele, essas questões que envolvem, por exemplo, a relação entre ganância e poder, entre classe política e desvio de dinheiro? Mais do que isso: essa construção de falácias e deslocamentos, por parte do governo e do PT, não ajudariam a aumentar, ainda mais, a crença do povo brasileiro em relação à "predestinação histórica" de que o Brasil não tem jeito?

Diria que este é um dos cenários possíveis. Mas diria, também, que há muitos outros cenários. Estamos num embate, numa crise, e a crise é importante por quê? Porque justamente surgem vários caminhos possíveis. Acho interessantíssimo o momento que a gente está vivendo. Não acho que seja uma coisa para nos afundar na depressão ou na desesperança. Ao contrário: acho que a gente tem que procurar entender quais seriam as consequências,

424 PROFETAS DO PASSADO

aonde a gente chegaria por esses vários caminhos. Há um perigo aí, num cenário futuro, de haver uma limitação muito grande na ação judicial por conta dessa libertação dos empresários, que aconteceu esta semana, de mudanças no Supremo Tribunal Federal e algumas tentativas que estão fazendo de mudar, também, algumas leis. Temos que estar atentos a isso e mostrar, no que for possível, que não é esse o caminho que nós queremos.

Em seu entendimento, todas essas ações fazem parte do jogo político ou são manobras do partido oficial na tentativa de se perpetuar no poder, através do que se conhece hoje como "projeto petista de poder"?

Tudo faz parte do jogo político. E o jogo político nunca é natural [risos]. Não resta a menor dúvida que tem o projeto petista de se perpetuar no poder. E eles não vão desistir disso. E por que haveriam, não é? Agora, cabe a nós — estou no Facebook, a toda hora [risos], debatendo todas essas coisas. Não desisto. Nossa atitude deve ser essa: não desistir! Não desistir porque isso é ruim para o Brasil, simplesmente. Esse projeto de um partido se perpetuar no poder não é bom pro Brasil. Seja ele qual for. Ainda mais quando o partido, para se perpetuar no poder, cria formas de limitar os demais poderes, para que o Executivo tenha toda força. Aí, fica pior ainda, porque vamos nos encaminhar para uma ditadura, não é? As mudanças das formas de controle social através dessas comissões que o PT está organizando... é assustador. Para mim, pelo menos, é assustador! Então, esse negócio do controle social da mídia. Tenho muito medo que isso aconteça. Estou vendo que eles estão pretendendo mudar as regras que regem a pesquisa para que eles controlem, também, o que vai ser pesquisado, quem vai pesquisar, quem vai receber o dinheiro etc. Isso é gravíssimo. Todas essas movimentações, que são movimentações muito próximas do que ocorreu em outros países latino-americanos, conjugam um populismo, expresso nessa coisa da identificação do povo com o líder, e com um caráter ditatorial muito claro. O Executivo vai controlar a sociedade, o Estado e o mercado, e isso não é bom.

Em artigo publicado na revista *Política Democrática*, com o título de "Um Golpe de Estado em doses homeopáticas", o cientista político Augusto de Franco, observa: "Sem abandonar os partidos, a atividade parlamentar e as disputas eleitorais, é nisso fundamentalmente — na resistência democrática e na oposição popular — que devemos apostar se quisermos interromper a implantação da estratégia petista de conquista de hegemonia sobre a sociedade brasileira a partir do Estado controlado pelo partido."

Estado só, não, né? Eu diria do Estado, da sociedade e do mercado. Primeiro, eles entraram no Estado e, agora, eles querem controlar a mídia, controlar a universidade, controlar a pesquisa e, certamente, controlar o Congresso por essas formas já empregadas. E querem controlar o Judiciário também.

O que você tem a dizer quanto a essa acusação que, mesmo feita à *boca chiusa*, afirma que esse projeto de vinte anos no poder prevê a cooptação de uma parcela considerável da classe média, através de um aparelhamento da máquina estatal que, já há algum tempo, vem contemplando fundações, autarquias, organizações não governamentais, sindicatos, associações de classe?

Conselho Tutelar, conselhos de associações de moradores, diversos tipos de associações, Conselho de Saúde, Orçamento Participativo, tudo isso está aparelhado por aí. São ideias muito boas, que têm que existir, mas sem estarem aparelhadas. É aquela coisa: você tem que deixar uma abertura para a competição. Porque se só a gente de um partido, ou de seus aliados, é que vai entrar, você tem, aí, uma ditadura, você não está escolhendo a pessoa mais indicada, mais apoiada, mais preparada, mais aplicada, mais dedicada para ocupar aquele lugar. Não tem nada a ver com nenhuma das formas de mérito. Porque o mérito não é só técnico, não é só do desempenho acadêmico ou científico. Tem também essa coisa do reconhecimento da moralidade da pessoa, da moralidade pública da pessoa, da capacidade de liderança da pessoa etc. Você tem um monte de coisas que têm que ser consideradas. E isso, de fato, é um problema, porque vai contaminando, e aí você tem a reprodução desses mecanismos em várias outras instâncias, em várias outras formas de organização existentes. Nós não podemos acabar com os méritos, no plural, não podemos acabar com a pluralidade, porque isso seria uma forma de reforçar e de justificar o regime de força.

Neste livro já foi dito que "é uma ingenuidade achar que a esquerda não rouba". Mas todos que se formaram, politicamente, nas fileiras do Partido Comunista Brasileiro, como é o seu caso, aprenderam que, por princípio e por definição, para ser um progressista, você precisa, antes de qualquer coisa, ser um humanista. E que um humanista nada mais é do que aquele que respeita, incondicionalmente, a espécie humana. Como você vê hoje essa questão já que a crescente desideologização das últimas décadas parece ter descaracterizado esse rigor ético e moral, que sempre foi visto como uma exclusividade da esquerda?

Então, essa coisa de ter, também, corrupção na esquerda? Claro que existe! Qualquer regime em que você tenha uma desigualdade no poder, você está abrindo brecha para a corrupção. Os regimes de esquerda sempre foram muito autoritários, muito fechados, e isso abriu uma possibilidade enorme... Não precisava nem ter corrupção, simplesmente eles usavam o dinheiro público para as suas dachas, para as suas viagens, para todas as suas regalias, né? E isso não era só na União Soviética. Na China idem. E quando há o retorno a uma sociedade de mercado, aí você tem uma explosão de corrupção explícita na apropriação privada para a organização de firmas, de empresas. Esse processo foi agudíssimo na Rússia: o pessoal da KGB, que tinha um poder enorme, é que ficou com as empresas que eram estatais. A China nunca teve empresa estatal, sabia? Então eles não puderam fazer isso. Por quê? Porque elas estavam dentro dos ministérios. O que aconteceu é que — eu não sei como, por meio de empréstimos bancários, que os juros são baixíssimos lá — alguns conseguiram, mais facilmente, montar e criar empresas. E no Brasil temos a combinação dessas duas coisas: são os empréstimos, a apropriação estatal, mas também o fato de que pessoas com muito poder, com *insight informations*, tipo o Eike Batista, mas não é só o Eike Batista, um monte de gente, como ele, também consegue vantagens enormes. Dizem — e não gosto de falar nisso porque nunca vi nenhuma comprovação — que os filhos dos políticos que se deram muito bem, os próprios políticos que se deram muito bem e os empresários que se deram muito bem depois que ascenderam ao poder. Então, a questão volta a ser, de novo: como você controla isso, como você impede que isso aconteça, como você freia essas ambições, essa avidez que está no ser humano, de ter mais que os outros, de ganhar mais, de ter mais prestígio, mais poder, mais riqueza, mais tudo. As mulheres, também. Tudo isso está muito relacionado [risos]: mais roupa, mais joias, mais status, mais viagens, mais tudo... Como é que você controla isso, como é que você refreia essas emoções, porque isso é uma emoção também, está relacionado a uma emoção, porque a avidez é uma emoção! Essa que é a questão. Você tem que ter o preparo, digamos assim, individual. E quem faz isso? A filosofia, a religião fazem isso e até, a religião laica do Estado pode, também, fazer isso na escola pública. Eu tive essa educação, esse tipo de educação para o público, para a convivência, para o reconhecimento do direito do outro. Acho que essa é uma questão fundamental no Brasil hoje: nós temos que dar essa educação laica na escola pública pras nossas crianças e jovens!

Voltando ao Partido dos Trabalhadores. Como você vê a questão de que, após dezoito anos se autointitulando como única reserva moral da política partidária brasileira, o PT tenha alterado tanto seu ideário e sua prática, a ponto de corroborar, hoje, com máximas do tipo: "A corrupção faz parte da história política brasileira, ela é endêmica" etc.

O PT foi fundado para combater o PCB, para destruir e acabar com o Partidão. E a história desse Fla x Flu da política brasileira de hoje, que é o PT versus o PSDB, é uma tentativa de repetir uma fórmula já testada. Porque eles conseguiram enfraquecer bastante o Partido Comunista. Essa é que é a verdade. Eles conseguiram, porque eles se apresentavam como o partido da ética, o partido de massas, o partido que tinha, digamos, um projeto político muito mais viável, muito mais amplo, muito mais democrático do que o Partido Comunista, que, por ser comunista, tinha a ideologia do partido único e não sei mais o quê... E convenceu. Criaram, via AP, via Igreja Católica, através das Comunidades Eclesiais, uma base popular muito grande. E esse é o começo do PT, certo? E nos sindicatos também, eles passaram a dominar os sindicatos. Mas aí, o que acontece? Vai para o poder! E os sindicalistas, também, entram nesse esquema do aparelhamento. Muitos passam a tomar conta dos fundos de pensão, que é onde a corrupção começa. Depois, vão para empresas, embora não tenham a capacidade técnica de ter os cargos que tiveram, tanto na Petrobras, quanto no Banco do Brasil, no BNDES. Eles ocupam todos os lugares. E isso, obviamente, tem consequências sobre a performance, o desempenho dessas empresas, dessas instituições, dessas organizações e, ao mesmo tempo, é um estímulo enorme à avidez, sem controle nenhum. Esse foi o grande erro do PT: a própria avidez de poder dos seus líderes, que queriam conquistar tudo — e nem chamo isso de hegemonia, porque hegemonia está muito baseada na aceitação, no reconhecimento de que eles são os melhores, os mais indicados. E nesse caso não, eles massacraram um pouco isso para tomar conta. É muito mais conquista de trincheira — lembra do Gramsci? — do que conquista de posição. Na posição, você tem que ter o reconhecimento, senão você não se mantém na posição. Mesmo acabando com o mérito, com todas as formas de mérito — e essa preocupação técnica e moral e, portanto, política criou situações muito difíceis, em toda parte, para eles, faz com eles estejam diante, agora, do desmonte desse partido. O PT está sendo desmontado, essa é que é a verdade.

Você tocou num ponto curiosíssimo: como nasceu e o que estruturou, exatamente, o Partido dos Trabalhadores? Para alguns, ele nasceu no rescaldo da ditadura e juntando todos os descontentes.

Eu estava lá, na Unicamp e na USP, que eram os dois centros da efervescência intelectual, que acabou resultando no PT. Você teve, assim, um forte movimento de reconhecimento da cultura popular, de um populismo do bem, digamos assim, que é essa coisa: temos que trazer o povo para política, mas trazer o povo para política participando ativamente, como sujeitos, como atores políticos. Era essa a preocupação; e aí, de fato, eles ganharam muita gente com essa proposta. Mas havia, ao mesmo tempo, várias tensões, uma delas era com os intelectuais que tinham certo receio, por estudarem essa questão, de que essa preocupação com o popular fosse descambar para um populismo negativo, do mal. A cisão PSDB x PT se deu aí. E aí o PSDB exagerou, exagerou com essa coisa, digamos, de intelectuais, pessoas cultas, muito cultas, que se reconheciam entre si, mas que se afastaram cada vez mais das bases. O PSDB não tem bases. E o PT, ao contrário, criou todas essas bases nos sindicatos, nas localidades, nas periferias, mas quando foi para o poder, lidou muito mal com isso e criou este monstrinho. Então, o Fla x Flu vem daí. O Fla x Flu vem de uma briga interna entre intelectuais da USP e da Unicamp, que virou uma inimizade pessoal. Mas nós não temos nada com isso, porque o PSDB continua sendo um partido social democrata. O que a gente tem que fazer é reunir essas forças que têm projetos para o Brasil, e que estão preocupadas com a questão da desigualdade, com a questão da participação democrática, porque o PSDB também tem essa preocupação. Durante o governo Fernando Henrique você teve uma ampliação enorme também dessa participação popular, através do trabalho da Ruth Cardoso. E é engraçado, porque nas discussões iniciais havia um exagero enorme do pessoal da cultura popular, porque eles achavam que as soluções viriam todas do povo, eles davam as costas para o Estado, davam as costas para a universidade, eles davam as costas para os intelectuais, porque o bem vinha do povo.

430 PROFETAS DO PASSADO

E, ao mesmo tempo, você tinha um crescimento enorme dos lincha mentos do povo, dos grupos de extermínio, apoiados pelo povo, porque aquilo na verdade estava crescendo — um paradoxo enorme. Como é que tudo de bom vem do povo, se você tem a criminalidade aumentan do, o extermínio aumentando, os linchamentos aumentando, e isso era o início da década de 1980. Isso nunca se resolveu. Até hoje, você tem uma corrente dentro do PT que ainda acha isso, mas que fica criando esses conselhos, essas comissões etc., botando gente do PT, porque são pessoas confiáveis. Simplesmente por isso.

Além desse corporativismo partidário, poderia se especular, também, que estaria aí, nesse terceiro pilar do surgimento do PT — essa classe média politizada, que voltava naquele momento do exílio e que se juntaria às Comunidades Eclesiais de Base e a essa inédita liderança sindical —, a idealização do projeto político para esse novo partido? Quem idealizou, em sua opinião, o projeto petista?

Veja, as bases eles tinham: as Comunidades Eclesiais de Base funcionaram muito com a Igreja, os sindicatos também tinham a presença da Igreja, mas principalmente as lideranças sindicais que foram se agregando ao PT. Então, o PT tem base, sem dúvida nenhuma. O Lula é um líder sindical muito reconhecido, muito admirado, não resta a menor dúvida sobre isso. E a participação dele nas greves, no final da década de 1970, início dos anos 1980, foi muito importante. Base eles tinham, eles iam às bases. O problema é que essa visão de populista do bem, de que tudo de bom vem do povo, é que atrapalhou tudo. Ainda mais quando a Igreja saiu fora, porque a Teologia da Libertação acabou, a Igreja parou de funcionar, né? As Comunidades Eclesiais de Base sumiram! E aí, o que aconteceu? Eles pegaram algumas pessoas que estavam nessa posição e foram botando nesses conselhos, nessas comissões e associações etc. Mas, ao mesmo tempo, havia um crescimento enorme da criminalidade — fato que nunca teve, realmente, uma resposta efetiva e eficaz. A criminalidade continua aumentando e a tal comunidade, que agora não chamam mais de favela, chamam de comunidade, não existe de fato. Está cheio de conflitos lá dentro, seríssimos! Então, é um pouco assim: autoenganação. A ideologia os dominou. E com a ideologia, eles se fecharam totalmente. E essa é a outra armadilha que eles fizeram para eles mesmos. Eles não conseguem reconhecer pessoas que podem ser suas aliadas porque as ideias estão muito próximas. Eles se fecharam, e aí vão buscar o quê? Uma coisa utilitária, de ganhar os votos no Congresso Nacional. Aquelas pessoas ali, que eles pagaram para votar a favor, não estão comprometidas com a diminuição da desigualdade social no Brasil, pelo amor de Deus! E o pessoal do PMDB? Bife, bala e bíblia [risos]! Quer coisa mais conservadora do que isso?! Tudo da base aliada, com exceção do pessoal do DEM, que também tem bife e bíblia, o resto é tudo da base aliada. Essa política, construída dessa forma ideológica fechada, ela está realmente ameaçando o nosso futuro. Tem que mudar!

Nessa medida, qual é o seu prognóstico para a realidade política brasileira imediata? E como você acha que se sente o homem brasileiro comum quando vê essa prática?

Não existe "homem brasileiro comum". Para de pensar assim: "o povo brasileiro, o povo carioca"... Não, não existe isso. Existe uma multiplicidade, o que é muito bom. E precisa ser assim. Só no fim do embate, da crise, da contradição é que a gente vai para frente... Agora, não faço prognóstico nenhum, não tenho firma de consultoria [risos]! Nunca trabalhei com isso. Sou muito mais uma observadora, fico observando e esperando para ver o que vai acontecer. Por enquanto, não sei qual vai ser o desfecho disso.

Como observadora, qual é o sentimento que você acha que perpassa, hoje, pela sociedade brasileira?

Você tem uma parte da população, do povo, que está P... da vida. Se sentindo traída, falando horrores deste governo. Aqui no meu prédio está cheio, você conversa com motoristas de táxi, eles estão furiosos, quem paga imposto, quem está sofrendo com a inflação, está muito chateado, muito aborrecido, né? Mas, ao mesmo tempo, você tem uma parte da população que foi beneficiada, muito beneficiada, com os três últimos governos, dois do Lula e um da Dilma, com determinados programas sociais, com aumento do salário mínimo. E isso é e tem que ser reconhecido. Houve avanços, nessa área: na área da renda. É claro que faltou avançar na área da saúde, da educação, da habitação, da mobilidade urbana, que é o que está precisando ser tratado agora! Então, não adianta ficar falando da Pátria educadora, e deixar os estados e municípios à míngua, sem condições de montar um bom sistema de ensino público, no nível fundamental e no intermediário. Isso tem que ser resolvido, senão vamos continuar a receber alunos na universidade completamente incapazes de escrever um texto em português, completamente incapazes de se livrar dessa ideologia e pensar de uma forma mais aberta, mais racional, mais científica. Isso não pode continuar, porque isso afeta o nosso desenvolvimento sustentável.

Só para concluir seu raciocínio: em sua opinião, quem é que continua defendendo, hoje, o Partido dos Trabalhadores?

Tem muita gente aí no Facebook. Isso eu não sei. Isso eu não posso responder. Sei que tem um monte de gente fazendo isso: pessoas inteligentes, ex-alunos meus, professores universitários. Agora, veja só: professores universitários que já tiveram cargo no governo, ou que têm cargo no governo. Agora, quando falei de povo, são as pessoas humildes, que ganharam algo com isso, que reconhecem que ganharam. Mas esses não são defensores do Fla x Flu, não. Reconhecem os ganhos, mas reconhecem, também, que tem corrupção. Só que a "justificativa" é que todos roubam.

Você se importaria em declinar seu voto no segundo turno da última eleição?

No 2º turno? Votei em branco.

Por quê?

Votei na Marina no primeiro, depois votei em branco, porque não confio no Aécio. Mas defendi o direito de quem votou nele. Até pensei em votar nele, mas na hora H não consegui.

Alba Maria Zaluar, carioca, 73 anos, é antropóloga, professora e escritora. Filiada ao PCB, participou do movimento estudantil no período pré-64 e, também, militou no CPC da UNE. Perseguida pela ditadura, foi para a Inglaterra, onde estudou Antropologia e Sociologia Urbana. Ao retornar, em 1971, dedicou-se à cultura popular, com atuação na área da Antropologia da Violência Urbana. Com sete livros publicados e alguns prêmios e condecorações, inclusive internacionais, coordena atualmente o Núcleo de Pesquisas das Violências (Nupev), localizado no Instituto de Medicina Social da Uerj.

Merval Pereira

"O Lula nunca foi de esquerda. O Lula entrou na luta sindical para evitar a dominação do Partido Comunista nas fábricas."

Rio de Janeiro, 30 de abril de 2015

No início dos anos 1970, quando o jornal _O Globo_ fez uma grande modificação editorial, você já era um repórter categoria especial. E, naquele momento, por mais paradoxal que pareça, _O Globo_ tinha, em sua redação, uma das maiores bases do Partido Comunista Brasileiro. Você fez parte dessa base ou você era o que se chamava na época de "simpatizante"?

É... eu era muito amigo de todos eles: Henrique Caban, Milton Coelho da Graça, Milton Temer, mas nunca fui do partido.

Você teve militância estudantil antes disso?

Tive, quando eu fazia o primeiro ano de Direito na UEG. Tínhamos um grupo que lia Marx, fazia discussões, mas não durou muito. Mas nunca tive uma participação maior, mais significativa. Quando começaram as grandes passeatas, por exemplo, eu já participava como repórter, porque comecei a trabalhar em jornal muito cedo. Já acompanhava tudo como jornalista.

436 PROFETAS DO PASSADO

Mesmo sem militância partidária, havia, na época, um consenso (e não foram poucos os seminários de Filosofia Política organizados pelo Partido Comunista) que preconizava que mais do que aprender as teorias marxistas/leninistas ou saber o que pensava Lukács, por exemplo, todo progressista, enfim, todo aquele que fazia uma opção pelo campo da esquerda teria que ter, como princípio elementar, a prática da ética e da moral. Esse princípio avançou no tempo como referência da esquerda brasileira. Tanto que, durante os anos em que esteve na oposição (e fora do governo, portanto), o Partido dos Trabalhadores sempre se autoproclamou como reserva moral da política brasileira. Em sua opinião, o que faz com que esse grupo político tenha alterado tanto o seu ideário? Ou o PT nunca foi um partido de esquerda?

Essa postura de esquerda e direita perdeu muito sentido, perdeu muito significado, no mundo moderno, principalmente depois que caiu o Muro de Berlim. Mas a antiga esquerda, e o PT, especialmente, faz questão de jogar todo mundo que é contra, que é opositor a ele, para direita. Como é o caso do PSDB, que é um partido de centro-esquerda, claramente social-democrata, e que foi criado, inclusive, com essa intenção. Então, um partido que tem quadros como o Fernando Henrique, como o Serra, o Covas, entre outros, você dizer que é um partido de direita, ou dizer que o Fernando Henrique é de direita, isso é uma estupidez, né? Brinco muito — brincava, né, porque há algum tempo não tenho contato com ele —, mas o Milton Temer, por exemplo, saiu do PT, entrou pro PSOL, e ele é muito radical. Cada vez que falei alguma coisa e ele não concordou, ele costumava mandar um e-mail. Uma vez eu disse para ele: "Ô, Milton, a gente tá discutindo bobagem, porque sou de esquerda também. O problema é o seguinte: é que eu não sou da esquerda que, hoje, você representa. Aliás, você era muito mais moderno quando estava n'*O Globo* do que agora" [risos]. Ele é tão radical, que tirou da biografia dele os anos que passou n'*O Globo*! Ele não cita. E ele foi um membro importantíssimo da cúpula d'*O Globo* durante anos.

Mas voltando ao PT. O que faz com que o Partido dos Trabalhadores sempre tenha exercido essas duas prerrogativas: primeiro, enquanto esteve fora do governo, a de ser a reserva moral da política partidária brasileira, e agora, enquanto partido oficial, de ser o único bastião da esquerda nacional?

Acho que o PT nasceu de esquerda. O Lula, não. O Lula nunca foi de esquerda. O Lula é um líder sindical, que o pessoal de esquerda queria ter junto para dar um caráter mais ideológico. O Fernando Henrique também tentou isso. O Fernando Henrique, inclusive, procurou frei Betto para fazer o PSDB com as bases da Igreja e do sindicalismo. E ele, inclusive, lamenta não ter conseguido, porque a social-democracia sem uma base sindical fica uma coisa meio solta. O PT nasceu como um partido de esquerda, de intelectuais de esquerda, mas é importante lembrar que o Lula entrou na luta sindical para evitar a dominação do Partido Comunista nas fábricas. Quem era comunista era o irmão dele, o Frei Chico. E o Lula fez o PT justamente para impedir que o PCB ampliasse suas bases no ABC. Tudo isso mostra o seguinte: que o PT nasceu de esquerda, que o Lula nunca foi de esquerda, mas teve uma convivência longa com esses intelectuais de esquerda, que até teve uma formação de esquerda já adulto, e que o PT, depois, quando chegou ao poder, mesmo nos municípios, foi se perdendo. A gente não sabia, tão claramente como sabe hoje, que nas prefeituras o PT já tomava dinheiro de prestadores de serviço de lixo e de não sei mais o quê, para financiar futuras campanhas. O caso do Celso Daniel é um trágico e emblemático disso. Quando chegou ao governo central, isso só aumentou. E, ao mesmo tempo em que aumentou a necessidade do pragmatismo, tanto na busca do dinheiro quanto na busca das alianças, a parte do PT que era de esquerda permaneceu. Quer dizer, sobrou uma esquerda radical, que ainda pensa no socialismo — tanto que o PT nunca tirou do programa dele a referência ao socialismo, ao objetivo de implantar o socialismo, embora já tenham tentado fazer isso várias vezes. Na prática, isso não existe, mas está lá escrito. Então, eu acho que o PT se perdeu no caminho da busca do poder, entende? Tem o mérito de que a ala radical de esquerda do PT não tem tanta força quanto já teve, e isso é bom, porque, realmente, eles têm projetos muito radicalizantes, que não se coadunam com a democracia. Agora, na verdade, o PT passou a ser um partido que quer o poder pelo poder e faz qualquer tipo de coisa para se manter no poder.

O que você tem a dizer a respeito dessa "coincidência" histórica: a mesma classe média que optou pela luta armada, em 1968, quando voltou do exílio, encontrou nesse novo líder operário, que criava um partido de trabalhadores, a possibilidade de formatar um projeto de ruptura com o sistema capitalista, através da transformação do PT em um partido de massa? Ou foi o líder operário que viu nessa classe média politizada e, consagradamente, de esquerda a oportunidade de dar credibilidade ao seu projeto político? Poderia estar aí, nessas variáveis, uma possibilidade para o entendimento do projeto "os fins justificam os meios"?

Acho que houve as duas coisas: que essa esquerda pensou em usar o Lula para ter uma base e o Lula pensou em usar a esquerda. E acho que o Lula é mais esperto que eles e tomou conta do partido. Mas o partido sempre teve o seu posicionamento ideológico. O José Dirceu, por exemplo, sempre foi uma figura importante dentro do partido e o Lula também não conseguia se livrar do José Dirceu, que continuou desempenhando um papel importante. Pelo menos até o mensalão. Acho que a ideia era essa mesmo: de fazer um partido que fosse o defensor de valores da classe média, que hoje eles estão renegando. Porque, hoje, eles acusam a classe média de estar contra o governo, contra a corrupção e de ser uma classe média de direita, a direita fascista! É aquele negócio da Marilena Chaui dizer que detesta a classe média, que tem horror à classe média e tal. Então, as coisas vão evoluindo e, hoje em dia, acho que a classe média abandonou o PT. O PT, hoje, representa só um grupo político de esquerda e, também, de funcionários públicos. Agora, tem esse Estado, que ele aparelhou, com muitos interesses, inclusive financeiros, e, ainda, de importância significativa na vida política e social do país. Acho que o PT se tornou isso.

A gente começou essa nossa conversa falando que era impossível se pensar em ser de esquerda — e parece que isso perpassa o tempo, né? — e ter, ao mesmo tempo, um comportamento que sempre se chamou "de direita", que é o de saquear os cofres públicos, manipular etc. Nessa medida, por que se insiste, ainda, em chamar o PT de esquerda, como você acabou de dizer agora? É um vício de linguagem?

Não, não. Acho que o que a esquerda sempre colocou é que a direita era corrupta. Mas a corrupção na esquerda também existe e isso não faz com que eles virem de direita. E você não pode negar, hoje, que o PT é um partido de esquerda.

Por quê?

Porque as relações dele, no mundo inteiro, são relações com todos os partidos de esquerda. Tem o foro de São Paulo, com a esquerda que criou o Lula, e que acabou dando certo porque hoje eles estão dominando a política da América do Sul. Embora, agora, já estejam em decadência. Está virando uma nova fase, em que vão ser derrotados em sequência. Mas de qualquer maneira, deu certo essa estratégia deles. E o que ficou claro é que o roubo não é um privilégio da direita. A imagem era essa por causa do golpe militar, de políticos como o Maluf e tal, mas hoje, como se vê, o Maluf é aliado do PT.

440 PROFETAS DO PASSADO

Poderia se especular que essa política externa de fazer aliança com governos e nações que tenham programas mais à esquerda poderia ser uma estratégia muito bem definida, na medida em que a política interna, do governo petista, além da corrupção, apresenta um programa econômico muito próximo da direita? Por exemplo: como você vê a questão da atual política econômica?

O problema é o seguinte: como o mundo mudou, não tem mais economia de comunista, de socialista. Não tem sentido. A própria China é capitalismo de mercado. Aliás, é o que o PT adoraria fazer no Brasil: ser um governo forte, autoritário, mas que vivesse no capitalismo de Estado. Não vejo muita diferença nisso. Eu só acho que o eventual projeto de esquerda do PT, que permanece mais claramente na política externa e numa posição antiamericana muito pueril, é muito infantil, não é? — você apoia o Irã, que desrespeita todos os direitos humanos, porque é um país que pode fazer frente aos Estados Unidos, você apoia a Venezuela, quase pelos mesmos motivos... É um esquerdismo infantil, mas é um esquerdismo... É o que temos no mundo, no momento. É isso. Você não tem nem um grande líder de esquerda de peso. Então, o PT está nessa rota e tentando jogar os adversários para a direita.

Expressões como direita e esquerda "ressurgiram", repentinamente, durante o segundo turno das eleições presidenciais de 2014, servindo de base para um jogo perverso de dicotomização, no qual o maniqueísmo se sobressaiu. Como você vê essa questão que, além de dividir o país entre nós (os bons) e eles (os maus), acaba chancelando outro traço forte da nossa cultura, que é a demonização? Como você vê tudo isso, sendo você um desses "demonizados"?

Não dou muita importância. Quer dizer, o que eu acho mais grave é o fato de o governo financiar esse tipo de jornalismo. Isso é que eu acho. O jornalismo que eles produzem não tem a menor importância, mesmo porque quem lê, 90% pensam como eles. Quer dizer, não é um jornalismo que tenha alcance, que divulgue ideias. É um jornalismo que fala para os já convertidos, para os radicais, e, basicamente, tem um objetivo: tentar desmoralizar a imprensa profissional e alguns jornalistas, que são adversários e fazem oposição. Quer dizer, este é o trabalho que eles têm que fazer, são pagos para isso, recebem incentivo do governo para isso. Então, não dou muita importância. Mas é uma base da política deles: jogar todo o adversário para a direita, todo mundo que é contra o PT, ou contra alguma coisa que o PT faça, é porque é de direita, e quem é de direita e é a favor do PT, bom, aí ninguém discute o que o cara fez ou deixou de fazer. Isso é tão óbvio que perde a força, cada vez mais.

Mas quando você diz "é tão óbvio", você está se referindo ao entendimento de que segmento social? Se fosse assim tão óbvio, não lhe parece que teria sido outro o resultado da última eleição?

Não, não deu muito certo não, eles quase perderam a eleição, só não perderam, dessa vez, por um erro estratégico da oposição. O Aécio ser derrotado em Minas foi um erro estratégico dele, pois achou que ganharia em Minas, de qualquer maneira, e que não precisava fazer campanha lá. Mas perdeu! E também pela campanha mentirosa que o PT fez. E que não foi só mentirosa, porque "dividiu" tudo entre direita e esquerda. A campanha foi mentirosa porque prometeu mundos e fundos, o que não aconteceu, obviamente...

Mas foram produzidas, também, algumas falácias, como a de vincular uma provável independência do Banco Central com a comida sumindo da mesa do trabalhador, não é? O que você pensa a esse respeito? O que fez, em sua opinião, com que estratégias marqueteiras como essa obtivessem tanto resultado, a ponto de alcançar a vitória no pleito de 2014?

442 PROFETAS DO PASSADO

Pois é, ganharam por causa disso e vão ter que apelar para isso cada vez mais. Dificilmente, conseguirão se manter no poder, porque esse tipo de política esgotou. A realidade mostra isso, a começar pelas mentiras que a Dilma disse na campanha e que ela, mesma, desmentiu logo no primeiro dia do seu novo governo. Acho que o Lula não tem, hoje, também, a importância que já teve, e a tendência é ele ir perdendo popularidade, cada vez mais, diante das novas revelações que surgirem.

E como você definiria Lula: a maior e, até então, inédita liderança operária da história brasileira, um caudilho populista sem precedentes nos anais republicanos, ou ainda, como querem seus opositores mais ferrenhos, um chefe político latino-americano muito próximo do bolivarianismo venezuelano?

Acho que o líder político Lula não passa de um espertalhão: no sindicato ele era assim, e na política ele continua sendo assim. Ele é um sujeito que sabe para onde o vento está soprando e vai nessa direção. Ele faz um tipo de política rasa e tem sucesso. É inegável que ele sabe falar com o povo, ficar bem com o povo, mas não tem uma estatura de estadista, não tem visão de estadista, não tem visão de mundo. E, por isso, não acho que ele vai entrar para história como um grande líder, não. Acho que a ideia de redução da desigualdade é uma ideia forte, que foi importante ele trazer para o debate político nacional, mas essa ideia não seguiu um projeto de país que termine com a desigualdade. E essa é a sua marca registrada. Ele se contenta com pequenas coisas que dão resultado: Bolsa Família, cota para isso, cota para aquilo. Ele não se preocupa com reformas estruturais do país. É aquela velha tese: o político populista vê a próxima eleição e o estadista vê as próximas gerações. O Lula é o populista que quer ganhar a eleição. Quer dizer, o Bolsa Família e essas cotas, essas outras bolsas, não resistem a uma crise econômica como a gente está vendo agora. Mas ele não se preocupa com isso, ele se preocupa com o resultado imediato.

Em seu livro sobre o mensalão, você reproduz sua coluna do jornal *O Globo*, de 14 de outubro de 2012, em que o cientista político César Benjamin, que foi coordenador da campanha do Lula à presidência, em 1989, afirma: "O que está acontecendo agora é uma prática sistemática que tem pelo menos quinze anos no âmbito do PT, da CUT e da esquerda em geral. Nesse ponto, a responsabilidade do ex-presidente Lula e do ex-ministro José Dirceu é enorme. Esse esquema pessoal do Lula começou a gerenciar quantidades crescentes de recursos e isso foi um fator decisivo para que o grupo político dele pudesse obter a hegemonia dentro do PT e da CUT." Por que, em sua opinião, mesmo já tendo sido citado no decorrer de algumas investigações e processos, como agora, na operação Lava Jato, tanto o nome de Lula como suas possíveis responsabilidades permanecem blindadas?

Acho que já esteve mais blindado do que está hoje. Hoje já tem manifestações na rua, dizendo "Lula lá, ladrão". Agora, quem blinda? Antes de tudo, é a própria mística dele: primeiro operário a virar presidente da República! Ele criou uma imagem que foi muito louvada no mundo, durante muitos anos. O próprio Fernando Henrique, no fundo, adorou passar a faixa para o Lula. Aquela passagem de governo republicano, como nunca houvera na história do Brasil, foi importante. E o próprio Fernando Henrique confessou que achava que o Lula ia corresponder àquele gesto dele, chamando o PSDB para um governo de união. Mas isso não aconteceu. Tudo isto: a blindagem do Lula criada, primeiro, pela imagem internacional dele... O Lula ia ganhar o Prêmio Nobel da Paz, em 2005, se não tivesse estourado o mensalão. A ideia de que o Lula era um grande líder operário, que cuidava dos pobres, dominou o mundo durante muito tempo. E só depois é que as pessoas foram vendo que não era exatamente aquilo.

Como você denominaria esse projeto do Lula, de personalista?

Acho que sim. Ele é um sujeito que cuida dele, da imagem dele. Ele não tem a visão de país. Tanto é que ele está sempre pronto para voltar ao governo. E uma coisa que mostra bem isso é que ele não deixa surgir no PT nenhum outro grande líder.

Ainda de seu livro *Mensalão — o dia a dia do mais importante julgamento da história política do país*, e reproduzindo a sua coluna de 12 de agosto de 2012, em que você afirmou: "O julgamento do mensalão traz com ele uma discussão sobre a legislação brasileira de lavagem de dinheiro que, dependendo do resultado, pode definir uma jurisprudência importante para o combate à corrupção no país. O Supremo quase não julgou casos desse tipo." Hoje, três anos depois, e tendo a Segunda Turma do Supremo Tribunal Federal concedido *habeas corpus* a nove executivos de empreiteiras, ainda em pleno processo de investigação da operação Lava Jato, você mantém o mesmo sentimento de que o STF está acima de qualquer suspeita?

Discordei dessa decisão do Supremo, baseado nos votos do Celso de Mello e da Cármen Lúcia e nas decisões anteriores do STJ, do TRE e tal. Não era uma coisa tão clara, assim, que precisava acabar a prisão preventiva. Logo, acho que precisariam permanecer lá, porque a investigação estava em curso ainda. Acho que o Moro, por exemplo, que assessorou a Rosa Weber no julgamento do mensalão, já era um juiz especializado em lavagem de dinheiro, e por isso ela o chamou para ajudá-la. Então, o que ele está fazendo no petrolão é uma coisa que ele estuda sobre esses casos específicos. Ele está juntando coisas do mensalão com as do petrolão, e isso já é uma evolução da investigação. A investigação que esse pessoal do Ministério Público de Curitiba está fazendo mostra uma nova geração de promotores estudiosos desse assunto e com uma capacidade de investigação muito forte, muito grande. Já se evoluiu muito nesse campo e a própria legislação brasileira também já evoluiu muito. Por isso, acho que tudo está indo bem.

Você não corrobora com essa insinuação de que há um aparelhamento da máquina estatal?

Não, o que estou dizendo é que acho que a ideia de que o Supremo foi aparelhado é uma ideia equivocada. A ideia de que o governo tenta aparelhar é certa. Quer dizer, isso aconteceu em todos os países da América do Sul que a gente conhece. Agora, pelo menos até o momento, não vejo que isso tenha acontecido em relação ao STF. E por quê? Porque acho que é normal um governo escolher ministros que tenham o mesmo pensamento político do governo. Nos EUA é assim: democratas escolhem juristas democratas para irem para o Supremo. Acho que o governo, depois do mensalão, tomou um susto quando viu que o Ayres Britto, embora tenha sido até militante do PT, votou contra, que o Eros Grau, que era comunista, votou contra. Eles começaram a pensar melhor nas escolhas. Acho, por exemplo, que a escolha do Teori Zavascki e do Luís Roberto Barroso foram escolhas acertadas do ponto de vista do governo. São pessoas reconhecidamente preparadas, tecnicamente preparadas, e têm um pensamento que favorece o governo. O Barroso tem um pensamento liberal de esquerda, já foi mais de esquerda do que é hoje, mas tem um pensamento, e o Zavascki é um juiz que protege o Estado, nitidamente. O Zavascki sempre votou a favor do governo em questões de discussão de imposto, esse tipo de coisa. Ele sempre preservou o governo. Então, isso é uma coisa que interessa a qualquer governo, e tudo certo. Não acho que o Supremo tenha sido dominado pelo PT, embora tenha discordado de decisões do Supremo. Mas eu acho que isso está dentro do jogo: você discorda, concorda... Não vejo o Supremo como um órgão aparelhado, pelo menos até o momento.

PROFETAS DO PASSADO

Em artigo publicado na revista *Política democrática*, com o título "Um golpe de estado em doses homeopáticas", o cientista político Augusto de Franco, observa: "Sem abandonar os partidos, a atividade parlamentar e as disputas eleitorais, é nisso fundamentalmente — na resistência democrática e na oposição popular — que devemos apostar se quisermos interromper a implantação da estratégia petista de conquista de hegemonia sobre a sociedade brasileira a partir do Estado controlado pelo partido." Estaria aí, em sua opinião, uma plausível justificativa para essa aparente confusão sobre qual é o papel do Estado, qual é o papel do governo, qual é o papel do partido que está no governo?

Não tenho nenhuma dúvida de que o PT aparelhou o Estado, não tenho nenhuma dúvida de que o PT confunde o público com o privado, não tenho dúvida de que o PT confunde os seus interesses com os interesses do governo, e não tenho dúvida de que se a gente não tivesse uma imprensa livre, um Judiciário independente, a gente já estaria num governo, hoje, muito mais próximo de uma Venezuela do que o que temos atualmente. Com a diferença de que o Brasil é muito mais desenvolvido. Agora, que o objetivo do PT sempre foi controlar o Estado brasileiro e impor suas ideias, isso eu não tenho dúvida nenhuma. A imprensa eles tentam controlar desde que chegaram ao governo. Há dez propostas já, uma atrás da outra, com eles tentando cercar de várias maneiras. Mas acho que a democracia, a classe média brasileira, a democracia representada pelo Judiciário independente, pelo próprio Legislativo — o Legislativo é muito mal visto e com razão — e o PMDB, inclusive... O PMDB, por outro lado, é uma garantia da democracia no Brasil. Porque o ele sabe que não terá força num governo autoritário do PT. O PMDB só tem força num governo democrático, no qual ele é uma força que segura o PT. O PMDB é fundamental para garantir a democracia. O PT não conseguirá aprovar nada no Congresso, contra o Estado de Direito, porque o PMDB, sobretudo, tem tamanho e força para impedir.

O que faz com que se desqualifique o sentimento de indignação de 2 milhões de pessoas que, desde junho de 2013, vão às ruas denunciar desmandos e pedir soluções para os graves problemas brasileiros? A impopularidade atual da presidente Dilma e o fato concreto de que quem governa o país, neste momento, são lideranças do PMDB, algumas delas que já foram, inclusive, "obrigadas" a abandonar mandatos anteriores pelas mesmas acusações de corrupção, como é o caso do atual presidente do Senado, Renan Calheiros, demonstra o quê? Há, de fato, uma renúncia branca, como quer a oposição?

Estamos num governo muito fraco. O PT, hoje, está muito fragilizado com essas acusações de corrupção, que vêm desde 2005, com as denúncias nos municípios. E o partido sofre com isso, perdeu, até mesmo, a sua capacidade de mobilizar os movimentos sociais. Hoje, a maioria do país já é contra o governo, não há dúvida disso. Acho que o que vai acontecer é a gente assistir a um governo fraco, morrendo em praça pública, nos próximos quatro anos... Quer dizer, três anos, porque, no quarto ano, já começa a campanha. Ou então, vai surgir um fato novo, que leve ao impeachment da presidente, com base legal, com uma inegável prova que venha inviabilizar o seu governo. Ou, ainda, a sua renúncia — o que não é muito do estilo dela, mas ela pode ficar inviabilizada e querer sair.

Você falou, agora há pouco, em papel da imprensa, né? Você acha que a imprensa, hoje, continua a desempenhar o seu papel histórico de fazer uma análise reflexiva e analítica dos fatos? Por que não se trata, no jornalismo político diário, de temas como a renúncia, por exemplo? Por que não se leva até o homem comum essa informação de que, além do impeachment, pode haver outra saída constitucional, como a renúncia?

448   PROFETAS DO PASSADO

A gente ainda tem muito cuidado para tratar desse tipo de coisa, né? Porque a gente está, agora, no mais longo período de democracia que o país já viveu, mas ainda temos muitos cuidados, muitas barreiras... Então, ninguém fica muito à vontade para discutir renúncia de presidente...

Por quê? A imprensa não está livre? Ou há interesses que...

Não, não vejo que sejam interesses, não. Acho que é mais uma questão de cultura, mesmo. Eu acho que a gente não tem essa cultura de dizer as coisas claramente. Acho que é um jeito do brasileiro lidar com as dificuldades.

Quando você fala em cultura, pode se especular que você está se referindo a esse padrão, quase atávico, de subserviência aos poderosos, aos donos do poder?

É, acho que tem muito desse padrão, né? O presidente da República é meio intocável. É isso que protege muito o Lula, até hoje. Ele não entrou no mensalão, certamente porque o Procurador viu que, se pusesse o Lula, ia derrubar tudo. Então, ele tirou o Lula e botou o José Dirceu, que apareceria em segundo plano. O Lula seria o principal. Mas não havia condições políticas de tratar daquele assunto. Acho que hoje, se aparecer alguma coisa contra o Lula, já há um clima político muito mais livre para se falar dele e criticá-lo. Porque o que tem saído já de reportagem sobre o Lula e os interesses dele...

Como é que você vê o fato de que, mesmo quando 2 milhões de pessoas vão às ruas falar da sua insatisfação, repudiar aquilo que consideram condenável na atuação política e governamental, a real dimensão desses sentimentos não é traduzida com a mesma veemência para a opinião pública? Por exemplo: a imprensa, de uma forma geral, chama essa massa enorme de gente de "população indignada". Você considera que esse é o sentimento que melhor traduz, hoje, a reação do povo brasileiro, depois do segundo turno da eleição de 2014?

Olha, tenho experiência própria de várias coisas: quando escrevo uma coluna muito virulenta, é um sucesso monumental, quando faço uma análise mais detalhada e tal, é até meio frustrante para os leitores. Quando faço palestra e fico falando que não tem, ainda, condições de impeachment, as pessoas não entendem, não querem saber! As pessoas estão convencidas de que a Dilma tem culpa e, portanto, tem que sair.

O sentimento seria o da traição? Mas por que ela "personificaria" toda essa traição?

Acho que não é só por ela ser um símbolo, é, também, por ela mesmo. Porque ela é muito prepotente, muito arrogante, e tem muita coisa que ela diz que é um absurdo! Quer dizer, as pessoas estão querendo, realmente, sangue, estão se sentindo muito traídas e muito indignadas, mesmo. Agora, a democracia tem seus ritos e, a democracia, no Brasil, com todos os cuidados que a gente tem que ter, ainda tem muitos percalços. Nos EUA, por exemplo, ela já teria caído. E não seria nada demais, porque a mentira lá... Pega na mentira, acabou! Não tem conversa.

Pois então, ao se opor a esse padrão cultural da subserviência, de uma forma tão abrangente, não lhe parece que o povo brasileiro, hoje, mais do que denunciar a mentira, está querendo tratar da questão da falta de ética? Ou você acha que o sentimento que a história vai repetir, incansavelmente, é o de um fatalismo?

Não, não. Acho que a reação das pessoas a essa falta de ética está muito clara, muito evidente, e tem gente que fala muito diretamente mesmo. Já tem gente escrevendo no jornal de forma bastante contundente a esse respeito. É uma questão de tempo. Para o país mudar culturalmente e não aceitar esse tipo de ação política, baseada na mentira, na enrolação.

Você é um otimista em relação a isso?

Sou. Acho que a gente está indo num caminho bom. Acho que a gente poderia ter ganhado um tempo... Lamento a gente ter perdido esses doze anos, porque acho que as melhores coisas que o Lula fez não justificam tudo que aconteceu: a falta de valores, o retrocesso cultural no Brasil... Acho que não valeu a pena. Acho que, se tivesse mudado o governo em 2014, seria melhor, porque quatro anos a mais, nessa coisa, é muito ruim. Mas acho que estamos indo num bom caminho.

Fazendo o papel de advogado do diabo: como você vê essa possibilidade de que práticas conhecidas, historicamente, como da velha direita possam ser "confundidas", hoje, com uma política de esquerda? Essa confusão provocada pelo discurso oficial não poderia aumentar, ainda mais, a crença do povo brasileiro em relação à "predestinação histórica" de que o Brasil não tem jeito? Exemplo disso, como uma das frases mais recorrentes: "Se até o Lula, quando chegou lá fez o que fez, o que mais se pode esperar"?

Mas esse é o problema dos valores distorcidos que os doze anos do PT produziram, que foi uma das piores coisas, piores legados desse período, né? Agora, o que a gente precisa perder é a ideia de que um partido de esquerda não é isso. A gente fica espantado: "Como é que pode, um partido de esquerda continuar sendo de esquerda, e ser um partido corrupto?!" Ora, existem vários exemplos de partidos de esquerda corruptos no mundo. Tem que acabar com essa idealização.

E qual seria a causa dessa idealização: uma forma de a classe média expiar suas culpas sociais?

Não, o que acho que precisa ser observado é o fato de o Brasil ser um raro país no mundo que não tem um partido de direita, ou que se diga de direita. É uma loucura, é uma coisa completamente equivocada. Não é possível que as pessoas tenham vergonha de dizer que são de direita, que não exista um partido que se assuma como de direita e que vá disputar o seu pensamento... No Brasil — agora eu acho que está até mudando —, todo mundo era, até recentemente, no máximo de centro ou de esquerda. O cara mais de direita do mundo se diz de centro aqui. Acho que é isso: acho que a gente, no Terceiro Mundo especialmente, endeusa a esquerda como se fosse a única maneira de ajudar os pobres e os infelizes, quando não é isso, a questão não é essa.

Então, essa idealização e essa coisa de "nós somos os melhores" é que justificaria, em sua opinião, que uma parcela considerável dessa classe média politizada, cosmopolita...

Tenha acreditado no PT. Tanto que uma parte continua acreditando, mas já tem muita defecção nesse processo. E essa classe média já não está mais tão calada assim. Está indo para as ruas, e você vê que o país, que ficou meio a meio na última eleição, está vendo agora o PT perder muito mais.

Mesmo assim, prevalecem os chamados "deslocamentos históricos". Exemplo: por mais que sejam 2 milhões de pessoas nas ruas, "a população não está pedindo o fim deste governo, ela está orquestrada, instrumentada pela extrema direita e organizando um golpe fascista", segundo o discurso oficial. Como você vê essa questão?

Pois é, são dois pesos, duas medidas, sempre. E o tempo todo. É só reavivar a memória: quando derrubaram o Collor, para a linha ética do PT não era um golpe fascista... Agora é.

Como você classificaria o atual momento da história republicana brasileira? Como você vê, atualmente, o nosso chamado Estado Democrático de Direito?

452 PROFETAS DO PASSADO

Acho que a gente está numa fase muito ruim, muito difícil de se viver, porque você não vê uma saída para a crise. Você tem um governo fragilizado, sem capacidade de ação, com o partido que está no governo igualmente desmoralizado. Do outro lado, você tem um PMDB que não é um sonho de consumo de um governo novo. Eu achava que a eleição de 2014 poderia ter dado essa virada — e é uma pena que não deu. Agora, é esperar 2018 ou, então, um fato novo que justifique, ou que crie esse clima político que interrompa o governo, de alguma maneira, seja pela renúncia, seja pelo impeachment. Mas, de qualquer maneira, é um trauma que, se acontecer, a gente vai passar.

Qual o prognóstico que o cidadão Merval Pereira faz a respeito do futuro imediato da sociedade brasileira?

Acho que a gente está, aos trancos e barrancos, evoluindo. Acho que essas crises todas vão ajudar a melhorar. Acho, também, que é um sinal de que a gente ainda tem muito para melhorar... Estourou o mensalão e o Lula se elegeu em 2006, agora, a Dilma conseguiu se reeleger e já tinha esse escândalo do petrolão surgindo. Então, isso é uma coisa preocupante, mas, ao mesmo tempo, já se percebe que, gradativamente, estamos superando esse quadro.

E como você vê o papel da oposição dentro do atual quadro político? Você acredita que as forças que estão em oposição têm sido suficientemente fortes e/ou contundentes para se contraporem às forças oficiais? O que falta à oposição, no seu entendimento?

Acho que em 2005 foi uma decisão errada, porque a ideia de que você não podia mexer no Lula, que ia fabricar um "Getúlio vivo", como dizia o Fernando Henrique, mas que o Lula estava morto, que ia ser superado em 2006, mostrou ser uma estratégia errada. Mas dessa vez — lá tinha razão específica para impichá-lo —, só que agora há todo um ambiente, toda uma certeza, mas ainda não há provas concretas. Então, acho que ainda está muito embrionária essa ideia do impeachment. Penso que a campanha foi feita da melhor maneira possível. Eles tinham, na época — e ainda têm —, uma estrutura muito forte de apoio, tanto na rua, como no Nordeste. Sem falar na "competência" das mentiras. Mas não vejo como isso possa prosseguir eternamente. Até porque o PT esgotou e ganhou uma sobrevida indevida em 2014. Não sei quem vai ganhar na próxima, mas acho que o PT vai ficar fora.

Você se importaria em declinar seu voto no segundo turno da eleição de 2014?

Claro que não. Votei nos dois turnos no Aécio.

E por quê?

Porque acho que o PSDB é melhor, tem melhor projeto de país. Votaria na Marina, se fosse Marina contra Dilma. E se tivesse sido o Eduardo, também teria votado nele, contra Dilma.

Merval Pereira, carioca, 61 anos, é jornalista, escritor e professor. Com mais de quarenta anos de carreira, vários prêmios, alguns deles internacionais, é especialista em jornalismo político com formação no exterior. Titular de uma coluna diária no jornal *O Globo*, desde 1992, tem três livros publicados, artigos em outras dezenas de publicações e, desde 2013, ocupa a cadeira de número 31 da Academia Brasileira de Letras.

Paulo Caruso e Chico Caruso

"O que está posto, para mim, como caricatura, é o seguinte: a esquerda, hoje, é o PSDB, e a direita é o PT!" Paulo Caruso

"O que aconteceu lá atrás é que cada um quis fazer o seu partido, dividir a base social-democrata do MDB. Então, agora, está esse pega pra capá aí." Chico Caruso

Rio de Janeiro, 2 de maio de 2015

Além de gêmeos univitelinos, vocês têm, praticamente, a mesma trajetória profissional, em que se destaca um idêntico virtuosismo no traço da caricatura. Quero saber, então, a respeito da militância política de vocês extracharges, cartuns, desenhos etc. Vocês fizeram parte do movimento estudantil, ou quando vocês chegaram à universidade já estava tudo proibido?

Paulo Caruso — Não, em 1964, a gente tinha 15 anos. Eu era hippie e o Chico já era comunista.

456 PROFETAS DO PASSADO

Chico Caruso — É, com 15 anos eu já era comunista. Achava legal esse negócio do mundo sem fronteiras, sem classes. Porque, até os 14 anos, eu era a favor do golpe militar. Aquele negócio das greves, aquela bagunça toda, quando veio o golpe, a gente achava, num primeiro momento, que era para melhorar o país.

Paulo — Fiz parte da PAB (Patrulha Auxiliar Brasileira), que arregimentava garotos de 13, 14 anos, um movimento de direita, que fazia aquela coisa militarizada, de ordem unida, com uniforme, uma coisa fascista... tipo TFP. Acho que era um movimento ligado à direita católica... Mas também não fiquei muito tempo por lá.

Chico — É, e eu, como era muito garoto, talvez, naquele momento, o que eu queria mesmo era aparecer, fosse no Exército, fosse na Igreja... Tanto que, antes de entrar na militância, pensei em ser padre.

E como é que chegou ao MR-8?

Chico — Já foi um pouco mais tarde, através da Eliana, minha mulher, que era do MR-8. Já foi aqui no Rio, em 78. Mas eu sempre tive simpatia pelo comunismo.

E você, Paulo, chegou a militar em algum partido?

Paulo — Não. Entrei primeiro na faculdade de Arquitetura, porque ele perdeu o vestibular. Foi estudar na casa de um amigo que era do Partidão e foi preso.

Chico — É o seguinte: esse meu colega de colégio foi quem arrumou meu primeiro emprego. Alex Wissenbach, irmão do Vicente Wissenbach, que trabalhava como chefe de reportagem na *Folha da Tarde*, onde também trabalhava frei Betto. Eu queria um emprego que só trabalhasse duas horas por dia. E arrumei! Às 4h30 da manhã o jipe da *Folha* ia me pegar em casa, eu ia trabalhar de uniforme do colégio. Fazia dez desenhos por dia: esportes, charges políticas etc. Isso foi até dezembro de 1968. Com o Ato 5, eu passei a fazer só dois. E algum tempo depois, fui preso, na casa desse amigo, que também tinha ligações com o Lamarca e onde eu estava estudando para o vestibular. Era uma segunda-feira, tocou a campainha e, quando eu abri a porta, tinha um cara com uma metralhadora: "Documentos!" Mostrei minha carteira de trabalho, e foi instantâneo: "Ah, jornalista?!" Era justamente o que eles precisavam [risos]. Não me perguntaram nada, não me encostaram um dedo, mas fiquei duas semanas incomunicável.

Paulo — O único cara que localizou o Chico foi um tio nosso, que era delegado de Polícia, da região da São João, que achacava as putas. Quando ele entrou na sala dele, viu o Chico.

Chico — Eram 2h da manhã, quando ele entrou na sala e eu, bobinho, tentei falar: "Ô, tio." E ele cortou de imediato: "shiiiiiuuuu." Não podia dar bandeira.

Paulo — Mesmo assim, entramos para a faculdade no mesmo ano: eu em janeiro e Chico em junho, porque ele teve que pedir segunda época do vestibular.

E durante a faculdade, Chico, você entrou para alguma outra organização ou partido político?

Chico — Não, até tentei ser mais atuante, mas o dia em que fui falar numa daquelas reuniões, me deu um branco e não saiu nada [risos]. Percebi, então, que a minha realização ia ser no desenho. Eu já estava desenhando no jornal e, no final do curso de Arquitetura, eu até tentei, também, fazer um estágio num escritório, mas vi que não tinha nada a ver comigo... Um horror [risos]!

458 PROFETAS DO PASSADO

E você, Paulo, da PAB, você foi para onde?

Paulo — Fui para a música. Porque, em 1964, influenciado pelos Beatles, comecei a fazer parte de uma banda de garagem. Fiz minhas primeiras composições e, aí, comecei a pensar essa coisa da música como um universo possível. Eu tinha sempre esse parâmetro: se os Beatles aconteceram com 25 anos, nós, que estávamos com 15, quando tivéssemos 25, chegaríamos lá. Agora, estamos com 65 e Paul McCartney tem 75. Então, quando tivermos 75, vamos chegar lá [risos]! E a música me levou para outra derivação. Porque era época do movimento hippie, essa coisa da contracultura. Então, comecei a encarar a política como uma coisa de velhos.

Chico — E é o que ele pensa até hoje...

Mas, na época, tinha claramente essa dicotomia, não é? Quem não ia para a militância, seja no Partidão, seja na luta armada, "era hippie, era desbundado, fazia parte da "burguesia alienada", não queria encarar a luta."

Paulo — Fiz parte desse grupo, daqueles que "não queriam encarar a luta". Eu lembro que fomos morar numa república, onde tinha uma família "alternativa" tão maluca, achei melhor voltar para a família de origem [risos]. Mas quando cheguei ao jornal, em 1969, eu já estava dividido. Porque aconteceu uma coisa, que foi marcante na minha carreira e, também, na minha mudança de postura política. Eu fiz uma ilustração, no *Shopping News*, onde eu trabalhava, em 1971, da campanha que o Cláudio Marques promovia contra o Vladimir Herzog na TV Cultura. Eu tinha um show para fazer na fábrica do Viola, e, quando chego ao jornal, rapidinho, para fazer os desenhos, os caras me dão a seguinte orientação: "Desenhe um urso com o chapéu da Rússia comunista atrás de uma câmera da TV Cultura." E fiz esse desenho. Nessa época, eu estava começando a namorar a Regina, que é a mãe dos meus filhos, minha primeira mulher, e ela me disse, no dia seguinte: "Você viu o que aconteceu?" Fui ver o jornal e era o meu desenho que ilustrava a campanha contra o Vladimir. E foi dessa campanha que resultou a prisão e, depois, a morte do Vladimir Herzog. Foi aí que me dei conta, tragicamente, que não se pode brincar em relação ao que você faz. Tudo o que você faz você tem que pensar e tem que assumir, integralmente, aquilo que você está fazendo. A partir daí, eu decidi: não faço mais ilustração sem saber do que está se tratando, quero ver o texto, quero saber qual é o contexto, qual é o veículo, e por aí vai.

Eu queria dar um salto na história de vocês para chegar aos anos 1990, quando Chico começou a publicar, diariamente, suas charges n'*O Globo*, e você, Paulo, já estava na *Isto É* com a sua coluna "Avenida Brasil". A afirmação é do Chico, mas penso que ela pode ser compartilhada e observada pelos dois. Em algum momento, Chico, você disse ter "um certo sentimento de gratidão para com a classe política brasileira, porque ela sempre forneceu um vasto e infinito manancial de possibilidades para a charge e para a caricatura". Tirando de cena os dois humoristas, e colocando os dois cidadãos, como é que vocês veem essa situação recorrente da realidade nacional? Vocês pensam e/ou ambicionam que, um dia, se esgote esse tipo de matéria-prima para a charge e para a caricatura?

Chico — Com a palavra, o Francisco Paulo. Desde 1968, quando comecei a trabalhar, de lá para cá, a gente só pode ser "otimista", digamos assim. Quando ia acabar o regime militar, estávamos felizes da vida, achando que íamos ter trabalho pra burro. E tivemos. Do Sarney para cá está "melhorando", entre aspas. Mas acho que, no momento, podemos nos sentir felizes, de verdade, por viver uma situação que, democraticamente, tecnicamente, tecnologicamente, sinaliza que evoluímos. Agora, o Brasil não está certo e isso já faz muito tempo, não é de agora que começou esse troço. É claro que o PT foi uma desilusão, porque era o partido da ética, e aparelhou a Petrobras e várias outras instituições do governo. E tudo isso por quê? Porque está tentando permanecer por vinte ou trinta anos no poder, e porque tem um defeito crucial, que é de ter uma visão sindicalista do mundo. E o que é pior: sindicalista de resultados. Agora, em relação à sua pergunta, é impressionante. As músicas que apresentamos no nosso show estão cada vez mais atuais. E olha que, algumas delas, foram feitas há quase trinta anos. Só que, agora, todo mundo entende o que é subornar, o que é corromper..

Paulo — Acho que tem um histórico aí, o caricaturista aparece na Revolução Francesa quando degolam os reis, cai o poder absoluto e, aí, nasce uma nova classe política, que vão ser os burgueses. Aí é que aparece a caricatura. A caricatura está ligada a essa capacidade de você ironizar e rir de si mesmo. A gente tem essa capacidade de rir de si mesmo, e isso faz com que você veja os outros com o mesmo senso crítico que tem em relação a você mesmo. Por exemplo: o que aconteceu agora, com o *Charlie Hebdo*. Eu fiz um desenho que era o editor do *Charlie Hebdo*, uma das vítimas do atentado, que aparecia com um exemplar do jornal como escudo, provocando um muçulmano com o bico de pena. O muçulmano, que o perseguia, estava montado num camelo e os dois acabam se jogando num abismo. Sou crítico com relação ao *Charlie Hebdo*. O Chico, não. O Chico é favorável, ele acha que a liberdade não tem que ser questionada. Acho que, para gente que viveu a ditadura, que viveu a liberdade vigiada, que foi preso, como o Chico, sem falar nas pessoas que foram torturadas e, mais ainda, as que morreram na prisão... Então, eu acho que, em nome de tudo isso, tem que se ter esse parâmetro: não se brinca com a liberdade! A liberdade é uma coisa preciosa. Você não pode colocá-la em risco com o seu trabalho. Acho que o que esses caras fizeram foi isso. Quer dizer: provocaram uma tirania, pagaram com a própria vida o humor que praticavam.

Só para entender: quando você diz "não se brinca com a liberdade", você está querendo dizer não se brinca com dogmas?

Paulo — Não. Acho que a liberdade exige que alguns parâmetros sejam respeitados. Por exemplo: estamos vivendo, hoje, uma realidade que é absolutamente caricaturável. O Renan Calheiros como presidente do Senado e o Eduardo Cunha como presidente da Câmara. Mesmo assim, não me interessa falar mal do Congresso e da representação política como um todo. Porque, se eu começar a atacar o Congresso, isso vai dar margem para que os golpistas assumam o poder no lugar desses bostas que fazem parte da classe política brasileira hoje. Mas prefiro criticar os bostas do que abrir espaço para os golpistas.

Chico — Com relação ao *Charlie Hebdo*, acho o seguinte: a gente tem que ver a religião como uma etapa do desenvolvimento humano, correspondente à infância. É quando você necessita da ideia de um pai que organize, que discipline, que dirija os caminhos etc. Mas, depois que a ciência veio libertando a gente desses conhecimentos, acho que a gente tem que ter uma certa relação afetiva com o nosso passado, como se fosse a nossa infância, mas não pode ficar preso a ele. A ciência demonstra que não existe Deus. Eu me lembro de que, quando tinha 14 anos, descobri que Deus não existia e pensei: "é claro, é muito mais lógico, está todo mundo à deriva aqui." Então, esse é o caminho da libertação das ideias. Proibido é o cara ter um macaco 47 para atirar. Isso é que tem que reprimir, não se pode permitir que as pessoas andem armadas desse jeito. Porque esses caras que mataram os jornalistas, lá, no *Charlie Hebdo*, eles queriam fazer *happy*, queriam aparecer. E apareceram.

Paulo — Isso é verdade. O Eduardo Cunha é um baterista punk, porra [risos]!

462 PROFETAS DO PASSADO

Chico — Acho o Eduardo Cunha superinteligente. Esse negócio que ele falou: "Ajuste fiscal é que nem sapato branco, é bonito no pé dos outros", é inteligente pra caralho. Ele vai ser presidente da República [risos].

Como é que vocês observam o atual momento da vida nacional em termos dramatúrgicos: farsa, comédia, realismo fantástico, drama, tragédia, ou o quê?

Chico — Isso é realidade.

Paulo — É o Big Brother Brasil [risadas].

Chico — A realidade dá para fazer tragédia, dá para fazer comédia, a realidade é muito mais rica, porque ela é verdadeira, é aquilo que está acontecendo, aqui e agora. Quando vejo o Renan e, agora, o Cunha dando uma do que eu chamo de "neopaneleiros"... Pô, é covardia, tenho até vontade de ficar do lado da Dilma, porque sei que ela está sofrendo, ela é mais bem-intencionada do que esses caras, do que o Renan Calheiros, do que o Eduardo Cunha. Então não há dúvida de que a realidade é muito mais rica que a comédia urbana.

E você, Paulo, você acha o quê?

Paulo — Não sei. Acho que a história da política brasileira, que a gente tem acompanhado ao longo desses últimos cinquenta anos de profissão, sempre teve esse envolvimento do público com o privado, essa mistura de coisas. Acho que isso vem desde a nossa colonização. O fato de a nação brasileira ter nascido quando Napoleão invadiu Portugal, o que fez com que D. João VI viesse para cá. Bom, aí começou tudo. E já começou com a corrupção das capitanias hereditárias. Acho que a política brasileira está impregnada dessa corrupção. Não adianta você querer ser crítico em relação a isso, neste momento, desconsiderando os anteriores. Esse é o processo brasileiro que temos: essa mistura de raças e de moral. Temos uma moral elástica, não somos rigorosos quando somos racistas, ou com o que quer que seja, somos inteiramente vaporosos e abertos a todas as interpretações.

O que você está querendo dizer, exatamente, quando faz essa observação? Que o traço cultural mais significativo da nação brasileira é, justamente, essa condescendência histórica, que nos faz abusivamente tolerantes?

Paulo — Acho que entra aí a questão da educação. O que temos que fazer é participar de um processo educativo mais amplo. E o nosso trabalho se dirige para isso, também. O que queremos é que, com o humor, se possa provocar uma reflexão que ajude a educar as pessoas a respeito do contexto em que se vive. E, ao mesmo tempo, fazer disso uma possibilidade para um caminho melhor.

Diante da nossa atual realidade política, não lhe parece que sua observação pode cair num lugar controverso, na medida em que pouco valor se dá, hoje, à realidade dos fatos? Por exemplo: por que uma parcela dessa classe média cosmopolita, formadora de opinião e, em sua maioria reconhecida, historicamente, como de esquerda, tem optado por se manter calada, ou encontre justificativas do tipo "roubar, sempre se roubou", "a corrupção no Brasil é endêmica"? O que mudou, na opinião de vocês: a classe média, a esquerda brasileira ou a atual classe dominante? Quem faz parte, hoje, da elite brasileira?

Chico — Os novos procuradores do Ministério Público. Esses caras fizeram uma revolução. O juiz Sérgio Moro e todos esses procuradores que estão, apenas, cumprindo o que está na Constituição de 1988. Porque todo mundo sabe que sempre foi assim, no meio empresarial: cartel de empresas, você ganha hoje, eu ganho amanhã. Só que, agora, esses caras, que se especializaram em investigar lavagem de dinheiro, tornaram-se decisivos. Porque não dá para dizer que não foram decisivos os quarenta anos de condenação do Marcos Valério. Então, inventou-se a delação premiada, que o Sérgio Moro e um grupo do Direito entendem como colaboração premiada. Criou-se uma nova modalidade, uma nova institucionalização.

Ok, mas eu não estou perguntando deles, estou perguntando qual a opinião de vocês a respeito dessa classe média.

Chico — Acho que estamos avançando, estamos botando corrupto na cadeia. O Millôr dizia isso: "Nós temos que melhorar a cadeia por dentro." Ou então, como disse aquele velho senador do PFL, hoje do DEM: "Um homem com o meu passado, não pode recusar um presente" [risos].

Quase todas as correntes filosóficas da história da humanidade reconhecem que, para ser um progressista, é necessário ser, antes de tudo, um humanista. Nessa medida, como é que vocês vêm o atual projeto de governo de "que os fins justificam os meios"? Onde se encontra a justificativa para essa "prática": no próprio sistema neoliberal ou na postura desses setores médios que, também, são reconhecidos historicamente pela oscilação em suas opções políticas?

Chico — Eu digo o seguinte: não sei! É o Zé Dirceu, que roubava urna eleitoral no tempo de estudante e que é um cara que nunca respeitou a democracia. Mas nós, humoristas, somos marxistas da linha Groucho. A gente não tem essa visão religiosa da ética.

Paulo — "Não entramos em clube que não nos aceitem como sócios!" O Zé Dirceu — eu acho — não quis pagar o preço de ser vestal, de ser ingênuo.

Chico — Não, ele sempre foi safado...

Paulo — Não, não é verdade. Ele sempre foi um cara arregimentador.

Chico — Eu vou me repetir: o PT era o partido dos estudantes e dos trabalhadores; o estudante era o José Dirceu, e o trabalhador era o Lula. Quer dizer, fodeu...

Só um minuto: vocês podem discordar de tudo, não precisam concordar com nada. Só preciso que cada um fale, sem atropelar o outro. E o que eu quero saber é como vocês veem essa questão de que essa mesma classe média, que passou décadas apontando — "olha a direita roubando, olha a direita se locupletando etc. —, se cala ou então "justifica" os atuais escândalos na base do "roubar sempre se roubou". Por quê?

Paulo — Só quero dizer o seguinte: não paramos de fazer o papel crítico nem com a esquerda no poder. Fiz uma charge do Fernando Henrique, quando ele assumiu no lugar do Itamar, dizendo: "FHC fui eu que fiz!" E depois, fiz outra do Lula dizendo: "Poderiam devolver?" Eu vejo que, no contexto histórico, o erro que o Zé Dirceu cometeu foi o de fazer o jogo dos políticos. Ele não quis foi fazer o papel de ingênuo e de vestal, e de se aliar a caras, como o Roberto Jefferson, por exemplo. Quando pegaram o agente dos Correios, que detonou o PTB do Roberto Jefferson, este detonou o PT e o Zé Dirceu, contando que tinham reunião na casa do Lula etc. Não acho que o Zé Dirceu tenha que ser visto como um cara moralmente condenável, porque ele sempre teve esse papel... Ele sempre foi usado, desde o movimento estudantil, para fazer essa coisa de arregimentação das organizações. Num desses vídeos da imprensa alternativa "Desistir é preciso", o Tonico Ferreira e o Raimundo Pereira contam que quando faziam o *Amanhã*, que era um jornal da Filosofia da USP, eles disseram para a diretoria do grêmio que eram profissionais e que precisavam ganhar. E aí, veio o José Dirceu e colocou um saco de dinheiro em cima da mesa para pagá-los. Era um dinheiro que ele recolheu na rua Maria Antônia, parando carro no meio da rua. Esse é o papel dele, que vem desde o movimento estudantil e aí, agora, quando está no governo, ele faz a mesma coisa. No Congresso da UNE, em Ibiúna, ele foi à padaria e comprou 10 mil pãezinhos. E foi isso que chamou a atenção da polícia. Então, ele sempre teve esse papel de arregimentador...

466   PROFETAS DO PASSADO

Ok, Paulo, você acabou de responder à minha pergunta, que é justamente isso: o que te faz ver o José Dirceu como um herói organizador de despesas do congresso da UNE, quando, na verdade, ao que tudo indica ele é, hoje, um dos tantos políticos corruptos que usam o poder para atingir seus objetivos? Como é que você enxerga essa sua condescendência?

Paulo — Você quer o quê, quer falar do Sérgio Motta? Quer falar do Paulo César Farias? Quer falar do Figueiredo? Quer falar do Golbery?

Não. A discussão não é por aí, não quero discutir nomes.

Paulo — Mas eu quero.

Não é esse o propósito deste livro. Discussão, aqui, só no campo das ideias. Por isso, gostaria que você me respondesse, apenas, que condescendência é essa? Porque a sua colocação é ótima, porque é exatamente o que está sendo questionado. Por exemplo: se os acima citados por você podem ser chamados de ladrões, por que o ex-ministro José Dirceu não pode? Inclusive, quando ele foi preso pelo mensalão, "vendeu-se" a ideia de "preso político", quase a de um "herói nacional", não foi? O que você pensa disso?

Paulo — "Ladrão é só até 1 milhão de dólares" [risos]. Não isento o Zé Dirceu de culpabilidade. Só estou sendo crítico em relação ao contexto. Acho que ele não é uma coisa inusitada, ele faz parte de um procedimento que vem desde sempre na política brasileira. Ele é mais um. Tem uma canção, no nosso show, que eu fiz para o Zé Dirceu e que diz: "Comeu a maçã dourada e depois apodreceu."

Ainda sobre a mesma questão. Como é que vocês veem a possibilidade de que essas práticas políticas, tradicionalmente conhecidas como de direita, estejam sendo confundidas, hoje, com uma política de esquerda? Essa confusão provocada pelo discurso oficial e agregada às ponderações de que a corrupção brasileira é endêmica não aumentaria, ainda mais, a crença popular de que o Brasil não tem jeito?

Paulo — Não. Aí é que está. O nosso trabalho é ser crítico e reflexivo, fazer com que as pessoas ajudem a mudar o contexto e a organização política brasileira. Este é o objetivo.

Chico — Acho que o melhor retrato que temos da nossa sociedade é este Congresso que está aí. São esses deputados e senadores, aquilo que é representativo do Brasil. E a gente sabe o que foi viver a época da ditadura, quando não tinha Congresso. Então, para ter essa representatividade, a gente veio evoluindo, um pouco mais para cá, um pouco mais para lá. Acho que o PT sofreu uma espécie de doença juvenil. Aí está esse líder carismático, que é o Lula, um líder sindical muito inteligente — digo que ele tem a inteligência de um touro mecânico e, como todo mundo gosta dele, tem uma simpatia fantástica.

Vocês acham que a popularidade do ex-presidente se mantém, hoje, ainda no mesmo patamar? Por quê?

Chico — Não, agora não. Porque ficou evidente que o que eles apontavam no Fernando Henrique, que queria ficar vinte anos no poder, eles fizeram, agora, com os sindicatos. Aí, você começa a ver como os braços do sindicalismo são grandes, longos e numerosos. Isso cria um incrível poder paralelo, em que os caras podem tudo. Inclusive pegar dinheiro da Petrobras, como pegaram. Agora, esses novos procuradores, promotores e juízes estão aí, botando uma nova ordem. Então, é um novo momento.

Paulo — Quero fazer uma observação em cima da música que eu fiz para a Dilma, em cima daquela imagem dela sendo interrogada pelos militares e depois, quando você a vê, como presidente, desfilando de Rolls-Royce e a guarda toda perfilada. Na verdade, foi uma revanche, ela conseguiu dar a volta por cima. Agora, ela paga o preço de não ter carisma. Ela não é política, né? Ela foi ungida.

Chico — Como um poste... O Diogo Mainardi falou assim: "Essa mulher é que é a gerente do PAC? A única coisa que ela fez foi uma loja de artigos de R$1,99, em Porto Alegre, e assim mesmo faliu." E ele tem razão: ela não entende porra nenhuma de economia.

Queria levantar a questão da demonização que, mesmo não sendo algo recente, foi abusivamente usada nos dois turnos da eleição presidencial de 2014. Exemplo: o vídeo em que uma provável independência do Banco Central era diretamente vinculada à comida sumindo da mesa do trabalhador. O que vocês pensam a respeito, já que da demonização resultou essa dicotomização de tudo e de todos, em que "nós" somos o bem, e "eles" representam o mal?

Chico — Acho que isso tem a ver com a perda de prestígio do PT, né? Eles começaram a procurar a quem culpar... "Ah! A mídia!" E aí, querem regular a mídia, querem não sei o que mais. Mas o que eles querem, mesmo, é recuperar o terreno perdido. Mas a pergunta é: perderam por quê? Eles têm que fazer uma autocrítica, como se fazia naquele tempo [risos]. Mas eles preferem partir para o ataque, ameaçar de botar "as tropas do Stédile na rua". O que é isso? Guerra Civil? Estamos na Venezuela? Essa coisa de ameaçar com o exército do Stédile tem a mesma proporção que o Aécio dizer que quer o impeachment agora. É a famosa radicalização.

Paulo — Acho que essa dicotomização é uma coisa que vem do útero materno, vem do nascimento da nação brasileira. Quer dizer, estamos vivendo uma realidade gêmea, gêmea má [risos]. É assim: 50% para cada lado e todo mundo tem direito de se sentir absolutamente dono da verdade. O sujeito acaba demonizando o outro, como se o outro fosse o arauto da não verdade. Mas, na realidade, é um espelho de si mesmo.

Vocês não veem protagonismo do PT nessa estratégia?

Paulo — Não, não vejo. Vejo que em todos os governos passados, desde o Tancredo, até hoje, foi sempre essa mesma coisa. Acho que este é o processo político brasileiro. O que está dificultando mais, agora, é decorrência da divisão que o país sofreu, que faz com que se veja o outro como se fosse o seu inimigo. E essa divisão está acontecendo — e era isso que eu queria destacar —, em função do racha da esquerda, que é o racha entre o PSDB e o PT. Porque a esquerda fez questão de se apoiar na direita. Estamos vivendo um racha da social-democracia brasileira. O que está posto, para mim, como caricatura é o seguinte: a esquerda é a oposição, é quem está contra o poder. A esquerda, hoje, então, é a direita, está certo? A esquerda, hoje, é o PSDB, e a direita é o PT [risos]. Enquanto o PSDB estava no poder, ele estava mais à direita. No caso, mais à direita do PT. Hoje, no poder, o PT virou direita, e a oposição, que é o PSDB, está mais à esquerda do PT.

Chico — A esquerda quer melhores condições sociais para o país inteiro, enquanto a direita quer condições para os seus investimentos, né? Por conceito e definição, a direita não está pensando nas pessoas, não estabelece essa prioridade. A social-democracia brasileira é o PT e o PSDB. Só que eles não se dão porque são de São Paulo, e brigam como se fossem irmãos gêmeos [risos]. Mas é evidente que existem diferenças. Por exemplo: o PSDB não tinha base operária, o PT sempre teve. Mas, em contrapartida, não tinha quadros qualificados. Já o PSDB nunca teve trajetória de militância, de luta consagrada. O que acontece lá atrás, ainda no rescaldo da ditadura, é que cada um quis fazer o seu partido: o Lula quis fazer o seu, o Tancredo, o dele, a Ivete Vargas, o dela, e ainda tinha o Golbery pelo meio. Todo mundo querendo dividir aquela base social-democrata que formava o MDB. Então, dividiram, pulverizaram e agora está esse pega pra capá aí.

470   PROFETAS DO PASSADO

A partir dessa colocação das "duas esquerdas", que é um ponto convergente entre vocês [risos], como vocês entendem que a história observará este momento, em que um governo com práticas de direita, permanece se autodenominando de esquerda?

Chico — Pois é, mas a incompetência é "privilégio" da direita? O que eles têm demonstrado é incompetência. O ajuste fiscal, que está sendo proposto, agora, é resultado de quê? Da mais pura incompetência. Porque veja: o estudante era o Zé Dirceu, que fugiu, o trabalhador era o Lula, que nunca trabalhou, e a economista era a Dilma. Então, fodeu tudo [risos]! Agora, nós temos que chegar a uma situação de passagem, quer dizer, voltar a eleger gente qualificada. Então, sou a favor do pessoal do PSDB. Acredito que estamos num momento de ajustes. Tudo o que deu errado vai ter que ser ajustado agora.

Paulo — Tenho uma visão muito particular. Estou pensando em publicar os desenhos que fiz para a *Época*, nesses anos todos, como forma de fazer um registro dessa história. E o título é "Paulo Caruso, época de merda" [risos]. Acho que esse é o registro do momento: estamos vivendo uma "época de merda!" Mas merda não é uma coisa ruim, não, porque quando a gente vai fazer um espetáculo — e você sabe muito bem disso —, há, entre nós, artistas, essa tradição de, em vez de falar boa sorte, se dizer "merda".

Chico — Merda é uma expressão cunhada por Molière. Se tinha muita carroça na frente do teatro, lá na Idade Média, significava que a peça ia ser um sucesso.

Como vocês veem essa tentativa de desqualificar o sentimento de milhões de cidadãos que, desde junho de 2013, vão às ruas denunciar desmandos e pedir soluções para os graves problemas brasileiros. Como é que vocês explicam isso?

Paulo — Quando você tem uma bandeira como a volta dos militares, isso é uma bandeira de merda, não é? Eu acho que isso desqualifica qualquer movimento. Isso aí está dando margem para que seja um movimento exclusivo da direita, da direita querendo voltar aos piores tempos da ditadura brasileira. Isso não é manifestação. E mesmo que seja um grupo pequeno, acaba sendo uma bandeira dentro das manifestações, os caras fazendo selfie na frente da PM, aquela coisa toda. Mas o que é isso? É movimento de direita. Eu tô fora!

Chico — Mas a direita tem direito de existir. Tem em todo lado, na França, na Itália. Não somos Venezuela. Somos maiores que a Venezuela. Nós temos mais democracia. Aqui não é possível dar aquele golpe que os caras estão dando, de eleição eterna.

Paulo — O Chile era um exemplo de democracia até o golpe no Salvador Allende.

Chico — Aqui esse troço não pega. Até porque as manifestações não têm nenhuma liderança. Mas o que acontece? Os caras cansaram da empulhação do PT. Porque eles achavam, até bem pouco, que era só ter um meio de comunicação que você vai lá, fala e pronto. Não, não é bem assim, porque vão bater panela na rua. Isso começou em Buenos Aires, e, agora, a coisa pegou aqui. E eles começaram a apavorar, porque essa é uma resposta efetiva ao domínio dos meios de comunicação, que os caras têm... ou tinham...

Paulo — Nada disso. Meia dúzia de gente ou não, esses caras estão lá, em cima do carro, com alto-falante, pedindo a volta dos militares. E eles são os promotores dessa manifestação, porra!

Ok... Finalizando, então: vocês se importariam em declinar seus votos no segundo turno da eleição de 2014?

Paulo — Eu votei na Dilma e o Chico votou no Aécio.

Por quê?

Paulo — Porque somos a favor do livre-arbítrio [risos]!

Chico — Porque o Aécio era o melhor quadro.

Paulo — Não, não: o passado da Dilma não condena, e o do Aécio você nem conhece.

Chico — É neto do Tancredo, é amigo meu, encontro com ele no Antiquarius...

Paulo — Playboyzinho!

Chico — Desliga aí, Jalusa, porque agora é conversa de univitelinos [risos].

Paulo José Hespanha Caruso (Paulo) e Francisco Paulo Hespanha Caruso (Chico), paulistanos, 66 anos, são caricaturistas, ilustradores, chargistas, escritores, músicos, desenhistas, cantores e compositores. Formados em Arquitetura, nenhum dos dois chegou a exercer a profissão. Ainda na adolescência, iniciaram suas carreiras jornalísticas com idêntico sucesso. Referências do traço nacional, seus trabalhos podem ser vistos, hoje, em *O Globo* e na *TV Globo* (Chico) e na revista *Época* e na TV Cultura (Paulo). São gêmeos univitelinos.

Nelson Pereira dos Santos

"E tem a história desse Cunha, que é o atual presidente da Câmara. Um amigo meu foi procurá-lo para propor uma ação qualquer e ele disse: "Quanto é que eu ganho nisso?" O cara disse assim mesmo: "Quanto é que você me dá?"

Rio de Janeiro, 5 de maio de 2015

Queria começar falando um pouco da sua trajetória, principalmente da importância de *Rio 40 Graus*, que marca o início do Cinema Novo. Nesse seu primeiro longa, você sintetiza o que queriam os jovens intelectuais da época: filhos da classe média, ligados, majoritariamente, ao Partido Comunista Brasileiro, que queriam fazer da prática do seu ofício uma expressiva denúncia política e social. Tanto que, mesmo após o golpe de 1964, a maioria nunca abandonou essa "trincheira" de retratar o Brasil real. No seu entender, quando essa relação cinema/realidade, iniciada no final da metade do século passado, começou a se deteriorar? E por quê? O que tem a ver o neoliberalismo com isso?

Em primeiro lugar, há certo exagero em achar que o Cinema Novo partiu de um pensamento predominante. Não, ao contrário. Havia dois ou três gatos pingados [risos]. O que era predominante, digamos assim, era um pensamento radical, que se montava em contraposição ao esquema da ditadura. Mas muito distante, ainda, do chamado pensamento marxista. O que acontecia era que se precisava falar do Brasil por causa da ditadura. Foi uma radicalização no setor da cultura. E não só no cinema. Outra coisa que já falei várias vezes é que, quando se fala da corrente cultural do cinema brasileiro, há uma tendência de ela ser analisada como se estivesse fora da nossa cultura. O cinema brasileiro não nasceu nem da *Nouvelle Vague*, nem do neorrealismo. O neorrealismo é uma brincadeira perto do que a cultura brasileira produziu ao longo dos séculos. Porque o que se chamou de Cinema Novo foi uma tentativa de colocar o cinema na corrente histórica da cultura brasileira. Nessa corrente, o que importa não é o modo nem a forma de fazer, e sim o pensamento das obras — essa que é a essência. Então, não tem nada a ver com o neorrealismo italiano, a não ser o fato de que era mais fácil filmar na rua. Fora disso, na essência, as ideias estão na literatura brasileira. Um Jorge Amado vale por dez filmes italianos da época. E essa é uma coisa que eu faço, sempre, questão de falar com os meus alunos, que a tendência dos colonizados é fazer o cinema nascendo de outro cinema. Não, o cinema nasceu na nossa cultura, no que foi acumulado na literatura, na pintura, na música etc. Essa é a diferença.

Ok, mas quando é que você acha que o cinema começou a ter outra fisionomia e perdeu esse compromisso de denúncia política e social? Ou você acha que, no Brasil, o cinema sempre existiu com a mesma intensidade crítica e reflexiva?

O que existe, hoje, primeiramente, é a pluralidade da criação. Sabe quantos filmes por ano? Cento e não sei quantos. Naquele tempo, o Brasil conseguia fazer quinze, vinte filmes. Hoje há uma pluralidade de formações, não há mais aquela predominância de ter um pensamento modificador, de querer interferir na realidade. Agora, cada um tem seu mundo construído, dentro da nossa cultura. Então, evidentemente que existe essa tendência de um cinema de análise social, mas existem também outros tipos de tendências. E há, ainda, a predominância da produção televisiva, que tem uma preocupação básica em atender a um público numeroso e a uma multiplicidade de gostos.

A redemocratização brasileira, após 21 anos de ditadura, trouxe de volta as lutas sociais e políticas, ancoradas, quase sempre, em dois campos de atuação muito específicos: o da esquerda e o da direita. Nessa medida, como você vê, hoje, a posição ocupada pelo partido oficial, o PT, que se autodenomina "o defensor dos pobres", portanto, um partido de esquerda, ao mesmo tempo em que coloca em prática políticas conhecidas, tradicionalmente, como de direita?

O PT foi um partido que nasceu tendo como inimigo prioritário, e mais próximo, o Partido Comunista. A ideia do PT era tirar o marxismo da cabeça dos trabalhadores... Os primeiros discursos do Lula eram assim: o que nós temos que fazer é o aumento do salário dos trabalhadores. Claro, para os caras aplaudirem. Por outro lado, o Partido Comunista foi perdendo massa, seguidores, porque propunha uma coisa absolutamente radical, que era transformar a sociedade e fazer uma revolução. Mas e aí? E o aumento do salário mínimo não acontece? Então, o Partido dos Trabalhadores nasceu com essa reivindicação.

O PT já nasce anticomunista, então?

Anticomunista, não. Ele nasce não comunista. E como o Partidão acabou — bom, se o de lá acabou, imagina esse daqui [risos]. E aí vem esse Partido dos Trabalhadores. Eu lembro que fomos a uma grande reunião — Chico Buarque e eu. Fizemos um discurso pro Lula. Foi a primeira candidatura dele, Lula, e estava entupido de gente. O PT tinha várias facções. Acho que não tem mais, porque, hoje, o Lula virou aquele que decide. "Quem vai ser a candidata? Vai ser ela!" E pronto. Não consultou ninguém, sequer fez uma sondagem. Mas lá, no seu nascedouro, o PT acolheu várias tendências e existiam grandes debates. Tinha todas as nuances de comportamento de oposição. Eu nunca fui do PT e o Partidão eu esqueci lá em 1956. Nunca mais me filiei a um partido.

Você falou: "O PT surge como um partido não comunista, mas mesmo assim, ainda, no campo da esquerda." O PT seria, então, um partido de centro-esquerda?

Não, seria de esquerda democrático. Lembro que Sérgio Buarque de Holanda foi um dos intelectuais que fundaram o PT. Eles estavam todos lá, mas a tendência, como preferem alguns, é que o poder vá adoecendo os militantes. Na verdade, eles deixam de ser militantes do partido para serem funcionários públicos. Porque para gerir a máquina do Estado, é preciso de muita gente. E todos os militantes estão capacitados como liderança, são educados culturalmente para serem participantes da vida brasileira e, a partir de um determinado momento, passam a se ocupar de tudo que diz respeito ao aparelho do Estado. Então, o partido sumiu. E a escolha, assim, antidemocrática, de uma candidata a presidente. Ou seja, é aquela que vai ser... e pronto, é claro que piorou tudo.

Como você vê a questão de que, apesar de se declarar "reserva moral da política partidária brasileira", durante as duas décadas em que esteve na oposição, recusando, inclusive, qualquer aliança com a esquerda, o PT tenha alterado sua postura, ao chegar ao poder, contemplando práticas, coligações e alianças reconhecidas como de direita? Como é que você acha, enfim, que a história olhará para esse momento?

Olha, não sei. Nunca faço juízo de valor, em se tratando de política. Quando contei a história da coisa da corrupção, eu me lembrei das denúncias de que o aparelho estatal do Império foi alvo durante a Guerra do Paraguai. E era uma coisa venal, mesmo: comprando cavalos cinco vezes mais caros do que valiam, comprando metralhadoras e armas de fogo que sobraram da Guerra Civil americana, ao mesmo tempo em que compravam, da Alemanha, munições com calibres diferentes. Quer dizer, quem estava comprando estava ganhando muito dinheiro, né? Então, essa história é comprida [risos], toda vez que vou falar do PT e dessa coisa de corrupção na máquina do Estado, eu me lembro do Império. Para não falar da colônia, né?

Mas, no caso do PT, há essa contradição, divulgada ao mundo, de que "sempre fomos a reserva moral da política partidária brasileira".

Claro, fala ao mundo até o momento em que ganha o emprego público. E há centenas de distorções em tudo isso. Você quer um exemplo? A maior vergonha era aquele ex-ministro, que foi acusado de ter levado 50 mil reais. O ex-deputado João Paulo Cunha, um paulista simpático, inteligente, capacitado, que foi presidente da Câmara e cuja mulher teria recebido esses 50 mil. Ele era do primeiro time do PT e foi totalmente esquecido. Jogaram o João Paulo Cunha para fora, ele está entre esses condenados, pegou não sei quantos anos de cadeia, que está cumprindo em regime domiciliar, por causa desses 50 mil reais...

Só em consultoria, após ter saído do governo, em 2006, denunciado no escândalo do mensalão, a empresa de consultoria do ex-ministro José Dirceu faturou 29 milhões e alguns quebrados [risos].

Então, é isso aí: é coisa de quem nunca comeu melado, quando come se lambuza, como já dizia minha avó.

Você considera que a corrupção no Brasil é endêmica?

Não só no Brasil. Você já viu como é nos Estados Unidos? É uma coisa impressionante.

Você corrobora com a espécie de máxima popular de que "chegou lá, não tem jeito, se corrompe mesmo"?

Não. Nada é definitivo. E também não estou falando no plano filosófico. Estou falando, historicamente, de fatos, de uma realidade. Não sei dizer se, historicamente, não tem saída. Deve ter, se for preciso. Ou, então, faz parte da organização política. Porque qual o político que está aí e não tem o rabo preso? O meu querido amigo Fernando Henrique, por exemplo, tem lá um caso com ele, ainda não totalmente resolvido.

O ex-senador Pedro Simon parece ser um desses raros exemplos: saiu da política da mesma forma como entrou. E olha que foram sessenta anos de atividade parlamentar.

Você escolheu um personagem especial, uma figura fora de cena. Ele só fica observando os outros [risos].

Quando lhe perguntei se você considerava a corrupção como algo endêmico, e você respondeu que ela está disseminada em todo o mundo, pode se considerar pessimista a sua observação para o futuro imediato da nação brasileira? Em sua opinião, qual é o rescaldo que ficará na história deste momento atual? O que é este momento para você?

Está igual ao que era antes. Não mudou nada. Quer dizer, tem uma parcela que é poderosa, que tem, inclusive, todos os meios de comunicação, tanto jornais, como televisões, e que tem a pretensão de dizer a verdade, entre aspas. Agora, o que mudou é o famoso eleitorado, que tem, hoje, certa independência. Que é capaz de não votar mais, embora isso já ocorra há algum tempo. O que está acontecendo, na verdade, é que está difícil para a classe média do centro-sul do país voltar ao poder federal. E está, também, porque o PT é só classe média. Embora seja uma classe média diferente. Mas aqueles representantes mais antigos estão tendo mais dificuldades de voltar. Por que, o que aconteceu? Aconteceu um racha geográfico no Brasil. O nordeste, o norte e Minas Gerais estão para o lado de lá, digamos assim. E o outro é o da direita, conservador [risos]. Agora, você já foi a Manaus? Você vai ver que é tudo rachado. O rio Amazonas não é brasileiro, ele é internacionalizado, e o Brasil fica quieto. Ninguém fala nada. Está tudo bem. O único que defendeu o rio Amazonas foi Dom Pedro II, quando implantou a companhia de navegação. Fora isso, a população de Manaus, os caras importantes de lá falam descaradamente que o Brasil não interessa, que o Rio de Janeiro é não sei o quê, que Brasília, por sua vez, é o que é. E que o Brasil não vale nada. Eles têm uma vocação e uma tendência separatista que, aliás, é histórica.

Você falou que o sul é mais conservador. Você acha que, neste momento de supremacia neoliberal, em que a ética perde o protagonismo e os valores intrínsecos à condição humana também não têm maior relevância, dá para distinguir os campos de atuação político/ideológica? Dá para apontar, hoje, na sociedade brasileira quem é conservador, quem é revolucionário, quem é vanguarda, quem é atraso? É possível isso, ou se acaba, apenas, repetindo as velhas formas?

Acho que aqui, no Rio, no sul do país, de uma forma geral, as coisas se confundem. O cara diz "sou da esquerda" e tem práticas como se fosse da direita. E vice-versa. O que eu quero repetir é que o Brasil está rachado assim: os mais pobres e os que já ficaram ricos. E os mais pobres estão situados, geograficamente, no norte e nordeste. Com exceção daquela faixa da Amazônia que vai ser internacionalizada. Mas, somente ali, o nordeste é outro mundo. Realmente, o Brasil já está dividido. E o PT também, pela política do próprio PT. Inclusive, o primeiro ato que o Lula fez — fui lá, filmei o cara fazendo, dando um salário garantido para aqueles não sei quantos miseráveis —, e isso foi uma revolução, uma pequena revolução que fez transferir para classe média mais baixa, mas classe média, um bom número de gente, de cidadãos.

É incontestável que houve um avanço social. Agora, todos nós que militamos no PCB e que aprendemos Filosofia Política nos seminários do Partidão, lá nos anos 1960 e 1970, sequer cogitávamos a possibilidade de que cidadãos de esquerda pudessem fazer uso indevido do dinheiro público. Porque a premissa era absoluta: se você rouba do governo, você rouba do povo, não é verdade? Então, voltando à mesma pergunta: como você entende esse "silêncio" de uma parcela considerável da *intelligentsia* nacional diante da magnitude de todas essas denúncias de corrupção? Por que a classe média cosmopolita, politizada (de esquerda) se cala ou nega a existência de tantos descalabros? O que mudou, em sua opinião: a esquerda ou a classe média?

480 PROFETAS DO PASSADO

Antes de responder à sua pergunta, eu vou esclarecer uma informação importante. O Partido Comunista que eu conheci era o Partido Nacionalista Brasileiro. Ele não tinha nada a ver com o marxismo. Era o Partido Comunista que defendia o petróleo. Foram fazer a campanha do petróleo, chamaram os filhos dos comunistas, que faziam parte da Juventude Comunista, que tinha umas meninas tão bonitas... Casei com uma [risos]. Mas éramos a vanguarda daquele tempo. Então, a minha visão marxista da realidade sempre foi essa: nacionalista! Por exemplo: o pai do Fernando Henrique era um nacionalista exemplar. Defendia o "Petróleo é nosso". Mas o "Petróleo é nosso" começou com uma grande campanha, em todo o país, até chegar à Petrobras. Era uma visão simplória: se eu gosto do Brasil, eu quero que o Brasil seja rico. Era tudo muito simples. Até porque o Luís Carlos Prestes nada mais era do que um milico com pensamento nacionalista. Então, a minha relação com o Partido Comunista sempre foi essa: de fazer campanha do petróleo. Mesmo depois de sair do partido, a minha preferência política foi a de apoiar aquilo que era mais favorável ao Brasil. Ser nacionalista, ligado também ao cinema brasileiro. Uma batalha particular, que travei durante anos e anos, fazendo cinema e lutando para que ele pudesse sobreviver, dignamente. Essa história aí, então, não sou capaz de responder, porque sua pergunta coloca uma questão que vem depois.

Como é que você vê, então, a realidade atual, do ponto de vista do exercício do Estado Democrático de Direito? Você acha que se vive, hoje, num Estado Democrático de Direito?

Ainda sim. Porque, no Brasil, tem que pensar o seguinte: a população brasileira é dividida em quase castas. E uma boa parte, ou seja, alguns milhões de brasileiros, não sabe nem que existe Constituição, não conhece seus direitos. Os que têm condição social, intelectual, cultural estão vivendo numa democracia verdadeira, e que está aí há mais ou menos trinta anos, não é isso? Olha só, relacionando com o meu tempo de vida. Eu nasci em 28. Fazendo de conta que a República Velha era uma democracia: em 1930, veio o Getúlio. E ele só foi abrir um pouco em 1936. Mas, em 1937, começa o Estado Novo, que só acaba em 1945. Aí, nesse momento, que foi de 1945 a 1947, é que eu entro na faculdade, fazendo parte da Juventude Comunista. Mas, em 1947, o Partido volta, novamente, para a ilegalidade; em 1954 teria um golpe, mas não deu certo, porque o Getúlio se matou. E, então, em 1964 vem o golpe que, pelo menos na minha área, era a mesma coisa que no tempo do Getúlio Vargas, no Estado Novo: era proibido ser comunista, era proibido ter um Partido Comunista. Então, não era uma democracia plena. Depois, esses vinte anos de ditadura fechada. Então, quanto tempo nós estamos vivendo, finalmente, esse processo de democracia aberta? Embora, agora, já estejam tramando para acabar com isso. A dona Dilma prendeu os caras. E eles não estão perdoando isso, não. Foi ela que mandou prender os donos das empresas, né? Os grandes empreiteiros estão na cadeia, embora alguns já saíram anteontem...

Mas essas decisões não partem das instituições brasileiras?

Não. Foi a Dilma que fez isso. Ela forçou para ter os caras na cadeia, mandou prender. Ninguém quer dizer isso, talvez para que ela não vire uma heroína para o povo...

Mas veja só. Essa era, justamente, a pergunta que eu gostaria de fazer: como você explica certa mistura entre Estado e governo, hoje, no Brasil? Quando a presidente Dilma afirma "mandei a Polícia Federal investigar" (referindo-se aos desdobramentos da operação Lava Jato), denota o quê, em sua opinião? Se você concorda que a presidente não é "dona" nem da Polícia Federal, nem do Judiciário, por que você considera que é ela quem manda prender?

482 PROFETAS DO PASSADO

Sei que ela não é a dona, mas foi ela que teve a iniciativa. Pela Constituição, ela é chefe do governo. E é claro que ela tem esse poder. Ser chefe do governo é ser chefe da polícia, chefe do Exército, chefe da Marinha. Então, como chefe, se ela quiser mandar, ela manda...

Mas, na democracia, há uma coisa chamada autonomia entre os poderes constituídos, não é?

Claro que sim. Estou fazendo uma brincadeira, até porque não vou com a cara da Dilma, acho ela chata. Embora ela tenha derrubado, na campanha eleitoral, aquele bobinho do Aécio. Aquilo é um menino bobo, filhinho de papai. Inclusive, foi nojento ele ter agredido a Dilma, falando daquele jeito, de uma forma absolutamente cafajeste para cima dela. Ali, ele se revelou, e dançou por causa daquilo. E, depois, chorou como um garotinho bobo, quando soube que tinha perdido. A Dilma, não. Ela foi corajosa, eficiente, mostrou que tinha condições de tudo, inclusive de governar. Tanto assim que, uma vez eleita, ela mandou o Lula à merda. E ainda botou esse Levy como ministro. Então, os petistas estão ficando furiosos, porque ela está fazendo o governo por conta dela. E ela botou a cadeira dela mais para cima. É mesmo genial... a mulher se revelando.

Você acha que a criatura se revelou contra o criador, é isso?

Não é bem isso. Ela apenas descobriu que o caminho era esse. Porque ela fez o caminho. Ela foi jogada lá quase de otária. Eles queriam substituir, tirar a Dilma de candidata e botar o Lula. Mas ela não aceitou.

De qualquer forma, ela não se rebela, por completo, na medida em que sustentou que eram malfeitos, "que nada estava provado" e por aí vai. Não lhe parece que ela manteve, de certa maneira, essa coisa meio dúbia, que é o PT hoje? Pelo menos até 15 de março de 2015.

É engraçado, você sabe que ninguém aceita essa verdade, porque a imprensa toda fez o maior carnaval para derrubar a Dilma. Mas aí ela deu esse golpe, prendeu os maiores capitalistas brasileiros. Botou na cadeia, mesmo, e todos eles confessaram seus crimes, está lá tudo assinado, crimes contra a economia e contra tudo.

Só para esclarecer: estamos vivendo o auge das chamadas delações premiadas. E pelo que dizem os jornais, tanto o nome da presidente como o do ex-presidente Lula tem aparecido em alguns desses depoimentos. Mesmo assim, tudo indica que as investigações não devem avançar nesse sentido. E as explicações para essas prováveis blindagens são as mais diversas. Os opositores do governo falam, por exemplo, que o STF não teria a autonomia necessária, já que seus ministros são escolhidos pela própria presidente.

Não, está na cara que o Supremo é do PT.

Mas não lhe parece que essa questão é, no mínimo, controversa, já que, no momento em que começaria a esbarrar nos chamados "políticos graúdos", os presos que estavam detidos para averiguação são libertados? Sem falar que, ao que parece, começa a ser estimulado um provável conflito entre o Ministério Público e a Polícia Federal.

Claro, os amigos desses caras que estão presos são poderosos, mais poderosos até que a presidente da República. Eles têm os bancos, eles têm o poder. Eles criaram canais de pressão, canais de fazer política para conseguir o que querem, porque a lei é dura. Ela pegou quem vai preso assim. Você vê que tem gente confessando o crime para que possa ter a pena atenuada, mas não deixa de ser condenado. Não tem mais saída para ele, não tem mais volta. Então o cara confessa para poder sair porque se não confessasse, não teria saída, as provas contra ele estão todas ali. Foi um verdadeiro assalto nas contas, não é? E foi a Dilma que fez isso. Quem é que faria isso? Foi um fiscal qualquer que decidiu prender os grandes empresários no Brasil? Não, o cara vai pedir permissão para o chefe. Ela mandou.

484 PROFETAS DO PASSADO

Nessa medida, e usando o seu argumento de que é impossível fazer qualquer coisa sem o consentimento do chefe, como é que você vê o fato de que a então presidente do Conselho Administrativo da Petrobras, Dilma Rousseff, tenha sido, exatamente, a primeira pessoa a ser procurada, via e-mail, pelo ex-diretor da empresa, Paulo Roberto Costa, quando o Ministério Público começou a investigar suas ações criminosas dentro da Petrobras? Ou seja, Paulo Roberto procurou a sua chefe, naquele momento. Ou não?

São duas coisas diferentes... Ela foi lá longe, ela foi pegar no fundo. Há quantos anos existe o Bradesco? Há quantos anos existem esses bancos todos? Desde que eles nasceram, eles têm uma autonomia invejável. Então, o que ela fez? Ela deu aquele golpe de quem estava cercada, e botou os chefões na cadeia. Ela botou na cadeia e vai processar e por isso é que ela ficou resguardada. Senão, já tinham derrubado a Dilma, já tinham feito qualquer coisa nesse sentido. O clima pesou. Agora, a imprensa está a favor deles, pouco noticia o que efetivamente acontece.

Você acha que a imprensa está a favor de quem?

Está, claramente, a favor dos bandidos. Porque são eles que pagam a imprensa, são eles que dão dinheiro de anúncio.

Você não acha que a imprensa teve um papel importante nesse sentimento de indignação contra a corrupção que parece existir hoje na nação brasileira como um todo?

[Pausa.] Você acredita nisso?

Estou lhe perguntando, apenas. Você acha, então, que não existe essa indignação generalizada?

A corrupção faz parte da sociedade brasileira. A gente denuncia por razões políticas. E é isso que eu quero dizer, porque a corrupção é uma prática permanente na vida social, na vida política, na vida econômica, na vida brasileira como um todo. É o célebre: "Qual é o meu aí?" E tem a história desse Cunha, que é o atual presidente da Câmara. Um amigo meu foi procurá-lo para propor uma ação qualquer, antes de ele assumir a presidência, e ele disse: "Quanto é que eu ganho nisso?" O cara disse assim mesmo: "Quanto é que você me dá?"

Você concorda que um dos nossos traços culturais mais fortes é o da afetividade? Nessa medida, você não acha possível que o chamado homem comum brasileiro se sinta hoje, literalmente, traído, quando percebeu que as promessas, feitas no último pleito, eram todas praticamente falaciosas? Você observou que o então candidato Aécio foi muito indelicado. Mas a candidata Dilma também foi indelicada e muito falaciosa, não?

Mas ela nunca fez uma agressão pessoal. Está tudo gravado. Estudei isso com os meus alunos. Uma diferença brutal. Outra coisa, ela falava sobre fatos da história, de forma impessoal, enquanto ele só falava direto para ela. Coisa pessoal, coisa pessoal... Uma enorme diferença de discurso.

Há quem chame esses confrontos de "estratégias eleitorais" e defenda que elas fazem parte do jogo da disputa. De qualquer forma, a campanha presidencial de 2014 é vista como uma das mais violentas de nossa história, destacando-se a figura do marqueteiro, que produziu vídeos, no mínimo, falaciosos. Exemplo: uma eventual proposta de independência do Banco Central era diretamente vinculada ao desaparecimento da comida na mesa do trabalhador. Qual a relação entre a candidata que permite a divulgação de vídeos como esse e a atual gestora que, para usar sua expressão, estaria comandando o combate à corrupção e, também, descolando do PT?

Você não acredita nisso?! Que loucura! Então me diga: quem foi o cara da polícia que resolveu fazer isso? Pera aí, poxa! Ele tem que ter uma cobertura política da pesada, senão ele não faz. E foi a oposição, então, que mandou prender? Eu tenho tudo gravado. Meus alunos estudaram essa coisa do debate.

Qual é a sua opinião a respeito da dicotomização que se implanta na sociedade brasileira, via marketing político, a partir da última eleição? Independentemente de se concordar ou não, o fato é que havia os dados da realidade e, simultaneamente, havia a interpretação dessa mesma realidade sob a ótica marqueteira. Tanto que, menos de um mês depois de entrar no segundo mandato, era como se a presidente estivesse fazendo uma espécie de desmentido de tudo que havia prometido. Como é que você acha...

Eu não acho nada. Estou dizendo o que aconteceu, estou dizendo a verdade como jornalista. E você, por exemplo, está falando de um elenco de questões que são, todas elas, programadas pela oposição, há doze anos, como uma forma de fazer oposição ao PT. Tudo que você disse está aí todo dia n'*O Globo*, está todo dia no *Jornal Nacional*. E essa coisa, que até agora não deu certo, tem como objetivo desmoralizar e tomar o poder. Agora, eu não sei por que eles querem o poder, porque o poder já pertence à classe deles.

Mas qual seria o interesse de querer tirar o PT do poder, se as políticas governamentais hoje contemplam os chamados donos do capital, e isso, inclusive, é reconhecido não só pela elite brasileira, como também pelo próprio PT?

Mas isso é coisa antiga. Você vê que o Aécio perdeu a eleição na terra dele. O PT é que elegeu o governador lá. E o ex-governador de Minas, candidato a presidente da República, perde a eleição no Estado dele, na terra dele. Então, é porque esse racha, que está existindo, está aumentando. Logo, o que está acontecendo é que o Brasil vai ficar pela metade: a metade daqui e a outra metade de lá. E o norte é dos americanos, não tenho a menor dúvida. Eu, também, se fosse amazonense, queria ficar com os americanos. Claro! É muito melhor ser colônia dos Estados Unidos do que ser um Estado do Brasil, dessa porcaria.

Esse pensamento não o horroriza?

Que horror o quê?! Isso é pensamento do século passado: ter como objetivo fazer uma nação é uma ficção como outra qualquer. O Brasil é uma nação? Mas há quanto tempo está sendo colônia — e essa colônia, por sua vez, está cada vez maior. O Brasil, depois dos anos 1950, depois da guerra, resolveu montar uma indústria automobilística. E o que acontece, na verdade? Não fabrica nada, eles só deixam montar aqui.

Queria retomar a questão da dicotomização da nação brasileira. Em sua opinião, a que tipo de força e/ou de campo político realmente interessa isso?

Aos que dominam cada parcela deste país. São as elites política e econômica que vivem aqui, mas não querem saber do Brasil. O governo federal é um absurdo, passa a ser uma intromissão na vida deles. E em qualquer lugar é assim. Fui ao Mato Grosso e também é igual. Não tem nada a ver com o Brasil. Ao contrário, eles têm um desprezo pelo Brasil, em especial pelo Rio de Janeiro, que é visto como um lugar de vagabundos, que não querem fazer nada.

A partir dessa sua vivência, viajando pelo Brasil todo, você acredita que essa divisão da nação brasileira a que você se refere, seria um projeto para curto prazo?

488 PROFETAS DO PASSADO

Não sei se é para curto prazo, mas está cada vez maior, isso está. Já percebo isso há algum tempo. Viajo muito fazendo filmes, documentários, e sempre há um sentido regionalista, uma espécie de revolta contra a capital federal. Isso eu sempre senti, essa coisa partida, no Brasil inteiro, que agora está se intensificando. Não é à toa que tem o eleitorado nordestino, que não quer saber da velha política, que não quer saber desses partidos antigos, dessa coisa que sempre existiu. Eles querem saber do PT, essa novidade, querem saber desse operário...

Mas você não considera que essa imagem já está um tanto quanto combalida, principalmente agora, diante de todas essas denúncias de corrupção?

Isso é para cá, para nós. Não sei, mas lá para cima, se continuam votando neles, é porque não está combalida. Filmei o Lula no começo do governo, junto com o povão, nos lugares atrasados do Brasil. E ninguém acreditava nele. Para o povão, era apenas mais um. Eu ouvia nas entrevistas: "Isso é bobeira, mais um que vem falar. Nunca ninguém deu nada para a gente." Porque, naquele momento, a situação do povo era terrível. Mas aí ele conseguiu. Acho que foi uma das poucas medidas do governo federal que deram certo, que deram proveito. E foi tão simples, que melhorou para todo mundo, porque aumentou o consumo. Deram um tostão que aumentou em três.

Só para ratificar, então. Em sua opinião, essas questões que dizem respeito à moral e à ética, essas denúncias de corrupção, enfim, se restringem ao universo da classe média? Você corrobora com a ideia de que a ascensão social de milhares de brasileiros, nestes últimos doze anos, é muito mais importante do que ficar fazendo crítica moral? O povão não estaria preocupado com isso?

Até porque, isso não é só com o PT, isso existe, também, nos outros partidos. Se você for contar o que foi feito pelo PSB, PDS, PSD, o que foi feito pela UDN... Então, isso faz parte da coisa, faz parte do jogo.

Mas, como o cidadão Nelson Pereira dos Santos vê essa questão? Pois, grosso modo, pode se dizer que, para melhorar a vida de milhões de brasileiros, alguns colocaram milhões de reais nos próprios bolsos?

Quem tem que decidir isso é o eleitorado. E não foi feito só isso também, né? O contrário também foi feito. Acontece o seguinte: não posso decidir nada, só estou vendo o que vai acontecer. Quem decide isso é quem votou nele, é quem continua votando e quem ainda poderá dar o seu voto no futuro...

Você acha que a ética perdeu, então, o protagonismo, tanto nos processos políticos como nas relações humanas?

Acho que tem que se pensar o seguinte: aquele bom moço, gentilíssimo, que é o Aécio, não diz nada para aquele povão lá do Nordeste. Nem para Minas ele fala. Ele fala para as classes médias poderosas do sul, do Rio de Janeiro, de São Paulo etc.

Mas não lhe parece que o Brasil, a nação brasileira, é maior que o PT e o PSDB juntos? Nessa medida, a quem interessaria essa dicotomização da sociedade, essa coisa do nós e eles?

Sei lá. Quem é que fez isso? A história, pô! Ninguém fez de cima para baixo. Foi a história e, portanto, foi de baixo para cima. Agora, essa coisa de dividir entre dois lados, um bom e outro mau, isso sempre aconteceu. Você lembra na primeira eleição do Lula. Foi uma coisa impressionante. O menino lá de Alagoas mandou pegar a primeira mulher do Lula para mostrar que o Lula abandonou a família... E o Lula perdeu os votos.

PROFETAS DO PASSADO

Você acha que o PT não utilizou as mesmas estratégias nessa última eleição? Você acha que o medo não foi, mais uma vez, usado como recurso para tirar votos — o mesmo medo que os petistas tanto condenaram, em eleições anteriores, quando foi usado contra o Lula, como você mesmo acabou de citar?

Isso eu nunca vi na televisão. Mas quero deixar claro que não tenho nada a ver com o PT. E se ele reproduziu esse comportamento, eu não sei. Isso não cabe no que estou colocando aqui.

Você acha que operações como a Lava Jato podem auxiliar no fortalecimento das instituições brasileiras?

Claro que auxiliam. Com operações desse tipo descobre-se que o bem público está sendo lesado. Então, está se defendendo o quê? O que pertence a todos. E isso é perfeito.

Você se importaria em declinar o seu voto no segundo turno da eleição de 2014?

Não votei, não preciso mais votar. Mas nunca votei no PT. Não tenho nada com o PT. Sou amigo do Fernando Henrique do tempo da juventude de São Paulo. Era fã de carteirinha do Fernando Henrique e sempre votei nele.

O ex-presidente Fernando Henrique foi muito demonizado nessa eleição, parecendo até que era ele que estava concorrendo, tal o número de vezes em que seu nome foi citado pela candidata Dilma. Como você viu as acusações feitas contra ele?

Política é isso aí. Procura-se qualquer coisa, qualquer argumento, qualquer história que possa tirar voto do adversário...

Você não gostaria de fazer um filme sobre esse atual e conturbado momento político?

Ah, não [risos]! Tenho coisas mais importantes para fazer. Vou fazer um filme sobre Pedro II, num momento importantíssimo de nossa história política, o que aconteceu com aquele movimento lá, da época do Império.

Nelson Pereira dos Santos, paulistano, 86 anos, é diretor, roteirista, produtor e ator de cinema. Bacharel em Direito, com quase setenta anos de atividade profissional, na qual se incluem, também, o jornalismo e a cátedra universitária; sua filmografia totaliza mais de vinte realizações. Entre elas, destaca-se a adaptação de *Vidas Secas*, consagrada como uma obra-prima, tanto aqui como no exterior. Precursor do Cinema Novo, é hoje a maior referência do cinema nacional.

Demétrio Magnoli

"E a intelectualidade também foi cooptada, a universidade se tornou um lugar monolítico. E os intelectuais de esquerda se transformaram em intelectuais palacianos."

São Paulo, 11 de maio de 2015

Gostaria de começar com a seguinte pergunta: quando e como você começou na militância política?

A minha militância política começou na época central da repressão da ditadura militar, quando eu era secundarista do Equipe, um colégio muito conhecido, aqui de São Paulo, por ser a base dos filhos dos presos políticos, naquela época. Então, quando teve a missa de sétimo dia do Vladimir Herzog, que reuniu 8 mil pessoas nas escadarias da Catedral da Sé, em outubro de 1975, eu já estava lá. Dois anos depois disso, entrei para a Liberdade e Luta (Libelu), em 1977, exatamente no momento em que comecei a fazer Jornalismo, e no ano seguinte prestei vestibular para Ciências Sociais.

O que faz com que você altere tanto a sua trajetória política, saindo de uma militância de extrema esquerda, como é o caso da Libelu, para chegar, hoje, a uma posição de razoável independência, ao ponto de brincar com esse rótulo de "primeiro cientista social da direita brasileira"?

494 PROFETAS DO PASSADO

Não brinco com isso porque isso é uma acusação que o governo me faz. Mas vamos por partes.

Você credita essa sua mudança às decepções que passou com a esquerda brasileira? O que o leva a cunhar frases do tipo: "Um país em que a oposição renunciou ao dever de discutir ideias, o PT tem assegurado o privilégio de rotinizar a mentira?"

Embora costume se dizer que os trotskistas, aquele grupo lá da Liberdade e Luta, eram a extrema esquerda da esquerda, não é bem assim. Em primeiro lugar, havia grupos, que hoje estão no PSOL, que, naquela época, estavam numa classificação bem à esquerda dos trotskistas, no sentido de que achavam que não se deveria dizer abaixo a ditadura, por exemplo. Porque aquilo — diziam eles — era uma ditadura militar, e o que era preciso acabar era com a ditadura capitalista, a ditadura do capital. A Liberdade e Luta foi a primeira que falou em liberdades democráticas e abaixo a ditadura. Por isso, ela se tornou importante no movimento estudantil: não por ser um grupo de extrema esquerda, exatamente, mas por ser um grupo que, mais do que os outros, falou coisas que eram consensos importantes, como abaixo a ditadura, e por aí vai. A Liberdade e Luta foi importante, também, no Brasil, porque se tratava de um grupo trotskista que, devido às suas ligações muito íntimas com um grupo francês, rompia com as inclinações da esquerda latino-americana. Então, além de ser trotskista e, portanto, contra a União Soviética, contra o chamado socialismo real e por aí a fora, também não tinha nenhuma atração por Cuba. Eu lembro que, naquela época, a gente fazia abaixo-assinados pedindo a libertação de presos políticos na Polônia, na União Soviética e coisas assim. Coisas que o PT não faz hoje; se alguém for preso político em Cuba, ele é a favor de prender o cara. E o chefe Lula vai falar, inclusive, que esse cara é preso comum. Então, quando a gente fala de esquerda, e fala da Liberdade e Luta, a gente está falando em pedir a libertação de presos políticos, por exemplo, da União Soviética, o que seria chamado, hoje, pelo atual governo, de uma postura de direita. Então, a

Liberdade e Luta, hoje, seria classificada pelo governo atual como de direita [risos]. O que reflete uma regressão política da esquerda brasileira e uma saudade da esquerda brasileira dos tempos anteriores à queda do muro de Berlim. Reflete, ainda, uma falta de compreensão do que aconteceu nesse período e um retorno de um discurso da esquerda que existia no tempo da Guerra Fria e antes do tempo da Guerra Fria. Mas tudo isso que a gente está falando, aconteceu há muito tempo. Eu tinha 23 ou 24 anos de idade, quando rompi com essa organização, rompendo, na verdade, com o marxismo.

E por quê?

Porque o marxismo acredita que ele sabe o futuro — e isso é gravíssimo. Pois, se alguém acredita que sabe o futuro, que tem a chave que abre o cofre do segredo, essa organização, esse grupo, essa corrente política acha que tem o direito de impor um poder totalitário sobre o resto da sociedade, que não sabe a diferença entre quem sabe e quem não sabe. Acredito que as pessoas têm competências diversas. Mas os marxistas, não. Eles têm uma competência extraordinária, e embora Marx nunca tenha proposto um sistema totalitário de partido único — você não vai encontrar isso nos seus textos —, o sistema totalitário do partido único, do meu ponto de vista — e isso é discutível —, decorre dessa ideia: de que eu conheço o futuro, de que mais ninguém conhece o futuro como eu, que represento a necessidade histórica. E vem daí, portanto, a minha ruptura: passei a achar, aos 23/24 anos, que era estranho dizer que alguém, por não ser marxista, era de direita. Quer dizer, se esse é o critério, eu sou de direita, desde essa época, e não agora, com a idade provecta de 56 anos. [risos].

Ainda a respeito dessa questão direita/esquerda. Neste livro, o jornalista Merval Pereira observa que o Brasil é o único país no mundo que não tem um partido político que se autodenomine ou que reze, oficialmente, por uma cartilha de direita. Qual a sua opinião a respeito?

496 PROFETAS DO PASSADO

É muito significativo que a gente não tenha, no Brasil, um partido de direita liberal/democrático. Pois não só é significativo, como mostra o peso do varguismo na história brasileira. Acho que já houve uma tentativa de se fazer isso, que foi o PFL do Jorge Bornhausen, mas quase ninguém sabe disso, porque não se discute política a sério no Brasil. O Bornhausen ligou o PFL à Internacional Democrata Centrista (IDC), que aglutina os partidos conservadores da Europa, porque ele queria fazer um partido à imagem e semelhança do Partido Popular Espanhol, que, na época, era dirigido por José Maria Aznar. Então, foi uma tentativa intelectual e politicamente séria de se criar um partido liberal/democrático no Brasil. O fato é que essa tentativa fracassou tão completamente, que o descendente do PFL, hoje, que é o DEM, vai se unir ao PTB, justamente o partido que guarda, pelo menos na palavra, a herança varguista. E o fracasso desse projeto é mais extraordinário ainda, porque não é verdade que não existe um eleitorado disponível para as ideias de um partido liberal democrático. Tem eleitorado e eu imagino que o grupo que vai fazer esse partido é o pessoal do movimento Brasil Livre, que, no momento, está na estrada, fazendo uma marcha em direção a Brasília. Eles são liberal-democratas e é só você ler os textos deles que você vai ver o que eles querem. Enquanto os nossos liberais adoram o Estado e o governo. Qualquer que seja o governo, eles adoram: a Kátia Abreu é ministra, o Guilherme Afif é ministro, o Gilberto Kassab não só é ministro, como é um ministro despachante de criação de partidos, em nome do Palácio do Planalto. São os nossos liberais icônicos. E não tem nada mais estranho do que esses liberais, que pensam o oposto do que pensa o atual governo, pelo menos teoricamente, estarem aí, justamente, no atual governo. Penso, então, que esse espaço vazio será preenchido. O que é bom para a democracia brasileira, que precisa de partidos que reflitam a diversidade e a pluralidade da população e do nosso eleitorado.

Em 2012, a revista *Época* publicou, na reportagem "Os novos trombones da direita", em que você é citado e que diz que "a esquerda está levando uma rasteira numa arena onde costumava exercer uma proverbial supremacia: o debate de ideias com impacto na opinião pública. Hoje — continua a revista —, quem canta de galo nesse terreiro, e com ironia aguçada, são intelectuais mais conectados com conceitos e valores ditos 'liberais' e 'conservadores' que, em outras épocas, viviam confinados a recessos de pouca audiência". O que você pensa a esse respeito?

Que não é exatamente isso o que aconteceu. Essa discussão não foi aberta por um conjunto de pessoas, a discussão foi aberta quando Fernando Henrique venceu as eleições de 1994. Naquele momento, se abriu um parêntese na história do Brasil — um parêntese que depois se fechou — de crítica à nossa tradição varguista. O governo Fernando Henrique não é a norma, ele é a exceção. A norma, no Brasil, que vem de Vargas e passa pela ditadura militar, é sempre varguista, no sentido de imaginar que o capitalismo de Estado é a solução para o desenvolvimento brasileiro. Essa norma foi rompida durante oito anos, numa conjuntura internacional toda particular, marcada pela queda do Muro de Berlim. E só a partir dessa conjuntura que isso tudo iria acontecer, pois o Brasil não está assim tão afastado do mundo. Esse parêntese se fechou com a vitória de Lula nas eleições de 2002. Mas a verdadeira discussão se iniciou aí, em 1994. O fato de que o PSDB, o partido do Fernando Henrique, passou os oito anos seguintes renegando o seu próprio governo, produziu a ilusão de que essa discussão estava sendo feita por alguns colunistas, formadores de opinião, cientistas sociais... Mas isso é uma ilusão. Na verdade, essa discussão foi posta, no Brasil, por um governo, pois sempre houve, no Brasil, ideias não varguistas, que o atual governo vai chamar de direita. Mas não são ideias de direita! Desde os anos Vargas, sempre houve ideias não varguistas. A crítica ao varguismo nunca deixou de existir na literatura política brasileira, só que essa crítica se tornou algo importante do ponto de vista da vida política brasileira, com o governo Fernando Henrique. E depois do seu governo, há um processo muito curioso por parte do PSDB, que resolveu não defender a sua própria herança. E, ao não defender sua própria herança, fez com que a defesa dessas ideias se deslocasse para gente que sequer era do partido, como é o meu caso, por exemplo... E aí, se cria, derivada de um superficialismo extraordinário do debate político no Brasil, a impressão de que surgiu alguma coisa nova no campo das ideias. A única novidade é que algumas pessoas, entre as quais me incluo, fazem essa discussão no cenário da crítica aos governos lulopetistas: aos dois governos de Lula e ao governo da Dilma. Então, a única novidade é que essa mesma discussão, que existe há tanto tempo, é feita, agora, no cenário de um governo que reativa e moderniza a tradição varguista. Mas não fomos nós [risos]. Inclusive esse "nós" está errado, porque não existe esse grupo que a reportagem citou, se fôssemos nos filiar a partidos, com certeza nos filiaríamos a partidos diferentes. Então, isso é falso. O que acontece é que o método de discussão do atual governo é dizer que todo mundo que faz críticas a ele pertence a um mesmo grupo, e que esse grupo é a direita! O PT estabeleceu um padrão de debate político no Brasil que dividiu o país entre "nós", o governo, que é a expressão da vontade do povo e da sua luta pela redenção, e "eles", que são a expressão de interesses antinacionais, antipatrióticos, estrangeiros etc. No nível do discurso, foi isso que o PT inventou nos últimos doze anos. O que é péssimo, não só para o debate, mas é péssimo também para o próprio PT, porque muita gente aprendeu esse padrão de discurso e, agora, o utiliza contra ele. Tem muita gente, hoje, que diz: "Bom, se é nós contra eles, então, agora que eles estão em crise, acabem com eles, exterminem esse partido." E aí, eu tenho que escrever: "Não, não pode exterminar com o partido, não" [risos].

Quando você diz que o PT resgata e moderniza a tradição varguista, você está falando exatamente de quê? Dessa manipulação a que você, também, se refere e que diz respeito ao fato de que o partido se autointitula como...

Não. Não estou falando de palavras. Estou falando de que, para voltar a existir, no século XXI, o capitalismo de Estado brasileiro, criado por Vargas, precisava se modernizar, precisava de grandes massas de capital disponíveis para o Estado investir. E o que o PT fez, no governo foi descobrir onde se encontravam essas grandes lagoas de capital, que permitiriam manipular as chaves das altas finanças. Então, o BNDES, a emissão de dívida pública, os fundos de pensão são alguns dos principais exemplos dessas lagoas de capital, que eram necessárias. O PT descobriu como ligar o nosso capitalismo de Estado tradicional ao mundo das finanças globalizadas. O PT fez essa ponte, mesmo que desastrosamente. Porque, hoje, estamos vendo os desastres que isso produziu. E os principais estão em dois lugares: em primeiro, no padrão do nosso debate político, e em segundo, no fato de que perdemos uma oportunidade única, uma janela de uma década, na qual, por uma série de circunstâncias internacionais, os países chamados emergentes tiveram a chance de ter um crescimento econômico muito grande. E não soubemos aproveitar isso, não produzimos um Estado capaz de oferecer serviços públicos decentes, em particular na educação e na saúde, para o conjunto da população. Perdemos uma chance extraordinária de civilizar o Brasil nos últimos dez anos. E, agora, na recessão, se vê que todos os nossos desastres anteriores, em relação a esses direitos universais, continuam iguais... Quer dizer, as pessoas compraram televisões de plasma e uma série de eletrodomésticos, mas continuam tendo a mesma escola que tinham antes. É um desastre do qual ainda não se viu o tamanho, é a perda de uma geração, que foi desperdiçada por esses governos...

500 PROFETAS DO PASSADO

O que você quer dizer com isso: de que nada adianta você "civilizar" um país, com o aumento do poder aquisitivo da população, se você não dá a ela, minimamente, as condições de se entender como sujeito da sua própria história... É isso? Nesse sentido, como você vê a questão da demonização — um padrão cultural brasileiro que, indiscutivelmente, não é novo, mas que passou a ser abusivamente utilizado nos dois turnos da eleição presidencial de 2014? Uma estratégia de marketing eleitoral ou uma demonstração evidente da supremacia neoliberal em que "os fins justificam os meios"?

Não, quem fez isso não foi o modelo neoliberal. Ao mesmo tempo em que não adianta, também, você responsabilizar o governo por isso, porque era de se esperar que, num período de grande crescimento econômico, se estabelecesse um discurso dicotômico para gerar legitimidade para si mesmo. Então, num período de crescimento econômico, é fácil para um governo demonizar aqueles que o criticam — isso é comum, só não acontece em democracias muito sofisticadas. Aqui, "a janela se abriu para isso", quando os partidos de oposição, em particular o PSDB, que tem uma grande culpa nesse cartório, desistiram de fazer o debate político de fundo. O PSDB desistiu, ao longo de todos os três governos lulopetistas, de fazer o debate político de fundo. E a marca mais clara dessa desistência foi nas eleições de 2006, quando, na primeira entrevista coletiva do segundo turno, e diante da "acusação" de que o PSDB queria privatizar a Petrobras e todas as outras estatais, Geraldo Alckmin chegou naquela entrevista com um brochinho de todas as estatais, na lapela, para dizer que ele não era contrário às privatizações. Mesmo que as circunstâncias não fossem favoráveis, como era o caso daquele momento, o que a oposição deveria ter feito — pois o momento em que a oposição deve se manifestar é, justamente, em circunstâncias difíceis —, era denunciar o que acontecia, realmente, que o governo estava privatizando as estatais para transformá-las em agências dos interesses de uma coalizão política e de um partido. Ficou claro, naquele momento, que o PSDB não tinha condições para fazer um debate político de fundo, que estava, inclusive, renunciando a isso. Porque isso vinha de antes, quando o Serra, em 2002, candidatou-se à presidência, ele também não defendeu o governo Fernando Henrique. Provavelmente por um cálculo eleitoral, ele achou que teria mais chance de se eleger sem defender o governo. Mas não dá para se fazer uma coisa assim. Mesmo quando a circunstância é perder a eleição ou perder a eleição! Porque você pode perder fazendo o debate político e, aí, você conserva a sua identidade, você perde a batalha eleitoral e ganha a batalha política. Ou, então, você pode perder, abandonando as suas bandeiras e, aí, você não perde apenas uma eleição, você perde, também, a batalha política. E é o que acho que aconteceu, que foi o que o Serra decidiu fazer, e que foi o que Alckmin fez em 2006, e que foi o que Serra fez novamente em 2010, com uma campanha absolutamente despolitizada.

E agora, em 2014: o candidato Aécio Neves repetiu a mesma estratégia?

Em parte, não foi o que o Aécio fez agora. O Aécio fez política até a página três, mas tinham muitas outras páginas para ele fazer. Não há dúvida de que essa campanha foi mais politizada, o que revela um aprendizado das eleições anteriores. E revela, também, uma pressão que veio de fora, da candidatura de Marina Silva, que obrigou o Aécio a politizar a sua campanha, porque se não, ele não iria para o segundo turno. Foi naquele momento, quando houve um sério risco de ser a Marina a candidata da oposição, no segundo turno, que Aécio politizou a sua campanha. Foi aí que ele começou as discussões políticas. Mas digo que ele foi até a página três porque teve uma série de questões políticas de que não tratou até o fim: o significado dos governos lulopetistas, mostrando que existe uma bolsa-empresário, que é a bolsa do BNDES, o significado dessa bolsa--empresário, o significado de uma certa aliança entre os governos do PT e o alto empresariado ligado ao Estado no Brasil, o significado das empreiteiras. Toda essa gente que hoje está na Lava Jato. Essas ligações não foram feitas. E por quê? Porque acho que o PSDB tem seus amigos no alto empresariado [risos]. Acho que o Marcelo Odebrecht é amigo de todo mundo, embora ele seja mais amigo do Lula. Mas ele pode mudar de amigos em outro poder. Então, acho que tem um limite aí que o PSDB não ultrapassa, mas, mesmo assim, vou concordar que essa campanha foi muito mais politizada do que as outras. E que se o Aécio tivesse passado da página três, ele poderia ter ganhado as eleições. O que é discutível, também, porque as pessoas votam em função de um certo cenário econômico. E isso não é só no Brasil, isso é no mundo todo.

Que pessoas são essas?

Estou falando, especialmente, dos mais pobres. A classe média é que vota mais em torno de valores, quer dizer, é aí onde esses valores têm um pouco mais de peso. Agora, as pessoas, em geral, votam em função de como anda o seu bolso — e isso é normal, acontece no mundo inteiro. E na época da eleição, o bolso do brasileiro ainda não andava tão mal como agora, o bolso ainda não tinha sentindo esses efeitos. Pelo menos, até o final do ano passado. E daí o impacto extraordinário, tão grande quanto o escândalo de corrupção, em relação à mudança de discurso da Dilma Rousseff. Quer dizer, houve um estelionato eleitoral, e isso se tornou um consenso verdadeiro entre os brasileiros. É por isso que a presidente eleita despenca de um abismo; em dois meses, os seus índices de aprovação caem para 13%. Existe o fator do escândalo da corrupção, mas existe um fator no mínimo tão importante quanto esse, que é a virada do discurso oficial, admitindo uma situação econômica dramática, que foi negada na campanha.

Você acredita que ética e moral, como apregoam os cânones neoliberais, não são mais valores fundamentais para o ser humano e, muito menos, para definirem uma eleição?

Fazer política, quer você queira quer não, é saber ligar valores a interesses. Você não ganha eleições fazendo discursos filosóficos. Então, essa conexão entre uma coisa e outra não foi feita inteiramente na campanha. E mesmo hoje a oposição não faz essa conexão, a oposição adora repercutir escândalo de corrupção, o que é correto, mas ela não faz a conexão necessária. Essa conexão só se faz com propostas e iniciativas que coloquem o governo contra a parede. Então, é extraordinário que, hoje, no Congresso o PSDB tenha transferido para o Eduardo Cunha a iniciativa que seria dele de fazer uma agenda legislativa própria. O PSDB não tem uma agenda legislativa. Logo, se você olhar para os projetos que vão ser votados, você vai ver que o PSDB não tem uma agenda de mudança de governança das estatais, até porque você não tem projetos de lei que possam fazer isso. Eu não digo que eles seriam aprovados, o próprio PT cansou de propor projetos de lei simplesmente para contar uma história. Projetos de lei da oposição servem para contar uma história, produzir uma narrativa. Hoje, em função da crise da base do governo, existe até a hipótese de que eles seriam aprovados. Por exemplo: você poderia ter projetos de lei para eliminar 20 mil cargos de nomeação, que é a forma que a elite tradicional, hoje comandada pelo PT, ou até ontem comandada pelo PT, sequestra a máquina pública, privatiza a máquina de Estado. Mas você não tem um projeto de lei como esse, o que você tem é uma oposição que faz denúncia de corrupção no Congresso. Tem que fazer denúncia, não é esse o problema, toda oposição faz isso. Mas o que a oposição precisa é contar uma história. O PT tinha extrema eficácia nisso, nos dois governos do Fernando Henrique o PT contava uma história. Se essa história é verdadeira, falsa, boa ou ruim, isso é outra questão. Mas ele contava a sua história, por meio de projetos de lei, de votações ou de campanhas.

E fundamentalmente por um discurso em que o PT se autoproclamava a reserva moral da política partidária brasileira, não?

Sim.

504 PROFETAS DO PASSADO

Então, como é que você vê essa questão: de que apesar de ter mantido essa posição de "reserva moral" da política partidária, durante os 22 anos em que esteve fora do poder, o PT, quando chega "lá", altera radicalmente sua postura? Quais seriam os fins ambicionados, na medida em que essa alteração de postura aumentaria, ainda mais, a desesperança do homem comum brasileiro em relação à política?

Acho que tudo depende do que fizerem os atores hoje. Porque a crise atual é boa. O Brasil teve uma aula histórica. Eu sei que está se falando de certa visão da esquerda, e aí já se tem outra questão: se o PT é um partido de esquerda? Ele é um partido de esquerda, porque ele tem todos os traços da esquerda latino-americana, que são a crença de que o Estado produzirá o progresso, a crença de que as figuras dos presidentes são salvadoras e nos levarão messianicamente ao futuro. É um discurso baseado em dois atores: a elite e o povo. Mas o PT não nasceu assim, ele se reconstruiu assim, em meados da década de 1990, quando tinha uma encruzilhada pela frente: ele podia se tornar um partido social-democrata, ou podia ser um partido da esquerda latino-americana. O Lula, naquela época, tinha até um convite informal para ser vice-presidente da Internacional Socialista. Mas ele não aceitou, porque quis ser líder de um partido da esquerda latino-americana. Foi nesse momento que o PT fechou a sua aliança com Cuba, e foi a partir desse momento, também, que ele parou de criticar o socialismo real. Foi aí, ainda, que ele parou (ou foi parando) de criticar a herança varguista. Ele nasceu criticando a herança varguista, quando falava, por exemplo, em liberdade sindical, em fim do imposto sindical e por aí a fora. Então, o Brasil acabou de viver, nesses últimos doze anos, uma experiência histórica completa do que pode provocar um partido da esquerda latino-americana no poder: indignação, desesperança, revolta, uma mistura dessas coisas. Mas, também, gera possibilidades novas, quer dizer, que as pessoas olhem para política de uma maneira menos dicotômica.

Queria insistir na mesma pergunta: quando você fala "as pessoas", você está falando da população brasileira como um todo, ou você está setorizando?

A população brasileira como um todo não existe, não existe essa maioria. Quando você olha, hoje, para as pesquisas e vê que apenas 13% aprovam o governo, você vê um campo aberto de possibilidades, que podem ser (ou não) aproveitadas por outros partidos que já existem ou que ainda não foram criados. Acho que, dificilmente, vamos ter um fracasso total no campo do debate político, a partir de quem não concorda com o lulopetismo. Pode ser, até, que o discurso atual seja retomado, daqui a dez ou quinze anos, exatamente nos termos atuais. Mas existe, também, a possibilidade de que, quando alguém quiser discutir algum tema político, daqui a quatro, cinco, dez anos, essa discussão não se dê de acordo com a gramática da esquerda latino-americana. Essa gramática dicotômica, que foi estabelecida nos últimos doze anos, e que não foi estabelecida, insisto, apenas por responsabilidade do governo, mas também pela responsabilidade da oposição e num cenário internacional que, diga-se de passagem, também favorecia muito isso. Pois, se você tem um crescimento econômico de 3%, 4% e, em alguns anos, até 7% ao ano, que foi o que aconteceu na primeira eleição da Dilma, em 2010, você pode praticamente tudo. Aí, você pode falar quase qualquer coisa, que vai ser aceita por quase todo mundo. A crítica vai ficar confinada a um setor muito pequeno.

Mas, em 2014, o cenário era outro: já tinha ex-ministro preso, já tinha a operação Lava Jato em andamento, já existiam novos e complicados fatores e, mesmo assim...

Mas o resultado eleitoral não é o mesmo, Jalusa.

Sim, mas mesmo reconhecendo que a diferença de votos foi muito pequena, o debate político-eleitoral consagrou um vale-tudo que nunca se tinha visto antes. Por quê? Ou melhor, o que faz com que o PT "possa" dizer e fazer, se não tudo pelo menos quase tudo, em nome do "seu" projeto?

O que quero dizer é que tudo isso mais ou menos se "explica" quando você percebe que o PT, hoje, representa a tradição política principal da história do Brasil. E não se rompe assim tão facilmente com essa tradição, que é a do varguismo. E isso é que as pessoas têm certa dificuldade para sacar. Porque saímos da ditadura militar num contexto internacional extremamente particular, que permitiu que você tivesse aqui, no Brasil, o governo Fernando Henrique. E aí, as pessoas passaram a achar que aquilo é o padrão normal da política brasileira, enquanto o PT é a ruptura com a normalidade. E quando é o contrário. O governo FHC é um parêntese extremamente singular da história do Brasil, enquanto o PT é a normalidade. Não é por acaso que a imensa maioria da elite política brasileira fecha com o governo do PT, e o Partido dos Trabalhadores se transforma na sentinela da elite política tradicional brasileira, no escudo protetor dessa elite, no recuperador de figuras que estavam em fim de carreira, como Sarney, Barbalho, Collor, Renan, Maluf... Figuras em fim de carreira, que não se imaginava que poderiam ter uma sobrevivência tão grande no momento em que Lula chegou ao poder. Porque ali essas figuras estavam em baixa. Mas eles se transformaram, de novo, em figuras importantes da cena política, porque a maior parte da elite política brasileira também vê no modelo varguista de Estado, de organização da economia e de organização da sociedade, muitas vantagens. E são vantagens extraordinárias, porque eles estão defendendo interesses reais, deles mesmos. Então, eu acho que não é causa de espanto, as três vitórias do PT nas eleições. E nem mesmo a última. Se você olhar pro mapa eleitoral, vai ver que todo o Brasil moderno — e não estou falando aqui do Brasil da classe média, porque não tem 49% de classe média no Brasil —, estou falando do Brasil moderno, que depende menos diretamente do Estado, do Brasil com mais acesso ao ensino médio, do Brasil das grandes e médias cidades, esse Brasil votou contra o governo. Dilma Rousseff teve uma vitória eleitoral e uma derrota política, nessas eleições, enquanto Aécio Neves teve uma derrota eleitoral e uma vitória política, que, agora, ele está jogando no lixo. Essas eleições foram um ponto de mudança, e tanto isso é verdade que, logo depois das eleições, aqueles que tinham garantido a vitória de Dilma se voltaram contra ela. Agora, se a oposição vai aproveitar ou não essa chance... O que parece é que ela não está querendo.

E por que você acha que a oposição não está querendo aproveitar essa chance?

Isso requer uma investigação mais demorada, porque o PSDB, assim como outros partidos brasileiros, tem um desprezo muito grande pela teoria política, não se preocupa com ela, não cuida dela. Então, por algum motivo, o Aécio não fala da bolsa-empresário, que era fundamental que se falasse, para descrever o governo do PT não como um governo do povo contra a elite, mas como um governo ligado à elite, ligado ao alto empresariado brasileiro: do Bradesco às empreiteiras, que sempre estiveram na coalizão do partido. Como se observou, agora, pelas doações eleitorais, que nos permitiram ver melhor qual era a coalizão existente. Então, é uma coalizão formada por cima por esses setores e por baixo pelos mais pobres que dependem de bolsas oferecidas pelo Estado. Essa é a coalizão petista. E a crítica disso exigiria um discurso que Aécio não fez por inteiro, fez até a página três, e isso ajuda a entender por que, hoje, a oposição tem tanta dificuldade de fazer política maiúscula, no Congresso. Infelizmente, ela continua fazendo política minúscula. A tal ponto que entregaram a agenda legislativa para o Eduardo Cunha, que só tem essa possibilidade de manipulá-la, devido à debilidade do governo e da oposição.

508 PROFETAS DO PASSADO

Queria retomar a questão das dificuldades em se discutir ideias hoje. E como é difícil, para alguns segmentos, aceitar o confronto de ideias, ou até mesmo a simples possibilidade de uma discussão...

Enquanto o PT esteve na oposição, os intelectuais ligados ao partido tinham uma participação muito ativa, predominante mesmo, no debate público, na mídia impressa. Escreviam direto, tinham colunas na imprensa. E faziam certo, porque intelectuais servem para fazer isso. E a ruptura aconteceu num momento específico, no momento do mensalão, foi em plena crise do mensalão que a Marilena Chaui declarou que a imprensa queria derrubar o governo. Quer dizer, quando apareceu o mensalão, ela não só declarou isso, como anunciou que não falaria mais com a impressa. Foi um ato inaugural, marcado por uma carta que a Marilena fez para os alunos dela, que eles colocaram na internet e que a *Folha* publicou. Foi um ato bem pensado, na medida em que ela respondeu dizendo que era uma carta privada. Ou seja, ela tinha feito uma carta suficientemente pública para ter um efeito político, mas, para se proteger de qualquer crítica, disse que era privada. Ao distribuir para os alunos, era óbvio que a carta iria parar na internet, nas redes sociais. E foi a partir desse ato que ela passou a recusar contato com a imprensa, indicando um caminho que foi seguido pela maioria dos intelectuais ligados ao PT. Não a totalidade, é claro, pois há exceções honrosas. Mas, a partir daquele momento, e diante do mensalão, a opção foi dizer que a imprensa tentava dar um golpe no governo. Ou seja, "criticar o governo e revelar a privatização do Estado para interesses partidários significava um golpe da mídia no governo popular". Eu lembro que escrevi sobre isso, porque houve um famoso debate no governo Fernando Henrique, entre a Marilena e o José Arthur Giannotti. Eu não me lembro qual era o termo específico, mas o que importa é que o Giannotti criticava a imprensa por estar dizendo não sei o quê, fazendo não sei qual crítica ao governo. E Marilena Chaui, na ocasião, rebateu, dizendo que, no momento em que ele fazia a acusação à imprensa, ele revelava uma falta de respeito pela sociedade civil, que aquele era um governo que não queria prestar contas à sociedade civil. Então, a Marilena, no governo Fernando Henrique, punha um traço de equivalência entre a imprensa e a sociedade civil. Traço até um pouco exagerado, mas ela punha esse traço. A Marilena, no governo Lula, diz, entre aspas, que a imprensa representa os interesses privados de mercado, que a liberdade de imprensa é a liberdade do dono do jornal de falar o que quer em função dos seus interesses de mercado, e por aí vai. Essa transição de uma posição para sua oposta, com o desaparecimento de um debate público, que incluísse os intelectuais ligados ao PT, e, portanto, com uma grande degradação do debate público no Brasil, foi o momento do mensalão. A partir desse chamado da Marilena Chaui, a intelectualidade de esquerda desistiu de criticar o PT, renunciou à posição de criticar o governo e passou a se alinhar, automaticamente, a esse mesmo governo, passando a fazer o papel de arauto do poder, de arauto do palácio. Então, temos um conjunto de intelectuais palacianos que se inventaram como tais, a partir daquele momento.

O que você tem a dizer quanto a essa acusação de que, mesmo feita à *boca chiusa*, o projeto petista no poder prevê a cooptação de uma parcela considerável da classe média, através de um aparelhamento da máquina estatal que, já há algum tempo, vem contemplando fundações, autarquias, organizações não governamentais, sindicatos, associações de classe?

Sem dúvida que é real, mas são duas coisas diferentes, duas linhas separadas que se encontram: uma delas, que é quando Lula montou seu primeiro governo, e a técnica de montagem foi bem clara. Você define um núcleo de ministérios, que é para ser levado a sério: o Ministério da Fazenda, onde ele pôs, depois, o Henrique Meirelles, que vinha do Banco Central, a Casa Civil, onde ele pôs o José Dirceu, o Ministério

510 PROFETAS DO PASSADO

das Relações Exteriores, onde ele manteve o Celso Amorim. E tem um conjunto de outros ministérios que ele distribuiu com finalidades de cooptação partidária, que era para fazer a base do Congresso. E tem outros, ainda, que foram distribuídos entre ONGs e movimentos sociais. Essa última é a cota de ministérios que faz uma cooptação direta da sociedade civil. Todo o processo de montagem do governo foi feito nessa direção. E a intelectualidade também foi cooptada. Não foi por acaso — e quase ninguém percebeu isso — que tivemos, nas três últimas eleições — reeleição de Lula, eleição de Dilma e, agora, na sua reeleição todos os reitores de universidades federais manifestando, publicamente, o seu apoio à candidata oficial. O que é uma tragédia política, porque significa dizer que a universidade se tornou um lugar monolítico. Foi nesse processo que os intelectuais de esquerda se tornaram intelectuais palacianos. O que não era obrigatório, porque eles podiam ser de esquerda, apoiarem o governo, sem ser palacianos.

E a origem dessa cooptação estaria na razão direta dos benefícios recebidos?

Sem dúvida que tiveram benefícios, mas não acho que esse movimento se deu devido à cooptação do governo. São pessoas que decidem se tornar intelectuais palacianos por vontade própria. Aliás, essa é uma boa pergunta de se fazer à Marilena Chaui e não para mim. Porque eu posso até especular, posso dizer que existem aí paralelos mal feitos. Eu tenho certeza de que, na cabeça de muitos deles, teve um paralelo com o governo Allende, por exemplo. Então, existe toda uma incapacidade dos intelectuais de esquerda de perceber que, quando você opera numa democracia, fora do contexto da Guerra Fria e dos golpes militares da América Latina, você não pode operar com os mesmos critérios que operava antes. Quer dizer, o passado atormenta o presente e impede essa gente de agir de acordo com o novo cenário político. Não acho que quando eles dizem que existem "nós" e "eles", é porque consideram os "eles" antinacionais, de direita, que representam a elite malvada e por aí a fora. Tenho certeza que isso é uma estratégia de marketing, do ponto de vista do governo. Mas não estou convencido de que isso é uma estratégia de marketing do ponto de vista dos intelectuais de esquerda. Os intelectuais de esquerda são muito menos inteligentes que o marqueteiro, e, enquanto o marqueteiro sabe que o que ele está fazendo é uma estratégia de marketing, os intelectuais de esquerda estão agindo em função de seus próprios pesadelos. Ou seja, das suas leituras anacrônicas da história. Eles estão se redimindo do fato de terem — não eles, mas os seus antecessores — criticado o governo Allende, por exemplo. Eles estão fazendo a revisão do que fizeram os intelectuais de esquerda, em períodos anteriores, quando não se alinharam tão completamente quanto supunham ser necessário a um governo de esquerda. Então, eles estão corrigindo supostos erros cometidos em períodos anteriores: na derrubada de João Goulart no Brasil, quando a intelectualidade de esquerda não se juntou ao governo. Agora, eles estão "agindo certo", serrando fileiras, entrando numa trincheira. Mas isso é uma suposição minha, essa pergunta tem que ser feita para eles. Agora, o resultado dessa suposição é desastroso, porque, hoje, seria impossível você ter um debate como o que citei antes, entre o Giannotti e a Marilena Chaui. Porque, naquele debate, Giannotti aceitava responder para a Marilena Chaui no mesmo palco em que ela estava, que era o palco da imprensa. Hoje, não. Não se aceita o mesmo palco, foi destruído o palco comum. Então, os intelectuais de esquerda só falam, com honrosas exceções, que sempre têm que ser destacadas, em palcos militantes fechados. Você só os verá diante de um público que, certamente, os aplaudirá, mesmo quando eles falarem bobagens extraordinárias. O último grande aplauso da Marilena Chaui foi quando ela falou que odeia a classe média, em uma comemoração de dez anos do governo PT, onde estava o Lula e a Dilma, que ficaram muito incomodados com aquele discurso. A Dilma, em particular, porque ela sempre disse: "Quero um país de classe média!" E é isso que as pessoas querem, o que os jovens querem é não ser pobres, é ser de classe média, eles querem que os filhos deles estudem decentemente, eles querem ter tempo de lazer, eles querem ter essas coisas que caracterizam a classe média. E a Dilma entendeu isso. E isso é uma qualidade dela. Então, quando a Marilena Chaui fez esse discurso de ódio profundo à classe média, esqueceu, provavelmente, que essa mesma classe média é quem forma o eleitorado do PT na origem. É um discurso contra a origem e contra a trajetória do PT, contra ela mesma, contra os seus colegas, contra os seus alunos, e vai por aí afora. Esse discurso foi feito num lugar onde ela só teria aplausos, mesmo falando alguma coisa que contrariasse profundamente os governos lulopetistas, que é a ideia de elevar os pobres à classe média. Mas, infelizmente, hoje, os intelectuais de esquerda, com as exceções de sempre, só aceitam falar em ambientes assim, em ambientes nos quais certamente serão aplaudidos pelos seus pares.

Como você vê o episódio de que a seccional da OAB de Brasília não permitiu, num primeiro momento, que o ex-presidente do Supremo Tribunal Federal, ministro Joaquim Barbosa, voltasse à advocacia, logo após a sua aposentadoria, mesmo estando esse pedido, totalmente, de acordo com a legislação vigente?

Não é nem cooptação, nem aparelhamento, porque o governo do PT é varguista em vários sentidos. E um deles restaura a ideia de privilégios co-orporativos em todos os campos, em todos os níveis. Isso faz parte de uma tendência (brasileira) generalizada de reservas de mercado corporativas. Então, do ponto de vista do argumento corporativo, do paradigma corporativo, o governo do PT é um governo bom para todas as corporações. A ideia de Conselhos Populares era mais ou menos essa. Todas as corporações se reuniam em torno de uma mesa, e o governo seria o árbitro da sociedade. Mas o que é a sociedade nesse modelo? É uma coleção de corporações reivindicantes — isso é a sociedade. O Lula sempre viu assim a sociedade, e essa é a forma, também, como ele vê o Brasil: uma coleção de corporações reivindicantes, o que tem muito a ver com a sua origem sindical. Mas o que se faz para governar uma coleção de corporações reivindicantes? Primeiro, dê poderes para elas, que devem falar em nome da sociedade, e ninguém mais que não tiver esse rótulo terá voz. Quer dizer, aqueles indivíduos que não fazem parte das corporações, têm que ser alijados, porque vão "atrapalhar" as negociações. Para que haja negociação, você tem que ter um número limitado de interlocutores. Nessa mesa, o governo agirá como árbitro, distribuindo, entre essas corporações, privilégios, recursos, financiamentos, lugares na máquina pública e direitos. Essa é a visão de governo do Lula, é assim que ele governou: as corporações se veem elevadas a uma posição de interlocutores diretos do governo, elas ganham essa chancela e aí, obviamente, entram as benesses. Então, eu não acho que a OAB é cooptada, porque existe uma corrente muito grande de advogados militantes ligados ideologicamente ao PT. Nem acho que ela é cooptada porque o governo tenha pagado para ela, debaixo do pano, alguma coisa. Acho que ela é cooptada — e ela é cooptada, obviamente — porque é beneficiada pela lógica de um sistema corporativo. Pois um sistema corporativo tende a ser positivo para todo mundo que é organizado. A Ruth Cardoso disse, certa vez, quando o Fernando Henrique já estava no governo, que a esquerda costumava dizer que sonhava com o dia em que o país seria governado pelo povo organizado. E que ela estava sonhando com o dia em que o país seria governado pelo povo desorganizado.

Poderia se especular, a partir dessa sua observação, que estariam aí, também, os motivos dessa desqualificação permanente do governo, em relação ao que se manifestam nas ruas, desde 2013?

Claro! Por isso as ruas passaram a ser de direita. E veja que curioso: primeiro, o governo chamou certos indivíduos que o criticavam, nos meios de comunicação, como de direita, e depois, resolveu chamar o povo todo de direita.

514 PROFETAS DO PASSADO

E agora, mais recentemente, "está em marcha um golpe fascista, de extrema direita, que vai tomar conta do país", que são esses 2 milhões de pessoas que foram às ruas protestar, em março passado...

Pois é, enquanto o governo estava por cima da carne-seca, a acusação "de direita" era para meia dúzia de críticos, depois, quando passou a 2 milhões o número de pessoas que foram para rua, com quase 90% de rejeição ao atual governo, o que aconteceu? Todo mundo é "de direita". E há uma lógica dramática nisso, que não vem de agora, inclusive. Em São Paulo, quando o PT ganha as eleições, ele esquece um pouco isso, mas quando ele perde — o que é mais comum em São Paulo —, ele teoriza que São Paulo é um ninho da classe média fascista, e, a partir daí, vem uma série de paralelos absolutamente idiotas. São Paulo elege o Fernando Haddad para a prefeitura e o discurso perde um pouco o pé. Porque São Paulo não deveria eleger Fernando Haddad... Mas o próprio Fernando Haddad, ele mesmo já está falando que São Paulo tem esse problema, adiantando-se, talvez, à hipótese de que venha perder a próxima eleição... Pois, afinal, São Paulo é o quê? Pois foi São Paulo que elegeu a primeira prefeita do PT, em 1999, que foi a Luiza Erundina.

O que você tem a dizer do fato de que, talvez com exceção do ABC paulista, quem migrou para o Partido dos Trabalhadores, de forma substancial, foi justamente essa classe média cosmopolita e politizada, que encontrou no discurso da ética e do rigor petista o abrigo para os seus anseios "revolucionários"? Você concorda com a tese de que houve uma conciliação de interesses e de expectativas, na medida em que o líder operário que emergia naquele momento era extremamente útil para os interesses revolucionários dessa parcela da classe média, que voltava do exílio?

São três grupos que formam o PT: as Comunidades Eclesiais de Base, ligadas à Igreja católica, o sindicalismo organizado do ABC paulista, com uma inédita liderança operária, e grupos de esquerda clandestina do regime militar, que voltam dos seus exílios e que são, na sua maioria, grupos castristas. E a melhor representação disso é o Zé Dirceu. O Lula e os sindicalistas estão em outro grupo. E, quando se diz "os sindicalistas", se fala, especificamente, da aliança entre o Sindicato dos Metalúrgicos de São Bernardo e o Sindicato dos Bancários de São Paulo. Não é por acaso que tenha, hoje, tanto bancário envolvido em escândalos. Isso vem do sindicalismo bancário dos anos 1980. E o terceiro grupo são as Comunidades Eclesiais de Base, que caíram fora. O PT, hoje, é uma aliança desigual entre o grupo dos sindicalistas, que se tornou dominante, e o grupo das correntes de esquerda, de origem castrista.

Poderia se aventar que estaria aí, no fato de que os quadros do PT se encontram, predominantemente, em diversos segmentos da classe média, uma possível explicação para tantas oscilações e alterações político-ideológicas?

Todos os três grupos que constituíram o PT são formados por lideranças de classe média. Mas a política é feita pela classe média, no mundo inteiro e em todas as épocas, porque basicamente é quem tem tempo para fazer política. Mas a classe média não existe como entidade política. A classe média é muito plural, do ponto de vista sociológico, e a sua postura política é, também, muito plural, do ponto de vista histórico. É isso que você está levantando: os mesmos segmentos de classe média que se posicionam de um jeito hoje, se posicionam de outro jeito amanhã, e de outro depois de amanhã. Dizer "isso é coisa de classe média" não existe. Porque não existe uma natureza essencial, na classe média, que determine o que ela faz politicamente. Pol Pot era um cambojano de classe média, que estudou na França. Todos os grandes líderes revolucionários de extrema esquerda ou de extrema direita, quase todos, com poucas exceções, vieram da classe média. Então, essa conversa que diz que é coisa de classe média é fruto da degradação dos conceitos políticos atuais. Agora, o PT não foi criado só por pessoas da classe média. O PT gerou uma nova elite política no Brasil, que é de classe média, enquanto a elite anterior, no geral, não era. No Congresso, sempre teve muita gente de classe média. Mas, com a chegada do PT ao governo, houve a entrada de todo um setor oriundo da classe média sindicalista, da classe média intelectual e da classe média universitária, na política. E esse setor se agregou às antigas elites políticas e adquiriu a maior parte dos seus hábitos. Os caras adoram andar de jatinho tanto quanto a elite adorava, e isso é um traço bem brasileiro. Se você olhar para vários países europeus — os governantes ingleses vão para Downing Street andando —, os parlamentares da maior parte dos países europeus andam de avião de carreira, não de jatinhos emprestados por empresários. Então, essa nova elite política não adotou só as ideias da antiga elite, políticas, mas também os interesses e hábitos pessoais.

Mas isso estaria muito associado à questão da impunidade, não?

Sim, está muito associado à questão da impunidade, mas também está associado à questão da formação social e histórica do Brasil. Para você demonstrar poder, você tem que se distinguir da "gentalha" por uma série de traços de comportamento que mostrem que você tem o poder. Então, essa gente que está aí, hoje, conseguiu chegar a tal ponto de degradação, que eles são uma espécie de oligarcas derivados, vamos dizer assim. E eles estão cada vez mais parecidos uns com os outros. Você olha o bigode do Aloizio Mercadante, você vê o bigode do José Sarney... É curioso, né? Um vai ficando com a cara do outro. Em grande parte, a revolta que hoje existe na política do Brasil é contra isso, é contra o fato de que todos esses bigodes — os antigos e os atuais — estão abraçados no poder.

Você acha que o que prevalece, hoje, no coração do povo brasileiro é um sentimento de traição? Por quê?

Acho que o povo brasileiro, hoje, se sente traído e com razão. Esse é o nosso drama: a velha elite se alargou, cooptando essa gente, que continua discursando nos seus congressos internos — e é uma coisa espantosa. Pois, se você pegar as resoluções dos congressos do PT, dos últimos doze anos, você vai ver que, do ponto de vista retórico, puramente retórico, uma é mais radical do que a outra, e a palavra socialismo, que aparecia muito raramente nas resoluções do PT, quando ele estava na oposição, aparece agora a cada parágrafo das resoluções atuais. É só você ler. Então, na medida em que essa elite se torna cada vez mais conservadora, igualando-se nos hábitos, ela tem que manter a sua "identidade" na retórica. E aí vai se criando uma retórica cada vez mais exótica, porque cada vez mais distinta das ações. O PT nunca foi tão radical retoricamente quanto é hoje.

Essa estratégia, de certa forma ambígua, a que você se refere, explicaria porque, após anos de desqualificação da ideologia, expressões como direita e esquerda tenham ressurgido, abruptamente, no segundo turno das eleições presidenciais de 2014, servindo de base para um perverso jogo de dicotomização?

Sim, mas se você observar o que acontece no segundo turno da eleição, vai ver que reflete o que vem acontecendo nos congressos do PT, desde que o PT chegou ao poder. E isso é obrigatório, porque eles precisam disso, na medida em que se amalgamam à antiga elite. Eles precisam manter um traço de diferenciação fundamental, no plano da retórica, porque senão, não tem partido, senão, você não se perpetua no poder. Então, isso explica a radicalização retórica extrema. O PT, hoje, enquanto aplica uma política de ajuste fiscal, a mais ortodoxa possível — e ela é reacionária no sentido que o ajuste fiscal não vem

518 PROFETAS DO PASSADO

junto com reformas e avanços sociais —, ele faz um discurso que nunca foi tão radical. Porque os atos simbólicos são importantes. Por exemplo: outro dia, estiveram no país duas mulheres de presos políticos da Venezuela: Lilian Tintori e Mitzy Capriles. E como a Dilma não ia recebê-las mesmo, foi pedido ao Mauro Vieira, nosso nobre chanceler, que representasse a presidente. Mas, no dia em que deveria recebê-las, por uma operação feita pelo PC do B e pelo PT, veio pro Brasil um chamado defensor do povo na Venezuela, um chavista, que foi recebido pelo Mauro Vieira. O que traduz essa atitude? Que se trata de um ato simbólico, de dar uma satisfação retórica para o PT, enquanto se faz o ajuste fiscal no Brasil. Logo, logo, para fazer o ajuste fiscal, a Dilma Rousseff vai precisar abraçar o ditador da Coreia do Norte...

Como você vê, especificamente, o chamado projeto petista de vinte anos no poder? O que está por trás da máxima de que os fins justificam os meios? A implantação gradativa de um Estado autocrático?

Na verdade, o PT nunca quis dar um golpe de Estado. O seu projeto, que agora está morto por causa da crise do governo, foi fazer com que a nossa democracia transitasse de um sistema de democracia representativa para o de uma democracia participativa, que é um regime no qual o poder do Congresso fica subordinado ao poder de um conjunto de corporações organizadas em conselhos. Esse seria o programa máximo do PT, se ele pudesse ter ido até onde ele imaginou. Uma espécie de nova democracia, pois toda vez que um governo quer fazer um regime semiautoritário, ele põe um adjetivo junto com democracia. E, geralmente, é "nova". No passado, muitos regimes liberais de direita usaram a expressão Nova Democracia. A nova democracia que o PT gostaria é a que ele chamou de democracia participativa, na qual a participação, no fundo, seria criar representantes do povo que ninguém elegeu, representantes do povo de corporações escolhidas pelo Executivo, pois assim eliminava o problema que eles sempre tiveram, que era o de não ter uma maioria parlamentar. Esse problema de ter uma maioria parlamentar é que gerou as grandes crises do PT: o mensalão e o petrolão, onde eles tentaram solucionar o problema comprando, comprando, desviando, desviando... O sistema de conselhos que eles imaginaram eliminaria essa necessidade, porque subordinaria o Congresso ao sistema de conselhos. Não acho que se deva imaginar isso como um golpe. É mais uma tentativa de produzir uma hegemonia duradoura, eliminando os contrapesos ao poder do Executivo. Democracia não é só eleição, democracia é um sistema de direitos e contrapesos, que fazem com que o governo não possa fazer só o que quer...

Uma curiosidade: como você administra essa condição de ser, hoje, um dos mais célebres demonizados da imprensa brasileira? E o que, realmente, o incomoda e por que incomoda?

Primeiro, contesto que sou um dos mais célebres, tem gente muito mais célebre sendo demonizada. Segundo, você está se referindo àquela famosa lista que o Alberto Cantalice, vice-presidente do PT, publicou e que, agora, eles não querem nem lembrar que fizeram. Eu acho interessante observar que os listados foram escolhidos por quem listou e, por isso, talvez, tenham muito pouca coisa em comum entre si. Porque tem, na lista, também, o povo que está junto com o Bolsonaro, que quer a volta dos militares, né? Então, o privilégio de listar é de quem listou. Certa vez, o MacCarthy falou que as listas de inimigos do Estado são variáveis e dependem das circunstâncias. O Joseph MacCarthy falou isso. Quer dizer, listo quem eu quero e na hora que eu quero. Assim sendo, não me sinto honrado, nem desonrado, acho curioso, engraçado, arbitrário. E também não me preocupo muito com isso. Mas acho ruim, para o Brasil, que um governo comece a fazer listas de inimigos. Isso é ruim para o país, isso é ruim para eles, porque, amanhã, quando eles precisarem — e eles já precisam — recontar a história deles, eles vão ter de rever e criticar a história, para sobreviver, o que hoje é muito difícil, devido

520   PROFETAS DO PASSADO

à presença de duas lideranças que impedem o PT de romper com os principais equívocos que já cometeram: Lula e Zé Dirceu. Então, para fazer a crítica, eles precisariam, primeiro, fazer a crítica dessas figuras, fazer as críticas de seus erros, das suas histórias recentes. Mas não podem fazer isso, porque são chefes, né? Isso é uma encruzilhada para eles. Pois quando eles tiverem que contar, de outro jeito, as suas histórias, para se redimirem diante do eleitorado, sempre haverá alguém para recordar que, um dia, eles fizeram listas de inimigos públicos. E, também, que eles ensinaram os outros a demonizarem. Hoje, quando o PT vira o inimigo público número 1, o que estão dizendo nas ruas é, exatamente, o mesmo que eles já disseram. O que não me faz concordar com isso, até porque, acho que é uma má lição para se aprender. Mas que foram eles que ensinaram, isso não há dúvida.

Você se importaria de declinar seu voto no segundo turno da eleição presidencial de 2014?

Meu voto é óbvio, meu voto de segundo turno foi no Aécio. Votaria em qualquer candidato, tirando as exceções sanitárias óbvias, que fosse contra o governo. Como votei no Serra em 2010, apesar da campanha vergonhosa do ponto de vista político que ele fez. Acho que escrevi o artigo mais violento contra a campanha do Serra. Ele nunca me perdoou por isso, mas votei nele porque votei contra a Dilma. Da mesma forma que votei no Alckmin, em 2006. Acho que a última vez que votei no PT foi em 1989, quando votei no Lula para presidente, no segundo turno.

Demétrio Martinelli Magnoli, 57 anos, paulistano, é sociólogo, escritor e geógrafo. Militante da "Liberdade e Luta" — organização trotskista de extrema esquerda — nos anos 1980, foi denominado, em 2012, numa reportagem da revista *Época*, como um dos "novos trombones da direita". Autor e coautor de diversas obras, é colunista dos jornais *O Estado de S. Paulo* e *O Globo* e comentarista de política internacional da Globo News.

Roberto Romano da Silva

"Quem semeia Jader Barbalho, José Sarney, Antônio Carlos Magalhães, colhe Bolsonaro! A maneira pela qual tanto o Fernando Henrique quanto o Lula se tornaram reféns dessa extrema direita, é uma coisa muito ruim."

São Paulo, 12 de maio de 2015

Vamos começar pela sua militância política: você entrou no movimento estudantil, ainda como secundarista, quando ingressou na Juventude Estudantil Católica (JEC) aos 16 anos, não é verdade?

É, começou em Marília, no interior de São Paulo, através da figura do professor Ubaldo Martini Puppi, que não era da JEC, mas que foi a figura mais importante em nossa formação. Ele era um filósofo, que começou sua vida como dominicano, o que explica a minha ida, depois, para essa Ordem. Era um professor de esquerda que, com outro professor, Antonio Quelce Salgado, iniciou a preparação e a aplicação do curso Paulo Freire naquela região, visando à alfabetização de adultos. Foi aí, nesse momento, que eu entrei não só para esse grupo de alfabetização, como também para a JEC. E aí começou uma verdadeira saga, porque, como a cidade era pequena, surgiu um clima de Fla x Flu, esquerda e direita.

PROFETAS DO PASSADO

Tanto que, quando estourou o Golpe de Estado, as pessoas de direita, que também estavam no curso, denunciaram os dois professores, que foram presos e perderam o emprego. Mas esse trabalho foi até 1963, quando começamos a ler o Documento Base da AP, que tinha a visão de um socialismo com base em Pierre de Chardin, em Hegel, nesses grandes filósofos da cosmovisão e da história. E era um socialismo que eu não diria utópico, mas que era bem diferente do percebido pelos partidos socialistas, ou pelo Partido Comunista.

Mas você chegou a ingressar na AP ou permaneceu apenas como simpatizante?

Fiquei sempre assim, podia se dizer que era uma célula auxiliar ou um simpatizante. Naquela época, chama-se "nucleação", que é quando você tinha um jovem que ficava nessa situação, entre militante e não militante. Mas a gente tinha um contato constante com a organização. E, mais tarde, quando vim para São Paulo fazer Filosofia no Instituto de Filosofia e Teologia, que congregava todas as Ordens religiosas, convivi, também, com essa questão dos limites, já que não se não podia ir muito além da visão das Ordens, pois eram elas as mantenedoras do Instituto. Claro que fiquei insatisfeito, e, com frei Ivo Levapan, fiz o vestibular de Filosofia. Tranquei a matrícula, porque precisava fazer o noviciado. Mas exatamente aí, nesse momento, é que fui preso, no caso Marighella. Eu não tinha nenhuma relação com o grupo do Marighella. Quem tinha era o Betto, o Fernando, o Ivo, embora eu sempre tivesse ajudado na fuga de um ou outro perseguido político. Mas não passava disso, porque um pouco antes dessa prisão ocorreu aquela ruptura na AP, que a transformou em marxista-leninista-maoista-ateia e o que impediu a permanência dos dominicanos dentro da organização. Com a ruptura, passamos a apoiar o Zé Dirceu, que, na época, era ligado ao Partido Comunista. É dessa época o episódio com frei Tito de Alencar, que, alguns meses depois de sua prisão, pelo caso Marighella, e em função da prisão dos militantes da AP, com os quais ele mantinha relacionamento político, foi levado, de novo, à Operação Bandeirante, para ser torturado. E foi aí que ele tentou o suicídio.

Você ainda militava, digamos assim, dentro dos cânones católicos, quando se estruturou a Teologia da Libertação?

Quando ainda estava no convento, houve uma sucessão de teologias secularizantes, como a Teologia da Morte de Deus, que apontavam para o caminho da Teologia da Libertação, que foi criada pelo padre peruano Gustavo Gutiérrez, em 1971, e só depois assumida por alguns teólogos brasileiros, como frei Betto e Leonardo Boff. Mas é bom lembrar que esse momento de surgimento da Teologia da Libertação corresponde a um movimento de retração da hierarquia católica em relação ao Concílio Vaticano II. Muita gente atribui ao João Paulo II, mas não é correto. Tudo isso aconteceu já no meio do pontificado de Paulo VI, a partir do momento em que ele assinou aquela *Humanae vitae*. Ali, ele deu um passo atrás. Até então, você tinha plena liberdade de debate, você debatia aborto, debatia a pílula, a homossexualidade, todos os temas éticos eram debatidos... Mas aí, pouco a pouco, começou essa retração. E começou também uma espécie de vigilância da autoridade vaticana sobre os bispos brasileiros. Quer dizer, ocorreu uma volta para o controle estrito da hierarquia, um rompimento com qualquer ideia progressista no plano social e, naturalmente, uma imposição de silêncio dos intelectuais. A repressão aqui, em São Paulo, na arquidiocese, foi terrível. O papa João Paulo II dividiu a diocese, para retirar qualquer autoridade do Dom Paulo Evaristo Arns. Já no Rio, onde o cardeal Dom Eugênio Sales aparentava outro posicionamento diante da ditadura, talvez por isso, conseguimos que fossem acolhidas várias pessoas. Sempre digo que a ideologia não define o caráter do indivíduo: o indivíduo pode ser de esquerda e ser mau caráter, e ser de direita e ser bom caráter [risos].

524 PROFETAS DO PASSADO

Mas essa sua afirmação pode ser considerada como uma reflexão pós-moderna, não é [risos]? Porque não havia possibilidade, naquela época, de se colocar filtros, era tudo muito preto no branco...

Por isso mesmo que eu acho que falar disso é uma coisa importante. Porque tem algumas autoridades eclesiásticas, que eu desprezo profundamente, como é o caso de Dom Lucas Moreira. Na ocasião em que frei Tito tentou o suicídio na Operação Bandeirante (OBAN), o cardeal de São Paulo, Dom Agnelo Rossi, estava na cama com flebite, mas conseguiu que uma outra autoridade fosse visitá-lo. O Lucas, que também era dominicano, foi e viu aquela situação toda. Passados uns dois anos, quando o processo começou a ser julgado na Segunda Auditoria Militar, o Lucas se recusou a testemunhar que viu o Tito torturado. E não estava sendo julgado o mérito, nada disso, apenas o que ele viu. Mas o Lucas disse que não podia fazer isso, porque prejudicaria sua atividade pastoral. Então, quando eu voltei da França, dei uma entrevista para a *Isto É, Senhor*, que tinha aquela seção vermelha, correspondente às páginas amarelas de *Veja*. E quando o Nirlando Beirão, que era o repórter, perguntou o que eu achava de Dom Lucas Moreira, respondi: "É um cafajeste." Ele me assegurou que omitiria essa resposta, mas ao contrário, ela virou manchete [risos]. É claro que isso suscitou uma série de problemas, virei *persona non grata*, mas valeu a pena.

Voltando um pouco nossa conversa. Dessa época para cá, você teve alguma militância em partido político?

Não. E essa foi a descoberta que eu fiz na cadeia. Você tem duas opções na vida. A primeira é você fazer o trabalho de intelectual, de pesquisa, de debate, que leva, inclusive, à defesa da existência de partidos livres etc. Então, eu não sou antipartidário, tenho críticas ao sistema de partidos brasileiros, mas decidi que não me filiaria mais a uma organização. Percebi, muito facilmente, aquela clássica linha de transmissão, em que você tinha a direção, que mandava, e os militantes, que obedeciam. Eu sei que é muito difícil você manter a democracia, em situação de ditadura. E, muitas vezes, o problema advém de uma espécie de ideologização absoluta — havia, na cadeia, uma palavra que consolava, ao mesmo tempo que era um sinal muito ruim: a chamada "fé ideológica". Quer dizer, você tinha que ter confiança nas verdades do seu partido, da sua organização, pois se você duvidasse um minuto, você se perdia... E esse, para mim, é um ponto grave. Inclusive, acho que revoluções importantes, como a Revolução Russa de 1917, se tivesse um pouco mais de debate com as bases, um pouco mais de democracia, provavelmente não teria descarrilhado daquela forma.

A frase é sua: "Somos absolutistas anacrônicos. Vivemos sempre sob o regime do favor, dos privilégios, da não República." E você acrescenta que a "dita burguesia progressista sempre decepcionou as esperanças dos seus aliados: ela sempre optou pelo lucro, pelos golpes de Estado, pela ruptura com a tênue democracia. A lição de 1964 cabe no quadro". O que você se propõe a alertar com essas colocações: uma similitude entre a atual realidade política brasileira e a que antecedeu, em termos imediatos, o golpe de 1964? Por quê?

Porque acho que é uma continuidade. Acho que você tem essa estrutura de classes no Brasil — sou daqueles anacrônicos, que ainda consideram que existem classes e que existe luta de classes... Então, você tem essa estrutura de classes no Brasil, que tem formas organizacionais muito peculiares e que brotam, justamente, desse passado absolutista brasileiro. Você tem, então, um superdimensionamento do palácio, para usar a linguagem de Norberto Bobbio, você usa o poder público para os fins privados, e você não tem nenhuma ideia de compromisso coletivo. Você não tem sequer aquela visão, por exemplo, dos ricos norte-americanos que, por ideologia ou por religião, acham que devem manter o padrão dos Estados Unidos como imperial e devolvem, em doações às universidades, parte de seus patrimônios. Aqui é predação pura. E uma insensibilidade social absoluta. Você tem o uso, cada vez mais — e isso é terrível —, do aparelho do Estado para esses interesses privados.

526 PROFETAS DO PASSADO

E isso independente da coloração político-ideológica que o governo assuma?

Exatamente. Um furo da política da Dilma Rousseff é, justamente, um erro que o Lula não cometeu. O que o Lula fez? Ele deu dinheiro para os banqueiros para que eles dessem para os industriais... A Dilma, não, ela deu dinheiro diretamente para os industriais, e eles não produziram coisa nenhuma. Eles aplicaram o dinheiro nos fundos econômicos norte-americanos... E eu não estou falando novidade: isso é notícia do *Valor Econômico*. Então, esse costume de não ter nenhum compromisso com o coletivo, sequer do ponto de vista da produção, é próprio de uma linhagem absolutista. Quer dizer, o Estado provê, tem que prover para quem manda, para quem está acima. E, portanto, não tem democracia. Essa história de democracia no Brasil é, sempre, conversa mole para boi dormir. Você não tem nenhum compromisso com a vida democrática: seja do ponto de vista da relação privada, seja do ponto de vista da relação oficial. E o sistema oligárquico funciona perfeitamente nessa linha, como uma espécie de sanguessugas... E você tem um sistema presidencial que continua a tradição absolutista, na medida em que não há nenhum compromisso e nenhuma exigência de prestação de contas. Pois "o povo é assim, é a última instância a ser considerada, e aquela que deve ser a mais enganada possível". Você não tem a ideia de soberania popular no Brasil.

Só para entender melhor: quando você fala na questão da continuidade, você está querendo dizer o quê? Que o rescaldo da ditadura, digamos assim, estende-se de uma forma perversamente sofisticada, na medida em que maquiado por um rótulo progressista, convive-se, hoje, na verdade, com um governo que está na centro-direita? Seria isso?

Exatamente. Olha o que você tem no Brasil. Desde o Fernando Henrique Cardoso, você tem uma opção muito interessante. O PMDB foi uma oligarquia de segunda ordem, durante a ditadura. A primeira ordem era a Arena. Mas o que sobrava, da rapa do tacho, ele fazia uma oposição delicada às suas majestades do canhão. E fazendo esse tipo de trabalho, ele se organizou no Brasil inteiro. O PMDB, desde então, tem a maior rede de diretórios municipais, então, ele está sempre conseguindo votos para o Congresso.

Isso explica o fato de que o PMDB sempre foi considerado uma frente, em vez de um partido?

Mais que uma frente, eu digo que é uma federação de oligarquias. Mas o que aconteceu, então? De dentro do PMDB, surgiu o PSDB, contra um oligarca corrupto chamado Orestes Quércia...

Você concorda, então, com a tese de que o PSDB nasceu à esquerda do PMDB?

Sim, à esquerda. E a cantilena era a ética na política, porque o Quércia era notoriamente um corrupto. E à esquerda, também pelas suas origens, porque muitos tinham trato com o Partido Comunista, o Aloysio Nunes era da ALN, e por aí vai. Então, você tinha, também, um caudal que ia de liberais a direitistas, o Tasso Jereissati, por exemplo, sempre me pareceu um liberal. Mas era uma espécie de partido que tendia, eu diria, para uma centro-esquerda. Bom, mas o que eles fizeram? Sabedores de que eram pequenos, assim que chegaram a Brasília, eles inauguraram uma nova forma de apoio, que é a compra, que se realizou muito bem na reeleição do Fernando Henrique — foi distribuído dinheirinho, essas coisas todas... Mas havia uma dependência do PMDB, do PFL e, também, dos pequenos partidos. E durante oito anos, o PSDB não cuidou de ampliar suas bases municipais, ficaram dependentes do Sarney, dependentes do

Antônio Carlos Magalhães, dependentes de toda aquela gente. E o Lula fez a mesma coisa: ficou dependente dessa mesma gente. O PT, também, não ampliou as suas bases municipais. Ah, sim, e antes, com a posse do Fernando Henrique, foi rompida uma aliança tênue, mas real, que existia entre o PT e o PSDB. Porque ela existiu, né? Porque antes da fundação do PT, quem era o grande apoiador das greves do ABC? Fernando Henrique Cardoso e outros intelectuais que, depois, foram para a "guerra", iniciada pelos tucanos contra os petistas. Começou aí essa ruptura entre o PT e o PSDB, que, com o passar do tempo, torna-se cada vez maior. E, cada vez mais, ambos dependem dos oligarcas de direita.

Você é categórico quando afirma que "PT e PSDB devem deixar as brigas de lado e se entenderem". Caso contrário, "o país sofre um sério risco de cair nas mãos de um governo de direita. É preciso apelar para o que os dois principais partidos brasileiros têm em comum: são formados por pessoas que lutaram contra a ditadura e pertencem ao campo progressista, aquele que propõe avanços na sociedade. Quando tucanos e petistas terminarem de se destruir, o caminho estará aberto para a direita". Diante do atual cenário, você vê a possibilidade de se reverter esse quadro? E quando você diz que o PSDB tem essa responsabilidade histórica, por ter acirrado, lá atrás, essa cisão, como você vê a "justificativa" para tal opção: mais por uma questão ideológica, ou pela "necessidade" de ampliação de bases? Quer dizer, uma estratégia de política menor ou...

De política menor, porque se você pega um por um, se você pega o Serra e põe ao lado da Dilma, eles têm quase o mesmo espectro, têm quase o mesmo DNA. Ambos são cepalistas [risos], ambos têm as mesmas soluções para a indústria. Quer dizer, se o Serra fosse presidente da República, estaríamos na mesma crise que estamos, agora, com a Dilma [risos]. O problema não está aí.

Embora a Dilma tenha recebido uma herança própria, né?

Sim, própria. A questão é que, na receita cepalina, que o Lula também praticou, as finanças foram favorecidas, por um motivo bem simples: se o industrial não produz, ele não pode pagar a dívida do banco. Agora, recebendo diretamente do BNDES, dentro da receita cepalina, aí ele pode aplicar o dinheiro nos Estados Unidos... Quer dizer, uma coisa que eu acho importante é que nós sempre pensamos em termos estruturais, em termos de formas coletivas. E, nesse ponto, eu sou marxista ao pé da letra, acho que a individualidade é um ponto importante. Quando Marx diz, em *O Capital*, em relação à situação das classes, que não existe mais Pedro, João ou José, existe o trabalhador, existe o estudante, existe o operário, existe o lavrador, quer dizer que você tem que chegar até o indivíduo, em situações concretas, porque é na individualidade que se faz a diferença. A mesma organização política, os mesmos parâmetros ideológicos podem ter maior ou menor capacidade de percepção, de reflexão, conforme os indivíduos. E como o Lula tinha um trato com esses industriais, de muitos anos atrás, quando ele fazia negociações na Fiesp, ele sabia com quem ele estava falando. A Dilma não, o trato da Dilma era com o que ela fez na juventude, com a guerrilha e com essa formação universitária, que passa pelo abstrato, mas que não vai às relações concretas. Mas voltando à questão dessa briga. Na verdade, quando o PSDB chegou ao poder, ele destruiu várias oposições internas, ele passou a ser aquele partido que decide as coisas entre quatro grandes lideranças. Eles passaram, por exemplo, o trem em cima do Mário Covas. Porque foi ele quem impediu que o Fernando Henrique entrasse no governo Collor. Mas o Covas pagou caríssimo por isso. Durante todo o governo Fernando Henrique, o Covas foi massacrado pelo Pedro Malan e por todo mundo. O primeiro ato que eles fizeram foi privatizar o Banespa, sem consultar o Covas. Então, há uma tendência que não é apenas da esquerda brasileira, que diz que quem está na direção do partido manda

530   PROFETAS DO PASSADO

e destrói toda oposição interna. Então, não tem democracia. E o segundo ponto é quando entra a questão ideológica: quem semeia Jader Barbalho, José Sarney, Antônio Carlos Magalhães, colhe Bolsonaro! Não é que eu seja absolutamente contra alianças conjunturais para se manter o mínimo de governabilidade. Mas a maneira pela qual tanto o Fernando Henrique quanto o Lula se tornaram reféns dessa extrema direita é uma coisa muito ruim e foi um erro estratégico dos dois partidos.

Queria remontar as circunstâncias históricas do surgimento do Partido dos Trabalhadores, a partir dessa sua colocação de que, se a direita cresceu, hoje, com um desempenho sem precedentes na história brasileira recente, é porque os ditos governos de esquerda permitiram. Você inclui nessas suas reflexões, o avanço do neoliberalismo? Há possibilidade de que os cânones neoliberais tenham auxiliado na "sofisticação" desse projeto de poder em que os fins justificam os meios? Poderia se encontrar aí uma "justificativa" para essa guinada do PT à direita?

A primeira coisa a se ver, é do ponto de vista conceitual, do ponto de vista histórico. Há um pensador fundamental para se entender as doutrinas neoliberais, da escola de Chicago, que é o Carl Schmitt. Ele é o formulador do "Estado Total", que é "a maior aplicação de recursos na repressão e a liberalização máxima do mercado. Então, tem que acabar com esse Estado proprietário dos serviços públicos e tem que ampliar ao máximo a repressão, a fim de que haja ordem para o bom funcionamento do mercado. Desde os anos 1920 e 1930, o fascismo já era uma prática dessas grandes corporações internacionais, tanto europeias, como japonesas e norte-americanas. E o Carl Schmitt se tornou fundamental para um dos pensadores mais estratégicos daquela época, que é o Hayek, que defende, delirantemente, que qualquer serviço público, qualquer tensão que aumente o poder de Estado, é um caminho para a servidão. O indivíduo, então, deve ser responsável por tudo que é dele, ou seja, a educação, a saúde etc. O que quer dizer que ele está jogado no mercado para morrer, ele não tem direitos. Essa onda, que vem desde o começo do século XX, vai se aprofundando, e o instrumento básico desse tipo de prática fascista é o golpe de Estado e a ditadura. Carl Schmitt era um grande admirador do espanhol Juan Donoso Cortés, que é o autor do *Discurso sobre a ditadura*, que é a bíblia do Pinochet, do Franco, do Salazar. Então, para que você possa realizar a destruição desse Estado "escravizador", que é o proprietário dos meios de produção, você tem que dar golpes de Estado. É sintomático: você dá um golpe de Estado mais violento, caso do Franco, você dá outro não tão violento, caso do Salazar, você dá um golpe de Estado disfarçado, caso do Mussolini, e tem também o caso do Hitler. São golpes de Estado diferentes, mas a doutrina é a mesma, que foi assumida pela Inglaterra, pelos Estados Unidos, cuja estreia, inclusive, foi no Irã. Quer dizer, a primeira ação da CIA para derrubar um chefe de Estado que não atendia aos interesses petrolíferos da Inglaterra e dos Estados Unidos foi contra o Mossadegh. Esse modelo foi o que vigorou e que foi usado aqui, na América do Sul inteirinha. Então, não há ilusão possível de democracia. Você tem o modelo neoliberal, isto é, fascista, porque a nação modelo do pensamento liberal, que é os Estados Unidos das América, não tem direito individual desde a lei Patriótica. Os Estados Unidos da América, hoje, não é o mesmo Estados Unidos, tal como no começo do século XX. É outro país, resultado de uma série de golpes de Estado. E chegamos ao ponto que acho mais complicado. O Estado, ele próprio, é uma máquina que foi inventada no século XIV, século XV, para controlar a sociedade, controlar a Igreja, controlar os nobres... e iniciar aquele processo de nacionalização. Então, o alvo do Estado, desde o século XVI, é chegar a um monopólio da ordem pública, monopólio da norma jurídica e monopólio do imposto, do excedente econômico. Mas ele nunca chegou a aplicar esses três monopólios de maneira concreta, mesmo no Estado absolutista. Porque sempre existiram as astúcias. Aqui, em Minas, por exemplo, você tem igrejas com uma torre apenas, porque se colocasse

532 PROFETAS DO PASSADO

a outra, tinha que pagar o imposto [risos]. Então, mesmo no periodo absolutista, você não teve o absolutismo, ficou esse ideal do Estado de ser essa máquina de controle. Quando você tem, no século XX, esses sistemas fascistas totalitários, você tem a expansão de um aspecto desse monopólio, mas você não tem os três monopólios funcionando ao mesmo tempo. E hoje não há Estado no mundo que consiga manter esses monopólios. E aí vem a história da morte da política. Não tem mais Estado, o Estado está à mercê da primeira quadrilha...

Só uma questão: e por que, exatamente, não tem Estado hoje, no mundo, que consiga manter esses monopólios?

Justamente porque o Estado aparece numa situação territorial e populacional ainda controlável. Veja a França de hoje, ela é do tamanho de São Paulo. Se você faz essa projeção populacional urbana, porque a urbanização foi crescendo, século XVI, século XVII, você vai ter uma passagem descomunal do campo para a cidade. E notará urbes cada vez maiores, essas urbes têm necessidades cada vez mais complexas, porque o momento da tecnologização foi se acelerando. Logo, você tem necessidades urgentes, prementes, que não podem ser respondidas pelos aparelhos de Estado. E aí, entre aplicar dinheiro em esgoto, aplicar dinheiro em luz, aplicar dinheiro para a população e manter o sistema financeiro internacional e essas grandes corporações, sua opção será pela última. Veja o Brasil. Até mil novecentos e sessenta e poucos, o Brasil era a linguiça litorânea Atlântica. Com o Juscelino e com a ditadura você tem a Belém-Brasília, que fez brotar cidades que, em cinco anos, já estavam com 100 mil habitantes. Hoje é assim no mundo inteiro. A máquina estatal continuou pequena, emperrada pela burocracia, disputada pelos poderes de mercado, e sem poder implementar políticas públicas. E aí, dançou. Então, voltando à origem do PT. O PT apareceu num momento de baixa do modelo socialista soviético, ele não tem como pensar de uma maneira diferente — você lembra do documento de criação? O adjetivo é democrático, socialismo democrático. O PT surgiu da confluência de três componentes. Um deles era o dos católicos de esquerda, e não exatamente as Comunidades Eclesiais de Base. É muito errôneo achar que todas as comunidades de base eram de esquerda, tinha comunidade eclesial de base de extrema direita. Então, o que aconteceu no caso da esquerda católica e que é um elemento essencial? Aconteceu que a Igreja católica nunca teve uma representação partidária no Brasil, e, muitas vezes, isso era inoportuno, porque houve uma espécie de "Entente Cordiale" da Igreja com os governos, sendo que, no período Vargas, foi, ainda, o maior elo. Só para você ter uma ideia, como resultado da contrarrevolução que a Igreja patrocinou e que um dos frutos malditos foi o Carl Schmitt, que era católico, você teve a consagração dos países ao Sagrado Coração de Jesus, que significava o seguinte: o Estado reconhecia a soberania espiritual da Igreja. Esses são os temas do Tratado de Latrão, do Pio XI com Mussolini. Então, a união da Igreja e do Estado é uma coisa fantástica, e o Cristo Redentor é um Sagrado Coração de Jesus, consagrando o Brasil à soberania da autoridade eclesiástica. Esse movimento reacionário da Igreja, que deu seus frutos em 1964 leva o clero a não querer partidos católicos, a hierarquia via com muita desconfiança, ela preferiu um instrumento de controle direto, que era a Liga Eleitoral Católica, a Alec. Quando apareceu o Partido Democrata Cristão —, que era um pessoal, assim, mais iluminado, um pessoal da esquerda católica um pouco mais iluminado o Plínio de Arruda Sampaio, por exemplo, fazia parte dele —, eles não tiveram território, não tiveram gente. Quando aconteceu o caso da AP foi um trauma, o pessoal da JEC, o pessoal da JUC, o pessoal católico mais à esquerda ficou desamparado, porque eles não queriam ir para o Marighella, não queriam ir para a luta armada, e, também, não queriam ficar naquela situação.

534   PROFETAS DO PASSADO

Mas aí, 25 anos depois...

Veio a grande oportunidade de ter um partido que, embora não fosse católico, realizava aqueles ideais da esquerda católica. Também não era claramente um Partido Comunista. E justamente por isso, você vai ter essa aposta dos católicos de esquerda no Partido dos Trabalhadores.

O que não impediu que as organizações de esquerda, que optaram pela luta armada em 1968, viessem se aglutinar, majoritariamente, dentro do Partido dos Trabalhadores, não é mesmo?

Exato. E você tem, ainda, os sindicatos, com uma prática inovadora em relação ao peleguismo, você tem essas pequenas organizações trotskistas, que tinham muita desconfiança do PT no começo. E havia reações de todo tipo: alguns diziam que o Lula era um agente da CIA, se dizia o diabo nesse setor da esquerda. Porque uma coisa muito interessante é que o PT, no começo, era heteróclito. Ele não tinha uma unidade ideológica à maneira da social-democracia, ele não era como o Partido Comunista, ele não tinha uma unidade como foi a democracia cristã, que tinha a doutrina social da Igreja como modelo. Enfim, ele era uma reunião de várias ideologias e de várias tendências, tanto que tendências é o nome que ficou. E ele conseguiu manter essa prática, digamos, de conviver com os opostos, durante muito tempo. Até a hora que ele começou a ter acesso ao poder de Estado municipal, estadual e depois federal.

E é nesse momento, então, que se inicia o processo da virada, digamos assim, quando o partido se transforma (ou resolve se transformar) num partido de massa? E essa grande mudança acontece, então, a partir da Carta aos Brasileiros?

A Carta aos Brasileiros é o resultado de uma articulação que, ao que tudo indica, vem de bem antes. Agora veja: do ponto de vista social, você pode ter uma visão interessante dessa progressão, com o orçamento participativo. No momento em que o PT definia o modo petista de governar, que era consultar as bases, consultar a cidadania, e com resultados fantásticos, o orçamento participativo ajudou muito. O pessoal dá muito peso à propaganda, mas esquece de que prefeituras do PT ganharam muitos adeptos, e ganharam muitos prêmios, inclusive da UNESCO, por adotar programas sociais seriíssimos. Prefeituras do PT do Ceará, por exemplo, conseguiram reverter a falta de alimentos das crianças usando casca de ovo. Invenção criativa de técnicos desse projeto participativo. E tudo, sempre, nessa linha democrática. Isso ajudou muito a divulgar o partido, embora você tivesse que luta contra o autoritarismo que existia na sociedade. Eu sempre conto essa história, porque acho saborosíssima. Fiquei interessado pelo orçamento participativo, e como eu ia muito para Porto Alegre, pedi que me levassem às assembleias. A sessão já havia começado, quando entrou um grupo com uma faixa — e vou inventar um nome —: "A Comunidade de Pedro Leopoldo Saúda os Participantes." E quando perguntei à colega onde ficava Pedro Leopoldo, ela me disse: "Não, professor, Pedro Leopoldo não é onde, é quem, é o dono da comunidade" [risos]. E aí, sucessivamente, as pessoas iam ao microfone e diziam "porque o meu movimento é assim, o meu movimento quer isso". E quando perguntei, mas como assim, "meu movimento", a colega respondeu: "Eles são os donos dos movimentos." Quando a prefeitura de Porte Alegre, na época do Olívio Dutra, para evitar as filas de matrículas em escolas, agendava a distribuição das senhas, para que as pessoas já fossem com um horário previamente marcado, teve líder comunitário que exigiu que fosse ele quem distribuísse as senhas. Quer dizer, ele era um vereador informal, porque ele era um poderoso do local. Então, o orçamento participativo foi um modo de começar a democratizar a sociedade. Pouco a pouco, eles começaram a aprender como é que se fazia um orçamento, qual seria a prioridade das escolhas, que decisões deveriam ser tomadas.

Quer dizer, tirava a população, um pouco, desse lugar de objeto.

Isso para transformá-la em sujeito. E esse é um ponto importante, porque com ele vem a democratização das relações sociais. Mas chegou ao poder, acabou o orçamento participativo. Você não teve mais. E ele já tinha começado, inclusive, a ser imitado pelos tucanos, imitado pelos liberais, pelos de direita, porque eles viram que era uma maneira muito eficaz de chegar até a população. Mas acabou. Isso é uma marca muito importante: você ter abandonado esse elo com a relação social e com a democratização da sociedade. Pois, se você não democratiza a sociedade, você tem Bolsonaro, se você não democratiza a sociedade, você tem aqueles vingadores, você tem aqueles que acham que deve-se diminuir a maioridade penal, que tem que acabar com os gays etc. Mas o que acho mais grave é o PSDB, que nunca foi um partido com essa tendência de democratizar a sociedade — ele tinha uma visão de democratizar o Estado, não o fez, e o PT, que além da democratização do Estado, tinha a democratização da sociedade, também não o fez, né? Então, é uma situação muito complicada, porque se você continuasse com o orçamento participativo, você teria, primeiro, vozes discordantes e debates nas bases do partido. E foi o que se constatou, num primeiro momento: as responsabilidades das lideranças aumentaram, os compromissos delas também aumentaram e, igualmente, aumentaram todas as mazelas. Porque na medida em que aumentaram as comunidades existentes, as tarefas foram aumentando, mas não se renovaram as lideranças. O que se viu, depois de dois anos, foi a constatação das próprias lideranças, que se autodenominavam "laranjas chupadas". E eles mostravam por que: não liam mais literatura, não viam mais filmes nem as novelas, eles viviam para a militância, muitos perderam as mulheres, os maridos, até os padres não estavam mais tomando conta direito de suas paróquias... Teve um seminário — "O PT e o Marxismo" —, em que falei disso. E quando terminou, a mesa ficou cercada de militantes do PT, que me diziam: "É isso, professor, nós estamos nos sentindo laranjas chupadas."

Agora, como você vê, estrategicamente, essa atitude de não ampliar as lideranças? Ela não estaria ligada a um projeto político personalista que, por sua vez, acabaria espirrando na questão da ética? Por exemplo: como foi o episódio, que aconteceu no ato de fundação do PT, no estado de São Paulo, em que você, por se autodefinir como um principista, sentiu-se naturalmente excluído?

Foi na fundação do PT, aqui em São Paulo, no Colégio Sion. E foi justamente esse maquiavelismo mal-entendido, que eu chamo de maquiavelismo de paróquia [risos]. Era o ato de fundação do partido, e nós — minha mulher e eu — fomos convidados. Quando estávamos na porta do colégio, encontramos o José Arthur Giannotti, que sempre teve um pé no PT e um pé nos tucanos, e ele me disse: "Que bom que vocês estão aqui, porque já estão aparecendo os principistas, e nós temos que acabar com esse principismo." Virei para a minha mulher e comentei: "Ora, nós, que somos principistas, temos muito pouca coisa a fazer aqui hoje" [risos]. Então, a gente hesitou em entrar para o PT, naquele momento, justamente por isso. Porque se você tem uma figura de proa, um grande intelectual, que nos recebe com esse "grito de guerra", e como acompanhamos a vida de outros partidos de esquerda, e vimos como eles terminaram...

Mas, ao que parece, o professor Giannotti nunca esteve sozinho nessas suas conjecturas, não é?

Claro que não, tem gente muito pior que ele [risos].

Então, ainda sobre a mesma questão: o que faz, em sua opinião, com que essa mesma classe média, cosmopolita, politizada, historicamente de esquerda, e que compõe, hoje, em grande parte, as lideranças petistas em todo o país, e que se autoproclamou, durante anos, como reserva moral da política partidária brasileira, cale-se e, até mesmo, negue a existência de tantos descalabros. O que isso sinaliza e o que mudou: a esquerda ou a classe média?

538   PROFETAS DO PASSADO

Pois é... Sempre defendi que o primeiro livro que deveria ser distribuído no vestibular, ou melhor, no primeiro dia de matrícula, é o livro do Wilhelm Reich chamado *Escuta, Zé Ninguém*. O Reich se dirige ao militante, àquela pessoa que se julga revolucionária e que chega na sua casa, pega o livro da sua estante e nunca mais devolve, pega o seu disco, quer dormir com a sua mulher porque ele é revolucionário. É aquilo que o Marx chamaria de lúmpen, mas essa mentalidade lúmpen veio como uma espécie de efeito da rigidez da militância stalinista, que era muito disciplinada, muito moral. As safadezas ficavam para as lideranças, enquanto a militância era treinada militarmente para ser honesta, séria, estudiosa etc. Mas à medida que foi desaparecendo a importância dessa prática militante stalinista, você viu a "modernidade" aparecer na esquerda, dentro dessa linha e correspondendo a uma desorientação terrível. No fim da União Soviética, começaram a aparecer os *nouveaux philosophes* — uma filosofia de quinta categoria, de divulgação e de pregação direitista, de apoio irrestrito ao imperialismo americano etc. E isso era bacaninha. Porque, com isso, você não tem que se sujeitar àqueles padrões morais obsoletos da União Soviética e do comunismo. E como você também não é católico, você não tem que se sujeitar aos padrões obsoletos do catolicismo e do protestantismo. Então, criou-se essa moral vagabunda, que o Reich descreve perfeitamente, como o psicanalista maravilhoso que é. São pessoas que têm uma fachada, uma expectativa, uma consciência de esquerda, mas toda a estrutura delas é uma estrutura reacionária de direita. Então, você falou dos escândalos, veja o que está sendo feito com os índios, nesses últimos vinte anos. É uma coisa de cortar o coração. Eles estão terminando o genocídio com argumentos nazistas. Aqui mesmo, nesta sala, já teve gente "argumentando" que índio era como gafanhoto, que você tem que exterminar, porque ele não produz nada. A quantidade de suicídios de índios que está ocorrendo é muito grande e, enquanto isso, nessas manifestações pró-Dilma ou anti-Dilma, ninguém se lembra disso. Essa realidade não existe.

Mas sem qualquer sectarismo, parece que se volta à questão neoliberal. Porque índio é uma "mercadoria" de pouco valor, não é mesmo?

Exatamente, não é o mico-leão dourado... Então, esse é o ponto: o que se passa é que estão "emocionados" com a defesa da natureza, mas eu lembro sempre do Juruna, que dizia que defesa de direitos humanos é defesa de homem humano, não é de jacaré, não é de cobra... Então, é um pouco isso. Quer dizer, você não tem mais condição daquela militância que iria derrubar o capitalismo, mudar a sociedade, você não tem mais a Internacional. O que você tem é isso que, na Filosofia, nós chamamos de niilismo... Então, você é inteligente, você não acredita no discurso da política, você não acredita nos discursos da ética, da moral, porque tudo isso é relativo. E as culturas também passam a ser relativas. E aí, vem um nome muito engraçado, chamado multiculturalismo, que é o rótulo maior que se dá para coisas as mais diversas, mas todas elas nessa linha...

Mas quando você fala em niilismo, você está falando, novamente, do que apregoa o neoliberalismo, não?

O fascismo é uma forma de niilismo, não é por acaso que, na Espanha, o grito era *"Viva la muerte"*.

Sim, mas já que estamos falando de niilismo, como você vê que, após anos de desqualificação da ideologia, expressões como direita e esquerda tenham ressurgido, especialmente durante o segundo turno das eleições presidenciais de 2014, servindo de base para um jogo perverso de dicotomização? Além da óbvia tentativa de dividir o país entre nós (os bons) e eles (os maus), o que você perscruta por trás dessa "estratégia"?

A "esquerda", principalmente!

540   PROFETAS DO PASSADO

E qual seria, então, em sua opinião, o rescaldo histórico para essa estratégia, na medida em que práticas da chamada velha direita passam a ser "confundidas" com políticas de esquerda? Essa confusão provocada pelo discurso oficial não viria aumentar, ainda mais, a crença do povo brasileiro em relação à "predestinação histórica" de que o Brasil não tem jeito?

É, na verdade, eu não sei quais serão os rumos — não sei o que mais pode nos acontecer. Há uns vinte anos, um boboca chamado Marshall Berman, escreveu *Tudo que é sólido se desmancha no ar*. E é muito interessante, porque era exatamente isso que eu lhe disse, que essa é a pós-modernidade, em que tudo não tem valor, nada é sólido, tudo é relativo. Então, o movimento da vida é um movimento de autodestruição, um movimento de dissolução. O próprio Marx diz, no *Manifesto*, que a burguesia é uma classe que dissolve, que a função dela é dissolver tudo, dos valores aos corpos. E *O Capital* é, justamente, a demonstração dessa dissolução. Enquanto você tiver esse sistema, que privilegia uma não entidade, que é o lucro, que é o vampiro, como ele disse, você vai ter essa dissolução. Quer dizer, enquanto você tiver esse sistema do lucro, o Estado aparece, pelo menos, como um atenuante dessa dissolução universal. Agora, se o Estado está nessa crise [risos], o que vai sobrar? Há pouco, em um encontro comemorativo do aniversário da *Rerum Novarum*, vi um juiz do trabalho dizer que, ao ler os livros, ler os artigos das pessoas dizendo que, com a globalização, com a atenuação máxima das soberanias nacionais, com a tecnologia da internet, você está entrando na era do lazer [risos], porque você não tem mais aquela obrigação de ir ao escritório, você não tem mais a obrigação de ir à fábrica, não sei o que mais, — ele se fez a seguinte pergunta: e se esse sujeito for agredido na rua, quem vai protegê-lo? Se ele ficar doente, quem vai ajudá-lo? Se ele precisar educar os filhos, quem vai fazer isso? Quer dizer, se você suspende o Estado, suspende a soberania nacional, e diz que tudo é globalização, os indivíduos ficam na situação desejada pelo Hayek, né? Então, não sei o que vai acontecer. O que sei é que cada passo que a esquerda dá é no sentido de coonestar com esse sistema — e a Carta ao Povo Brasileiro é um deles —, mas não precisou da carta, porque o Fernando Henrique já tinha essa prática... Quer dizer, cada vez que há uma coonestação da esquerda, os resultados são dramáticos.

Como você vê, então, o atual momento político? A supremacia tecnológica, com suas multimídias e redes sociais, vem provocando, em sua opinião, que tipo de alterações na vida da nação brasileira?

Acho que temos a possibilidade de cair num abismo terrível, ou então, nos encaminhar para modificações. Não sou um adepto, digamos, ingênuo da tecnologia, mas uma coisa que sempre sustentou o Estado, sobretudo o Estado tirânico, é o segredo. O segredo é um ponto essencial da razão de Estado, e, hoje, está cada vez mais difícil qualquer Estado manter o segredo. E quem está se apropriando dessas informações? Massas cada vez maiores. Então, se a esquerda ou a direita — e aí é o problema —, se qualquer um dos lados souber utilizar essa instrumentação, como o WhatsApp, por exemplo, se souber arregimentar para o debate e para a organização, qualquer um dos lados pode ter chances. Tanto a direita como a esquerda.

Só para esclarecer: o que você está chamando de esquerda hoje?

Esse amplo espectro que está na periferia do PT, na periferia dos tucanos, e mesmo no interior. Não são mais os partidos. Os partidos são siglas que, digamos, são habitáculos comprometidos com este Estado que está desaparecendo. Daí, então, a minha atenção para com essas manifestações de massa. Quando você diz que "a massa que estava no dia 15 na Paulista é totalmente de direita", é uma afirmação falsa, assim como dizer que "a massa que estava no dia 13 é toda de esquerda" também é. Quer dizer, é preciso um trabalho aí, um trabalho de psicologia de massa, de pensamento urbano, porque quase todas as manifestações apareceram como pretextos de questões urbanas: transporte foi a primeira, o movimento por moradia dos sem-teto foi a segunda. Você tem uma situação em que essa quase impossibilidade de manter as políticas públicas está chegando ao limite. Pois, se você tem um país com 200 milhões de habitantes, e 60% dos municípios não têm água e esgoto digno desse nome... Aqui, em São Paulo, estamos vivendo no fio da navalha. Você já imaginou se acaba a água em São Paulo? E cadê as soluções?

Agora, acho que a única saída, tanto para a esquerda, como para a direita, é a utilização inteligente dessa tecnologia de comunicação, que está dando os primeiros passos. Até porque, do movimento inicial de destruição do indivíduo pelo indivíduo, o que está aparecendo agora, tanto no Facebook, como no Twitter, são as questões sociais. Mas o importante é que o uso dessas ferramentas é de acesso universal. O Žižek tem uma reflexão sobre as massas na era digital, porque a grande referência que temos de massa é, ainda, o Elias Canetti, com a massa física. Hoje você tem a experiência da massa virtual, que pode se transformar em massa física ou não. Mas pode. Agora, se você fica nessa brincadeira, porque isso é uma brincadeira, os petistas vão para rede social para falar mal dos tucanos e os tucanos vão para falar mal dos petistas.

A quem interessa mais essa dicotomização que está presente em tudo, hoje, na sociedade brasileira?

Interessa mais à direita.

O que você quer dizer com isso? Que o PT, hoje, seria essa direita?

Não diria que o PT é um partido de direita. Eu diria que é um partido que, como todos os partidos de esquerda que eu conheço, fizeram concessões mortais para direita.

A observação é sua: "Não existe santidade na política e no Estado." E ela nos remete a outra questão essencial: seria ingenuidade, então, acreditar que, para a manutenção de um Estado Democrático de Direito, necessita-se do monopólio da moral e da ética?

Volte ao tempo e você vai ver o seguinte fenômeno: na esquerda católica, na JEC, na JUC, na Ação Católica em geral, se tinha instâncias mundiais, nacionais, regionais e as instâncias municipais. E tanto a militância da JEC, como a da JUC, tinham encontros, anualmente, com uma instância superior, e era aí, nessa instância superior, que você ficava sabendo dos problemas do país, do mundo. E havia um extremo cuidado em formar intelectualmente o militante. Eu lembro que, na JEC, onde todos nós éramos adolescentes, já líamos Pierre de Chardin, Karl Rahner, Marx etc. E o mesmo acontecia no Partido Comunista: você tinha a juventude comunista nacional, internacional. Com os trotskistas, a mesma coisa, e o tempo todo, né?

Acho que a perda dessas organizações foi um resultado negativo muito grande para a esquerda. Quer dizer, desmantelaram-se todas essas organizações. E o que aconteceu? Tem quem substitua o Partido Comunista? Não, não tem. E a Ação Católica? Também não. E o PT? Não tem, ou melhor, nunca teve. O Fórum Social Mundial seria um arremedo dessas coisas, mas as pessoas são reunidas de cima para baixo, e você não tem mais aquela prática. O pavor que eu tenho, muito grande, do voto distrital vem daí. O Leôncio Martins Rodrigues, que é um ex-trotskista e, agora, é de direita, diz muito bem. É a paroquilização da política, você vai cuidar muito bem do seu bairro e tal, enquanto o Brasil e o mundo que se danem...

Você concorda que até mesmo a universidade, que é o espaço do dissenso, também não está cumprindo o seu papel? Quando você se diz esperançoso — e esse é o sentimento da maioria dos entrevistados deste livro —, essa esperança se baseia em quê?

544 PROFETAS DO PASSADO

Mas veja, o trabalho do neoliberalismo funciona aí. O esquema de avaliação pela produtividade foi inventado pela Margaret Thatcher para dobrar Cambridge e Oxford. E foi propagada, aqui no Brasil, pela Eunice Durham, no período em que ela foi "dona" da CAPES. Então, instauraram essa produtividade e os prazos, inexoráveis e burocráticos. E se você não consegue cumpri-los, o seu programa é sancionado negativamente com perda de recursos etc. Então, o que isso está gerando? Em primeiro lugar, a falta de dedicação no sentido exato da palavra. Segundo, você tem uma quantidade enorme de plágios, de apropriação indébita de trabalho alheio. E não é só na área de Humanas, não, é nas áreas de Química, Biologia, e não sei o que mais. Então, o resultado desse processo de avaliação produtivista e neoliberal está levando à destruição da pesquisa científica. E você tem o "exemplo pedagógico" dos professores para com os alunos. Porque os casos de plágios existem, também, entre professores e alunos. O que quer dizer que você não tem mais aquele solo que produziu as lideranças de esquerda universitárias do século XX. O que você tem é a apropriação de um bem chamado de diploma imediato, tendo em vista o quê? O mercado! Um economista conservador, que eu respeito muito, chamado Roberto Macedo, escreveu um livro, *Faça do seu diploma uma prancha de surf*, no qual ele diz que essa especialização que a universidade impõe faz com que as pessoas carreguem o diploma como um peso nas costas. Elas têm que se empregar naquela especialização. Ele propõe, então, que a universidade deixe de ter essa preferência idiota pelo mercado, porque ela é equivocada. Então, você tem essa crise da universidade, e essa situação vem de longa data. Mas, além disso, a universidade tem, ainda, uma frequência dessa típica classe média, que pensa primeiro no seu umbigo e depois no resto. Eu sempre digo pros estudantes da Unicamp que eu gostaria que a preferência na entrada para a Unicamp fosse para os do MST. Tenho muitas brigas com o MST, embora faça parte do conselho político do jornal deles. Mas eu sempre digo o seguinte: como tínhamos, até um tempo atrás, um convênio com o MST, os rapazes e as meninas do movimento ficavam no ginásio de esportes, dormindo em colchonetes, comendo no restaurante universitário e fazendo seus cursos. Pois bem, como eles achavam inconcebível não devolver alguma coisa por aquilo que estavam recebendo, eles pintavam as paredes que os colegas de classe média sujavam, eles ajardinavam. Uma coisa fantástica! Nos últimos anos, na Unicamp, preferi dar aula na graduação. E por quê? Porque na pós-graduação, são pessoas que não vinham para estudar, vinham para impor as suas posições. E na graduação, você tem contato, também, com os meninos e meninas que entraram pelos bônus, que vieram das escolas públicas, com menor poder aquisitivo. Você não tem ideia do que é passar 25 anos tendo resultados pífios, gente que não gostava de ler, que escrevia pessimamente, que não tinha disciplina. Com a entrada desses outros garotos, eu voltei para USP, porque acontecia uma coisa incrível: uma semana depois de dada a bibliografia, eles já tinham lido o suficiente para começar a conversar com o professor. Era isso o que acontecia com esses meninos que vinham da escola pública e que tinham uma redação linda, perfeita.

Quando você fala da garotada do MST e do pessoal que vem da escola pública, você me fez lembrar de Paulo Freire, quando ele diz que você não precisa contar ao oprimido de sua condição, ele a conhece, ele só não teve oportunidade de refletir sobre ela. Quer dizer, quando ele chega na universidade — e ele sabe o valor disso —, ele não vai desperdiçar essa chance de trocar, de adquirir novos conhecimentos.

É, e ele quer sair daquele lugar. Por outro lado, você tem uma série de coisas que são exatas: o movimento estudantil não se cansa de exigir a democratização da universidade, o que significa eleição direta para reitor. Acontece que eles não assumem a responsabilidade pela administração da universidade. Um exemplo: certa vez, chegando na Unicamp, vejo funcionários, com baldes, jogando água fora da biblioteca, porque "alegres" demais, pela festa que tinham realizado na noite anterior, que foi organizada pelo pessoal do DCE, junto com a UMES e a UPES, abriram o hidrante dentro da biblioteca e inundaram US$ 500 mil de raridades, como livros de Platão e Aristóteles que, até hoje, estão no Centro de Memória da Unicamp sendo recuperados. Mesmo convocado, o presidente do DCE não veio, e mandou escrito, num papel de pão: "Não sou mais presidente do DCE e não respondo." Recentemente, teve uma festa no meu Instituto e as professoras mandaram um e-mail para todos os colegas, falando que era preciso incentivar a defesa das mulheres terceirizadas que estão trabalhando lá. E sabe por quê? Porque os estudantes borraram as paredes do Instituto inteiro com fezes, entupiram as privadas com camisinhas. Um verdadeiro vandalismo. Então, não há como não escolher entre os meninos do MST e essa gente. Não há.

Mas essa demonstração de perda de valores, que você traz junto com esses exemplos, você entende como mais uma faceta neoliberal, que chancelaria, de certa forma, essa degradação moral que se vê hoje?

No século XIX, você teve esse fenômeno da dominação da moral burguesa. Hoje, você tem a prática imperial, você tem a prática financeira, você tem o neoliberalismo. Então, você não tem um padrão único de moral. Ou melhor, você não tem moral! As grandes matrizes morais planetárias hoje: o Islã e a Igreja católica. E você tem, evidentemente, o padrão oriental budista, que está na China, na Índia e no Japão, mas que não tem essa circulação tão grande como a desses paradigmas islamistas. E estes estão crescendo, cada vez mais, enquanto os católicos se mantêm estáveis, embora em países como o Brasil estejam diminuindo, mas, pelo menos, é o paradigma cristão. Agora, cada vez mais, eles mesmos, os próprios paradigmas, estão se tornando anacrônicos e insuportáveis. E no caso do Islã, a maioria vive esse paradigma tradicional, mas você tem esse fenômeno das seitas militantes e guerreiras, que quebram esse paradigma. E aí não se pode saber o que vai acontecer. Agora, o que aconteceu de desgraça no Brasil, por exemplo, é que você tem uma tradição umbilical dessa soberania da Igreja, que não é fácil de romper...

Nem mesmo agora, com essa expansão do neopentecostalismo?

Sim, mas observe que esse neopentecostalismo está se juntando com a extrema direita. E você não pode deixar de observar também que, mesmo num governo de esquerda, o Luiz Inácio da Silva assinou uma concordata com o Vaticano privilegiando a Igreja católica. E não se viu quase nenhuma manifestação a respeito. Se você pegar os intelectuais que questionaram, foram meia dúzia e, mesmo assim, com dificuldades. Tive muito trabalho para publicar um artigo contra isso na Folha: "Ah professor, não tem espaço, o senhor pode diminuir, porque o artigo ficou grande" [risos].

Você se importaria em declinar seu voto no segundo turno da eleição presidencial de 2014?

Votei nulo no segundo turno.

E por quê?

Porque não me conformei com o papel que o João Santana desempenhou e que a Dilma aceitou. E não me conformei, também, com o desempenho, absolutamente ridículo, do Aécio Neves... Sabe, já tenho uma história longa de votar nulo.

Você não compactua com a ideia de que votar nulo é o mesmo que votar em quem está na frente?

Não, acho que o voto é um direito que você tem. E aqui, em São Paulo, houve outros momentos muito difíceis de escolha. Quando ficou entre o Fleury e o Maluf... por exemplo. É como já escrevi: não voto em corrupto, nem em bandido, nem em policial.

Roberto Romano da Silva, paranaense de Jaquapitã, 71 anos, é escritor e professor de Ética e Filosofia. Doutor em Filosofia, é autor de uma densa obra literária. Na condição de seminarista dominicano, foi preso pela ditadura, em 1969, por sua proximidade com a AP e a ALN. Em 1964, ainda como estudante secundarista, integrou os quadros da JEC — Juventude Estudantil Católica.

Augusto de Franco

"É tudo meio bandido mesmo. A esquerda toda, na América Latina, caiu para o crime. A Antropologia e a Psicologia Social tentarão explicar isso, já que, na época das ditaduras, os caras não eram criminosos."

Campos do Jordão, 13 de maio de 2015

Vamos começar remontando a sua trajetória. Sua biografia fala que, em 1968, você ingressou no Instituto de Física da Universidade Federal do Rio de Janeiro e, logo depois, começou a fazer parte do que seria a última geração de discípulos de Plínio Sussekind Rocha, em Filosofia da Ciência. Ter participado desse grupo foi fundamental para que você fizesse essa travessia da Física para a Filosofia? Mais do que isso: é dessa diversificada formação que resultou uma atuação tão multifacetada na história do pensamento e da militância política brasileiros?

Foi. Essa formação me fez atravessar essa ponte da Física para a Filosofia, para a Ciência Política não, porque eu já era militante. Comecei muito cedo. Quando veio o golpe, eu já era do diretório do Colégio Pedro II do Humaitá, com apenas 14 anos. O que quer dizer que, em 1968, eu

550 PROFETAS DO PASSADO

estava mais próximo da "Dissidência da Guanabara", que era liderada pelo Wladimir Palmeira, do que do Partidão.

E foi nesse ano, também, que eu entrei para a Universidade Federal do Rio de Janeiro e encontrei aquele clima de cassações do AI 5: Leite Lopes, Plínio Sussekind Rocha e muitos outros já estavam fora, incluindo o pessoal do diretório acadêmico. Eu tinha uma vida dupla, de militante e de estudante, como quase todos os meus colegas, até o momento em que comecei a frequentar as "aulas" do Plínio, que tinha essa coisa múltipla, vamos dizer assim... Ele era um kantiano, ao mesmo tempo em que lia e fazia cinema, estudava Filosofia da Ciência, discutia sobre tudo. Mas, em 1972, a barra ficou muito pesada e eu fiquei meio que clandestino no sul de Minas. Fomos eu e o Fernando Buarque Nazaré. Logo depois que voltamos, em 1974, o Plínio teve um infarto e faleceu. O Plínio marcou muito a minha vida, aprendi a pensar filosoficamente ali, naquele convívio com ele, na universidade não aprendi bosta nenhuma.

De qualquer forma, todos os projetos e todas as mudanças ocorridos em sua vida sempre foram motivados por escolhas político/ideológicas. Nessa medida, como se deu a sua filiação ao Partido dos Trabalhadores, no qual você permaneceu durante onze anos, inclusive integrando a Comissão de Ética do PT?

Não fui da Comissão de Ética. Eu fui da Comissão Política e integrei a Direção Nacional, de 1982, quando foi eleita a primeira direção, até o final de 1993, quando me desliguei do partido. A Comissão Política era uma espécie de "politiburo", ou seja, tinha o Diretório Nacional, a Executiva Nacional e, dentro dela, tinha, ainda, setes caras que eram o "núcleo duro". E não tinha nada desse povo de hoje, Falcão e companhia limitada, esses entraram depois, o que já era um mau sinal.

Mas, mesmo tendo participado durante onze anos da direção nacional do PT, onde você coordenou, inclusive, o primeiro congresso do Partido dos Trabalhadores, você também participou, paralelamente, do Conselho da Comunidade Solidária, do governo PSDB, que, anos depois, fez com que você ajudasse a elaborar, como consultor da Unesco, a experiência da Governança Solidária Local. Como você vê essa sua dupla jornada política que, hoje, diante da dicotomização vigente, soaria como algo irreal?

Bom, a verdade é que eu nunca entrei no governo. Foram três ou quatro pessoas, que já trabalhavam na Ação pela Cidadania e que foram convidadas a fazer parte do Conselho da Comunidade Solidária. Mas, antes, no governo Itamar, teve o Conselho Nacional de Segurança Alimentar e Nutricional — Consea, do qual eu fiz parte, e onde já estavam o Betinho e outros tantos companheiros. Quer dizer, eu já estava no Consea quando o Fernando Henrique ganhou a eleição e a Ruth resolveu criar o Conselho da Comunidade Solidária, que tinha outro papel, que não era só ligado à fome. O papel principal desse novo conselho era estimular o desenvolvimento social. Ele era formado por onze ministros e por figuras representativas dos mais diversos setores da sociedade. Estavam lá: Pelé, Pedro Moreira Salles, Betinho, gente da universidade, da academia, artistas, representantes da CNBB... Agora, o que eu acho importante destacar é que nenhum de nós ganhava um tostão, era proibido ganhar. E por quê? Porque era uma função relevante da República, nomeada pelo presidente. E com um detalhe: tinha, também, pessoas do PT lá.

A partir dessa sua trajetória, em que fica claro que, independentemente de colorações partidárias, existiram louváveis práticas de ação social, por parte dos governos brasileiros, nesses últimos vinte anos, como é que você observa essa dicotomização de hoje? Como você vê essa tentativa de transformar o país em dois grandes blocos: "nós", que somos o bem, e "eles", que são o mal?

É simples: porque quem ganhou a eleição em 1994 não foi o PSDB, foi o Fernando Henrique, ex-ministro da Fazenda do governo Itamar, que criou o Plano Real. Não foi o PSDB, porque não havia essa dinâmica partidária, embora, junto com Covas, Serra, Waldir Pires, Franco Montoro, Fernando Henrique também foi um dos fundadores do PSDB. E é preciso lembrar, também, que havia toda uma indefinição, naquele momento, quanto ao surgimento de um novo partido: se era o PT mesmo ou se ia surgir outro partido popular. Fernando Henrique e Lula estavam juntos, imbuídos do mesmo projeto. A origem das filiações era praticamente a mesma: os descontentes com o PMDB.

Mas aí o PT resolveu ser um partido "puro", ficar sozinho. Então, uma parcela desse pessoal fundou o PSDB. Mas a célula-tronco, vamos dizer, do PSDB e do PT é quase a mesma, ela se fez presente, ali, naquele momento, só que com visões um pouco distintas. E não se pode esquecer que o PSDB surgiu à esquerda do PMDB, embora não tivesse essa marcação de campos tão nítida quanto o PT tem. Ou melhor, tinha, porque o PT, hoje, só tem discurso. Porque essa divisão entre nós e eles, que o PT quer continuar referendando como esquerda e direita, não convence mais. Isso é um truque da política como arte da guerra, em que a coisa principal é construir o inimigo. Se você não tem o inimigo, você não pode construir nenhuma estrutura de poder, porque a estrutura de poder que você quer manter, vertical, piramidal, só é exequível, só é factível, se você tiver um inimigo, se você criar um inimigo. Pois é em nome do combate a esse inimigo que você arregimenta gente.

É o famoso "os fins justificam os meios"?

Os fins justificam os meios é uma consequência ética dessa postura em que o mundo está dividido, irremediavelmente, em dois lados, e pouco importa o que seja o outro lado. Em 1991, com a queda do Muro de Berlim e o fim da União Soviética, acabou a Guerra Fria. E isso foi muito mal digerido por parte da esquerda, porque a Guerra Fria simplificava o mundo, dividia-o em dois lados: quem estava com os explorados e com os dominados, e quem estava do lado do imperialismo norte-americano. Mao já dizia que "política era uma guerra sem derramamento de sangue", o que é uma coisa perversa e que, no fundo, é uma coisa leniniana. Quando Lenin leu Clausewitz, chegou à conclusão de que podia inverter a fórmula que ele defendia em seu livro *Princípios da guerra*, quando Clausewitz diz que a guerra "era uma continuação da política por outros meios". Lenin, então, observou: "bom, se existe lutas de classe em toda sociedade de classes, o que existe, então, o tempo todo, é guerra. Então, a política passa a ser uma continuação da guerra, por outros meios". O que é uma inversão do Clausewitz. Porque essa forma do Clausewitz acaba com a política, porque faz tudo virar guerra, mesmo que seja guerra sem derramamento de sangue, quem está do outro lado é o inimigo e, portanto, tem que ser combatido. Então, você começa a ver que isso é funcional para a manutenção de uma estrutura autoritária, vertical e hierárquica, como é o caso do PT. Ele nasceu sobre esse influxo, porque ele nasceu da convergência de três vertentes: o sindicalismo chamado autêntico, de São Bernardo, que era um sindicalismo de aristocracia operária, que não queria partido, o movimento de base da Igreja, a Igreja da Libertação, vamos chamar assim, e mais a turma de esquerda que não ficou aqui, porque eu era da turma de esquerda que ficou, mas tinha a turma de esquerda exilada, não é? E todos eles vinham, mais ou menos, com a mesma matriz, que era o marxismo e o leninismo. Então, essa turma chegou e falou: "não, agora vamos fazer um partido que vai ser o partido dos trabalhadores".

Você considera possível conjecturar que, pelo fato de o PT ter se originado de uma base de diferentes segmentos médios da sociedade — movimento sindical do ABC paulista, Comunidades Eclesiais de Base e os grupos de extrema esquerda —, ele poderia trazer, desde o seu nascedouro, uma prospecção de revanchismo histórico?

Quem faz partido, sempre, é a classe média. No caso do PT, eu acho que teve, sim, essa questão do revanchismo histórico. Pois, se a sociedade continuava dividida em classes, você teria que organizar a força política da classe explorada contra a classe exploradora. E quem vai organizar isso são os intelectuais orgânicos do proletariado, que são os militantes de primeira hora. O PT sofreu muita influência desses exilados e sofreu influência basista, também, da Igreja da Libertação, apoiando-se, ainda, nas lideranças emergentes do movimento metalúrgico de São Bernardo, que, cá entre nós, já eram meio bandidas. Porque esse negócio do Lula ser bandido hoje — bom, hoje, a gente vê que o banditismo ultrapassou todos os limites —, permite especular: como é que ele conseguiu ser presidente do Sindicato de São Bernardo? Conseguiu na base de golpes, na base da velha forma — uns contra os outros. Quer dizer, o sindicalismo é uma forma branda de banditismo, mas é um banditismo no sentido social da palavra, não necessariamente criminal. Mas é um bando, porque a lógica que rege o comportamento desse pessoal é a lógica do bando, não é a lógica da sociedade, eles tratam desses interesses daqui, do grupo próximo, a sociedade, para eles, é outra coisa. O que não impede que, em alguns casos, o sindicalismo possa adquirir, também, a forma do banditismo criminal. O cara vai lá e mata o outro, sim. E é tudo meio messiânico, porque tem essa ideia de que precisa de uma grande liderança para conduzir as massas. Na verdade, sempre foi uma coisa muito ruim, mas, como a gente estava numa ditadura há mais de vinte anos, com muitos perseguidos, torturados, presos e mortos, a gente não percebia isso. Então, quando voltou todo mundo, a ideia não era a de se reciclar, mas de construir uma estrutura capaz de chegar ao poder. Isso estava muito presente no pessoal da ALN. E foi isso que o Zé Dirceu fez na década de 1990: ele profissionalizou o PT como um organismo para chegar, de fato, ao poder, numa aliança com o Lula, que sempre foi seu inimigo íntimo. Eu convivi longamente com ambos, durante uma década, e quando esse pessoal profissionalizou o PT, eles adotaram a *realpolitik*, quer dizer, o PT é o quê? É uma estratégia de conquista de hegemonia, mais gramscista do que leniniana, fazendo uma fusão da política do poder, de Maquiavel, com o realismo político da *realpolitik*. Mas essa fusão só funciona se você mantiver um contingente militante, suficientemente agregado à noção da existência do inimigo que, também, precisa ser permanentemente trabalhado. Porque, se você pegar um cara desses e apertar, ele sabe que esse negócio de inimigo não é bem assim. Mas ele não pode deixar de fazer esse "jogo dos inimigos", porque, sem ele, não se mantém o recrutamento dos contingentes. O que foi feito durante duas, três décadas, por exemplo, nas universidades, e ninguém viu. As universidades viraram antros de recrutamento e de cooptação.

Ainda a respeito da formação do PT que, desde o início, se consagra como o partido da esperança, do novo, já que todo o seu discurso era fundamentado nos princípios da moral e da ética, a ponto de se auto-proclamar como única reserva moral da política partidária brasileira, não é mesmo?

É, tinha isso também. É porque a política, endemicamente, é corrupta, sempre foi, e continua sendo. Então, enquanto o PT esteve fora do poder, usou a democracia para chegar ao poder. E o discurso foi sempre esse, um discurso democrático e ético.

Mas, no caso do PT, não era só o discurso, né? Foi adotada, como norma, uma prática política que não contemplava nenhum tipo de aliança, inclusive com outras organizações de esquerda.

Não tinha aliança — lembro bem disso —, porque se entendia que as outras organizações de esquerda eram pelegas, que não eram revolucionárias, que elas não iam combater, de fato, as elites. Essa dicotomia, então, foi fundamental para construir o PT, foi parte de uma estratégia que o Zé chamava de "acumulação de forças", que era você ir perdendo eleições ou ir perdendo coisas, mas ir acumulando forças. Fazendo uma guerra de propaganda até o dia em que se chegaria ao poder.

556   PROFETAS DO PASSADO

Quando você fala "entendia-se", a quem você credita essa organização inicial desse pensamento e dessa "estratégia" petista?

Há um grupo que se formou dentro do PT, que reunia esse povo do Zé Dirceu e do Lula, chamado "Articulação dos 113", formado, justamente, por 113 pessoas, numa espécie de embrião do partido, um pessoal que ia dirigir o PT, mas que ficaria de fora das instâncias legais. Quer dizer, era um partido interno, que não era conhecido nem pelas outras tendências. Porque sempre existiram muitas tendências no PT, eu, inclusive, fiz parte de uma delas, que era a "democracia radical", que tinha Tarso Genro, Genoino, Eduardo Jorge, Marina. Criticávamos a "Articulação" e, também, outras tendências que não tinham a democracia como valor. E essas nossas críticas revelaram-se corretas, com o passar do tempo. Eu estou pulando etapas, mas o que se viu foi que até a "Articulação", que era uma força dentro do PT, meio que se vendeu ao grupo majoritário para poder usufruir das benesses da nova realidade, quando Lula chegou ao governo. E aí, o Genoíno, por exemplo, é culpado por isso: menos por ter assinado os empréstimos falsos, porque o que ele queria era um lugar naquele palco, mas muito mais por ter se deslumbrado com o Estado. E não foi por falta de aviso: "Você está deslumbrado com o Estado, o Estado não é a solução, ele é o problema" [risos].

Mas muito antes de o PT chegar ao poder, você se desligou do partido. Por quê?

Saí em 1993, e o principal motivo é que eu não concordava mais com aquele negócio, porque comecei a ver que o rumo que estava sendo tomado era muito complicado. Não concordava mais com a visão do PT. No primeiro Congresso, em 1991, do qual eu fui o coordenador, tinha, na mesa, gente bandida, como o Ortega, que hoje é presidente da Nicarágua. Você sabe qual a primeira coisa que ele pediu quando chegou ao hotel? "Uma prostituta!" Quer dizer, esse Ortega não tinha nada a ver com o cara que a gente incensava como sandinista. Porque é tudo meio bandido mesmo. A esquerda toda, na América Latina, caiu para o crime, isso é um negócio para se estudar e, com certeza, serão escritas muitas teses sobre isso, no futuro. A Antropologia e a Psicologia Social tentarão explicar, com certeza, como é que a esquerda enveredou para o crime, já que, na época em que lutavam contra a ditadura, os caras não eram criminosos.

Esse é um dos temas centrais deste livro, na medida em que, independentemente da posição adotada hoje, todos os entrevistados se originam da mesma matriz político/ideológica, todos aprenderam que fazer uma opção à esquerda significava ser, antes de tudo, um humanista, ou seja, significava priorizar os valores morais e éticos. Diante da atual realidade, você considera ingenuidade continuar apregoando que ser de esquerda requer compromisso com tudo que trata do respeito ao humano?

Esse problema a Agnes Heller já resolveu: não pode ter uma ética de lado! Quando você assume que tem sentido haver uma esquerda, quando você inventa uma esquerda, a sua ética já é "A nossa moral e a deles", que é um texto do Trotski. Se houver isso, já acabou o sentido ético e moral. O fato de você ter uma ética de lado já desconstitui a noção de que você pode ter uma ética na política. A ética da política é a democracia, a ética da política é a liberdade, a ética da política não pode ser um conjunto de comportamentos de valores normativos. E, como as organizações de esquerdas, todas elas, foram baseadas em ordens, hierarquia, disciplina, obediência e tudo mais que é meio compatível com organizações de combate, é difícil apregoar que haja ética. Porque é muito difícil você ter ética no combate, porque a primeira coisa que é sacrificada na guerra é a verdade. Se você é um combatente, você é obrigado a mentir, porque a mentira faz parte do combate. Você tem que esconder, porque a destruição do inimigo

PROFETAS DO PASSADO

vira um negócio absoluto, você não pode mostrar a sua fragilidade. E quem é que está no combate? O militante! A palavra militante vem de *militare*, que quer dizer soldado, combatente. Então, quando você tem isso, você já não tem mais possibilidade de ter ética na política. E o PT, como se pode perceber, hoje, nunca se incomodou com essas coisas. E o embrião disso começou, lá, no início dos anos 1990. No primeiro congresso, eu já pressenti um pouco, quando ficou muito difícil tirar, dos documentos do PT, a "ditadura do proletariado". Foi uma votação que eu presidi, inclusive, e, no meio da apuração, percebi que o Paulo Okamotto, que era um dos escrutinadores, estava roubando. Tinham 3 mil pessoas, na sede da antiga companhia de cinema Vera Cruz, mas, mesmo assim, gritei: "Tá roubando aí, japonês!" E eles não queriam abrir mão da "ditadura do proletariado", porque a "Articulação", que era majoritária, na ocasião, falou que não. Quer dizer, já tinha caído a União Soviética, o Muro de Berlim, e os caras resistindo em manter a "ditadura do proletariado" no programa de um partido como o PT, que nunca se intitulou de esquerda. Era uma tática que já dava indícios do que o partido iria se transformar, quando virasse um partido de massa. Porque a democracia, claramente, não era um valor, e o militante de esquerda, na verdade, era e continua sendo, para eles, um militante da Guerra Fria, o mundo, então, é todo dividido em dois lados. O Putin, agora, só não está agregando todos esses países bolivarianos, ou essas democracias parasitadas com um neopopulismo manipulador, como é o caso do Brasil e da Argentina, por causa da China. Mas você vê que o alinhamento da política externa do PT é com as ditaduras, o Lula vai fazer lobby para levar empreiteira e dinheiro do BNDES para onde? Essa proximidade com Cuba. É só ditadura. A democracia, pra eles, não é um valor, nunca foi. Agora, para muitos de nós, era: para o Gabeira, para o Eduardo Jorge, para mim e para tantas outras figuras influentes, que saíram do PT pelo mesmo motivo.

Você fez essa reflexão quando deixou o PT?

Não, saí no momento em que virei secretário executivo nacional da Ação pela Cidadania contra a Fome, a Miséria e pela Vida, a campanha da fome ou a campanha do Betinho, como ficou conhecida. Era meio incompatível ficar nessa posição e, ao mesmo tempo, continuar no PT. Ninguém ali era mais do PT. E eu fiquei na "Ação pela Cidadania", que foi um movimento da maior importância, até 95, quando ele começou a declinar, com a morte do Betinho. Mas o que incomodou, mesmo, foi quando eu entrei no Conselho da Comunidade Solidária. Quer dizer, incomodou a alguns, porque antigos companheiros, como o Suplicy e a Marina, por exemplo, foram à minha posse. Mas aí, começou um movimento, dentro do PT, com abaixo-assinado, para me expulsar do partido. Porque eu não me desfiliei, oficialmente, só me afastei. Não saí do PT para ir para outro partido; quando saí do PT, eu já não acreditava mais na forma partido. O manifesto de expulsão foi liderado pelos trotskistas, mas acho que, quando chegou na mão do Lula, ou sei lá de quem, foi cancelado. Acho que foi alguma coisa do tipo: "Vamos parar com isso, porque como é que se vai expulsar um cara porque ele entrou num conselho para combater a fome, a miséria?" E nem dava para argumentar que eu tinha entrado num "conselho de inimigos", porque lá estavam Betinho, Dom Luciano Mendes de Almeida. Mas, secretamente, continuei sendo muito hostilizado.

Há alguma relação entre o seu desligamento do PT e o que foi noticiado pelo jornalista Reinaldo Azevedo, em seu blog, quando informou que sua residência foi invadida algumas vezes, e sua casa foi, literalmente, atingida por uma saraivada de balas. Quando e onde ocorreram esses incidentes e qual a reflexão que você faz a esse respeito?

560 PROFETAS DO PASSADO

É possível que haja relação, mas a gente não pode provar. Em 2000, começamos a montar a Agência de Educação para o Desenvolvimento (AED), que era um programa vinculado ao PNUD da ONU, à Unesco e ao Sebrae e que tinha como objetivo capacitar gente em desenvolvimento. A AED funcionou em 2001, 2002 e 2003, quando começamos a construir a "Cidade do Conhecimento". Ocupamos um terreno de 110 mil metros quadrados, adquirido com recursos próprios das atividades da AED e que ficava a uns 25 minutos do Palácio do Planalto. Era uma cidade que tinha tudo: praças, ruas, restaurantes, iluminação pública, onde as pessoas iam construir algo e depois ficavam por lá, justamente para ter capacitação nessas coisas do desenvolvimento. Em junho de 2005, uma dessas casas, justamente a que eu morava, foi invadida. Dois caras encapuzados chegaram de madrugada, minha mulher, na época, levou um tiro de raspão na barriga, e só não foi pior porque eu troquei tiros com eles. Depois, eles voltaram em maior número — na verdade, invadiram mais quatro ou cinco vezes —, mas, na última vez, telefonaram antes avisando que iam invadir. E isso é uma coisa que, em geral, bandido comum não faz. E tinha também o componente aterrorizador, porque, como havia telefonia interna na cidade, eles avisavam: "Vamos invadir hoje!" Quer dizer, eles tinham os números de lá. Nunca mais dormi ali, ficava peregrinando de hotel em hotel, sem dizer para ninguém. Porque ficava claro que era uma coisa muito organizada. O secretário de Segurança do Distrito Federal mandou a perícia lá, mas também não deu em nada.

Nesses onze anos em que você permaneceu na Executiva do PT, você perscrutou alguma coisa fora do normal? Era possível perceber todo esse emaranhado de ações, que resultariam nessas operações como mensalão, petrolão?

Não, porque não tinha o que achar. Os procedimentos eram normais, as contribuições partidárias eram rotineiras. Por exemplo: quando a Erundina foi eleita, o Paulo Okamotto ia lá para pegar dinheiro para o partido. A Erundina, que era minha amiga, reclamava: "Não aguento mais, ele vem aqui toda hora..." Já havia algum tipo de coisa para desviar dinheiro para o PT, tanto que, nessa época, o Luiz Eduardo Greenhalgh, que era vice-prefeito de São Paulo, tentou dar um golpe nos caras da "Lubeca" — e isso, inclusive foi gravado. É evidente que o Lula estava sabendo, porque tudo isso era comandado por um núcleo que estava dentro da "Articulação". Agora, não ficávamos sabendo, nem os caras da direção do partido sabiam.

E quem fazia parte desse núcleo?

Aquele núcleo que acabou virando um partido interno dentro do PT: o Lula e seus assessores, o Zé Dirceu, esse povo que eu já falei e que montou esse esquema, esse partido interno. Porque esse partido interno já era bandido. Eles partiram da seguinte avaliação: há quinhentos anos as elites nos dominam fazendo isso, se a gente não fizer igual, não vai conseguir o poder. Era esse o argumento do Lula. Só que as elites sempre fizeram de forma endêmica e fragmentada: um cacique que rouba aqui, outro que rouba acolá. Mas não há uma orquestração — as elites fazem isso, porque esse é o seu comportamento milenar. Elas sempre fizeram isso, mas sem uma articulação política explícita, sem comando. Já o PT resolve fazer o mesmo, só que centralizadamente. A direção é centralizada. O Zé era quem tinha que dizer o que podia e o que não podia ser feito. E ele foi condenado como chefe da quadrilha justamente por isso. Só que, aí, eu já não estava mais no PT.

No último número da revista *Política Democrática*, no artigo "Um golpe de estado em doses homeopáticas", você aborda o que chama de "uma degeneração do estado democrático de direito em doses homeopáticas", a ponto de exibir um cronograma, que seria uma espécie de passo a passo de como se estruturou a estratégia de conquista de hegemonia do PT. Essa reflexão é fruto, também, dessa sua vivência como dirigente petista?

562   PROFETAS DO PASSADO

Na verdade, eles estão querendo dar um Golpe de Estado, a partir da conquista do governo, eleitoralmente; ou seja, tomar o poder usando a eleição. Mas essa é uma reflexão que eu faço posteriormente à minha saída do PT. Mas eles se valem de alguns subterfúgios, que não deixam de ser reais. Por exemplo: é real que toda vez que houve política, houve corrupção, inclusive na política propriamente dita, a política democrática. Por exemplo: Péricles, que foi o principal expoente da democracia ateniense, foi acusado, inúmeras vezes, de corrupção, e não sem razão: primeiro, ele larga a mulher para viver com Aspásia, que era considerada puta [risos]; depois, na casa dos dois, é que começaram a ser discutidos esses "negócios da democracia"; em seguida, manda construir uma estátua caríssima de Atenas no templo; e emprega o próprio filho, indevidamente, numa função pública... Isso faz parte da seguinte visão: a democracia não é uma utopia da política, a política é que é uma utopia da democracia. A democracia é apenas o modo de regulação de conflitos, o que não torna as pessoas boas. A democracia é suja, mas é melhor que qualquer coisa limpa. Porque as autocracias é que querem ser limpas. Logo, é próprio da atividade política normal, democrática, que as pessoas pratiquem — vamos chamar assim para resumir — a corrupção. Porque nas ditaduras, em que não há política propriamente dita, os chefes são extremamente corruptos, eles fazem qualquer coisa, só que ninguém fica sabendo. Então, o erro que o PT cometeu, vamos dizer assim, foi usar isso como método. Porque está provado que isso acontece, querendo ou não, vão acontecer desvios episódicos. Só que transformar isso num método de governar... Aí, só mesmo como estratégia pensada para a conquista de hegemonia.

E quem seria o "pai" dessa estratégia: Lula ou Zé Dirceu?

Ambos, é um casamento profícuo. Mas essa estratégia de conquista da hegemonia é, também, do Paulinho Vannuchi, o principal assessor estratégico do Lula, e que não mudou nada, desde a época que era da

ALN. Eles saíram do Barro Branco com a cabeça marxista-leninista. E essa conquista de hegemonia, no sentido leniniano ou gramsciano, você estabelecer a direção intelectual e moral e o controle das instituições da sociedade, o que, significa, praticamente, controlar os tribunais superiores, fazer maioria em todo lugar, em especial no Parlamento — e aí, portanto, esse mensalão. Todas essas coisas que precisam de dinheiro para comprar, para alugar a base aliada. O que é uma maneira, também, de deformar a vontade das urnas, porque depois que o cara foi eleito, você compra ele [risos]. Então, você vai controlando todas as instâncias: Judiciário, Legislativo, Ministério Público, Tribunal de Contas da União e o Executivo. E aí, depois, você só precisa controlar o quê? Os meios de comunicação. E aí, então, vêm os projetos "de controle social da mídia". Quer dizer, controlar a internet, os meios de comunicação, fazer uma força pretoriana que dê sustentação militar, independentemente das forças armadas regulares. O que eles fizeram, em 2004, e que ninguém notou, quando foi criada a Força Nacional de Segurança. Ela foi criada pelo Márcio Thomaz Bastos, que é um cara que, além de ter sido corrupto, foi uma espécie de *conseiller*, no sentido mafioso do termo, porque os caras pagavam a ele. O Márcio foi muito importante para evitar o impeachment do Lula, em 2005. Ele fazia a ponte com a oposição.

No mesmo artigo da Revista *Política Democrática*, você afirma: "Em 2005, quando estourou a corrupção nos Correios, os dólares na cueca, a República de Ribeirão e o mensalão, com exceção de Dirceu, Genoino e Delúbio, todas as dezenas ou centenas de operadores do PT, além do grande chefe, estão soltos. Depois da confissão de Duda Mendonça de que recebeu dinheiro no exterior para fazer a campanha presidencial de 2002, Lula não poderia continuar no governo. Mas as oposições botaram panos quentes e salvaram o chefe petista do naufrágio." Por que você acha que a oposição botou "panos quentes", e por que, até hoje, Lula sequer foi chamado para prestar um esclarecimento qualquer?

564 PROFETAS DO PASSADO

Não, ele não poderia ter continuado, só que as oposições seguraram o Lula. Mas, para entender esse movimento, é preciso voltar um pouco no tempo. Lembro que eu estava morando no Parque Amazônia e, mais ou menos na época da criação do PT e da CUT, havia uma articulação chamada Articulação Nacional de Movimentos Populares e Sindicais (Anampos), que exerceu um bom protagonismo nas lutas populares. Fiz parte desse projeto, e tínhamos, efetivamente, muita relação com o povo do Brasil: nos movimentos populares e sociais dos bairros, no campo, nas periferias das grandes cidades... Em 1978, por exemplo, teve um movimento contra a carestia, que foi de grande repercussão, muito por causa da Anampos. Comecei, então, a escrever um documento, chamado "Critérios" — que tratava das normas pelas quais o movimento social, o movimento popular, a oposição popular na conjuntura, como a gente dizia, poderia se estruturar. Esse documento serviu de base a um grupo, que também se chamou "Critérios", que começou a tratar de uma forma de organização política que nascesse na base da sociedade. Ainda era época da ditadura, mas se fez uma articulação muito legal por todo o Brasil. No dia em que o Lula fez aquela famosa assembleia de Vila Euclides, fomos até lá e ficamos só olhando, porque a gente achava meio estranho... porque nos achávamos mais ligados à oposição sindical de São Paulo. Então, antes de o PT existir, já havia esse grupo que, depois, acabou tendo muita influência sobre tudo, porque quando o Lula foi preso, o Betto deu uma de esperto, fez uma malinha e bateu na porta da casa dele, em São Bernardo: "Eu sou o frei Betto e vim aqui para ajudar vocês", e se hospedou lá, na maior cara de pau. Assim que era esse pessoal, que tinha sido da ALN, inclusive o Betto, que dizia que não era [risos], e que esteve também dentro do grupo "Critérios". Tinha, também, outros freis dominicanos, como frei Fernando Brito, frei Tito, que se enforcou lá na França, depois de ter sofrido muita tortura aqui no Brasil. Esses dominicanos, que ajudavam o Marighella, passaram a fazer, também, uma assessoria de bastidor e acabaram terminando com o grupo "Critérios". Porque nós, que tínhamos fundado o grupo, entendemos que era melhor sair, pois nossa avaliação era de que não se queria acabar com o grupo, que a "ideia", mesmo, era que saíssemos para que eles continuassem. Golpe bobo, porém típico. Mas tudo isso teve influência muito grande quando surgiu o PT, porque eles adotaram a tática de fazer uma organização e não um partido. E foi aí que surgiu a tendência que eu já falei aqui, que não ia ficar conhecida de ninguém. Eu fiquei tão puto com isso, porque achei que era uma deslealdade, eles atacavam todas as tendências, enquanto existia uma tendência secreta dentro do PT. Denunciei abertamente essa tendência secreta, que trabalhava contra as outras. Todo mundo no PT ficou sabendo. Mas o que aconteceu com esse pessoal? Eles colaram nos líderes. Mais ou menos assim: a gente mantém o nosso pessoal e cola nos líderes. E quem que colou nos líderes? O Betto, depois o Paulinho, que virou o principal assessor estratégico do Lula. O Lula fala mal de todo mundo, mas do Paulinho Vannuchi ele não fala. O Lula falou para mim, várias vezes: esse Zé Dirceu é um filho da puta. Vivia falando isso, mas do Paulinho, não. Até porque, o Paulinho nunca se metia em nada dentro do partido, ele era do grupo secreto. Eles tinham uma teoria, que é chamada de "teoria da cebola": tem uma camada, dentro de outra camada, e depois outra, e mais outra... E isso tem a ver com a estruturação desse partido interno. Porque esse pessoal tem mais outra característica: eles não são corruptos. Os outros são, até o Lula é, mas eles não. São como uns sacerdotes, mesmo, e esse povo que está na Secretaria-Geral da Presidência da República é o mesmo povo que deu toda a estrutura para o MST se organizar, porque eu assisti o MST nascendo e, por isso mesmo, sei que o primeiro lugar em que eles estiveram foi nessa casa onde a gente reuniu o grupo "Critérios", cedida pela madre Cristina. É muito emaranhado, mas é só para você ter uma noção de que existe um partido interno, dentro do PT, e que ele é secreto.

566 PROFETAS DO PASSADO

E qual é exatamente o objetivo desse grupo secreto? Trata-se de um grupo incorruptível, é isso?

Não diria que é incorruptível, mas eles não têm como objetivo enriquecer e viver bem. O objetivo é fazer de conta que estão fazendo uma ação transformadora da realidade. É isso [risos]. Agora, na medida em que vão envelhecendo, vão mudando um pouco. Quando o Paulinho foi para o Comitê de Direitos Humanos da OEA, foi quando aconteceu aquela revolta popular na Venezuela e a OEA não se pronunciou. E eu digo: "É claro que não se pronuncia, porque é Paulinho que está lá e ele foi colocado pelo Lula." Todas essas coisas que eu estou falando, o PSDB não sabe, porque eles nunca foram dirigentes políticos. A verdade é que nenhum desses caras, nem o Fernando Henrique, nem o Lula, ninguém foi dirigente político de organização, eles não têm a menor noção disso aí.

O fato de o PSDB quase ter chegado lá, mas não ter ganhado novamente a eleição, pode ser explicado pela falta desse projeto de militância, por essa incapacidade de se estruturar como uma organização política de fato?

É, de fato, eles não têm isso. Como a gente dizia, na época, "o PSDB é uma frente de personalidades". A gente dizia que era um álibi, pois, como eles não foram para o PT, criaram um álibi para não serem confundidos com os políticos conservadores do PMDB, porque a célula-tronco que gerou os dois partidos, lá no final dos anos 1970, se não é a mesma, é geminada. Depois, cada um tomou o seu rumo e o PSDB arrumou esse nome cretino de "Partido da Social-Democracia Brasileira". Ora, não existe a social-democracia brasileira. O Estado, aqui, nunca foi um Estado de bem-estar, é um Estado de mal-estar. É tudo errado, eles estão sonhando que são a elite, que são aqueles caras cavalheiros. O PSDB acredita que o PT é um *player* normal do jogo político democrático, e é justamente isso que ele não é. O PT é uma força autocrática que usa a democracia contra a democracia. Então, quando o PT diz "sou democrático", ele está entendendo por democracia a liberdade dele de dizer o que quer, de ocupar os governos conforme a sua cartilha. Mas a democracia não é um valor para o PT. Em contrapartida, nos governos Fernando Henrique, não teve nenhum atropelo maior do processo democrático, porque ele é um cara convencido da importância da democracia, dessa democracia dos modernos, essa democracia que foi reinventada no século XVII, que é o modelo da democracia representativa. Então, tanto ele como o PSDB acreditam que as lideranças em instituições são patrimônios da cidadania. E tanto isso é verdade, que o Fernando Henrique chegou a dizer: "Não, a gente não pode ameaçar uma liderança tão importante como o Lula." O processo de transição de governo que ele fez só existiu na cabeça dele. O PT não estava nem aí... Era para mostrar para o mundo que somos civilizados. E, depois, a preocupação dele era: "Acabamos de impichar um presidente, que foi o Collor, e já vamos fazer outro impeachment? O que o mundo vai pensar de nós?" Então é assim que eles disputam eleições: como uma elite ilustrada, que é competente do ponto de vista gerencial e que está, portanto, concorrendo a um cargo público. Eles são pessoas assim, eles não têm nenhuma noção do que é o PT, a ficha não cai, eles põem panos quentes. Em 2005, quando o Lula estava com menos de 50% de aprovação popular, logo depois da declaração do Duda Mendonça, parece que houve uma embaixada do Márcio Thomaz Bastos junto ao Fernando Henrique para assuntar se eles iriam (ou não) pedir o impeachment. E aí, eles disseram que não, pelos motivos que acabei de falar, que o impeachment ia acontecer nas urnas e deram a tábua de salvação para o Lula, que foi o palanque de 2006. Como agora, novamente...

Você acha que o PSDB está se repetindo, apesar do quadro de uma rejeição popular quase absoluta ao governo Dilma?

Estão se repetindo, sim. As lideranças do PSDB não querem saber de impeachment porque eles têm medo de que, ao se desorganizar o jogo político, possa aparecer outra força... Esse foi o motivo que fez com que, no primeiro turno, o Aécio batesse tanto na Marina. Eles têm medo de quebrar a bipolarização, que está organizada assim: tem um partido e tem uma oposição funcional — a oposição que o PT pediu a Deus, porque ela não vai às últimas consequências. Aí o PT demoniza o PSDB, mas ele fica ali... Então, o PSDB ganha uma sobrevida, come as migalhas que caem da mesa, ganha um governo aqui, outro governo acolá. É uma segunda força política, que tem medo, possivelmente, do impeachment, porque isso significa que o PMDB volta a assumir o governo, deslocando o PSDB para um terceiro lugar. Mas as ruas também já não estão gostando do PSDB. Como os votos que o Aécio teve na última eleição, que não foram dele, foram votos anti-Dilma, contra o PT. Na manifestação de 15 de março, ficou muito claro que eram 2 milhões de pessoas nas ruas, em todo o país, contra PT. Nunca houve, no Brasil, uma manifestação política assim: primeiro, desse tamanho, e segundo, contra um partido. Isso é altamente relevante. Nunca houve isso.

Qual a relação que você estabelece entre as últimas manifestações das ruas brasileiras e o conceito da sociedade em rede? Quando você diz que "estamos num momento de transição civilizatória, no qual as mudanças profundas na sociedade, que ainda estão por vir, nos levarão à perspectiva de uma nova política, apesar dos 6 mil anos de cultura autocrática em cima das nossas cabeças," você está se referindo a uma mudança, inclusive, de regime político?

Estamos no momento de passagem da democracia representativa para a democracia participativa. As multimídias e a força das redes sociais têm provocado uma maior democratização do acesso popular à informação. E isso traz mais participação. O que se tem visto é um enxameamento, que é quando se tem uma insatisfação difusa na sociedade. E isso vem ocorrendo, desde 2011, em vários países. É aquele tipo de manifestação que não tem nenhuma organização. O enxameamento é uma fenomenologia da interação. Então, se houver um motivo qualquer de insatisfação — às vezes, é um homem que se imolou e o povo achou aquilo uma barbaridade, que foi o que aconteceu na Tunísia. A fenomenologia da interação faz parte do metabolismo atual das sociedades. Mas isso é uma coisa que o PSDB não entende, e o PT muito menos. Eles ficam procurando quem foi o líder, quem foi o cara. Mas não tem cara, não tem ninguém. Não é assim que acontece. Aqui no Brasil, por exemplo, tinha gente de todos os partidos, de todas as visões, mas tinha um sentimento difuso contra o sistema. Se você fosse perguntar àquelas pessoas o que é o sistema, elas não saberiam dizer. Mas elas estavam com um sentimento de insatisfação... contra a Copa, na época, porque achavam que se ia gastar muito dinheiro, enquanto a saúde, a educação, o transporte continuariam do mesmo jeito. E também tinha a corrupção! Então, do dia 17 ao dia 20 de junho de 2013, o Brasil inteiro foi para as ruas. Depois, entraram os *black blocs*, que considero um caso à parte, porque acho que teve financiamento.

Que tipo de financiamento?

No Rio, teve financiamento via PSOL. Teve, também, recrutamento de gente do crime organizado. Porque interessava ao governo e ao PT acabar com aquelas manifestações. Agora, o mais grave é que isso matou o movimento, porque tirou as pessoas comuns das ruas.

570 PROFETAS DO PASSADO

Você acha que os *black blocs* foram "plantados", exatamente, com esse intuito? O de deslocar o foco das reivindicações?

Os *black blocs* são uma tática, na verdade, que foi criada, na Europa, por marxistas insatisfeitos. É uma tática propagandista: eu quebro e depredo os símbolos do capitalismo, a imprensa noticia e isso aumenta a propagação do movimento. É uma tática de raiz marxista. Aqui não, aqui não foi exatamente assim: tinha gente, sim, com essa tática na cabeça, mas foram logo cooptadas para entrarem no final das manifestações, barbarizando e quebrando tudo. E não quebravam apenas os símbolos do capitalismo não; aqui se depredavam estações de metrô, bancas de jornal... Tinha um quê de manipulação por trás, no Rio, aquela Sininho (Elisa Quadros) organizava os grupos de dentro do gabinete do Marcelo Freixo, que é um cara que começou no MST. Estou falando isso porque ela foi pega lá, dentro do gabinete do Freixo. A questão é saber quem financiava e por que financiava aquilo.

Queria voltar um pouco e saber sua opinião a respeito deste momento singular da política brasileira. Como você pensa que a história tratará dessa questão, na medida em que o PT continua se autoproclamando uma organização de esquerda, "vítima de uma instrumentalização da direita, que estaria prestes a dar um golpe fascista", quando estimula milhares de brasileiros a irem para as ruas, pedindo o impeachment da presidente Dilma? Há algum precedente, nesse sentido, na história?

Isso é o discurso e esse é o problema. Tenho uma visão a esse respeito. Acho que isso é um movimento que não é só no Brasil. Acho que a esquerda militante, revolucionária, decaiu para o crime. Mas acho, também, que o ovo da serpente já estava colocado há bastante tempo. Eu lembro quando houve o sequestro do Abílio Diniz, quem estava envolvido era o pessoal da esquerda latino-americana, e a gente achava que era a direita que tinha plantado aqueles panfletos, lá, no cativeiro. Veja o que fizeram o Ortega e os sandinistas, na Nicarágua, quando viram que iam perder para a Violeta Chamorro. Eles passaram as propriedades do Estado para o nome deles e, depois, foi a maior confusão para devolver, porque eles diziam que estavam guardando para a revolução... Porque, se não, quem estaria ganhando era a direita, era a burguesia... Então, se fizer uma derivação lógica, "o ovo" já estava colocado, entende? Porque a guerra leva a essas coisas, e essas organizações, todas elas da chamada esquerda, são organizações guerreiras, com seus militantes prontos para o combate. A organização é como se fosse um exército, tudo é pensado como uma luta. E isso vem desde a Assembleia da Revolução Francesa, que começou a identificar os caras que sentavam dum lado e de outro, como direita e esquerda. Essa divisão, assim, nasceu lá na Revolução Francesa, e, depois, com o Partido Operário Social-Democrata Russo, que foi o Partido Bolchevique, também separava assim: maioria (Bolchevique), minoria (Menchevique). Quer dizer, quando foi sendo criado esse paradigma de divisão da realidade social em duas partes, a política com a questão de lado e não de modo. Então, não era como você fazia as coisas, e sim se você estava do lado certo. E se você está do lado certo, você pode fazer qualquer coisa, porque você está do lado certo. O que estou querendo dizer é o seguinte: que a semente disso que está acontecendo hoje já estava embutida lá atrás, nessa ideia da guerra de lado, na ideia da guerra da esquerda contra a direita. E aí as pessoas compram essa ideia: de que a direita está crescendo.

Mas como é que você explica que, após alguns anos de desqualificação ideológica, expressões como direita e esquerda tenham ressurgido, abruptamente, durante o segundo turno das eleições de 2014, servindo de mote para o jogo perverso da dicotomização?

No primeiro turno, era difícil fazer essa bipolarização direita/esquerda, porque tinha a Marina. E a Marina era o quê? Era direita ou era esquerda? A Marina era esquerda... porque a Marina saiu do PT, mas o PT não saiu dela... É que ali estava difícil. Eles até tentaram jogar a Marina como aliada dos banqueiros, que ia defender os bancos e tirar a comida do povo... Mas o que houve, mesmo, foi uma aliança tácita entre o PT e o PSDB para destruir a Marina. Era conveniente para os dois lados. O Aécio tinha que ir, de qualquer jeito, para o segundo turno. E ele só foi para o segundo turno porque a Marina foi destruída. E ela foi destruída porque era fraca nesse tipo de disputa. Mas também porque ela não imaginou que o aparato goebbeliano, porque a estratégia do João Santana foi uma estratégia de Goebbels — "ela vai tirar dinheiro, ela vai tirar comida da mesa, ela é a candidata dos banqueiros" —, fosse tão violento. Mas o fato é que o PSDB não quer que uma outra força política surja, ele quer ficar naquele lugar de sonho do Fernando Henrique, que era o de fazer a transição do governo dele para um grande líder popular que, no caso, seria o Lula. E ele passaria à história como o cara que consolidou a democracia, que possibilitou que as forças emergentes da sociedade ascendessem. E tudo isso é uma besteira sem tamanho, porque esse grupo que está aí é um grupo de bandidos que, se um dia tomarem o poder, vão prender e fazer as maiores barbaridades. E eles só não fazem isso porque, no Brasil, eles não têm poder, eles têm o governo, mas não têm as instituições, porque a complexidade da sociedade brasileira, onde está também o grande capital, faz com que tenha uma porção de gente contra. E agora tem a maioria da população contra eles. Se você parar as pessoas na rua e perguntar se elas querem que o governo Dilma melhore, elas vão dizer que querem que o governo Dilma acabe. E isso é arriscado, por um lado, porque tem uma hora que esse comportamento pacífico da população, de protestar, vai acabar. Isso não é certo, mas é sempre uma possibilidade perigosa. O povo pode sair às ruas, num volume muito maior que saiu, porque quem poderia imaginar, há dois anos, que 2 milhões iriam se manifestar contra o governo petista, né?

Em sua opinião, quem apoia o PT, cegamente, ainda hoje?

O pessoal da universidade, dos sindicatos, das ONGs financiadas pelo PT, porque, no governo Lula, grande parte das ONGs virou organizações neogovernamentais, no lugar de não governamentais [risos]. Até já briguei com o Manuel Castells por causa disso, num encontro na Bolívia, mas, hoje, acho que ele tinha certa razão. Porque, quando um governo neopopulista assume, como foi o caso aqui, ele começa a financiar as ONGs. Esse dinheiro que o PT recolhe é para "o processo de tomada do poder". E como é que é isso? Eu financio ONGs, eu financio pessoas para ficar nas mídias sociais, eu financio uns trinta órgãos de imprensa da rede suja, que começa com esse *Brasil 247, Cafezinho, O tijolaço, Conversa fiada, Diário do centro do mundo*. Tudo isso é financiado.

Você está dizendo que houve uma cooptação lenta e gradual, é isso?

Não é só uma cooptação, eles compraram essas pessoas. Então, quem é essa classe média que você perguntou? São essas pessoas, que estão nas universidades, principalmente, uma parte comprada e outra parte porque ganha para isso. A universidade é o viveiro, é onde estão 80% dos professores dessas áreas de Sociologia, Política, História, que são marxistas, são petistas, que reproduzem, cotidianamente, as velhas fórmulas. Porque nessas universidades que o Lula inventou — Universidade do Vale de São Francisco, Universidade do ABC —, está cheio de gente de esquerda, tudo aparelhado pelo PT. E é ali que é produzido o militante novo, aquele que vai sair militante. E tem, também, o pessoal dos movimentos sociais organizados, que são uma espécie de correia de transmissão do partido, tipo MST, que é uma organização política, disfarçada de movimento social, mas que não tem nada de movimento social. É uma organização cujo trabalho de recrutamento é muito fácil: você abre uma lista numa periferia ou numa cidade do interior e diz "quem é que quer terra?" Aí, aparece todo mundo e você põe na lista numa ordem. Quando você vai fazer uma manifestação, se o sujeito não for, você tira do terceiro lugar e coloca no 25º. É assim que é feito. Essa é a correia de transmissão do partido, esse é o esquema. Assim, você mantém aparelhos sindicais, aparelhos sociais, as universidades, o pessoal da "rede suja" de imprensa. Você tem que ter dinheiro para subornar funcionários, para as coisas passarem, você tem que espoliar todas as empresas públicas. Porque o que eles fizeram com a Petrobras, se você for dentro do BNDES, da Eletrobras, dos Correios, você vai ver que é tudo igual, é o mesmo método, o mesmo esquema em todo lugar. Eles entraram em todas as instituições, não era o desvio de uma pessoa que queria enriquecer — isso é o que eles contam, era o desvio por um esquema montado. Porque eles precisam de dinheiro, e não é para eleição. Outro erro é achar que "caixa três" é igual a "caixa dois". O dois é o caixa para eleição — o cara faz uma doação com dinheiro de corrupção, mas aí ele lava, ali, esse dinheiro. O três, não, é para outros "fins". Tanto que o Barusco tinha 100 milhões de dólares numa conta dele, e decorreu toda a eleição da Dilma e esse dinheiro não veio. Porque eles montaram um banco em rede, e quem tem o rastro das contas são os doleiros, tipo Nelma Kodama e Alberto Youssef. E é tudo muito inteligente: eu pego você, mais uns dez caras, todos amigos e familiares, e vou abrindo contas: uma nas Ilhas Cayman, outra na Suíça, outra no Panamá, e como as empresas fantasmas abrem, também muitas outras contas, e aí o que eu faço: boto dinheiro em todas essas contas. E você não tem que fazer nada, você recebe uma porcentagem daquele dinheiro para você não fazer nada com ele. E quando tem campanha, ninguém mexe, porque o dinheiro é para pagar os aparatos necessários a esse processo de tomada de poder. Isso é que as pessoas não veem. Então, é com esse dinheiro que se financiam viagens internacionais, que se vai lá na Venezuela tramar com o governo. E quem é que vai? Quem é que viaja? Essa tarefa de recrutamento fica com o partido interno. Porque requer mais tempo e cuidado. Porque os caras precisam ser treinados com informação e contrainformação, como é que ele faz para montar uma empresa que, na verdade, é de fachada, como são, também, todas essas gráficas que o PT "usa". Mas tem também as benesses pessoais, o cara é compelido a pegar uma parte para ele. Afinal, "você está com uma casa muito ruim, compra uma casa nova, faz aquela viagem sonhada com o seu filho". Essas porcentagens que ficam com os caras são irrisórias, tanto que o Barusco, logo no primeiro aperto, falou que devolvia o que pegou. Paulo Roberto Costa também devolveu. E esse Duque, que era o chefe ostensivo do PT, lá na Petrobras? Então, enquanto o PSDB acha que os caras estão roubando para a campanha eleitoral, eles estão montando banco em rede, estão subornando gente e, quem sabe, não estão fazendo outras coisas mais complicadas do que isso?

E o que seria mais complicado do que isso, para usar sua expressão?

Fabricar dossiês, pessoas que desaparecem e/ou morrem. Porque eles têm um duplo objetivo: ganhar o governo eleitoralmente e nunca mais sair do governo. Mas, para isso, é preciso tomar o poder, porque, mais cedo ou mais tarde, essas coisas podem vir a ser descobertas. Então tenho que controlar os tribunais superiores. E aí, você entende o que faz um Lewandowski lá? Como o Dias Toffoli pode se tornar ministro do STF, tendo sido advogado do PT? Isso é um escândalo, porque ele nunca teve uma carreira jurídica brilhante, foi reprovado em vários concursos públicos, e, de repente, é premiado com a corte suprema e máxima. E o PSDB não acorda. Ninguém sequer questionou: "Mas pode pôr no STF um cara que era advogado do Zé Dirceu, que nunca passou num concurso público, que não tem notório saber jurídico, como exige a Constituição?" E detalhe: ainda chefia a tal "segunda turma", que vai julgar o negócio do petrolão. O Supremo tem onze cadeiras. E cinco já são petistas, porque o Fachin vai passar. Até porque, um dos seus principais defensores é o senador Álvaro Dias, do PSDB. O que quer dizer que o PSDB não está entendendo nada, eles acham que é um jogo político.

576   PROFETAS DO PASSADO

O que o faz afirmar, com tanta certeza, que o PSDB não está entendendo nada?

Eles não entendem tudo, eles entendem só um pedaço. Tanto que já perderam o protagonismo da oposição, neste momento. E as ruas, também, não têm mais nada a ver com o partido, porque a última pesquisa Datafolha revelou que 71% dos brasileiros não têm nenhuma preferência por partido político. E nunca se teve um índice tão alto assim.

Mas, mesmo com o papel relevante das redes sociais, ainda há uma carência muito grande de informações. Por exemplo: por que, em sua opinião, os veículos de comunicação de massa não tratam da questão impeachment com mais propriedade? Por que não se discute a questão da renúncia como uma alternativa institucionalmente viável?

Porque depende muito da quantidade de povo que for para as ruas. Se tivermos 2 milhões, permanecem os rituais institucionais. Agora, se você puser 20 milhões de pessoas nas ruas, aí o ritual institucional acaba no dia seguinte. Mas é provável que aconteça a renúncia e não o impeachment, embora quem esteja mantendo o poder, internamente, ainda seja o PT. Porque tanto a Dilma como o Lula não podem mais sair à rua, não podem ir ao restaurante, não podem ir a casamento, não podem ir ao cinema [risos]. Porque é vaia sem parar. O povo quer que ela saia, o processo de impeachment é um processo muito difícil, que nunca chega a acontecer. Porque caso aconteça de a presidente admitir que vai ter um impeachment, ela já está renunciando. É sempre renúncia. Todo mundo renuncia, seja pelo motivo que for.

Entretanto, para haver a renúncia, é preciso ter uma conjunção de forças muito grande, nas ruas e no Congresso, se não o cara não renuncia, porque ele acha que vai dar a volta por cima. Veja o exemplo da Dilma; chegou a 7% de aprovação popular, mas para ela está "tranquilo", porque diz: se cheguei a 7% e não morri, então, agora, eu só posso subir. O que é verdade, porque os movimentos sociais são, assim, oscilatórios. Porque, na atual conjuntura, se ela cair mais, ela cai de uma vez. Mas, se ela melhora um pouquinho, a formulação é: "A aceitação popular já começa a aumentar, estamos melhorando." O problema é que a lei que vale aí é aquela: o que não mata engorda. Logo, se não matou, vai engordar. Mesmo que, depois, mais à frente, possa vir outra onda. Mas eles estão segurando esse período para o Lula voltar.

Diante da atual conjuntura, você acha que essa alternativa do Lula voltar é possível? Tem essa chance?

Ter chance, não tem. Mas eles estão trabalhando para isso. Qual é a saída que eles têm, se a Dilma é odiada pela maioria da população? O Lula está gostando por um lado, se isso puder durar. Porque o Lula tem o problema da doença, tem isso, tem aquilo, mas ele não quer botar outra pessoa, porque eles não podem sair do governo. Porque, se eles saírem do governo, eles não têm mais como impedir a investigação de tudo que eles fizeram nesses anos. E aí, não vai ser o negócio de perder mandato, aí, vai todo mundo para cadeia. E é muita gente, é uma rede imensa de ladrões em todo lugar. Então, para eles, isso se tornou imperativo: não podem sair do governo!

Qual é a sua expectativa em relação ao nosso futuro político imediato?

Se tiver mais alguns desses movimentos assim, vai ser muito grande a pressão sobre as instituições parlamentares e, até mesmo, sobre o Judiciário. E aí, eles não têm como segurar. Mas, ninguém sabe se vai ter, porque ninguém planeja esses enxameamentos de multidões. Isso não é planejado. Agora, por exemplo, tem uns cinco grupos convocando, três com mais importância, mas são todos cabeça de bagre, não entendem nada de política, só fazem merda [risos]. Por exemplo: quem é que inventou aquela lista de reivindicações? O povo não tem nenhuma daquelas reivindicações, o povo quer que o governo caia! É

578 PROFETAS DO PASSADO

isso que o pessoal quer. Então, se esse governo cai, começa, de imediato, uma investigação muito grande. Mas, contra essa hipótese trabalha o PSDB, sobretudo. O PSDB é, hoje, a principal força de sustentação do PT. E o PSDB não prestou atenção numa coisa evidente: nenhuma força autocrática organizada, que chegou ao poder pelo voto, saiu do poder apenas pelo voto. Você não tem um caso na história. O Chávez saiu do poder porque morreu, Putin assumiu em 1999 e nunca mais saiu, e por aí vai. Mas há uma falha genética de origem da democracia, que é a ineficaz proteção contra o discurso inverídico. Mas há, também, outro erro genético, quando os modernos reinventaram a democracia, que é o de que a democracia não tem proteção contra ela própria. Ou seja, contra o uso da democracia. Porque a pergunta é muito simples: "E se os caras errados forem eleitos? O que a gente faz?" Porque não tem o que fazer. Quando o cara "errado" é eleito, ou seja, o cara que é inimigo da democracia é eleito, é muito difícil tirá-lo pela via eleitoral, porque ele não sai. O PSDB, então, que já perdeu quatro eleições, está achando que vai levar na próxima — "agora está tudo muito desgastado, nós vamos ganhar". Mas não é bem assim, porque eles podem fraudar as eleições. Hoje, se tem métodos sofisticados de fraudar uma eleição, até porque, com a urna eletrônica, acabou a recontagem. Então, você não tem como dizer se houve roubo ou não. Por exemplo: no segundo turno de 2014, com a justificativa de que ainda havia eleição no Acre, eles começaram a apuração, ficaram sabendo dos primeiros resultados, mas não divulgaram.

Mas em nenhum momento houve, por parte da imprensa, qualquer questionamento a esse respeito, não é verdade? Embora o PT seja pródigo em afirmar que temos aí uma "mídia golpista".

Esse é outro "equívoco". A imprensa que está aí hoje, os repórteres, o pessoal de campo é, majoritariamente, petista. Os donos, não. Agora, essa determinação de começar a apuração dentro de um prédio fechado, durante três horas, sem que ninguém tenha acesso aos primeiros resultados é, no mínimo, estranha. Inclusive, porque parece que, na primeira parcial — essa que só foi divulgada horas depois —, o Aécio estava na frente.

Por que, em sua opinião, é tão difícil, especialmente para os chamados "petistas históricos", admitir, minimamente, que o projeto petista de poder se tornou maior que o projeto de nação?

O primeiro motivo é o que George Orwell explicou como o duplo pensar: você é capaz de pensar uma coisa e, ao mesmo tempo, pensar o oposto dessa mesma coisa. E essa é uma maneira fundamental e funcional de manutenção de qualquer estrutura de poder, de qualquer estrutura hierárquica. É a sua maneira própria de sobrevivência. O segundo motivo não é sociológico, e sim antropológico. O sujeito tende a continuar no PT porque ele começa a elucubrar: "O que o fulano, o que as pessoas que convivem comigo vão pensar de mim? Vão pensar que traí, que passei para o outro lado." Então, o negócio de ser do PT é antropológico. Mas a raiz e a explicação disso aí são as redes, no seguinte sentido: o indivíduo não existe como uma unidade isolada. Quer dizer, o que habita o social são moléculas, as relações. E como a pessoa é um conjunto de relações recorrentes com outras pessoas, então, forma-se um emaranhado quântico, mesmo. Se você quiser convencer aquela pessoa de uma ideia, você pode até convencê-la intelectualmente, porque ela não é burra, mas o problema é que ela não tem autonomia para tomar uma decisão em relação àquele emaranhado. Porque a ideia não muda o comportamento, são comportamentos que mudam comportamentos. E como ela "não pode" desenvolver outro comportamento, ela não muda então. Mesmo que intelectualmente ela esteja convencida de que aquilo que você falou é mais lógico, o mais razoável, portanto, o que faz mais sentido. Mesmo assim, ela resiste, porque ela carrega essa "nuvem social" com ela. Na verdade, é impossível você discutir com militante. Todo e qualquer argumento que você apresentar ele vai ter, sempre,

580   PROFETAS DO PASSADO

uma contra-argumentação. Quer dizer, não adianta, porque ele vai logo acionar o duplo pensar, porque ele não pode se desvencilhar daquelas outras pessoas, que "fazem parte" da sua pessoa. Para você convencer um desses caras a respeito de determinada coisa, só mesmo através de um choque muito forte que ele venha a ter. Se você for ver, por exemplo, os casos de pessoas que foram dirigentes formuladores e que saíram do PT, você conta nos dedos. Agora, em relação ao número de simpatizantes que saíram, aí você perde a conta.

Queria voltar à questão da democracia participativa, que você defende.

Participativa, não. Participativa é o que o PT quer fazer, o PT diz que a democracia representativa é ruim. Então, ele quer a participativa, que é mais ou menos o que já se sabe. Porque o participacionismo é assembleista. Então, essa é a democracia que o PT quer. Uma democracia participativa sindical. Mas hoje a democracia é interativa. Quando você fala rede, você está falando em pessoas interagindo. Quer dizer, a rede não é nada além disso: um padrão de interação mais distribuído do que centralizado. Se ele for mais centralizado, vai ser uma hierarquia. E os nossos partidos, os sindicatos, as organizações estatais, as empresas monárquicas, as religiões, as escolas, todos eles, são organizações centralizadas. Todo partido tem dono, justamente, porque ele é centralizado. Quando você caminha para formas mais distribuídas, aumenta a interatividade porque aumenta o número de caminhos. As conexões são caminhos. Então, numa rede centralizada, você tem alguns nodos com muitas conexões, numa rede distribuída, cada nodo tem mais ou menos a mesma conexão, e é por isso que a questão da liderança não se coloca muito, porque você não precisa ter um líder o tempo todo, em todos os assuntos. Todo mundo pode ser líder, alternando-se em cada momento. É um ambiente de multiliderança, que corresponde a um padrão de organização mais distribuído do que centralizado. E é por isso que eu acho que os partidos estão sendo rejeitados no mundo todo. Porque são instituições centralizadas, que copiam ou decalcam os sistemas hierarquizados. E quando o povo diz que está contra o sistema, ele está contra tudo isso.

Mas você é enfático ao reiterar que não só no Brasil, como no mundo todo, vive-se um período de transição. Você defende que, por "estarmos num momento de transição civilizatória, as mudanças profundas na sociedade, que ainda estão por vir, e que nos levarão à perspectiva de uma nova política, ainda estão subterrâneas, já que temos 6 mil anos de cultura autocrática em cima das nossas cabeças." Nessa medida, qual a perspectiva que essa transição pode trazer à nossa realidade, se levarmos em conta o tamanho do país, a existência de uma assombrosa multiculturalidade, sem falar nos padrões culturais de subserviência e de manipulação?

Esse momento de transição não é, ainda, muito perceptível pela classe política, pelos partidos. E, embora a minha perspectiva seja esperançosa, acho que se deve reafirmar que transição não é substituição. Nós não vamos tirar um modelo e botar outro no lugar, porque o que está surgindo não é um modelo novo, o que está surgindo é uma bagunça do velho modelo. Então, eu não acho que vai ter uma forma de democracia interativa, vão ter muitas formas de democracia, serão ilhas na rede. E tudo vai sobreviver. Da mesma maneira que se tem, hoje, duzentos países e sessenta ditaduras — e as ditaduras não estão diminuindo, elas estão aumentando, especialmente nos últimos dez anos, o que é uma coisa a se pensar. Logo, você vai ter, ainda, ditaduras, você vai ter democracias representativas clássicas, tipo Inglaterra, Noruega, ou democracia defeituosa, como a do Brasil, enfim, você vai ter vários modelos. Porque democracia é um projeto local. Ela nasceu em Atenas, como um projeto de uma comunidade de pessoas, que se reuniam numa praça para conversar. Essa era a *polis* e a polis não era Atenas. A *polis* era a comunidade política. Então, o que vamos ter agora é tudo isso convivendo, coexistindo.

PROFETAS DO PASSADO

Você vai ter democracias aplicadas em escolas, em comunidades, e não só em países. A democracia, geneticamente falando, é um movimento de desconstituição da autocracia. Ela já surgiu assim entre os gregos, ela surgiu numa rede de conversações, na praça, entre os homens livres. E quando eles começaram a conversar, chegaram à seguinte conclusão: que eles não precisavam de nenhum tirano, pois se eles podiam conversar, eles podiam resolver seus problemas ali mesmo, entre eles. Porque a democracia nunca nasce da guerra, toda vez que ela nasce, ela é um movimento de desconstituição da autocracia. Então, como é que ela pôde renascer 2 mil anos depois na Inglaterra, já no contexto de Estado-nação? Porque aí ela apareceu como democracia liberal, no sentido exato, político e bom do termo, que era o seguinte: o Leviatã não pode vir aqui e me invadir. Então, a democracia começou a proteger o cidadão do seu próprio Estado, e não apenas do Estado do outro, do Estado inimigo. Por isso, o Estado Democrático de Direito é um Estado que impede o próprio Estado de estabelecer um governo de guerra, em que os cidadãos são os inimigos. Essa é a democracia representativa que nós temos. Eu acho que ela não vai acabar, acho que ela vai continuar em uma série de países, mas ela ficou conformada de tal maneira, que acabou não penetrando na vida social. Tanto que as empresas ainda são monárquicas, os tribunais são chamados de corte, mesmo depois de a monarquia ter sido abolida há mais de um século. O que quer dizer, então, que a política dos cidadãos só podia ser feita por representantes, porque, quando foi criado o Estado-nação, a interatividade era baixíssima. Tornou-se necessária a formação de um parlamento, a partir da indicação desses representantes. O Estado-nação não teve outra saída, teve que ser feito assim. Mas, agora, não. Agora, você já tem condições de falar, ao mesmo tempo, com um cara que está na Austrália e com outro que está em Belém. Quer dizer, a democracia representativa não é mais a única fórmula possível. E, também, não é o caso de você voltar à formula dos gregos, que era participativa porque ela já era problemática, naquela época.

Hoje ela se mostraria comprovadamente manipuladora, é isso?

Sim, ela vai ser muito manipuladora, porque, quem controla "os profissionais de reunião", controla as assembleias, não é? Então, ela vai ser assembleísta, conselhista. Essas coisas de conselho popular vêm daí. É tudo isso que está aí. A direção do MST democrático, quantas vezes mudou de chefe? Nenhuma. A CUT já perdeu uma eleição? Jamais, porque quando vão perder, eles mudam a regra. O PCdoB já saiu da UNE? Não, não sai nunca. Assim como a direção do PT, também, não sai nunca, é a mesma direção, desde que surgiu. Esse é o problema. Agora não é só mais um mundo, são muitos mundos.

Quando você diz, ainda no mesmo artigo: "Um golpe de estado em doses homeopáticas", que "devemos apostar na resistência democrática e na oposição popular, se quisermos interromper a implantação da estratégia petista de conquista de hegemonia sobre a sociedade brasileira, a partir do Estado controlado pelo partido", você está falando disso?

No Brasil só há uma possibilidade de interromper essa trajetória, que é pela oposição popular, que, até pouco tempo não havia, mas que, agora, já existe, mesmo que desorganizada. Ou seja, ela não é unitária, tem uma porção de gente querendo colocar isso ou aquilo, mas ninguém controla. Agora, enquanto existirem as instituições, a atividade parlamentar, a atividade institucional de oposição, ela é importante, ela é uma mediação fundamental, porque você não pode falar no espaço, no vácuo, não é? Só que a oposição não está assumindo o papel que deveria assumir. Ela virou uma força de apoio à situação, com medo de desorganizar o condomínio dos incluídos [risos]. O medo é que o oligopólio da política, porque a política é um oligopólio, se desestruture. Porque os comensais desse condomínio se mantêm assim: quem está dentro não sai, quem está fora não entra. O medo está posto, porque já começam a aparecer forças estranhas.

584 PROFETAS DO PASSADO

E nessas "forças estranhas", nessas múltiplas possibilidades a que você se refere, se incluiria um conservadorismo muito forte que, ao que tudo indica, estaria começando a ampliar sua atuação política?

O conservadorismo faz parte do metabolismo da sociedade, e não é que sua "volta" se caracterize num perigo. Ele tem que existir, tem que existir a proporção dos conservadores. E, depois, são conservadores em quê? São conservadores nos costumes, são conservadores porque querem conservar este governo? Não, eles não querem conservar este governo, eles querem implantar uma ditadura. Bom, aí, nesse caso, cabe aos democratas combatê-los, não é? Quer dizer, essa coisa meio fundamentalista — porque, no Brasil, quem é fundamentalista é a esquerda, que começa a se mostrar ultrapassada.

Você se importaria em declinar o seu voto no segundo turno da eleição de 2014?

O voto de 2014? É evidente que foi Aécio, né?

Por quê?

Porque o Aécio era a única possibilidade de tirar a Dilma [risos]. Mas não é porque o Aécio fosse bom, se fosse a Marina, o meu voto seria dela, se tivesse sido o Eduardo, o meu voto teria sido no Eduardo Campos. A questão é que tem que se interromper essa trajetória do PT.

Augusto Cesar Antunes de Franco, carioca, 65 anos, é escritor, palestrante, consultor, professor e um dos *netweavers* da Escola de Redes. Formado em Física pela UFRJ, participou de significativos movimentos políticos e sociais, como a fundação do Instituto de Política, na UnB, e a Secretaria Executiva Nacional da Ação da Cidadania contra a Fome, a Miséria e pela Vida. Fez parte do programa Comunidade Solidária e da direção nacional do Partido dos Trabalhadores, até 1993, quando deixou o PT.

Rosiska Darcy de Oliveira

"O militante é um personagem que me desagrada muito. Agora, ele me desagrada mais ainda quando é ladrão, quando não tem mais causa nenhuma."

Rio de Janeiro, 14 de maio de 2015

Vamos começar falando da sua trajetória. Quando o golpe de 1964 acontece, você já está na universidade? Como e quando começa a sua militância política?

Eu militava no tipo de jornalismo que fazia, porque, em 1968, já tinha terminado a universidade. Sempre tive uma simpatia pela esquerda, mas nunca fui, até hoje, membro de nenhum partido. Sempre tive uma participação política, uma militância em todos os movimentos, mas de forma independente. Na verdade, tinha uma grande desconfiança dos partidos. Porque desde muito jovem já possuía uma consciência política muito desenvolvida.

Eu me formei no Instituto de Educação e, depois, fui fazer a zona rural, que, brincando, chamo de serviço militar das mulheres. Pegavam as meninas recém-saídas do Instituto e mandavam para umas escolas longe, no subúrbio, para dar aula. E fiz isso durante dois anos. Ainda

586 PROFETAS DO PASSADO

muito menina, vi o que era a periferia do Rio de Janeiro, o que era um trem da Central, o que era desigualdade, o que era pobreza, descaso, população abandonada. Muito cedo, eu entendi tudo.

E quando é que você se torna uma feminista?

A militância feminista começou, realmente, em 1970, quando fiquei exilada. Fui para o exílio porque montei, com um grupo de amigos, alguns de partidos, outros não, uma campanha contra as torturas no Brasil. Em 1969, fui morar em Genebra porque me casei com um diplomata. E lá continuei esse trabalho junto a organizações como a Anistia Internacional e a Bertrand Russel Peace Foundation, denunciando as torturas que aconteciam no Brasil. Mas o esquema foi descoberto, tiraram meu passaporte e não pude mais voltar. Chamaram meu marido ao Brasil, como armadilha, e o prenderam. Então, pedi asilo na Suíça, onde fiquei exilada dez anos e, depois, morei mais cinco anos lá. Foram quinze anos fora do Brasil. Mas já saí daqui com ideias e atitudes que se aproximavam muito do movimento feminista. Até mesmo a escolha da profissão: Direito, na época, era uma profissão estranha para as mulheres. Mas, mesmo formada, nunca fui advogada. Sempre fui jornalista e sempre tive uma consciência bem aguda de como era a discriminação contra as mulheres. E tudo começou no dia em que um professor, de quem eu gostava muito, leu em voz alta um trabalho escrito por mim sobre a *Antígona* e disse: "Eu dei 10 nesse trabalho, mas duvido que vocês adivinhem quem escreveu." E aí a classe toda ficou enumerando o nome de todos os meninos — eu era a única mulher da sala —, quando ele completou: "Vocês deviam ter vergonha, seus barbados, quem escreveu isso aqui foi aquela menininha que está lá atrás." Eu me levantei, saí da sala e ele veio atrás de mim: "O que aconteceu?" Eu disse: "Isso é um insulto! Eu não admito e não aceito uma coisa dessas." E o professor rebateu: "Mas eu te fiz um grande elogio, te dei 10." Fiz ver a ele que aquilo não era un grande elogio, não só porque ficou clara a sua posição de que era um absurdo total que eu tivesse feito o trabalho, como disse aos rapazes que eles deveriam ter vergonha disso. Mas vergonha de quê? Por quê? Porque eles não podem tirar menos que eu? É vergonhoso tirar menos que uma mulher? E foi muito interessante, Jalusa, porque vi, estampado na sua cara, que ele tinha entendido. E como eu gostava muito dele, voltei para a sala. Mas tinha nascido, ali, uma feminista. Quer dizer, já saí do Brasil com esse sentimento, e, quando cheguei em Genebra, encontrei a Europa fervendo, porque comemorava-se um ano do maio de 1968. Lá, me envolvi com um pequeno grupo de mulheres e ajudei a fundar o movimento de mulheres na Suíça. Militei nesse movimento o tempo todo que vivi lá e comecei, também, a escrever muito. Logo, a minha produção literaria começou com esse tema. Fundei, na Universidade de Genebra, que era dirigida pelo Piaget, na época, um curso de estudos da mulher, que não existia na Suíça. O feminismo, para mim, sempre foi uma coisa muito visceral, não foi uma ideia que eu abracei, foi um estilo de vida. Há muitos anos, eu fui à Índia, e lá me contaram a história de um faquir que, para provar que a corda dele se prendia nas nuvens, subia na corda e a corda ficava presa. A minha geração fez o mesmo: jogou uma corda para cima e a corda ficou.

Em artigo publicado, recentemente, no jornal *O Globo*, com o título "A implacável lógica da mentira", você afirma: "Para o mentiroso, o hábito da mentira acaba por transformá-la na sua verdade. Ele se sente injustiçado quando o acusam de mentir. O impostor que se apresenta como herói sofre quando lhe dizem que ele não é senão um impostor. Foi essa lógica diabólica que enredou o Partido dos Trabalhadores desde que suas lideranças começaram a mentir." Quando, como e por que você chega a essa reflexão?

Já cheguei há muito tempo, mas cheguei pelas evidências — evidências essas que foram sendo constatadas ao longo das performances do partido, já no governo Lula.

Mas, da mesma maneira que você teve aquele *insight* em relação ao feminismo, lá, naquela aula da PUC, quando é, exatamente, que você tem esse outro *insight* em relação ao PT? Ou, se preferir, em relação à esquerda?

Começou bem antes, ainda na Suíça, quando passei a observar que a esquerda tinha um discurso que não refletia sobre si mesma. Quer dizer, tinha uma capacidade extraordinária de acusação, de fazer diagnóstico de todos os outros processos, em sua volta, exceto sobre si mesma. Não era capaz de fazer uma autocrítica. E havia, também, uma imensa pobreza intelectual, e essa, então, foi a primeira coisa. A segunda, que eu comecei a perceber, é que não eram democratas. Quer dizer, a democracia não era uma preocupação. E havia, também, um grau imenso de manipulação. Para você decidir alguma coisa, era complicado, porque a decisão já vinha pronta. E essa percepção vem desde o exílio. As coisas mais banais, em grupos de trabalho, já traziam essa marca autoritária, que eu tinha uma dificuldade imensa de aceitar. Uma coisa meio que "policialesca", ideologicamente falando. Tanto que o feminismo, em seu primeiro momento, foi recebido como uma ameaça à causa da esquerda, um desvio pequeno-burguês, porque ia ser divisionista, ia separar as mulheres dos homens. Comecei a ver aspectos extremamente primários no pensamento das pessoas com quem eu convivia. Bom, essa questão dos costumes foi muito central para eu perceber que havia, ali, um ranço autoritário muito grande. Essa foi, então, a primeira mentira, pois se falava em nome da liberdade, mas o ranço autoritário era fortíssimo. E junto com o ranço autoritário, acho que vem um ranço religioso. Religioso, no mau sentido da palavra.

Quando você faz essa reflexão a respeito da esquerda, não lhe parece que você está falando das origens do Partido dos Trabalhadores? O PT não traz, justamente, um pouco dessa "tradição"?

Acho que sim. Mas não necessariamente a religião católica, embora ela, talvez, tenha disso também. Mas quando falo da coisa religiosa, é no sentido da tendência a idolatrias, tendência a messianismos. Na verdade, tudo que me incomoda profundamente, porque eu não acredito em nada disso. Acredito em seres humanos com qualidades e defeitos. Agora, essa associação do autoritarismo com a hipocrisia, com a incapacidade de autocrítica, tudo isso foi se juntando e eu comecei a ver que isso me incomodava na convivência. Progressivamente, fui percebendo que as pessoas mentiam bastante. Mas isso não se reconhecia. Estava aí, então, o ovo da serpente. Isso já estava plantado. Tudo muito na linha dos fins justificam os meios. Pois se os fins justificam os meios, então, os meios mais desbaratados, mais torpes são aceitos, na medida em que é para um fim muito nobre, supostamente o povo, mas que nunca ficou muito claro.

Qual é, exatamente, o perfil criado e difundido pelo Partido dos Trabalhadores?

O que eu disse para você: uma capacidade de apontar defeitos em todos, de ver os crimes de todos, enquanto se via como uma santidade, uma coisa de autossantificação, todos ali eram puros, os outros é que eram os impuros. Como eu não acredito nisso, comecei a prestar mais atenção a esses aspectos da psicologia do comportamento. Acho — e aí está o texto que você leu — que o que aconteceu nos últimos anos no PT foi exatamente isso que eu escrevi: que as pessoas passaram a cometer crimes, não só torpes, como os mais banais: roubar, botar dinheiro no bolso, enriquecer de forma ilícita, tudo, enfim, que se criticava nos outros. E que sempre foram reconhecidos, nos outros, como práticas da direita. Mas como "eu estou fazendo isso pela causa", isso confirma, exatamente, a hipocrisia a que eu me referi antes. Isso sempre me meteu muito medo, até porque eu conheço um pouco de história e nós sabemos como é que isso se deu, como é que as coisas se passaram, em outros regimes. Eu também observei, durante um determinado período, o que se passava em Cuba. Pois sendo escritora, ficava muito incomodada com a perseguição aos escritores cubanos. Sempre tive, na esquerda, uma posição de independência, eu não pertencia àquela coisa reacionária. Porque a esquerda era reacionária em muita coisa.

Há uma espécie de consenso de que, até por uma questão de maiores oportunidades, quem sempre esteve, historicamente, na vanguarda revolucionária brasileira, com raras exceções, foram os filhos da classe média. Esses mesmos setores médios da sociedade que, na maioria das vezes, norteiam a condução de suas ideias (e práticas) políticas de acordo com os seus interesses mais imediatos. Em sua opinião, estaria aí, então, na definição (política) dessa classe social, a origem e/ou a "justificativa" não só para esse projeto de poder em que "os fins justificam os meios", mas também para essa espécie de blindagem que se presencia hoje, quando uma mera reflexão a respeito do atual quadro político se apresenta quase como uma quebra de paradigma?

Sem dúvida. Há uma espécie de cortina de silêncio. Mas é aquilo que eu disse: isso é de antes. Isso já estava no DNA. Quer dizer, quem não está comigo, está contra mim. E acho que isso é uma formação muito antiga, que vem de uma fácil identificação do inimigo. Quer dizer, na ditadura, era muito fácil, facílimo, não tinha como, você ter dúvida daquilo: o inimigo era comum e muito fácil de ser visto. Quando entramos na democracia, interagem no campo democrático forças muito diferentes, muito variadas. A sociedade brasileira foi mudando bastante. Quer dizer, não havia mais só eles, os bandidos e nós, os mocinhos. Não havia mais isso, tinha muita gente. Muita gente de todo tipo. Quando o PT foi criado, se não me engano, a ficha número um do PT pertence ao homem que me formou, que foi o Mário Pedrosa. Era um crítico de arte, um homem com uma visão extraordinária. E ele ajudou a criar o PT, por acreditar que deveria haver, no Brasil, um Partido dos Trabalhadores, que os trabalhadores tinham que ser representados, o Lula estava ali emergindo, o Lula reforçava, então, essa ideia. E quem não seria a favor disso? Claro que éramos todos a favor! Eu votei no PT, e trabalhei muito, com muita gente do PT, ao longo da minha vida. Só não entrava no partido, porque eu nunca acreditei em partido político. Não acreditava nessa coisa da "parte do partido", por exemplo. Sempre achei que a sociedade era uma coisa muito mais complexa do que essas definições, e acho que isso está se provando hoje.

E, principalmente, porque essas agremiações obedecem a regras e preceitos de uma "rigidez" tal que qualquer voz dissonante não tem espaço.

É isso aí: não tem espaço! É isso que eu estou dizendo desde o princípio. Você não se constitui da sua verdade, mas da mentira do outro. Se "você é um criminoso, então eu sou um santo." Enfim, não é assim.

Mas não lhe parece que essa dicotomização, ou mais do que isso, essa coisa da demonização, não seria um fortíssimo traço cultural brasileiro? Ou um rescaldo, mesmo, da ditadura? Eu lembro que todos nós, naquela época, convivíamos constantemente com o medo e, portanto, não precisava muita coisa para nos convencer de que alguém, próximo a nós, era um agente da CIA ou do SNI.

Tínhamos um colega na PUC, que era um rapaz bonito, louro, de olhos azuis, um americano, que tinha vindo estudar no Rio de Janeiro. Não havia dúvida: agente da CIA, claro [risos]!

Então, essa coisa da demonização pode ser vista, também, como um rescaldo da ditadura, não é? Só que, agora — e lendo o seu artigo, isso fica muito claro —, parece que essa fabricação permanente de novos "demônios", ou se você preferir, de novos bodes expiatórios, não tem fim. Exemplo: o estelionato eleitoral que se viu agora, em 2014. Como é que você vê isso?

Vejo como estratégia. Acho que, no caso de 2014, sem dúvida nenhuma, foi uma estratégia. Até hoje o PT vive do capital de ser o defensor do povo, dos pobres e dos oprimidos. Vive disso enquanto desvia dinheiro público. Acho que eles se colocaram numa coisa assim meio de Ionesco, entende? Porque tudo que eles fazem hoje é mudar os bonés. Dei, inclusive, o exemplo de como me incomodou essa coisa do Lula que, ao mesmo tempo em que botava o boné do MST, colocava o chapéu do pessoal do Caiado também. É essa "lógica" que eu descrevi, a de que você começa a colar uma mentira com outra mentira. Quer dizer, um rouba e é apanhado, você nega porque tem que proteger o companheiro, porque é a imagem do partido, porque isso, porque aquilo... Aí, para negar, você tem outra mentira e, assim, sucessivamente, vai se desenrolando dessa maneira. Até que você acaba convencido de que não tem criminoso nenhum ali, que os outros é que são os bandidos, os juízes é que são os bandidos, são "agentes da direita" que estão querendo te derrubar. "Eles estão a serviço da direita." Tinha uma diferença que era muito interessante, teoricamente falando: ele é objetivamente reacionário. Por exemplo: o sujeito bate na mulher. O líder de esquerda que era meu companheiro, lá, naqueles tempos, batia na mulher. Confrontado com a denúncia de que era espancador de mulher, o cara te dizia: você está sendo objetivamente errada, porque se você contar isso a alguém, isso vai manchar a minha imagem. E a minha imagem manchada não é boa para o partido. É isso, entende? Então, você tem que engolir que o cara é espancador, você tem que engolir que o cara é ladrão, porque o que importa, antes de tudo, é a imagem do partido. Acho que, no episódio do Celso Daniel, aconteceu alguma coisa assim.

Nesse mesmo artigo para *O Globo*, você observa: "Na nossa democracia, cabem todos os atores políticos que se exprimam no marco da legalidade constitucional. O que não cabe mais é a corrupção se intitulando política. E, pior, mais cinicamente intitulando-se revolucionária." Nessa medida, como você vê o fato de que uma parcela da

classe média politizada (e tradicionalmente de esquerda) se cale ou negue a existência de tantos descalabros? Como é que você justifica esse silêncio de uma parcela considerável de formadores de opinião, na qual se inclui, também, o mundo acadêmico, que, por conceito e definição, é o espaço do dissenso?

Acho que não há uma única motivação, mas várias. E, em alguns casos, há interesses pessoais investidos, seja pela apropriação direta de postos, de bens, de benesses de todo tipo, seja pela apropriação indireta, em uma posição próxima do poder. Acho que o poder, aí, tem sido muito importante. O PT e seu quadro de filiados e, também, seus simpatizantes não querem perder o poder. Querem estar no poder, porque o poder tem muitas vantagens. Isso eu acho que é — digamos assim — a explicação mais banal. Acho que há outros casos, há outras circunstâncias em que as pessoas não têm, necessariamente, as mesmas responsabilidades. É onde eu situaria grandes intelectuais brasileiros, que são de uma honestidade impecável e que estão tendo muita dificuldade de acreditar no que aconteceu com o PT. E que continua acontecendo. Quer dizer, acreditar nessa coisa de que foi uma quadrilha, mesmo, que se instalou no poder e que agiu de uma maneira criminosa. São esses que me interessam, até mais como personagens, porque eu acho que esses têm a marca da religião, da religiosidade. Quer dizer, são aqueles que têm uma dificuldade imensa de admitir que seus ídolos têm pés de barro. Porque isso os joga num profundo desespero psíquico, até porque é da natureza da religião uma adesão incondicional. Acreditar nas evidências não é nada, acreditar contra as evidências é que é a fé. Acho que isso aí é um mistério da fé! É um mistério construído. São pessoas honestas, que construíram suas vidas, alguns como grandes intelectuais que, por isso mesmo, construíram a convicção de que esse partido estaria encarnando os interesses mais nobres da população. E que, agora, não estão conseguindo viver e evidenciar a queda aos infernos. Então, tendem a negar. Mas isso não é de hoje, não. Vou dar dois exemplos, que não são brasileiros, mas que acho interessantes: Simone de Beauvoir, Sartre, Simone Signoret e Yves Montand levaram muito tempo para admitir os crimes do Stalin. Eles não estiveram entre os primeiros que admitiram isso. Isso está muito claro nas memórias da Simone. Eles custaram a admitir que aquilo pudesse ser verdade.

Quer dizer que a interpretação dessa questão, em sua opinião, passa por um viés quase que psicológico. É isso?

O Arthur Koestler foi quem primeiro denunciou, fortemente, os crimes do stalinismo. A Simone de Beauvoir, que era amicíssima dele, brigou com o amigo, dizendo que ele estava a serviço dos americanos. Era uma coisa de Guerra Fria. E você vê como isso é estranho. Parece ser impossível em pessoas mais inteligentes e bem-informadas. Mas o que acontece é que, no fundo, isso fere um desejo de que a vida seja como eu gostaria que fosse.

Mas parece que, no caso brasileiro de agora, há desdobramentos dessa questão da dicotomização que beiram o diabólico. Alguns entrevistados deste livro aventam que essa "divisão" já perpassa todo tipo de relação, inclusive as pessoais, familiares e afetivas. E que essas "cisões" se justificariam como forma de fortalecer esse projeto de permanência, a qualquer preço, no poder. Você percebe esse movimento? Em caso afirmativo, a quem você creditaria a concepção desse "projeto"?

Olha, Jalusa, acho, de novo, que isso é uma coisa muito antiga. Isso é o que se chama "construção do militante". Como é que você constrói um militante? Por endoutrinamento. Você, que foi do Partido Comunista, deve ter sabido disso. O Partido Comunista era muito parecido com a Companhia de Jesus. Você construía um militante em torno da ideia central de que a causa era a justificativa da sua vida. Você se dá à causa porque ela é que dá sentido a sua vida. Muitos militantes até morreram por isso. E foi isso o que sempre me assustou neles. E aí vem o porquê do feminismo. Porque uma das coisas que sempre me assustaram foi a pouca importância que se dava ao amor, na comparação entre as obrigações com a causa. Como se escolhia facilmente a causa, as mulheres ficavam para trás com a maior facilidade. Bom, o militante é um sujeito construído assim. É um sujeito que não é formado, é um sujeito que é deformado. Ele é deformado para servir a uma abstração, enquanto a vida real, de carne e osso, aquela que é a vida vivida, em que você tem amigos, familiares, colegas de trabalho, e que você sabe que são pessoas queridas, você tem que se afastar. No caso de hoje, eu diria que você tem que se afastar, porque eles não votam na Dilma porque vão votar em outra pessoa, porque eles atacam o PT. Então, não se aproximem mais. Esse é o militante, esse é um personagem que, definitivamente, me desagrada muito. Agora ele começa a me desagradar mais ainda, quando esse militante é ladrão! Quando esse chamado militante não tem mais causa nenhuma. Ele está defendendo um esquema de poder, ele não está mais defendendo nenhuma ideia abstrata que se possa respeitar, ou seja, ele não está encarnando mais nada. Um militante que eu respeito é aquele que é capaz de encarnar alguma coisa. Aliás, respeito também os religiosos que encarnam a sua religião, que encarnam a sua ética. Esses eu posso respeitar, mesmo que não concorde. Talvez o que me separe de um militante é que eu posso respeitar uma pessoa da qual eu discorde, e um militante não respeita ninguém de quem ele discorde.

Ou quem discorde dele. Como é que você vê, então, a forma como a história poderá observar esse momento que estamos vivendo e conversando sobre ele. Qual será o rescaldo histórico dessa estratégia governamental petista, em que práticas ditas de direita possam ser "confundidas", hoje, com uma política de esquerda? Essa confusão provocada pelo discurso oficial não aumentaria, ainda mais, a crença do povo brasileiro em relação à "predestinação histórica" de que o Brasil não tem jeito?

596 | PROFETAS DO PASSADO

Eu vou fazer apenas uma observação no fim da sua frase: eu só não diria práticas comprovadamente de direita, ou ditas de direita, porque tem muita gente de direita que não é ladrão, e tem muito ladrão que não é de direita, é de esquerda. Acho que são práticas comprovadamente desonestas, antipovo. Este é o ponto! Porque prejudicou muito o povo! Quer dizer, essa coisa de dar com uma mão e tirar com a outra, isso é muito ruim. Porque qualquer dona de casa sabe disso, né? Se você tira da verba pública e bota no bolso, vai ter um momento em que a economia vai desandar. Como agora. Mas eu queria voltar à sua pergunta sobre a questão do desalento.

Pois é, será que todas essas "estratégias" oficiais não fortalecem, no inconsciente coletivo, a ideia de que este país não tem jeito?

Talvez eu seja um pouco mais otimista, porque acho que a sociedade brasileira mudou muito, mudou imensamente. Acho que ela, hoje, é infinitamente mais informada do que há trinta, quarenta anos. Ela é muito mais escolarizada, então, ela tem uma capacidade de discernimento maior. É claro que o peso da mitologia ainda é muito grande, o peso da religiosidade, o peso de tudo isso que eu falei antes. Mas, de dentro disso, está brotando alguma coisa diferente. Acho que isso é um pouco do que vimos nas ruas. Você não consegue dizer se as manifestações são de direita ou de esquerda. Não adianta. Não é nem uma coisa nem outra! Você não consegue mais colocar etiquetas, as etiquetas ficaram velhas! Então, acho que, hoje, você tem que começar a nomear, de outra maneira, o que vai se passando na realidade brasileira. Acho que as pessoas definem em atos, em manifestações, em conversas privadas, os seus desejos, as suas aspirações e, também, os seus processos de decisão. Estou muito interessada em como as pessoas tomam as suas decisões. Sou de uma geração que se referia ou a uma ética religiosa, ou a uma ética política, ou às ordens da família. Enfim, se referia a isso, fundamentalmente, e tinha sempre quem lhe dissesse como deveria agir: o partido, a Igreja, as instituições, ou a mãe e o pai. Você tinha grandes instituições que ditavam o seu comportamento e suas escolhas. Mas todas essas instituições entraram em declínio normativo. Então, queiram ou não, as pessoas estão confrontadas com certa liberdade, paradoxalmente. Logo, como é que você toma uma decisão? Você precisa parar e pensar. Porque, sobre uma decisão importante na sua vida, você conversa, em geral, com pessoas próximas. Você tem uma coisa que eu chamo de círculo de confiança, que são seus amigos, as pessoas que você admira. Acho que as pessoas estão sendo forçadas a ser mais inteligentes, ultimamente.

O que você quer dizer com isso? Que as redes sociais e a internet têm papel preponderante, na medida em que se ampliaram os círculos de confiança?

Não necessariamente. Eu falo de um círculo de confiança muito mais de carne e osso. Quer dizer, pessoas, gente, o seu círculo, com quem você debate coisas, e isso faz com que as pessoas sejam obrigadas a raciocinar mais. Então, quando um sujeito diz que não tem mais jeito, porque o Lula chegou lá e fez o que fez. No dia seguinte, ele tem que decidir, de toda maneira, em quem ele vai votar. E ele não vai mais consultar os manuais do PT, nem vai acreditar nos cartazes, nem, necessariamente, nos programas de televisão. Acho que o marketing ainda tem muita força. O marketing político tem muita força, mas tem cada vez menos.

Você acha que o marketing eleitoral decidiu a última eleição?

Acho e não há a menor dúvida. E isso é abusivamente lamentável. Agora, essa sucessão de fatos: a Dilma ter prometido na campanha e, depois, ter desmentido tudo que disse só desmoraliza o marketing. Da próxima vez, o eleitor vai pensar duas vezes naquilo que ouve. É como a propaganda: se você compra um sabão porque lava mais branco, mas quando você vê que não lava nada, você não compra mais aquele sabão. E é exatamente isso que está acontecendo, em larga escala, com o governo. Hoje, eu, pelo menos, teria uma grande dificuldade de prever o que iria acontecer, se a Dilma deixasse o governo e tivesse uma nova eleição. Não sei o que aconteceria. Posso admitir várias hipóteses, mas eu não tenho certeza de nenhuma delas, porque creio que a imagem do PT ruiu. A queda de popularidade, de respeitabilidade do Lula, por exemplo, é imensa. A dela, então, nem se fala. Nunca se viu uma coisa assim. Há uma decadência dessas idolatrias muito forte. Acho que as nações passam por esses traumas. O Brasil passou por um trauma, ou melhor, está passando agora com a operação Lava Jato.

Qual é o sentimento, em sua opinião, que prevalece, hoje, no chamado homem comum, após constatar que fora alvo do que se conhece, popularmente, como "estelionato eleitoral"? Sem falar nas denúncias de corrupção, que parecem infindáveis.

Sentimento de revolta e de traição. Dor de corno, mesmo. Acho que é isso que a maioria da população está sentindo e vai sentir cada vez mais, porque quem está desempregado, agora, está começando a entender porque isso está acontecendo. O impostor vai com o cartaz dizendo: "Contra o ajuste". Mas todo mundo sabe que ele defendeu o ajuste, que foi ele mesmo quem propôs... Então, essa mentira, esse mecanismo foi o que o Lula usou durante anos, porque ele falava a língua do povo, ele sabia falar essa língua correntemente, e tudo que ele dizia passava como verdade. Logo, acho que, hoje, já não passa tanto como verdade. Ou, pelo menos, não passa para tanta gente. Todo país, quando passa por esse tipo de trauma que o Brasil está passando, tem duas opções: pode se imaginar que daqui vai para pior, ou pode se ter uma visão mais esperançosa, que é a minha. Vamos sair disso melhor do que estávamos anteriormente, o que nos dá uma boa perspectiva, pois estaremos saindo de uma grande impostura.

O que você tem a dizer quanto a essa acusação, mesmo feita à *boca chiusa*, de que o projeto de vinte anos no poder (o chamado projeto petista de poder) prevê a cooptação de uma parcela considerável da classe média, com o aparelhamento da máquina estatal que, já há algum tempo, vem contemplando fundações, autarquias, organizações não governamentais, sindicatos, associações de classe?

Tivemos uma eleição em que a oposição perdeu por 3%... Imagina o que seria agora, depois que a máscara caiu e se alterou, consideravelmente, o cenário político. Acho que o Brasil foi muito aparelhado, e acho que isso foi feito sistematicamente, cientificamente. Eu não tenho dúvida que foi pensado, mas o Brasil não é só fundações, autarquias. O Brasil é muito maior e, também, muito complexo. É uma sociedade difícil de classificar. As pessoas escolhem seus representantes pelas razões mais diversas, não é? As mulheres escolhem por uma determinada razão, os negros escolhem por outra, os gays votam nos gays ou em quem defende os gays. Em certo sentido, o Brasil é uma sociedade cada vez mais moderna. Então, é muito difícil querer amarrar essa sociedade numa divisão direita/esquerda, porque já não corresponde.

Ou, então, nessa divisão pior, que é: nós, o bem, e eles, o mal.

Evidente que nós somos o bem, porque a esquerda sempre foi isso: o bem. E vocês, que são a direita, representam interesses opostos. Simplificando, pode ser o mal. Mas perguntei no artigo: "À esquerda de quem, estão os tesoureiros presidiários"? Eu, sinceramente, tomo isso como um insulto, porque não dou a essas pessoas o direito de me classificar, pelo menos de apagar toda a minha vida, dizendo: "essa aqui é uma pessoa de direita". Ninguém ousou dizer, mas se ousasse, eu não aceitaria. Eu não sou! É impossível me classificar assim. E impossível por quê? Porque eu tenho sete livros publicados, e você não encontra lá nenhuma frase que possa corroborar com isso. Então, isso também já não funciona mais. Pois quando é que fica perigoso pro mentiroso? É quando ele acredita na mentira, como é o caso. Mas eu acho, também, que eles entraram numa faixa complicada, porque eles acreditam na mentira e não têm a capacidade de ver que não adianta dizer "isso aqui é a direita". Porque isso aqui é muito maior! Isso é um movimento que eles não estão entendendo. E porque não estão entendendo, fazem essa simplificação e passam a repetir sua própria mentira. "Ah, isso aí são manobras da direita." De repente, saem milhões de pessoas nas ruas, como saíram em junho de 2013. Essas pessoas não são de direita, são pessoas mais informadas, porque são mais escolarizadas, são mais politizadas, enfim, em todos os sentidos. E o que é melhor: estão ancoradas na vida real.

Parece que não existem dúvidas de que a ética perdeu o seu protagonismo no campo das relações humanas e, consequentemente, das relações políticas. Que explicação você daria para essa realidade? Tornamo-nos reféns do neoliberalismo? Esse poderia ser outro viés para explicar e/ou justificar o momento presente?

Acho que sim. Escrevi um artigo, inclusive, sobre isso, chamado Deus de Lua. Porque isso me impressiona bastante. Realmente, essa coisa neoliberal está permeando muito todas as relações. É uma presença muito forte. Mas sinto que, ao mesmo tempo em que isso permeia como regra de comportamento, coexiste com um mal-estar, com um sentimento de falta, com uma inquietação mútua. No fundo, as pessoas gostariam que as coisas não fossem assim.

Você diagnosticaria esse mal-estar como um sentimento popular?

Exatamente. Gostaria que não fosse assim, e acho que existe uma aspiração nesse sentido, por um mundo diferente, em que as relações não sejam como são. Se não fosse assim, por que haveria tanta revolta contra o que aconteceu? Todo mundo diria: "Ah, grande Dirceu, deu-se bem, ficou rico!" Não foi vista essa reação em ninguém... Acho que essa caça ao dinheiro é que leva a todo tipo de comportamento antiético. Na Medicina, no Direito, nas mais diversas carreiras — e está se tornando tão evidente para todos que eu acho que nasce, muito embrionariamente e resultante desse mal-estar, o que eu chamo de "mal-estar na barbárie". Porque esse mal-estar provoca o nascimento de um desejo por alguma coisa diferente. Um exemplo disso, inclusive como fenômeno analisado, foi a imensa subida na votação da Marina, porque ela encarnava isso, com razão ou sem razão, ela encarnava isso no imaginário popular: uma pessoa que era honesta, que dizia o que pensava, que era ela mesma que estava por trás do que dizia. Ou seja, o que ela dizia era verdade. Então, esse desejo de verdade é que elevou a expectativa de votos da Marina para 70%. E isso não pode ser esquecido como dado efetivo de uma realidade. Eu gosto de dar alguns exemplos. Existem alguns ídolos nacionais, pessoas que são unanimidade no Brasil: Fernanda Montenegro é uma delas. O que as pessoas admiram na Fernanda Montenegro? A integridade. Como sou amiga dela, disse isso à Fernanda. Por que você é uma unanimidade? Porque você tem prestígio nacional, além de ser uma grande atriz? Sim, mas não é só por isso. Quando ela simboliza a integridade, ela se torna um ídolo nacional. A reação à morte de Ruth Cardoso. Aliás, ela poderia ter sido eleita presidente. Ruth Cardoso tinha um prestígio nacional muito maior do que os que estavam em volta dela. E por quê? Porque era uma pessoa íntegra. Então, não venham me dizer que o Brasil é feito de corruptos, porque não é. Tem uma ambiguidade aí, que é a maneira que uma pessoa vive porque está num mundo cujas regras são essas, e a nostalgia que essa mesma pessoa tem em relação ao bem.

Como você vê o papel da mídia hoje? Mesmo o PT afirmando que a grande imprensa está contra o governo, não se vê uma discussão, mais aprofundada, a respeito de uma provável interrupção do mandato presidencial. Por quê?

Tiro o chapéu para a mídia, porque eu acho que ela tem tido uma posição muito corajosa, de independência mesmo. Como estávamos falando antes, é uma novidade social tão grande, que é difícil equacionar tudo o que está acontecendo. Algumas pessoas têm escrito e têm tentado. Eu mesma escrevi, entende? Mas tenho dificuldade de entender tudo o que está acontecendo. É muito difícil ler os acontecimentos e, talvez, por isso, o debate não se apresente com tanta clareza. Porque você só pode debater quando você equaciona bem a questão, senão, você não sabe o que está debatendo.

Você considera que o silêncio do meio acadêmico também se explica por essa dificuldade de entendimento?

Pois é, não sei se ainda é. Acho que as coisas têm mudado tanto... O pensamento está em muitos lugares, hoje. Não é, de novo, um privilégio das universidades. Só na universidade que se pensa? Não, na universidade se pensa muito, mas se pensa também em outros contextos. Os contextos de experimentação social. Tudo isso são lugares de pensamento. A própria mídia é um deles, na medida em que provoca os mecanismos de comunicação que, por sua vez, alimentam debates. Essa ampliação do debate nas redes sociais ainda é de difícil interpretação. Quer dizer, ao mesmo tempo em que nos traz grandes vantagens e discussões, traz grandes perigos e armadilhas. Enfim, não podemos nos queixar de tédio. Estamos vivendo um momento altamente desafiador e muito importante para o país. E o que é interessante é que, depois de tudo isso, nós ainda estamos vivendo numa certa democracia. E isso é incontestável. É uma prova de maturidade imensa da sociedade. Porque estamos levando trancos, um depois do outro, e a democracia está aguentando. Está aí, né? Acho que o papel da Justiça se tornou, igualmente, muito importante. Assumiu um protagonismo que nunca se imaginara antes.

E um protagonismo muito importante, que nunca se imaginara antes. Temos, hoje, pelo menos uma parte da Justiça que é sólida e que funciona. Temos liberdade de expressão, que é outra coisa importante. Quer dizer, nunca vamos chegar a uma sociedade perfeita, e estamos muito longe disso, mas acho que o Brasil está saindo do buraco: pela participação popular, pelo debate público, pelo desmascaramento das imposturas — e tudo isso é essencial para que alguma coisa de novo possa acontecer. O PT, durante muitos anos, ocupou, praticamente, o espaço político, ocupou os espaços das esperanças, e ele estava decepcionando essas esperanças... Então, no momento em que ele deixa de ser a única esperança, outras brotarão.

Você se importaria em declinar seu voto no segundo turno da eleição de 2014?

No segundo turno votei no Aécio.

E por quê?

Porque não queria mais o PT.

Rosiska Darcy de Oliveira, carioca, 71 anos, é advogada, professora, jornalista e escritora. Doutora pela Universidade de Genebra, foi presidente do Conselho Nacional dos Direitos da Mulher e embaixadora na Comissão Interamericana de Mulheres da OEA. Referência do movimento feminista, do qual derivou sua vasta produção editorial, tanto no Brasil, como no exterior. Ocupa, desde abril de 2013, a cadeira de número 10 da Academia Brasileira de Letras.

Marcio Tavares d'Amaral

"Vou votar no Lula. A despeito do profundo ódio que eu tenho pela traição que sofri, junto com o povo brasileiro que, como eu, acreditou no que lhe foi dito."

Rio de Janeiro, 19 de maio de 2015

Gostaria de começar falando da sua militância política. Em algum momento, você esteve ligado a algum partidos e/ou organizações? Você participou da resistência ao golpe de 1964? Quando você entrou para a universidade?

Comecei como todo mundo: em 1966, quando entrei na universidade. Como venho de uma família udenista conservadora, não tive nenhuma oportunidade antes [risos]. Do movimento estudantil, avancei para a militância em organizações clandestinas: primeiro o PCBR e depois a VAR-Palmares. Permaneci na militância até a década de 1970, quando ficou evidente que essas alternativas tinham fracassado: ou estávamos presos, exilados ou, então, mortos. De lá para cá, mantive a militância, só que restrita à área intelectual e acadêmica. Fui para a universidade, onde ensinei marxismo e um montão de coisas. E essa outra militância acabou em 1980, quando o PT foi fundado.

PROFETAS DO PASSADO

Mas não entrei imediatamente. A minha experiência em organização de vanguarda foi muito ruim — não quando eu militava, mas depois que saí, quando refleti a respeito. Não podia ser vanguarda, porque não tinha retaguarda, não tinha povo atrás.

Como você vê, hoje, essa opção pela luta armada que, ao que tudo indica, foi protagonizada por um segmento da juventude classe média, da época, justamente num momento em que a radicalização pelo AI-5 era total?

Vejo duas dimensões. A primeira de todas é que só fez essa opção quem, como nós, estavas vocacionado para ela, não só porque era filho da classe média, mas porque havia uma motivação ética, possivelmente. Porque sempre há uma dimensão ética impregnada na juventude. Há uma generosidade na possibilidade das escolhas, que é típico dos jovens. Penso que foi isso que nos conduziu à luta armada contra a ditadura, que acontecia, também, por meio do Partidão. E é o que eu considero a segunda dimensão, possivelmente a mais correta, olhando hoje. Porque o mais provável é que a abertura tenha sido feita por dentro, por quem fez a luta política com as condições possíveis, na época. Isso implicava engolir sapos enormes, mas o Partidão foi para dentro do MDB e se formou aquela grande frente de oposição. O que conquistou a abertura foi a luta política dentro do sistema, que permitiu que se elegessem os primeiros governadores. Foram os reformistas [risos]. A grande discussão da época era essa: reforma ou revolução. E, naturalmente, a juventude corria para a revolução. Reforma requer muita paciência e os jovens, quase sempre, têm muita pressa.

Com esse histórico e com essa reflexão, o mais natural é que você se tornasse um dos fundadores do PT, não é mesmo? Mas você disse, há pouco, que você não se filiou imediatamente ao partido. Por quê?

Hoje vejo que a avaliação foi incorreta. Porque o que me parecia era um partido de esquerda, socialista, constituído por intelectuais que fizeram parte da vanguarda do antigo movimento estudantil. Todo mundo que estava ali havia passado por organizações clandestinas: José Dirceu, José Genoino, Vladmir Palmeira, todos ex-lideranças estudantis, que passavam, então, a ser fundadores do PT. Avaliei o PT, então, como sendo uma organização de vanguarda e, como eu tinha feito esse compromisso comigo — não entro mais em nada que não tenha o povo atrás —, só entrei para o partido em 1987, quando frei Betto trouxe as comunidades de base e percebi uma disposição para se tornar um partido de massa. Inicialmente, não avaliei a origem operária do Lula, embora o movimento operário do ABC fosse, também, vanguarda. Porque era uma classe média operária, e isso, claro, faz diferença. Permaneci no PT até 2012, atravessei, heroicamente, mensalão e essas coisas todas, com um infinito sofrimento, mas achando que o PT não era só aquilo. Apostei muito na refundação que o Tarso Genro tentou fazer e que, agora, ele vai tentar de novo. Mas, em 2012, quando teve aquela foto do Lula no jardim do Maluf, aí ficou impossível. Foi uma reação tipicamente classe média, foi uma foto, né? Mas não deu. Foi a sintetização da desgraça [risos].

Queria voltar aos primórdios do PT, quando sua "memória de vanguarda", vamos dizer assim, impediu a sua filiação imediata. De qualquer forma, observadas as forças que o originaram, parece que todas as considerações a respeito do PT reconduzem a discussão para o universo da classe média. Você concorda com a tese de que estaria aí, nessas origens (classe média) do PT, um provável viés de entendimento para o seu projeto de que "os fins justificam os meios"? Ao chegarem ao poder, esses grupos tentariam uma espécie de revanche histórica, retomando, duas décadas depois, tudo o que foi abortado em 1968? Como você vê essa ilação?

PROFETAS DO PASSADO

É uma ideia boa pensar o que significou o fato de o PT ter sido formado da maneira que foi, qual o significado das lideranças, mesmo quando provinham da área operária, serem lideranças de classe média. Porque mesmo que o poder aquisitivo fosse baixo, eram classe média de mentalidade. Para se constituir um partido de esquerda, em que a classe operária é requerida, tem que existir a tal consciência trazida de fora que Lenin falou, que é a classe média. E como a classe média não ocupa nenhum dos dois polos extremos do modo de produção capitalista — ela está no meio e é pendular —, essa consciência trazida de fora também é pendular. Isso significa que ela tanto pode correr para a esquerda, como para a direita — e direita e esquerda aí só como referências. Pode correr mais para perto de um trabalho de massa, de uma organização popular transformadora, como pode correr para um caminho formal de partido, buscando a conquista mais do governo do que propriamente do poder. Porque, no sistema capitalista que se tem hoje, o poder é dos bancos, é dos sistemas financeiros internacional e transnacional. E ninguém, a não ser que já esteja no poder, que represente esse poder, ganha o poder. O PT nunca esteve no poder, ele está no governo.

Você pode explicar melhor essa afirmativa: "o PT nunca esteve no poder"?

Houve um determinado momento em que essa classe média, fundadora do PT, esteve mais próxima das organizações de base. Foi aquele período em que todo mundo dizia que o PT no governo era lento, que era assembleísta, que tudo tinha que ser levado às bases para que fosse decidido. Só que isso não leva ao poder, não leva ao governo, a não ser que haja um horizonte revolucionário, que não havia, como não há ainda hoje. Então, cada vez mais se foi indo para o caminho da disputa das eleições, uma disputa para ganhar. E foi esse o momento em que o PT veio a se tornar um partido tradicional. Um partido cujo objetivo é conquistar e manter o governo. E, para isso, ele teve que se organizar verticalmente. Esse foi o grande trabalho do Dirceu: organizar um partido que saiu daquela horizontalidade das bases para uma verticalidade da estrutura. Quando eu entrei, as organizações de base funcionavam. Tinha a da cultura, que levava o nome do Pellegrino, tinha a das pessoas com deficiência, na qual eu fiquei, já que a minha mulher milita a vida inteira nisso. E depois todas elas foram transformadas, de repente, em setoriais do partido. Quer dizer, não era mais a base que se organizava. Era o partido que tinha esses setores que, agora, faziam parte da máquina partidária. Tinham funcionários eleitos, eram funcionários da máquina partidária. O movimento na base, então, foi se esgarçando e a referência, toda, ficou sendo o partido e não o movimento do qual o partido seria a representação formal. E, na medida em que isso acontece, a questão gira em torno da máquina de poder, de como conquistá-la e de como mantê-la, porque o poder é um só e o governo, aí, é o objetivo, que, no caso, passou a ser ganhar a presidência. Porque aquele tempo todo que o Lula veio perdendo, lá no começo, foi por fidelidade ao projeto inicial do partido. Agora, quando o Dirceu assumiu a presidência do partido (início dos anos 1990), passou a vigorar o projeto dele: o Lula vai ser presidente e nós vamos fazer as alianças que qualquer partido faz para levar o seu líder à presidência. Ele verticalizou o partido e retirou do Lula aquela aura de líder operário, que era, também, e contraditoriamente, uma "mancha", que tinha dado certo, mas que o mantinha com essa imagem de líder operário. É nesse momento, então, que, se o fim é a manutenção do poder, todos os meios que sirvam a esse fim passam a ser legítimos. Logo, se o poder fosse uma coisa boa, limpa, os meios seriam limpos também. Mas, sendo o poder, no sistema capitalista, e nos outros também, intrinsecamente corrupto e corruptor, intrinsecamente violento e violentador, e, também, intrinsecamente manipulador, os meios acabaram mostrando que, para alcançar os fins que justificam esses mesmos meios, há necessidade de montar, por exemplo, uma máquina de corrupção.

610 PROFETAS DO PASSADO

Em outras palavras, isso quer dizer que não há problema de consciência aí?

Isso. Não tem problema, porque o fim justifica o meio. O que não impede de evidenciar que o fim é corrupto.

Ainda sobre o mesmo tema. Como você vê a questão de que, apesar de se declarar "reserva moral da política brasileira" durante os anos em que esteve na oposição, o PT tenha alterado tanto sua postura, em sua chegada ao governo? Além do projeto de verticalização, já abordado por você, que outros fatores levaram o partido, em sua opinião, a trair seus propósitos e objetivos iniciais? A Carta aos Brasileiros, em 2002, seria um marco dessa mudança?

Mesmo já no comando de algumas prefeituras, o modo petista de governar, como se chamava, fez diferença nos municípios. E o orçamento participativo é uma prova disso, tudo sinalizava para um projeto muito bom. É claro que eu estou falando do início. E é claro, também, que uma coisa é governar Porto Alegre e outra é governar o Brasil. Porque no início, o PT foi entrando para não fazer o jogo, e sim para denunciá-lo. Foi o tempo em que o Lula andou perdendo. Foi um tempo para, depois, entrar no jogo para valer, e ganhar. A vitória significaria alguma coisa como uma tomada do poder. Mas, aí, era preciso que houvesse um horizonte revolucionário, que, aliás, dispensaria as eleições e alianças com a esquerda que poderiam ser feitas, nesse contexto. Mas, qual esquerda, se a esquerda era o PT, se o PCB estava à direita do PT, se o PSB, aliado histórico, tinha se afastado, se o PDT adotou um populismo pendular, que hoje o posiciona distante do campo da esquerda, se o atual PPS, racha do pecesão, está, hoje, à direita do PSDB? Então, essa aliança para ganhar o governo e, depois, para governar precisou ser feita para o centro. Porque, quando um partido de esquerda, que é de esquerda na oposição, vai para o governo, ele vem para o centro. Ou, então, não governa. Agora, quando ele faz alianças ao centro, ele está fazendo alianças para a direita. Os dois governos Lula, por exemplo, conseguiram se manter no centro-esquerda, por causa do Lula e de uma conjuntura muito favorável, do ponto de vista econômico e mundial, que dispensava a receita neoliberal clássica. Na verdade, não dispensava a receita inteira, porque o Palocci foi um neoliberal, só que um neoliberal do PT, o que é diferente de ser um neoliberal como o Levy [risos].

E qual é a diferença?

O neoliberal do PT sabe por que está sendo um neoliberal, porque o Lula tocava a política social. Todas as coisas que aconteceram e provocaram uma grande mobilidade social, reversível, infelizmente, porque não foi estrutural. E talvez não pudesse ser. Mas aqueles milhões de pessoas que se integraram ao mercado passaram a consumir e a comer mais. E isso foi feito pelo Lula, a despeito de uma política cujos fundamentos eram os mesmos dos governos do Fernando Henrique. Então, qual é a diferença? A diferença é que o Palocci sabia para que ele estava fazendo aquilo, o Levy, hoje, sabe por que ele está fazendo isso, mas como ele não é do PT, ele não é de esquerda, o negócio dele é operacional, é obter resultados, que se esgotam na economia. A visão de uma política social por trás disso que ele está fazendo não existe. Porque esse momento econômico, ao contrário daquele dos governos Lula, é extremamente catastrófico no mundo inteiro. A globalização é isso, pega o mundo inteiro. A política econômica neoliberal que o Palocci fez tinha um sentido de aliviar a base da economia, de modo que não atrapalhasse o programa social. A política do Levy, não, está voltada inteiramente para a economia, para salvar a economia de si mesma. Os programas sociais, se puderem ser salvos, muito bem, se não puderem, nada a fazer... Então, neoliberalismo, lá e cá. Mas o de lá tinha um objetivo não neoliberal. Agora, no segundo governo Dilma, não tem mais. O

PROFETAS DO PASSADO

objetivo, agora, é, realmente, refazer os fundamentos da economia, segundo o modelo neoliberal. E pode ser, até, que o desenvolvimento social esteja na cabeça da Dilma, mas não está na do Levy. E a Dilma não governa mais. Então, não sei no que isso vai dar. Agora, esse cozimento neoliberal é muito antigo. A rigor, começou com o Collor, passou pelos dois governos FHC e pelos dois governos Lula, e está hoje na sua fase catastrófica, porque, agora, tem um governo que devia ser de esquerda ou de centro-esquerda, ou de centro, pelo menos, que está aplicando um receituário de direita.

É um governo de direita, então?

É. Porque o coordenador político do governo é o vice-presidente, que é, também, presidente do PMDB, um partido amorfo e que, com certeza, não é de esquerda. É aquele centro oscilante. E o resto do governo está à direita. Tem o PCdoB, que é de esquerda e que é antigo, mas não é representativo. E o PMDB, que governa e não governa, preside as duas casas do Congresso, e presidindo contra o governo, o que significa que o presidente do PMDB não está conseguindo se impor diante das duas casas. Logo, potencialmente, enquanto poder, o Legislativo está em oposição ao Executivo, a gestão econômica está nas mãos de um neoliberal assumido. E a Dilma não está governando. Nesse sentido, e com pequenas reservas que, talvez, sejam mais de sentimento de tristeza do que de objetividade, é que se pode dizer que este é um governo de quase centro-direita.

Mas essa não é uma definição clássica?

Não [risos].

Mas é por aí que você explica o silêncio dos intelectuais e, também, da universidade, que, tradicionalmente, é vista como o espaço do dissenso?

Quando o Mitterrand ganhou as eleições na França, os intelectuais se calaram. Foi um fenômeno que se chamou de "O silêncio dos intelectuais". Mas por que isso ocorre? Porque a função do intelectual sempre foi fazer a crítica ao poder. Enquanto o poder esteve na mão da direita, o intelectual de esquerda fazia a crítica. Agora, a situação é: como fazer uma crítica ao poder de esquerda, sem virar de direita? A solução, então, foi silenciar e é isso que a gente viu a universidade fazer nos governos do PT. E isso em todas as latitudes. Não só em relação à geração de pensamento crítico, mas também aos movimentos reivindicatórios: as greves de professores, por exemplo, deram uma trégua no período Lula.

Onde e como você entende o papel da ética neste nosso cenário político? Como é que você acha que a história brasileira vai ser capaz de entender este governo, que você acaba de denominar de "mais ou menos centro-direita"? E por que é tão difícil admitir que a ética não existe nestes nossos tempos neoliberais? Não seria autocrítica a palavra que está faltando, hoje, para uma parcela considerável de nossa *intelligentsia*?

Acho que a questão da ética. Tem duas vertentes: a primeira, quando fica evidente que ela não existe na política. Quer dizer, não é que ela não possa existir. Continuo apostando na ética na política. Mas estou falando daqui, da nossa realidade. Quando se descobre que até o PT é capaz de corrupção — e não da pequena corrupção, aquela que é inerente à natureza humana falível —, mas aquela corrupção que se multiplica e se potencializa, mais ainda, pelo exercício do poder, e até mais do que isso. É uma descoberta chocante. E aí estão, também, as consequências, o êxodo que o PT sofreu, principalmente dos intelectuais, que têm a responsabilidade da ética porque têm a responsabilidade da crítica. E a outra consequência foi um pasmo, que foi recoberto pelas teorias conspiratórias — "isso é coisa da CIA", "estão querendo derrubar o Lula", "não houve mensalão, é outra coisa". O próprio Lula disse: "No Brasil, é assim que se faz, os outros partidos também fazem a mesma coisa." E por aí vai. Então, é um pasmo diante da banalidade do mal. A verdade é que, naquele momento, houve um choque quando se descobriu que a ética não é um privilégio da esquerda, da mesma forma que a falta de ética não é um privilégio da direita. Talvez o resultado mais significativo desse movimento tenha sido a saída de um grupo considerável para o PSOL. E o outro foi: "Não, não acredito." Então, naquele momento, foram duas atitudes, uma ativa e outra mais passiva, mas ambas espantadas. E, hoje, o que se vê é uma espécie de depressão política. Ou seja, já não se espera mais que haja ética na política. De modo que, "se são todos iguais, por que eu não vou votar nos meus?"

Trata-se, então, de um fatalismo histórico, um pertencimento quase esquizofrênico, é isso? Se todos são iguais, porque eu não vou votar nos meus? Seria isso?

É. "Os meus são ruins, mas os deles também são. Então, os meus são melhores, porque pensam coisas com as quais eu concordo, têm uma mesma visão da sociedade, dos movimentos sociais e das pessoas. E olham para as pessoas, não olham só para as eficácias econômicas e para os resultados de mercado. É tudo ladrão, mas o meu pessoal tem certas justificativas. Os outros não, os outros são só ladrões mesmo." Então, quando se diz que, no Brasil, não existe partido de direita, que todos os partidos são de centro-esquerda, isso se justifica, um pouco, porque alguém de esquerda vota no seu partido, mesmo sabendo ser ele corrupto. Porque ele pensa: "O meu é de esquerda, o outro, que diz a mesma coisa que o meu, não pensa a mesma coisa. Portanto, ladrão por ladrão, fico com os meus, porque 'eles' são ladrões mentirosos. E eles roubam há mais tempo que nós. Sempre foi assim, e agora vêm nos responsabilizar por isso." E a verdade é que a corrupção existe, no Brasil, desde que Cabral chegou aqui. Antes de o povo das Capitanias retaliar o país, Pero Vaz de Caminha já pedia ao rei, em sua famosa carta, um emprego para o sobrinho. Nós não podíamos. Sei que é um idealismo, mas não podíamos! "É da lógica do poder verdadeiro, a corrupção — a famosa frase, né? —, o poder absoluto corrompe absolutamente." Mas não podíamos! A ética, então, ficou sendo uma daquelas coisas em que fomos vencidos. Porque, se não se governa sem fazer algumas concessões, não se pode esquecer que não tem meia concessão.

Quando você faz essas observações, você está reproduzindo, de certa forma, o que diz uma parcela considerável dessa classe média politizada, cosmopolita, intelectualizada, que prefere se calar ou minimizar os escândalos atuais. Como é que você acha que esse comportamento dúbio, para não dizer canhestro [risos], chega ao sentimento do povo brasileiro? Ou seja, para chegar e exercer o poder, e mesmo tendo como objetivo melhorar a qualidade de vida do homem, é necessário sempre fazer "concessões" dessa natureza?

Meter a mão na lama é o que você quer dizer, né?

Você não acha que essa confusão, inclusive de conceitos, quanto ao campo de atuação governamental, não fortaleceria ainda mais o que parece estar impregnado no tecido subcutâneo da sociedade, que é a crença de que este país não tem jeito? Em última instância, a gente está falando de desesperança, né?

Eu quero responder pelo começo da sua pergunta. Acho que o que bate no homem comum é uma desesperança, uma espécie de fatalismo. E eu digo uma espécie porque essa desesperança é irritada, e, quando há irritação, é porque há alguma expectativa de que, batendo, muda. E foi justamente essa desesperança irritada que foi para as ruas em 2013, que foi agora, novamente, só que, agora, com alvo. Porque, em 2013, o alvo era genérico: "Ninguém nos representa!" Era essa a maior bandeira. Só que, nesse "ninguém nos representa", tem raiva, tem angústia, porque queremos ser representados, não podemos estar em todos os lugares. A raiva sinaliza que não houve, ainda, uma completa submissão, uma completa acomodação. Estamos olhando e participando desses fenômenos e, aí, há certa esperança, desde que essa raiva seja canalizada. Mas, como ainda não sabemos quais são os canais, há o risco de que se abandone a ideia, já que "podem haver instâncias de mediação, entre a sociedade desorganizada e o poder constituído". Essa tentação, que parece forte, é muito perigosa, porque o Estado é manipulador. E, na outra ponta, aqui em baixo, na sociedade desorganizada, só se encontra um caminho viável de visibilidade pela anomia e pela violência, já que essa mesma sociedade se sente estuprada. Então, o que me parece que bate no homem comum é uma desesperança não conformada, que pode ser apropriada, no sentido pior da palavra, ou que pode ganhar volume e se organizar, tanto em novos partidos, como também em novos tipos de organização da sociedade, que não são exatamente os partidos e que, talvez, nem tenham a intenção de disputar, ganhar e manter o poder. Mas que tenham a intenção de agir sobre ele. Pois a pressão é muito importante numa democracia. E a forma raivosa e angustiada, que assume essa nossa desesperança, me diz que os traídos, que somos todos nós, não estão conformados com a traição. Não sei se você vai poder colocar isso no livro, mas não somos cornos mansos. E vem por aí alguma reação, sim, que pode ser muito violenta, como um crime passional, politicamente falando, ou pode ser negociadora, na base do vamos conversar. Não tenho condições nem distanciamento para fazer um prognóstico. Posso dizer qual é a minha direção preferencial: é que a sociedade vá se organizado, ela mesma, porque eu tenho a grande desconfiança de que nunca nos organizamos como uma nação.

E você percebe a possibilidade para que isso aconteça?

Talvez, porque a chegada no fundo do poço — e eu não vejo poço mais fundo do que este a que a gente chegou, que é quando a esquerda, que está no poder, vira direita. Mas, quando se chega lá, só se tem duas possibilidades: ou se fica, ou se sai de lá. E, como eu vejo na raiva, na angústia dessas manifestações de desesperança, uma força, eu estou apostando na saída. E nessa saída vai ser necessária alguma coisa que nos faça constituir, finalmente, uma nação. Porque não foi o povo brasileiro que proclamou sua independência, que fez a República, e por aí vai. Aliás, nem o Deodoro proclamou. Porque o que ele gritou foi "Viva o Imperador" [risos]. Depois, tem a Revolução de 1930. E ela não significou que tenha se organizado uma nação. Getúlio, pai dos pobres, baixou leis para organizar o trabalho e criou partidos para representar a esquerda e o centro. E, de novo, não foi o povo que organizou esses partidos. Então, a nação brasileira tem esse estigma. A essa altura, quando a esquerda está virando direita, talvez não seja absurdo colocar em questão se a nação brasileira existe. A nossa história vem de Portugal, e o traço mais marcante dessa herança é que, da mesma maneira que eles constituíram uma monarquia, por razões estratégicas, em que não havia povo, nós também tivemos capitanias, governador-geral, mas não tínhamos povo. Todos os movimentos nativistas, como a Conjuração Mineira, a Balaiada, a Sabinada, a Confederação do Equador, que propunham a constituição de um povo brasileiro, foram arrasados, não exatamente porque não tinham força militar, mas porque não representavam o que o Brasil era: o Brasil não era brasileiro [risos].

Quando você faz essa análise, você se reporta à realidade presente? Você considera que, mais uma vez, a história se repete, nesse sentido? Por que, em sua opinião, se tenta desqualificar todas as manifestações, ou seja, todas essas tentativas de organização popular, que vêm ocorrendo no Brasil, desde junho de 2013, e que se intensificaram agora, após o pleito de 2014?

Estamos vivendo num regime de ódio e de intolerância absolutos, não tem mediação, quer dizer, é "nós" e "eles", uma dicotomização e uma demonização recíprocas. E essa demonização foi feita mais pela Dilma. Quer dizer, a demonização não é dela, é do marqueteiro dela, o João Santana. Ele criou aquela péssima associação entre a independência do

618   PROFETAS DO PASSADO

Banco Central e aquelas imagens sombrias, com a comida desaparecendo da mesa do trabalhador. Aquilo foi horrível. Aconteceu também em relação à Dilma, que foi tratada como criminosa — a imagem dela como guerrilheira era de bandida, uma pessoa que tinha matado, que tinha sangue nas mãos. Ela não foi apresentada como alguém que, num determinado momento e mesmo que equivocadamente, recorreu à luta armada por causa da ditadura.

Mas não lhe parece que o clima de "vale-tudo" implantado na eleição de 2014 serve a determinados interesses, foi montado estrategicamente?

Pois é, esse "vale-tudo" começa lá, mas penso que não dá para diagnosticar com exatidão, porque virou briga de criança, não dá para saber **quem** começou. Hoje, tenho a convicção, que naturalmente é passível de revisão [risos], de que o ódio neste momento beneficia a direita, porque, se a Dilma não conseguir governar até o fim do governo, o Lula não sai candidato.

O ódio beneficia mais a direta, mesmo que tenha sido regiamente utilizado pelo dito marqueteiro da esquerda?

É. Na verdade, ele foi pensado pelos dois. É que a gente presta mais atenção no que ganhou, se ela tivesse perdido, a gente teria prestado mais atenção no ódio oposto, o ódio à guerrilheira, à mulher que não sabe cuidar de um país, porque nem boa mulher ela é, porque ela é assassina. Se o Aécio tivesse ganhado, seria esse o ódio que nós estaríamos criticando hoje. Então, a gente critica o ódio que foi gerado para ela ganhar. E como ela ganhou muito apertado, a gente atribui a esse ódio o desempate, que ela ganhou por causa dele. Neste momento, o Aécio, o PSDB, o Fernando Henrique tentam dar uma segurada, mas a situação continua com sangue nos olhos, como se diz. Se quer o impeachment, de qualquer maneira, porque isso põe a Dilma inteiramente no *corner*. E ela não tem como sair, ela está tentando sair por meio de pessoas que não se parecem com ela: Temer, Levy etc. E por que ela não está batendo de volta? Porque ela nem tem como bater. Porque a existência dessa figura execrável, que é a do estelionato eleitoral, existiu mesmo — o Levy, por exemplo, estaria na equipe do Armínio Fraga, e a política que ele está fazendo era a política denunciada pela Dilma o tempo todo. O que se vê é a exacerbação do imaginário popular de que o mal está no governo, e que só existe o bem do outro lado.

Quando você coloca a presidente da República, hoje, num lugar extremamente fragilizado, sem poder e sem condições de governar, o que você quer dizer com isso?

Que ela não tem protagonismo político. Ela é a administradora, mas não é quem está administrando. Ela não tem, também, capacidade de coordenação política, porque não é a dela e porque ela transferiu essa capacidade. Restou, então, uma perspectiva de mais três anos pela frente, se é que não vai acontecer alguma coisa. Para a direita, interessa que não aconteça, por todos os motivos. Pois, se ela for muito mal, o Lula não vem em 2018, porque ele não vai sair para perder, né?

Você não cogita, aí, em sua análise, a existência do chamado "fogo amigo"?

Claro que sim. Até porque o PT é especialista em fogo amigo.

E, por ser especialista em fogo amigo, como diz você, essa vulnerabilidade presidencial não seria providencial, dialeticamente falando, para que volte a ser entoado o mantra do "Lula Lá"? O ex-presidente não poderia voltar protagonizando o papel de oposicionista, já que o PT atual pouco teria a ver com o partido criado por ele em 1980? Como você vê essa possibilidade, na medida em que o próprio ex-presidente sempre foi pródigo em afirmar que quem ele indicasse se elegeria, não é mesmo?

620   PROFETAS DO PASSADO

Até um poste, né? A Dilma foi uma iniciativa do Lula, da mesma forma que o Haddad, em São Paulo. É muito possível que ele a tenha indicado para esperar a sua volta. Tanto que se discutiu, no fim do primeiro mandato, se ela iria ou não para a reeleição. Ela está aí para marcar o território dele, ela não é uma política, ela não assumiria, portanto, a liderança nacional. E não há a menor dúvida de que parte desse fogo amigo decorre do fato de que ela não é uma petista histórica. A militância dela no Rio Grande do Sul foi como PDT, foi de oposição a algumas figuras importantes do PT, como Olívio Dutra, Tarso Genro. Mas penso que essa estratégia, atualmente, não tem mais perspectiva. Ela não está esquentando a cama para o Lula, ela está é caindo da cama, né? Ela é presidente da República, nominalmente. Tem aí um simulacro político. Agora, se não houver uma boa fundamentação para um processo de impeachment, mesmo ela estando nas cordas, vai haver reação. Porque, mesmo sendo um simulacro de presidente da República, ela é a presidente da nação.

E é aí, então, que entra a questão da dicotomia nacional, que você aborda.

É aí que entra o outro lado da sua pergunta: por que ficar falando de esquerda e direita? É claro que eu carreguei nas tintas, quando disse a esquerda virou direita, né? Ou seja, que ela está nesse caminho. Porque é doloroso dizer isso. Porque existe uma sensibilidade de esquerda, no próprio governo, de que essa trajetória não está sendo feita de bom grado. É uma capitulação não pactuada, é uma retirada da Laguna, é uma retirada com morte, com um tiro pelas costas. Então, não é que a esquerda se inviabilizou porque virou direita. É porque a esquerda está numa conjuntura em que, se ela não escorregar para a direita, ela quebra o governo, quebra o país, quebra tudo.

Só como exercício dialético: não seria exatamente o contrário disso, já que há algum tempo — e essa foi a minha pergunta —, mesmo se autodenominando de esquerda, o Partido dos Trabalhadores vem assumindo posições que, tradicionalmente, são creditadas à direita, seja por meio de coligações ou de um projeto político?

Sim, sim, mas isso lá atrás, quando foi tomada a decisão de que o PT viraria um partido como todos os outros, ou não ganharia o governo. Ali, foi uma escorregada de direita, né? O César Benjamin, quando saiu do PT, nessa época, fez um discurso extremamente contundente, denunciando esse movimento, denunciando o Dirceu, muito antecipadamente em relação ao que veio a acontecer depois. O Cesinha viu isso. Porque não há dúvida que foi uma direitização, embora tenha sido feita, declaradamente, para conquistar o governo, para conquistar o poder. Como o Dirceu disse, "demos um cavalo de pau na economia". Quer dizer, transformar o país, na direção mais progressista e, quiçá, socialista etc. Só que aconteceram todas as coisas que aconteceram, e, se essa decisão não tivesse sido tomada, lá atrás, nós não estaríamos, agora, na posição de que a presidente da República, do partido de esquerda mais significativo do país, teve que entregar o poder à direita para manter a simulação de que ela continua sendo a presidente da República. Senão, ela teria que renunciar. Mas, também, por outro lado, se não tivesse sido tomada essa decisão, lá atrás, o PT não teria chegado ao governo, e as coisas boas que aconteceram com o PT, no governo, também não teriam acontecido.

E qual é o saldo desse seu balanço?

Pois é, tem o balanço disso tudo. Bem, nesse processo todo tem a figura do Lula, o seu carisma, a sua aura, o Lula pessoa física, que está acima do partido, porque ele é maior do que o PT. Ou foi, né?

622   PROFETAS DO PASSADO

Mas não há dúvida de que ele foi o grande catalisador, se não tivesse o Lula, não tinha acontecido nada disso: o PT não teria chegado ao poder. É claro que não se pode falar assim, porque a História não se faz com "se". Mas ele foi, sim, o grande catalisador, como liderança, como estrategista, como ator — e ator no duplo sentido, ator político e social e ator máscara. E é por aí que ele vai ser julgado. Então, pegando a sua pergunta lá de trás, é defensável que o PT tenha feito o que fez, no início — essa primeira direitização, vamos dizer assim —, porque se não fizesse, não chegaria ao poder, nem poderia ter feito o que fez pelo povo pobre. Então, ele vai ter um julgamento extremamente positivo, e aí, à medida que o tempo for passando, esse julgamento pode, ainda, ser mais atenuado, porque vai se constatar que 30 milhões de pessoas saíram da pobreza. Embora não tenham saído estruturalmente, e essa é a crítica que se faz. Porque se sabe que sem reviravolta, sem revolução, não tem saída. Não tem saída para os pobres, dentro do sistema capitalista, a não ser que seja estrutural. Da mesma forma que tem que se reconhecer que nem a reforma agrária, que é uma reforma capitalista, foi feita. O que é um absurdo. O que não se sabe é por quanto tempo vai se sustentar esses dois pesos. Pois a corrupção, que iguala o PT a todos os outros partidos, o faz, possivelmente, mais execrável do que os outros. Tem a Polícia Federal, que pertence ao Ministério da Justiça, e que está livre para investigar o governo

Já que você tocou nesse ponto, como você vê a questão de haver hoje, inclusive por parte dos chamados altos escalões da República, uma certa confusão entre o que é o papel do Estado e o que é papel do governo? E, também, qual é o papel do partido que está no governo?

Está havendo um funcionamento institucional democrático, e é isso que está dando visibilidade às denúncias de corrupção.

Você considera que pode se falar em fortalecimento das instituições democráticas quando as evidências apontam para um cenário de manipulações, conchavos e manobras — os chamados "ajustes" que, ao que parece, constituem um significativo traço da cultura política nacional?

Sim. É verdade, mas, anteriormente, não se agia assim. Na Polícia Federal, por exemplo, tinha a luta pelo poder.

E você considera essa alteração de comportamento como um ganho do PT?

Eu não sei dizer de quem é a autoria, só sei que a impunidade não está mais tão "preservada", como sempre foi. Mas acho que posso dizer que o PT teve força, em um determinado momento, para impedir que a impunidade continuasse se alastrando. Ele podia não ter dado ao Ministério Público a autonomia que ele tem hoje, porque o MP é um poder inerme, ou seja, ele é um poder que se permite que seja assim... No caso da Polícia Federal, não. A Polícia Federal é órgão do Estado, subordinado ao Ministério da Justiça, o ministro da Justiça é o chefe da Polícia.

Você vê alguma relação entre esse revigoramento das instituições, com o fortalecimento do Ministério Público, por exemplo, e a proliferação das múltiplas mídias, em especial das redes sociais?

Sim. E, também, o trabalho da imprensa. Mesmo que seja por motivos de oposição ao governo, o que é irrelevante, nesse caso. Porque, mostrando e provocando, presta serviço, né? Mesmo quando há vazamento seletivo.

Essa questão parece ser inquestionável. Por exemplo: lá atrás, a primeira denúncia do ex-deputado Roberto Jefferson assumiu proporções incalculáveis, porque seu discurso na Câmara estava gravado. O que quer dizer que, imediatamente, ele passou a ser visto nas redes sociais.

Sim, isso é verdade. Embora esse protagonismo de todos em relação a tudo seja motivo de muitas versões. O que faz com que uma versão possa anular a outra, e por aí vai. Mas esse protagonismo horizontal da rede inibe toda e qualquer tentativa de segurar a imprensa, de fazer controle de conteúdos, de segurar o Ministério Público. Acho muito difícil que a Dilma não reencaminhe o Janot à Procuradoria-Geral da União, se ele for o primeiro da lista. Possivelmente, ela gostaria de não encaminhar, mas não vai poder, porque, se ela não fizer isso, vai ser escandaloso. Mesmo ela sendo uma pessoa autoritária, que fala autoritariamente, que usa verbos autoritários.

Você creditaria a esse autoritarismo o fato de que, mesmo delegando poderes — coordenação política ao vice-presidente Michel Temer, coordenação econômica ao ministro Joaquim Levy —, e com índices baixíssimos de popularidade, a presidente parece não cogitar da possibilidade de renúncia e/ou impeachment? Qual seria o seu prognóstico para o futuro imediato da nação brasileira?

Parece que o povo quer outra eleição, mas outra eleição só viria pela renúncia, né? Mas, para isso, ela teria que estar numa situação tal em que só existissem dois caminhos: ou renuncia ou morre. Porque a renúncia objetiva é o impeachment. Então, ela pode dizer: não vou renunciar, mas eles podem me tirar daqui pelo impeachment. Acho que a presidente está recuperando fôlego, apesar de estar contra as cordas. Mesmo assim, acho que ela — mais do que acho, tenho certeza — não renuncia, a não ser que acusações comprovadas envolvam a sua figura, o que a levaria a aceitar um acordo do tipo: "Não soltamos as informações, mas, em troca, você renuncia." A não ser nesse caso, não vejo condições de ela renunciar.

Como você observa a possibilidade de existir uma certa blindagem em relação a determinadas figuras públicas?

Acho que pode se especular, sem dúvida, que existe uma blindagem em torno do Lula. Embora não se consiga provar que existe. Mas é tipo de convicção que não precisa de prova. Consta que haveria, naquele momento, uma tentativa de acordo em que ele renunciaria a concorrer ao segundo mandato, em troca de não haver impeachment. Quer dizer, não pareceria uma renúncia. Mas não deixaria de ser, pois seria uma renúncia ao segundo mandato. Esse acordo seria com a oposição e teria gorado — e eu digo seria porque só temos informações indiretas. Então, teria gorado quando apareceu o mensalão mineiro, porque ficaria evidenciado que o trajeto do mensalão era idêntico aos procedimentos feitos anteriormente pelo PSDB.

Admitindo a veracidade dessas "informações indiretas", estaria aí, em sua opinião, uma possibilidade para entender certa timidez da oposição em botar o dedo na ferida?

Naquele momento, sim. Agora, não. Acho que a oposição, neste momento, não está tímida, em nenhuma das instâncias em que ela pode se manifestar. A prova é concreta: meio Brasil votou contra Dilma, e esse meio Brasil, agora, está fazendo panelaço.

Você se importaria em declinar o seu voto no segundo turno da eleição de 2014?

Votei na Dilma.

E por quê?

Voto no PT desde que comecei a votar, desde que deixaram a gente votar de novo. Votei as duas vezes no Lula, e votei na Dilma, também, nas duas eleições. E mesmo com tudo isso que eu disse aqui, provavelmente votaria no Lula em 2018.

E por quê?

Porque a não ser que a situação atual de extremo ódio e intolerância em que vivemos se atenue significativamente ou então, que fatos novos ocorram, dando protagonismo a outros atores sociais e políticos, vamos chegar às eleições de 2018 com uma polarização de esquerda e direita, sem conciliação possível. Meu voto, então, continuará com a esquerda.

Mesmo que a esquerda que está aí, no governo, como você mesmo disse, continue adotando práticas conhecidas como de direita?

Sim, no sentido da sensibilidade da esquerda. No sentido de dar prioridade a projetos sociais sobre a administração.

Você poderia esclarecer melhor essa sua observação?

Você tem toda razão em perguntar, porque essa agonia eu carrego comigo, cotidianamente. A despeito do profundo ódio que tenho pela traição que sofri, junto com o povo brasileiro, que, como eu, acreditou no que lhe foi dito. A despeito disso, e em nome do que de bom foi feito — e mesmo reconhecendo nisso uma degeneração, portanto, tapando o nariz, eu votaria. Votaria, porque minhas únicas outras opções seriam ou anular ou me abster. Mas essa é uma posição de extraordinário desconforto. Agora, se essa polarização não existisse, a gente podia ser mais olímpico em relação a essas merdas todas.

Em nenhum momento lhe ocorreu aventar, dialeticamente, uma nova formulação, a partir dessa traição que você diz sentir? Por exemplo: se o partido que eu militei durante anos faz, agora, essa traição histórica, vou votar contra esse partido, vou votar contra o PT. Por que não há possibilidade de essa hipótese ser, sequer, cogitada?

Dialeticamente, um voto contra é um voto a favor. Se são dois candidatos e eu estou votando contra um, é claro que eu estou votando a favor do outro. Então, tenho que me perguntar o que o outro representa. Intimamente, talvez, eu possa torcer para que não se tenha que chegar em 2018 com essa horrível escolha para fazer. Mas eu penso, também, que não existe outro partido em condições de fazer sequer essa parte feita pelo PT. Então, eu tenho duas opções: ou eu lavo as mãos e digo "vocês tiveram a chance, mas não cumpriram, portanto, não voto em vocês", ou aceitar sujar as mãos, dizendo: "Mesmo que vocês tenham desperdiçado essa chance de ouro, o pouco que vocês fizeram me mantém perto de vocês ainda. Porque pelas minhas convicções políticas mais profundas, vocês não mereceriam o meu voto pelo que fizeram do ponto de vista da corrupção."

Você quer dizer do ponto de vista ideológico?

Sim, sim. Eu devia ter dito ideológico.

Por que você saiu, então, do PT em 2012, já que o seu sentimento e a sua escolha ideológica, ao que parece, continuam juntos a esse partido?

Aquela fraterna foto do Lula com o Maluf transbordou todas as minhas possibilidades de convívio no PT. De lá para cá, o meu desagrado, quase enojado, só fez se aprofundar. Mesmo assim, se, em 2018, só tiver ele e um representante da direita, num país polarizado, eu vou votar nele. Por mais enojado que eu fique. Pois é a única esquerda que tem condições de disputar o poder, a esquerda que traiu os nossos melhores sonhos, mas que ainda tem, talvez, algumas coisas para fazer.

Você falou também no peso das imagens. Ontem, o ex-presidente Lula foi até a casa do senador Renan Calheiros para alinhavar, segundo a imprensa, uma nova costura política. Na saída, filmado e fotografado, Lula foi igualmente efusivo com o anfitrião e o abraço de despedida foi caloroso.

Pois é, ele é mestre nessas coisas. O que eu posso dizer é que temos, ainda, quase quatros anos, até 2018 [risos].

Marcio Tavares d'Amaral, catarinense de Blumenau, 68 anos, é filósofo, poeta, professor, escritor e ensaísta. Graduado em Direito e Ciências Sociais, fez mestrado em Comunicação e doutorado em Letras. Com pós-doutorado na Sorbonne, é professor titular da Escola de Comunicação da UFRJ há 44 anos. Com 21 livros publicados, escreve, no momento, a história de 26 séculos dos paradigmas filosóficos, organizada em oito volumes.

Este livro foi composto na tipologia Minion Pro
Regular, em corpo 11/16, e impresso em
papel off-white no Sistema Cameron da
Divisão Gráfica da Distribuidora Record.